Über dieses Buch   In diesem Band sind drei der bekanntesten Buch-Titel von Charles Bukowski versammelt, den die renommierte ›Los Angeles Times‹ einmal zum »bedeutendsten Autor von Short Stories seit Hemingway« ernannte. Bukowski schreibt böse und zärtlich, obszön und witzig und setzt sich als Betroffener aggressiv und zugleich mit großer Empfindsamkeit mit dem American Way of Life auseinander. »Jede Zeile von Bukowski ist infiziert vom Terror des amerikanischen Alptraums. Er artikuliert die Ängste und Agonien einer nach Hunderttausenden zählenden Minorität im Niemandsland zwischen brutaler Entmenschlichung und ohnmächtiger Verzweiflung.« (Henry Miller)

Der Autor   Charles Bukowski wurde 1920 in Andernach am Rhein als Sohn deutsch-polnischer Eltern geboren. Im Alter von zwei Jahren kam er in die USA, wuchs in den Slums ostamerikanischer Großstädte auf, war Mitglied jugendlicher Banden, saß im Gefängnis und im Irrenhaus, arbeitete u. a. als Leichenwäscher, Tankwart, Werbetexter für ein Luxusbordell, Nachtportier, Sportreporter, Hafenarbeiter, Zuhälter und Briefsortierer. Mit 35 Jahren begann er zu schreiben; zuerst Gedichte für Underground-Gazetten, später Erzählungen, für die ihn Genet, Henry Miller und Sartre als »poète maudit« des heutigen Amerika feierten. Bukowski lebt in Los Angeles.

Charles Bukowski

Aufzeichnungen eines Außenseiters

Kaputt in Hollywood
Stories
Herausgegeben von Carl Weissner

Fuck Machine
Amerikanische Erzählungen

Fischer
Taschenbuch
Verlag

Veröffentlicht im Fischer Taschenbuch Verlag GmbH,
Frankfurt am Main, Mai 1990

Für diese Ausgabe:
© 1990 Fischer Taschenbuch Verlag GmbH, Frankfurt am Main
›Aufzeichnungen eines Außenseiters‹
© 1970 Melzer Verlag, Darmstadt
Lizenzausgabe mit freundlicher Genehmigung
des Melzer Verlags, Darmstadt
Aus dem Amerikanischen von Carl Weissner
Die Originalausgabe erschien unter dem Titel
›Notes of a Dirty Old Man‹
© Charles Bukowski

›Kaputt in Hollywood‹
Lizenzausgabe mit freundlicher Genehmigung
des Moro Verlags, Benno Käsmayr, Augsburg
Aus dem Amerikanischen von Carl Weissner
Diese Stories sind eine Auswahl aus dem Sammelband
›Erections, Ejaculations, Exhibitions, And General Tales of
Ordinary Madness, 1967–1972‹ (City Lights Books, San Francisco 1972).
Sie erschienen Ende der sechziger Jahre zuerst in amerikanischen
Underground-Zeitungen (›Open City‹, ›Nola Express‹, ›Berkeley Barb‹),
in Sexmagazinen (›Knight‹, ›Adam‹, ›Pix‹)
und in der New Yorker Literaturzeitschrift ›Evergreen Review‹.
© 1976 Charles Bukowski
Bukowski Interview: © Charles Bukowski & Thomas Kettner 1975

›Fuck Machine‹
© 1977 Carl Hanser Verlag, München
Lizenzausgabe mit freundlicher Genehmigung
des Carl Hanser Verlags, München
Aus dem Amerikanischen von Wulf Teichmann
Auswahl aus der amerikanischen Originalausgabe
›Erections, Ejaculations, Exhibitions, And General Tales of
Ordinary Madness, 1967–1972‹ (City Lights Books, San Francisco 1972)
© 1972 Charles Bukowski

Umschlaggestaltung: Friederike Simmel
Umschlagfoto: Laurence Lackmann
Druck und Bindung: Clausen & Bosse, Leck
Printed in Germany
ISBN 3-596-10352-5

Aufzeichnungen eines Außenseiters

Aus dem Amerikanischen von Carl Weissner

VORWORT

Vor mehr als einem Jahr startete John Bryan irgendwo in Los Angeles seine Underground-Zeitung OPEN CITY. Es fing an in einem Hinterzimmer im Parterre eines kleinen baufälligen Hauses, das er gemietet hatte, dehnte sich bald auf sämtliche Räume aus, und schließlich wurde der ganze Laden ins Geschäftsviertel an der Melrose Avenue verlegt. Das soll nicht heißen, das Bryan nun ausgesorgt hat. Die Auflage ist zwar gestiegen, aber die Anzeigen kommen nicht rein wie sie sollten. Drüben im vornehmeren Teil der Stadt hat sich die LOS ANGELES FREE PRESS etabliert. Und die kriegen die Anzeigen. Das Dumme ist, daß sich Bryan diese Konkurrenz selbst zu verdanken hat; er hatte nämlich zuerst für die L. A. FREE PRESS gearbeitet und ihre Auflage von 16 000 auf mehr als das Dreifache gesteigert. Das ist fast so, als wenn man die National Army aufbaut und sich dann auf die Seite der Aufständischen schlägt. Natürlich, es geht nicht nur um eine Rivalität zwischen OPEN CITY und FREE PRESS. Wenn man OPEN CITY liest, merkt man sehr schnell, daß es um mehr geht. OPEN CITY legt sich mit den Big Boys an — und weiß Gott, es kommen uns gerade in diesen Tagen ein paar renommierte Bosse in die Quere. Es ist also aufregender und riskanter, für OPEN CITY zu arbeiten — den mutigsten Fetzen Zeitung, schätze ich, den wir in den USA heute haben. Aber davon allein kann man sich eben in Gottes Namen noch keine Margarine aufs Toastbrot streichen, und für die Katze fällt dabei auch nichts ab; und bald kommt es so weit, daß man den Toaster verschrotten kann und die Katze in die Pfanne hauen muß.
Bryan ist ein verrückter Romantiker und Idealist. Er stieg aus, oder wurde gefeuert, oder beides — damals flog 'ne Menge Scheiße durch die Luft — jedenfalls er verlor seinen Job beim HERALD EXAMINER, weil er Stunk gemacht hatte, als man dem Jesuskind den Bammelmann und die Eier wegretuschierte. Und das auf der Titelseite der Weihnachtsausgabe. »Und es ist nicht mal *mein* Gott«, sagte er zu mir, »es ist denen ihrer.«
Dieser romantische Idealist gründete also OPEN CITY. »Wie wärs mit einer wöchentlichen Kolumne?« fragte er mich so

nebenbei und fummelte an seinem roten Bart. Naja, wissen Sie, wenn ich so an unsere Kolumnisten denke und was für eine müde Soße die sich aus den Fingern saugen, besonders attraktiv erschien mir die Sache eigentlich nicht. Aber ich fing an, nicht mit einer Kolumne, sondern mit einer Besprechung von *Papa Hemingway* von A. E. Hotchner. Dann, eines Tages, nach dem letzten Rennen und ein paar guten Wetten, hockte ich mich hin und tippte die Überschrift: NOTES OF A DIRTY OLD MAN, machte 'ne Dose Bier auf, und das Schreiben erledigte sich von selbst. Nichts von dem verkrampften Gedrechsel, das gefragt ist, wenn man was für *Atlantic Monthly* schreibt; aber auch kein 08/15-Journalistengewäsch. Ich saß einfach am Fenster, kippte mein Bier und ließ die Sachen kommen wie sie kamen. Und mit Bryan hatte ich nie Schwierigkeiten. Ich gab ihm ein Manuskript — in den frühen Tagen — und er blätterte es durch und sagte: »OK, gekauft.« Nach einiger Zeit blätterte er es nicht einmal mehr durch, sondern stopfte es einfach in ein Fach und sagte: »Gekauft. Was gibts sonst Neues?« Inzwischen sagt er auch nicht mehr, »Gekauft«. Ich drück ihm einfach ein paar Seiten in die Hand und damit hat sichs. Das hat mir natürlich beim Schreiben sehr geholfen. Ich glaube, man merkt es den Texten an. Völlige Freiheit, zu schreiben was man will. Es war eine gute Zeit für mich; ich habe es auch ernst genommen, wenigstens ab und zu; vor allem aber bekam ich mit der Zeit das Gefühl, daß mir das Schreiben immer besser von der Hand ging.
An Direktheit und Action, finde ich, ist es Gedichten um Längen voraus. Ein Gedicht wird zur Veröffentlichung angenommen und man kann sich darauf einstellen, daß es irgendwann nach zwei bis fünf Jahren erscheint, und die Chancen stehen fifty-fifty, daß es überhaupt nicht erscheint; oder daß Zeilen daraus Wort für Wort im Opus irgendeines bekannten Dichters auftauchen, und dann kommt man auf den Trichter, wie beschissen es in der Welt zugeht. Nichts gegen Gedichte; nur gibt es zu viele unmaßgebliche Scheißer, die vorgeben, welche zu schreiben, und der Mist wird dann unweigerlich auch noch irgendwo abgedruckt. Bei den NOTES setz ich mich mit einem kalten Bier an einem Freitag oder Samstag oder Sonntag hin und fang an, die Sache in die Maschine zu hacken, und bis Mittwoch hat die ganze Stadt ein Exemplar auf dem Tisch. Ich kriege Briefe von Leuten, die nie ein Gedicht gelesen haben, weder von mir noch von sonst jemand. Leute kommen an meine

Tür — ehrlich gesagt, es sind mir viel zu viele —, um mir mitzuteilen, daß sie von NOTES OF A DIRTY OLD MAN begeistert sind. Ein heruntergekommener Typ kommt an und bringt einen Zigeuner plus Frau mit und wir quatschen und saufen die halbe Nacht. Eine Dame vom Fernamt in Newburgh, N. Y., schickt mir Geld. Sie möchte, daß ich das Biertrinken aufgebe und lieber was Anständiges esse. Ich höre von einem Irren, der sich »König Arthur« nennt und in der Vine Street in Hollywood lebt und mir beim Schreiben meiner Kolumne helfen will. Ein Typ kommt in aller Herrgottsfrühe angeschossen und sagt: »Ich habe Ihre Spalte gelesen und glaube, daß ich Ihnen helfen kann. Ich war früher mal Psychiater.« Ich schick ihn wieder weg.
Ich habe hier Kolumnen aus annähernd 14 Monaten zusammengestellt. Ich hoffe, daß Ihnen das Zeug was sagt. Wenn Sie mir Geld schicken wollen, in Ordnung. Wenn Sie mich dafür hassen wollen, auch in Ordnung. Fest steht, wenn ich Dorfschmied wäre, würden Sie sichs zweimal überlegen, bevor Sie mir an den Karren fahren. Aber ich bin bloß ein alter Schnorrer, der ein paar Stories auf Lager hat. Und der für eine Zeitung scheibt, die wie er selbst schon morgen früh hinüber sein kann.
Komisch. Stellen Sie sich vor, wenn man dem Jesuskind nicht zwischen den Beinen rumretuschiert hätte, würden Sie das jetzt nicht lesen. Na dann: viel Spaß.

Charles Bukowski

Irgendein mickriger Freier wollte den Zaster nicht ausfahren, die ganze Runde behauptete Pleite zu sein, das Spiel war im Eimer, ich saß da mit meinem alten Kumpel Elf, Elf hatte als Kind 'ne Macke gehabt, lag jahrelang im Bett und machte solche verrückten Übungen, Gummibälle kneten und so, und als er eines Tages das Bett verließ, war er so breit wie hoch, ein röhrender muskelbepackter Schrank von Mensch, der Schriftsteller sein wollte, aber zu sehr wie Thomas Wolfe schrieb — und abgesehen von Dreiser war T. Wolfe der mieseste Schreiber, den Amerika je hervorgebracht hat — und plötzlich hatte ich dem Elf eine gescheuert und die Flasche fiel vom Tisch (er hatte was gesagt, das mir nicht paßte), und als der Elf wieder hochkam, hatte ich die Flasche in der Hand (teurer Scotch) und erwischte ihn halb am Kinn und halb am Hals und er ging wieder zu Boden, ich fühlte mich ganz Herr der Situation, ich war Schüler Dostojewskis und hörte Symphonien von Mahler im Dunkeln, und ich hatte Zeit, einen Schluck aus der Flasche zu nehmen, sie wieder hinzustellen, mit der Rechten zu täuschen und ihm die Linke unter den Gürtel zu wuchten, und er fiel gegen die Kommode, der Spiegel ging in Scherben — es klang wie im Kino — blitzte und splitterte, und dann landete der Elf eine direkt über meiner Nase und ich kippte nach hinten über einen Stuhl, das Ding klappte unter mir zusammen als sei es aus Stroh, billiges Stück Möbel, und dann hatte er mich in der Mangel — ich hatte nicht genug Pulver hinter meinen Schlägen, überhaupt keinen rechten Ehrgeiz, und ich hatte ihn noch längst nicht fertiggemacht — und er ging auf mich los wie ein bescheuertes rachgieriges Individuum aus einem Horrorfilm, und für jeden (nicht einmal besonders guten) Schlag, den ich anbrachte, steckte ich drei ein, aber das reichte ihm noch nicht, er wollte nicht aufhören, das Mobiliar ging eins nach dem anderen zu Bruch, ich hoffte irgendwie, jemand würde den Krach hören und der verdammten Schau ein Ende machen — die Vermieterin, die Polente, der liebe Gott, IRGEND JEMAND, aber es ging weiter und weiter, und dann konnte ich mich an nichts mehr erinnern.

Als ich wieder zu mir kam, schien die Sonne, und ich lag unter dem Bett. Ich kroch darunter hervor und brachte es irgendwie fertig, aufzustehen. Platzwunde unterm Kinn, zerschrammte Knöchel. Ich war schon in schlimmerem Zustand aufgewacht, und in weit schlimmeren Lokalitäten dazu. Knast, zum Beispiel. Ich schaute mich um. Es war alles echt gewesen; ich hatte nicht geträumt. Alles in die Brüche gegangen, verschmiert, verschüttet, durcheinander — Lampen, Stühle, Kommoden, Bett, Aschenbecher — ramponiert, völlig sinnlos, alles beschissen, kaputt, am Boden zerstört. Ich trank einen Schluck Wasser und schlurfte zum Besenschrank ... Es war noch alles da: Zehner, Zwanziger, Fünfer, der Zaster, den ich jedesmal da abgeladen hatte auf dem Weg vom Spieltisch zum Klo. Und allmählich erinnerte ich mich, daß ich wegen des ZASTERS die Schlägerei angefangen hatte. Ich sammelte die Piepen ein, steckte sie in die Brieftasche, legte meinen Pappkoffer auf das schiefe Bett und begann meine paar lumpigen Sachen einzupacken: Arbeitshemden, steinharte Schuhe mit Löchern in den Sohlen, steife, dreckverkrustete Socken, zermanschte Hosen, das Manuskript einer Geschichte darüber, wie ich mir mal im San Francisco Opera House die Krätze geholt hatte, ein zerfleddertes *Thrifty Drugstore* Wörterbuch — »*Palingenesis: recapitulation of ancestral stages in life-history.*«
Die Uhr funktionierte noch, der alte Wecker, Gott sei's gescheppert, wie oft hatte ich total verkatert morgens um halb acht darauf geschaut und gesagt, scheiß auf den Job, SCHEISS AUF DEN JOB! Naja, jetzt war es 4 Uhr morgens ... Ich war gerade dabei, den Wecker zu verstauen, als es — klarer Fall, was? an die Tür klopfte.
»Yeah?«
»Mr. Bukowski?«
»Yeah. YEAH?«
»Ich möchte gern reinkommen und das Bettzeug wechseln.«
»Nee, nich heut. Ich bin heut krank ...«
»Oh, das tut mir leid. Aber lassen Sie mich doch schnell rein und das Bettzeug wechseln, ich geh ja gleich wieder.«
»Nenee, ich sag doch, ich bin krank, ich bin einfach zu krank, verstehn Sie? Ich möcht nicht, daß Sie mich so sehn ...«
Und so ging es weiter. Sie wollte das Bettzeug wechseln. Ich sagte nein. Sie sagte, ich will das Bettzeug wechseln. Ich sagte, verdammtnochmal NEIN. Und so weiter, in einer Tour. Diese Zimmerwirtin, übrigens. Was für ein Körper. Nichts als Kör-

per. Alles an ihr schien zu schreien KÖRPER KÖRPER KÖRPER. Ich hatte erst 2 Wochen da gewohnt. Im Erdgeschoß war eine Bar. Wenn Leute hochkamen, die mich sehen wollten und ich war nicht da, sagte sie einfach, »Er ist unten in der Bar. Er ist *ständig* unten in der Bar...«, und die Leute sagten zu mir »Mann Gottes, wer ist deine Wirtin... Fantastisch!«
Aber dieser enorme weiße Koffer stand auf Filipinos. Diese Filipinos, Mann, die kannten Tricks, von denen würde sich ein Weißer nie träumen lassen, nicht mal ich. Und diese Flips gibts längst nicht mehr, mit ihren tief in die Stirn hereingezogenen breitrandigen George-Raft-Hüten und ihren wattierten Schultern; weiße Schuhe mit hohen Absätzen, fettige, heimtückische Visagen — was ist aus denen geworden?
Na, ist ja egal. Jedenfalls, es war nichts mehr zu trinken da und ich saß stundenlang herum und wurde langsam fickrig. Abgelaufen. Abgeschlafft. Lapprig in den Eiern. Da saß ich mit meinem 450-Dollar-Gewinn und konnte mir nicht mal ein abgestandenes Helles kaufen. Ich saß und wartete auf das große Dunkelwerden. Dunkel, nicht Tod. Ich wollte raus. Noch eine Chance. Schließlich hatte ich meine Nerven soweit, daß ich es riskieren konnte. Ich machte die Tür ein Stück auf, ließ aber die Kette dran, und da war einer, ein kleiner affengesichtiger Flip mit 'nem Hammer. Als ich die Tür aufmachte, hob er den Hammer und griente. Als ich anfing, die Tür wieder zu schließen, nahm er die Spangen aus seiner Fresse und tat so, als ob er sie in den Teppich hämmern wollte, der vom Flur hinunter ins Erdgeschoß führte — und zum einzigen Ausgang. Ich weiß nicht mehr, wie lang das so ging. Immer die gleiche Pantomime. Ich mach die Tür auf, er hebt seinen Hammer und grient. Beschissener Affenarsch! Er blieb einfach wie angewachsen auf der obersten Treppenstufe. Ich fing an durchzudrehen. Ich fing an zu schwitzen und zu stinken. Kleine Lichtwirbel blitzten auf und kreisten in meinem Schädel. Ich hatte wirklich das Gefühl, daß ich dabei war, den Überblick zu verlieren. Ich ging rüber zum Bett und griff mir meinen Koffer. Er war leicht zu tragen. Nichts als ein paar Lumpen drin. Und dann fiel mein Blick auf die Schreibmaschine. Ich hatte sie mal von der Frau eines ehemaligen Freundes ausgeliehen, aber nie wieder zurückgegeben. Sie fühlte sich gut und solide an, wie sich eben Stahl so anfühlt: grau, flach, schwer, gefährlich, banal. Meine Augen wanderten an meinen

Hinterkopf und sahen, daß die Kette an der Tür weg war, und mit dem Koffer in der einen Hand und der Schreibmaschine in der anderen rannte ich in die Maschinengewehrsalven, in die Strahlen der aufgehenden Sonne, das Splittern der Cornflakes, das Ende von allem.
»HEY! Wo willst du hin?«
Der kleine Affe von Flip war dabei, sich hochzustemmen, hob den Hammer, und mehr brauchte ich nicht — der elektrische Lichtblitz auf dem Eisen des Hammers — ich hatte den Koffer in der linken Hand, den stählernen Apparat in der rechten, er war in ausgezeichneter Position, grad neben meinem Knie, und ich holte mit großer Präzision (und einiger Wut) aus und gabs ihm mit der flachen Seite auf die Schläfe, auf die ganze Schädelwand.
Ein Schock, als habe der Blitz eingeschlagen, als schreie alles auf einmal los, und dann wieder völlige Stille. Ich war draußen, ganz plötzlich, auf dem Gehsteig, ohne zu wissen, wie ich all diese Stufen heruntergekommen war. Und da war auch schon ein gelbes Taxi. CABBY!
Schon saß ich drin. »Union Station.«
Es war ein gutes Gefühl. Das ruhige Geräusch der Reifen in der Morgenluft. »Nee, Moment mal«, sagte ich. »Lieber zum Busdepot.«
»Was los, Mann?« fragte der Fahrer.
»Ich hab grad meinen Alten umgelegt.«
»Dein Alten umgelegt?«
»Schon mal was von Jesus Christus gehört?«
»Klaar.«
»Also dann: Busdepot.«
Ich hockte eine geschlagene Stunde im Busdepot und wartete auf den Bus nach New Orleans. Ich fragte mich, ob ich den Flip gekillt hatte oder nicht. Schließlich stieg ich ein, mit Koffer und Schreibmaschine, verstaute die Maschine tief hinten in der Ablage, damit mir das verdammte Ding nicht am Ende selbst den Schädel ramponierte. Es war eine lange Fahrt. Aber ich hatte immer eine Flasche auf dem Schoß, und irgendwann gab es dann auch ein Techtelmechtel mit einer Rothaarigen aus Fort Worth. In Fort Worth stieg ich mit ihr aus, aber sie wohnte bei ihrer Mutter und ich mußte mir ein Zimmer suchen, und aus Versehen erwischte ich eins innem Nuttenhaus. Die Weiber keiften die ganze Nacht, na, man kennt das ja ...
»HEY! Das Ding hängst du aber bei MIR nicht rein, da kannste

zahlen, was du willst!...« Die Klosetts rauschten in einer Tour; Türen flogen auf und knallten zu.
Die Rothaarige, war'n nettes unschuldiges Ding, oder vielleicht tat sie nur so, um sich einen besseren Freier zu angeln. Jedenfalls, als ich die Stadt wieder verließ, war es mir nicht gelungen, bis unter ihren Rock vorzudringen. Am Ende kam ich dann doch noch nach New Orleans.
Aber der Elf, erinnert ihr euch? Der Schrank, mit dem ich die Schlägerei hatte. Also, im Krieg, da wurde er von einem Maschinengewehr umgelegt. Ich hörte, daß er noch 3 oder 4 Wochen im Lazarett lag, bis er schließlich abkratzte. Und das *Merkwürdige* ist, er hatte mich mal gefragt: »Angenommen, irgendein BLÖDES Arschloch mit 'nem Maschinengewehr macht den Finger krumm und legt mich um...?«
»Naja, dann ist es deine eigene Schuld.«
»Na Mensch, bei DIR weiß man ja genau, daß du nicht an einer Salve aus 'nem Maschinengewehr krepieren wirst.«
»Worauf du einen lassen kannst, Baby. Es sei denn, es ist eins von Uncle Sam...«
»Ach, erzähl mir doch keinen Scheiß! Ich weiß doch genau, daß du dein Land liebst. Es steht doch ganz groß in deinen Augen. Liebe, echte Vaterlandsliebe!«
An diesem Punkt kriegte er die erste von mir gelangt.
Und den Rest kennt ihr ja.
Als ich in New Orleans ankam, vergewisserte ich mich, daß ich nicht in einem Hurenhaus landete. Obwohl die ganze Stadt wie eins aussah.

Wir hockten in unserem Büro, die Mannschaft hatte wieder 7:1 verloren, die Saison war bereits zur Hälfte rum und wir mit 25 Spielen im Keller, und ich wußte, dies würde meine letzte Saison als Manager der »Blues« sein. Unser erster *hitter* schaffte ganze 234 und unser erster *home run* Mann war bisher über 6 nicht hinausgekommen. Unser erster *pitcher* stand bei 7 & 10 mit einem E. R. A. von 3,95.
Old Man Henderson holte die Flasche aus der Schublade, goß sich seine Ration hinter die Binde und schob mir den Rest herüber.
»Und um den Braten fett zu machen«, sagte er, »hab ich mir vor 2 Wochen auch noch die Krätze geholt.«

»Oje. Tut mir leid für Sie, Boß.«
»Und Boß wirst du mich auch bald nicht mehr zu nennen brauchen.«
»Ich weiß. Aber kein Baseball-Manager auf der Welt kann *diese* lahmen Krücken vor dem Abstieg retten«, sagte ich und nahm einen langen Schluck aus der Flasche.
»Und was noch viel schlimmer ist«, sagte Henderson, »ich glaub, meine eigene Frau hat mir die Krätze angehängt.«
Ich wußte nicht, ob ich darüber lachen sollte oder nicht.
Jemand klopfte leicht an die Tür zu unserem Büro. Die Tür ging auf, und da stand dieser komische Typ mit Papierflügeln auf dem Rücken. Es war ein Junge von vielleicht 18 oder so.
»Ich bin gekommen, um Ihrem Club zu helfen«, sagte er.
Er hatte diese enormen Papierflügel an. Ein irres Huhn. Zwei Löcher hinten in seinem Anzug, da wo sie rauskamen. Die Flügel, meine ich. Sie waren auf seinem Rücken angeklebt. Oder angeschnallt, oder was weiß ich.
»Hör zu«, sagte Henderson, »mach um Gottes willen, daß du hier verschwindest! Wir haben schon beim normalen Spiel mehr als genug Affentheater auf dem Spielfeld, die Mannschaft ist uns heut komplett aus dem Stadion gelacht worden. Also raus mit dir, und zwar dalli!« Der Junge griff sich die Flasche, nahm einen langen Schluck, stellte sie wieder vor uns hin und sagte: »Mr. Henderson, ich bin die Antwort auf all Ihre Probleme.«
»Junge«, sagte Henderson, »für das Gesöff hier bist du noch 'n bißchen zu jung.«
»Ich bin älter als ich aussehe«, sagte der Junge.
»Und ich hab was, da siehst du danach *noch* 'n bißchen älter aus!«
Henderson drückte auf den kleinen Knopf unter seiner Schreibtischplatte. Das bedeutete Bull Kronkite. Ich will nicht sagen, daß Bull schon mal einen richtig umgebracht hat, aber Sie können von Glück sagen, wenn Sie Ihren Krüllschnitt noch aus einem synthetischen Arschloch schmauchen können, nachdem er mit Ihnen fertig ist. Der Bull kam nach wenigen Sekunden rein & nahm gleich die halbe Türfüllung mit.
»Welcher isses, Boss?« fragte er, und seine klobigen Finger zuckten, während er sich im Zimmer umsah.
»Der schräge Vogel da mit den Papierflügeln«, sagte Henderson.
Bull machte eine Bewegung.
»Rühr mich nicht an«, sagte der Typ mit den Flügeln.

Bull stürzte sich auf ihn, UND SO WAHR MIR GOTT HELFE, der Kerl fing an zu FLIEGEN! Er flatterte im Zimmer rum, oben an der Decke entlang. Henderson und ich langten gleichzeitig nach der Flasche, aber der Alte war schneller als ich. Bull fiel auf die Knie: »Gott im Himmel, steh mir bei! Ein Engel! EIN ENGEL!«
»Fang doch nicht an zu spinnen!« sagte der Engel. »Ich bin kein Engel. Ich will einfach den Blues helfen. Bin schon immer ein Blues Fan gewesen.«
»Also gut. Komm runter. Reden wer mal über die Sache«, sagte Henderson.
Der Engel (oder was immer es war) kam heruntergeflattert und landete auf einem Stuhl. Der Bull zog ihm mit zitternden Fingern Schuhe und Socken aus und fing an, ihm die Füße zu küssen.
Henderson beugte sich mit einem angewiderten Gesichtsausdruck nach vorn und spuckte dem Bull ins Gesicht: »Fick dich nicht ins Knie, du abnormaler Depp! Wenn ich eins nicht ausstehen kann, dann ist es deine weinerliche Sentimentalität!«
Bull wischte sich das Gesicht ab und verdrückte sich wortlos.
Henderson durchwühlte seine Schubladen.
»Shit, ich hab doch hier mal Vertragsformulare gehabt...!«
Beim Stöbern stieß er auf eine weitere Halbliterflasche, und während er die Zellophanhülle abriß, warf er dem Jungen einen Blick zu und fragte:
»Sag mal, kannst du ne Einwärtskurve schmettern? Ne Auswärts? Und wie stehts mit 'nem *slider?*«
»Keine Ahnung«, sagte das papierene Federvieh, »ich hab mich die letzten Jahre 'n bißchen rar gemacht. Was ich weiß, hab ich aus den Zeitungen und vom Fernsehen. Aber ich bin immer ein Blues Fan gewesen, und diese Saison haben sie mir einfach leid getan.«
»Dich rar gemacht, hm? WIE DENN? Ein Typ mit Flügeln kann sich doch nicht mal innem Fahrstuhl in der Bronx rar machen! Wie hast du denn das angestellt? Was für 'ne Masche hast du denn da geritten?«
»Mr. Henderson, ich möchte Sie mit den Einzelheiten nicht langweilen...«
»Übrigens, wie heißt du eigentlich?«
»Jimmy. Jimmy Crispin. Oder einfach J. C.*«

---

* »Jaycee«, gängige Abkürzung für Jesus Christus.

»Hey, was soll das? Willst du mich VERARSCHEN?«
»Aber nein, ganz bestimmt nicht, Mr. Henderson.«
»Also. Shake-hands.« Sie schüttelten sich die Hände.
»Verdammt, du hast mal elend kalte Pfoten. Wann hast du denn zum letzten Mal was gegessen?«
»Wieso? Heut mittag um vier. Hähnchen, Pommes frites und 'n Bier.«
»Hm. Hier, nimm noch 'n Schluck.«
Henderson wandte sich an mich. »Bailey?«
»Yeh?«
»Die komplette bescheuerte Mannschaft ist mir morgen früh Punkt zehn auf dem Spielfeld. Ohne Ausnahme. Ich hab das Gefühl, wir haben hier das größte Ding seit der Atombombe. Und jetzt hauen wir uns erst mal aufs Ohr. Hast du was, wo du unterkriechen kannst, Junge?«
»Klar«, sagte J. C., flatterte die Treppe runter und war verschwunden.
Wir hatten das Stadion dicht gemacht. Niemand drin außer dem Team. Und die, total verkatert, guckten den Kerl mit den Flügeln an und dachten, es handle sich um einen Werbegag. Oder 'ne Probe für einen. Die erste Mannschaft kam aufs Feld und der Junge auf die Platte. Ihr hättet sehen sollen, wie die ihre entzündeten Augen aufrissen, als der Junge einen *roller* die Third Base Linie runterschmetterte und dann zur First Base rüber FLOG! Dort machte er *touchdown,* und ehe der Third Base Mann den Ball aus den Händen kriegte, war der Junge schon weiter zur Second Base geflogen.
Alles schwankte und torkelte durcheinander an diesem heißen Morgen. Um für ein Team wie die Blues zu spielen, mußte man schon ziemlich behämmert sein, aber das hier war nochmal was anderes.
Dann machte sich der *pitcher* fertig, um dem *batboy,* den wir auf die Platte gestellt hatten, einen Ball zu verpassen, und J. C. flog runter zur Third Base! Er peste runter! Ihr hättet die Flügel nicht mal *gesehen,* selbst wenn ihr an dem Morgen noch Zeit gefunden hättet, zwei Alka Seltzer zu kippen. Und bis der Ball bei der Platte ankam, war unser Junge schon wieder eingeschwebt und hatte *home plate* berührt.
Wir fanden heraus, daß der Junge das *ganze* Outfield spielen konnte. Seine Geschwindigkeit war einfach unvorstellbar! Wir nahmen also die zwei anderen Outfielder einfach herein und stellten sie ins Infield. Damit hatten wir zwei *shortstops* und

zwei Spieler auf Second Base. Und schlecht wie wir waren: *damit* waren wir ein irrer Gegner.
An diesem Abend sollten wir unser erstes Spiel mit Jimmy Crispin im Outfield abziehen.
Zu Hause hängte ich mich sofort ans Telefon und rief Bugsy Malone an.
»Bugsy, wie stehen die Wetten auf einen Pokalsieg der Blues?«
»Gibt keine Wetten. Die Tafel ist leer. Selbst bei 10 000 : 1 würde nicht mal der größte Idiot auch nur einen Cent auf die Blues setzen.«
»Was gibst du mir?«
»Ist das dein Ernst?«
»Yeah.«
»250 : 1. Was willst du setzen? Einen Dollar?«
»Tausend.«
»TAUSEND? Also Menschenskind ... Moment mal ... ich ruf dich in zwei Stunden zurück.«
Das Telefon läutete nach einer Stunde und 45 Minuten. »In Ordnung, ich nehm dich rein, 'n Tausender kann ich immer brauchen.«
»Thanks, Bugsy.«
»Keine Ursache.«
Das Spiel an jenem Abend werd ich nie vergessen. Alles dachte, wir hätten einen Affenzirkus auf die Beine gestellt, um die Ränge zu füllen; aber als sie sahen, wie Jimmy Crispin aufstieg und einen todsicheren *hom run* einfing, der 5 Meter über den Zaun am linken *centerfield* gegangen wäre, da fing der Laden an zu laufen. Bugsy war neugierig geworden und runtergekommen, um sich die Geschichte anzusehen, und ich beobachtete ihn in seiner Loge. Als er sah, wie J. C. diesen Ball aus dem Himmel holte, fiel ihm seine 5-Dollar-Zigarre aus dem Mund. Aber in den Bestimmungen stand nichts, das es einem Mann mit Flügeln verbot, Baseball zu spielen; und damit hatten wir sie bei den Eiern. Und wie. Wir gewannen das Spiel mit der linken Hand. Crispin holte allein 4 Punkte. Die anderen kriegten aus unserem Infield nichts raus, und im Outfield gabs sowieso nichts für sie zu holen.
Und die Spiele danach. Die Zuschauermassen. Einen Spieler durch die Luft fliegen zu sehen, war an sich schon Anreiz genug; dazu kam noch, daß wir mit 25 Spielen im Keller waren und die Zeit langsam knapp wurde. Die Menge sieht

es gern, wenn einer wieder von den Brettern hochkommt.
Und die Blues waren groß im Kommen. Es war die Schau des
Jahrhunderts.
LIFE kam und bat Jimmy um ein Interview. TIME. LIFE. LOOK.
Er hatte ihnen nichts zu erzählen. »Ich möchte bloß, daß die
Blues die Meisterschaft gewinnen«, sagte er.
Aber das war immer noch ein harter Brocken, allein von der
mathematischen Seite, wenn man sich das Punktverhältnis
ansah. Und wie im Illustriertenroman kam es am Ende auf
das letzte Spiel der Saison an, wir lagen punktgleich mit den
Bengals auf dem zweiten Platz, und im Endspiel hieß es die
Bengals oder wir. Für mich war die Sache ganz klar. Wir
hatten, seit Jimmy in die Mannschaft gekommen war, kein
einziges Spiel verloren. Und meine 250 Tausend Dollar waren
zum Greifen nah.
Am Abend des Endspiels hockten wir im Büro, Old Man Henderson und ich. Wir hörten was draußen auf der Treppe, und
dann fiel einer zur Tür rein, voll wie tausend Mann. J. C.
Seine Flügel waren weg. Nur noch Stummel waren zu sehen.
»Sie ham mir meine gottverdammten Flügel abgesägt, die
Drecksäcke! Sie ham ne Frau auf mich angesetzt, im Hotel.
Und was für eine. Mann, was'n Koffer! Und dann ham se
mich vollaufen lassen. Ich steig also drüber, und da ham se
mir DIE FLÜGEL ABGESÄGT. Mann, ich konnt mich doch da nicht
mehr wehren. Was'n Scheißspiel. Und die ganze Zeit hockt da
dieser Typ im Zimmer, dicke Zigarre und so, und grient und
kichert in einer Tour ... Jessas, was'n Klasseweib ... und ich
konnts nicht mal ... oh SHIT! ...«
»Naja, Baby, du bist nicht der erste, dem 'ne Frau einen reingedrückt hat. Blutet das übrigens?« fragte Henderson. »Nee,
is nur Knorpel und Knochen. Aber es tut mir so leid, daß ich
euch sowas angetan hab, daß ich die Blues im Stich gelassen
hab. Herrgott, ich könnt mich dafür in den Arsch beißen...«
Der tat sich leid, hm? Und mir waren grad 250 Mille durch
die Lappen gegangen.
Ich langte nach der Flasche und machte sie leer. J. C. war sowieso schon zu voll, um noch spielen zu können, egal, ob mit
oder ohne Flügel. Henderson legte einfach seinen Kopf auf
den Tisch und fing an zu heulen. Ich fand seine Luger im
untersten Schubfach. Ich steckte sie in den Mantel, verließ das
Büro und ging rüber auf die Tribüne. Ich setzte mich in die
Box hinter Bugsy Malone, der heute ein elegantes Flittchen

dabei hatte. Es war Hendersons Box, und Henderson soff sich jetzt wohl mit seinem gefallenen Engel zu Tode. Er würde seine Box nicht mehr brauchen. Und das Team würde mich nicht mehr brauchen. Ich rief drunten im Spielergraben an und sagte ihnen, sie sollten dem Batboy die Regie übergeben, oder sonst jemand.
»Hallo, Bugsy«, sagte ich.
»Wo ist denn euer *center fielder?* Ich kann ihn nirgends sehen«, sagte Bugsy und zündete sich eine seiner 5-Dollar-Zigarren an.
»Und center fielder hat sich wieder in seinen Himmel verzogen. Und das verdankt er einem deiner Strichjungen und einer 3-Dollar-50-Knochensäge.«
Bugsy lachte. »Ein Mann wie ich kann es sich leisten, einem alten Maultier ins Auge zu pissen und das Zeug hinterher als Pfefferminzcocktail rumgehen zu lassen. Nur so hab ichs zu dem gebracht, was ich heute bin.«
»Wer ist die bezaubernde Lady?« fragte ich.
»Oh, das ist Helena. Helena, das hier ist Tim Bailey, die größte Niete von Manager, die der Baseballsport je gesehen hat.«
Helena schlug diese Nylondinger übereinander, die sich Beine nennen, und ich war bereit, J. C. alles zu vergeben.
»Nett, Sie kenn'zulern, Mr. Bailey.« »Yeah.«
Das Spiel ging an. Es war wie in alten Zeiten. Beim siebten *inning* lagen wir mit 10:1 im Rückstand. Bugsy war in glänzender Laune, er fummelte seiner Nutte an den Beinen rum und rieb sich an ihr, als ob ihm die ganze Welt gehörte. Er drehte sich zu mir um und steckte mir eine 5-Dollar-Zigarre zu. Ich zündete sie mir an.
»War dieser Typ wirklich 'n Engel?« fragte er mich mit einem amüsierten Lächeln.
»Er sagte, wir sollten ihn einfach J. C. nennen, aber ich will verdammt sein, wenn ichs weiß.«
»Sieht so aus, als ob der Mensch dem lieben Gott jedesmal eins ausgewischt hat, wenn sie einander ins Gehege kamen.«
»Kann ich nicht beurteilen«, sagte ich, »aber ich seh die Dinge so: wenn man einem die Flügel kappt, dann ist das so, als wenn man ihm den Schwanz abschneidet.«
»Mag sein. Aber so wie ich die Dinge sehe, hat der Stärkere eben das Recht auf seiner Seite.«
»Was in diesem Fall der Tod ist.«

Ich holte die Luger raus und drückte sie ihm an den Hinterkopf. »Um Gottes willen, Bailey! Komm wieder zu dir! Ich geb dir die Hälfte von allem, was ich hab! Nein, ich geb dir alles, was ich hab — sogar die Tante hier, alles — bloß nimm das Ding wieder von meinem Kopf weg!«
»Wenn du denkst, daß Killen was Starkes ist, dann PROBIER mal, wie das schmeckt!«
Ich drückte ab. Es war schauderhaft. 'ne Luger. Sein Schädel flog in Fetzen, und überall Gehirn und Blut, auf mir, auf ihren Nylon-Beinen, auf ihrem Kleid...
Das Spiel wurde für eine Stunde unterbrochen, während sie uns da rausschafften — den toten Bugsy, seine kreischende, hysterische Alte und mich. Und dann spielten sie die restlichen *innings*. Am nächsten Tag in meiner Zelle kriegte ich vom Schließer die Zeitung:
BLUES ENTSCHEIDEN DAS SPIEL IM 14. INNING, GEWINNEN DIE MEISTERSCHAFT MIT 12:11.
Ich ging zum Fenster meiner Zelle im 8. Stock. Ich knüllte die Zeitung zusammen, ich ballerte sie in die Gitterstäbe und boxte sie durch und sah ihr nach, wie sie durch die Luft fiel, und es sah aus, als hätte sie Flügel, naja, Scheiß drauf, sie flatterte runter wie jedes andere Stück Papier, runter ins Meer, diese weißen und blauen Wellen da unten, so nah, zum Greifen nah, Gott hatte eben doch immer den Finger als erster am Drücker, egal in welcher Gestalt — ob in Form eines verdammten Maschinengewehrs oder eines Gemäldes von Klee, naja, und jetzt, diese Nylonbeine umklammerten inzwischen einen anderen gottverdammten Narren, Malone schuldete mir 250 Tausender und konnte nicht mehr zahlen, J. C. mit Flügeln, J. C. ohne Flügel, J. C. am Kreuz, ich lebte immer noch ein bißchen, und ich drehte mich um und ging zurück in die andere Ecke, hockte mich auf den kalten Knastpott und fing an zu scheißen, Ex-Erste-Liga-Manager, Ex-Mann, und ein leichter Wind kam durch die Gitterstäbe, und ich hatte nicht mehr weit.

Es war heiß in der Bude. Ich ging ans Klavier und fing an zu spielen. Hatte natürlich keine Ahnung von Klavierspielen; ich hämmerte einfach auf die Tasten. Ein paar Leute tanzten auf der Couch. Irgendwann schaute ich zufällig mal unters Piano,

und da hatte sich ein Mädchen lang gelegt, ihr Kleid war bis über die Hüften hochgerutscht. Ich spielte mit einer Hand weiter und langte mit der anderen runter und fummelte ein bißchen. Entweder war es mein haarsträubendes Geklimper oder das Fummeln, jedenfalls die Dame wachte schlagartig auf. Sie kroch unterm Piano hervor. Die Leute auf der Couch hörten auf zu tanzen. Ich schleppte mich rüber zur Couch und haute mich für 'ne Viertelstunde hin. Ich hatte zwei Tage und Nächte nicht mehr gepennt. Es war heiß da drin, elend heiß. Ich wachte auf und kotzte in eine Kaffeetasse. Und dann war die Tasse voll und es fing an auf die Couch zu gehen. Jemand brachte einen großen Pott angeschleppt. Grad noch rechtzeitig. Und ich fing richtig an zu reihern. Sauer. Alles war sauer. Ich stand auf und ging ins Badezimmer. Da waren schon zwei nackte Jungs drin. Einer war mit Rasiercreme und Pinsel zugange und schäumte dem anderen den Schwanz und die Eier ein.
»Hört her, ihr Schönen, ich müßte mal ne Stange Schit in die Ecke stellen.«
»Na man zu«, sagte der Typ, der eingeschäumt wurde, »wir stören dich nicht dabei.«
Ich ging an ihnen vorbei und hockte mich auf die Schüssel.
Der mit dem Pinsel sagte zu seinem Kunden: »Ich hab gehört, daß sie Simpson vom Club 86 gefeuert haben.«
»KPFK*«, sagte der andere. »Die feuern mehr Leute als Douglas Aircraft, Sears Roebuck und Thrifty Drugs zusammen. Ein falsches Wort, ein Satz, der nicht in ihr vorfabriziertes Schema von Politik, Kunst oder Moral paßt, und schon sitzt du auf der Straße. Der einzige, der bei KPFK nicht um seinen Job zu fürchten braucht, ist Eliot Mintz. Der ist wie 'n Spielzeug-Akkordeon: du kannst es quetschen wie du willst, es kommt immer der gleiche Ton.«
»So, jetzt mach«, sagte der mit dem Rasierpinsel.
»Jetzt mach *was?*«
»Reib dein Bammelmann, bis er hart wird.«
Ich ließ einen Dicken in die Schüssel platschen.
»Jessas!« sagte der mit dem Pinsel, nur hatte er den Pinsel nicht mehr; er hatte ihn ins Waschbecken geworfen.
»Was Jessas?« fragte der andere.
»Du hast 'n Kopf an dem Ding wie 'n Paukenschlegel!«

---

* Rundfunkstation in Los Angeles.

»Hatte mal 'n Unfall. Davon ist das.«
»Ich wünschte, ich könnt auch mal so 'n Unfall haben.«
Ich pflatschte noch einen in die Schüssel.
»Also, jetzt mach.«
»Was?« »Beug dich zurück und steck dirs zwischen die Schenkel.«
»So?«
»Yeah.«
»Und jetzt?«
»Jetzt mit dem Bauch vor. Hin- und Herreiben. Klemm die Beine zusammen. So! Siehst du! Du wirst nie mehr 'ne Frau brauchen!«
»Oh Harry, es ist *einfach* nicht das gleiche wie pussy! Was du mir da zeigst, ist doch Scheiße!«
»Man muß nur ÜBUNG drin haben! Du wirst schon sehn! Wirst schon sehn!«
Ich wischte mir den Hintern ab, zog die Spülung und machte, daß ich da rauskam.
Ich ging zum Kühlschrank und holte mir zwei Dosen Bier raus; ich machte beide auf und fing an die erste zu kippen. Ich fragte mich, wo ich hier eigentlich war. Ich tippte auf North Hollywood.
Ich ließ mich in einen Sessel fallen, gegenüber einem Typ mit einem roten Blechdeckel auf dem Kopf und einem zwei Fuß langen Bart. Er war ein paar Nächte lang in großer Form gewesen, aber jetzt kam er von einem *speed* Trip runter, und sein Stoff war alle. Er hatte noch nicht das Schlafstadium erreicht, erst das traurige und leere Vorstadium. Hoffte vielleicht noch darauf, daß ihm jemand einen *joint* anbieten würde, aber es tat sich nichts.
»Big Jack«, sagte ich.
»Bukowski. Du schuldest mir noch 40 Dollar«, sagte Big Jack.
»Hör zu, Jack, mir ist es, als hätte ich dir grad vor kurzem 20 Dollar gegeben. Ehrlich. Ich kann mich noch gut an die 20 erinnern.«
»Aber wie *kannst* du dich denn dran erinnern, Bukowski? Du warst doch *besoffen*, Bukowski, deshalb kannst du dich an nichts mehr erinnern!«
Big Jack hatte einfach was gegen Säufer.
Seine Freundin Maggy, die neben ihm saß, machte jetzt den Mund auf. »Es stimmt, du hast ihm 20 gegeben, aber er sollte dir was zu trinken dafür holen. Wir gingen beide weg und

haben dir was geholt. Das Wechselgeld haben wir dir wiedergegeben.«
»Na is ja schon gut. Wo sind wir hier eigentlich? North Hollywood?« »Nee, Pasadena.«
»Pasadena? Das kann doch nicht sein ...«
Ich hatte eine Zeitlang zugesehen, wie diese Leute hinter so einen großen Vorhang gegangen waren. Einige kamen nach zehn oder zwanzig Minuten wieder raus, andere überhaupt nicht mehr. Das war jetzt schon seit zwei Tagen im Gange. Ich leerte meine zweite Dose, stand auf, zog den Vorhang weg und ging da mal rein. Es war stockdunkel da drin. Es roch nach Pot. Und Arsch. Ich brauchte eine Weile, bis ich mich an die Dunkelheit gewöhnt hatte. Es waren fast nur Männer da. Leckten einander die Ärsche. Kauten einander ab. Rammelten. Nichts für mich. Dazu war ich zu altmodisch. Es war wie in der Turnhalle, nachdem die ganze Mannschaft am Barren geübt hatte. Und dazu der saure Samengeruch. Ich fing an zu würgen. Ein hellhäutiger Neger kam auf mich zu.
»Hey, du bist Charles Bukowski, stimmts?«
»Yeh«, sagte ich.
»Wow! Das ist der schönste Augenblick meines Lebens! Ich hab CRUCIFIX IN A DEATHHAND gelesen. Ich halt dich für den Größten seit Verlaine!«
»Verlaine?« »Yeah, Verlaine!«
Er langte mit einer Hand rüber und faßte mich an die Eier. Ich nahm ihm die Hand wieder weg.
»Was is los?« fragte er.
»Nicht grad jetzt, Baby. Ich schau nur nach 'nem Freund.«
»Oh sorry ...«
Er verdrückte sich. Ich schaute mich nochmal um und wollte gerade gehen, als ich eine Frau in der anderen Ecke des Zimmers sah. Sie hing da in der Ecke, die Beine auseinander, und schien ziemlich weg zu sein. Ich ging rüber und guckte sie mir an. Schien in Ordnung zu sein. Ich ließ meine Hosen runter und steckte ihr das Ding rein. Naja. Ich steckte rein, was ich hatte.
»Ooooh«, machte sie, »ist das gut! Du bist so *kurvig!* Wie 'n Angelhaken!«
»Hatte mal 'n Unfall als Kind. Mit 'm Dreirad.«
»Ohhhhh ...«
Es lief grad ganz gut, als sich plötzlich was zwischen meine Arschbacken RAMMTE. Sterne tanzten mir vor den Augen.

»Hey, VERDAMMT NOCHMAL!« Ich griff hinter mich und zog das Ding raus. Da stand dieser Typ und ich hatte sein Ding in der Hand. »Was glaubst du eigentlich, was du hier machst, Buddy?« fragte ich ihn.
»Hör zu, Sportsfreund«, sagte er, »das Ganze ist ein großes Kartenspiel. Wenn du mitmischen willst, mußt du halt nehmen, was ausgeteilt wird.«
Ich zog mir die Hosen wieder hoch und machte, daß ich da rauskam. Big Jack und Maggy waren weg. Ein paar Leute lagen auf dem Fußboden rum, völlig hinüber. Ich holte mir noch ein Bier aus dem Kühlschrank, trank es aus und ging vors Haus. Die Sonne traf mich wie ein Unfallwagen mit sämtlichen Rotlichtern an. Man hatte meine Karre in eine fremde Einfahrt geschoben. An der Windschutzscheibe steckte ein Strafzettel. Aber man hatte Platz genug gelassen, damit ich das Ding wieder aus der Einfahrt herausbugsieren konnte. Das war das Nette an diesen Leuten hier. Jeder wußte genau, wie weit man gehen konnte.
Ich hielt an der Standard-Tankstelle, und der Mann dort erklärte mir, wie man auf die Pasadena Freeway kommt. Irgendwie schaffte ich es bis nach Hause. Mußte mir unterwegs dauernd auf die Lippen beißen, um wach zu bleiben. Im Kasten lag ein Brief von meinem Ex-Weib in Arizona.
». . . ich weiß, daß Du oft einsam und deprimiert bist. In solchen Fällen solltest Du ins ›Bridge‹ gehen. Ich bin sicher, die Leute dort würdest Du mögen. Oder wenigstens einige von ihnen. Oder Du solltest zu den Dichterlesungen in der Unitarian Church gehen . . .«
Ich ließ mir ein heißes Bad ein. Ich zog meine Klamotten aus, fand eine Dose Bier, trank sie halb aus, stellte sie auf den Rand der Wanne und hockte mich rein, griff mir Seife und Bürste und fing an, meine Schrunden zu bearbeiten.

Ich lernte Kerouacs Helden Neal Cassady* noch kennen, bevor er sich in Mexiko auf jene Eisenbahnschienen legte. Es war in Bryans Büro, der Plattenspieler lief auf Hochtouren, Neal quollen die Augen aus dem Kopf, er kroch förmlich in den Lautsprecher rein, er swingte, hechelte und stampfte, er hatte

---

* Hauptfigur in Kerouacs Roman »On the road«.

ein weißes T-shirt an, auf dem überall die Schweißflecken durchbrachen, er ging mit der Musik mit, dem Beat immer um einen Schatten voraus. Ich setzte mich hin mit meinem Bier in der Hand und sah ihm zu. Ich hatte ein oder zwei Six-Packs mitgebracht. Bryan vergab gerade einen Auftrag an zwei junge Typen; sie sollten einen Bericht über 'ne Show liefern, bei der die Polente dauernd Razzia machte, irgendein Poet aus San Francisco hatte das Ding auf die Beine gestellt, ich komm nicht mehr auf den Namen. Niemand beachtete Neal C., und Neal schien es egal zu sein, oder wenigstens tat er so. Als die Platte zu Ende war, gingen die zwei Jungs, und Bryan stellte mich der Berühmtheit vor. Neal C.
»'n Bier?« fragte ich ihn.
Neal riß sich eine Dose aus dem Karton, warf sie in die Luft, fing sie wieder auf, riß den Verschluß auf und leerte das Ding in zwei Zügen.
»Noch eins?«
»Klar.«
»Ich dachte immer, ich hätte mit Biertrinken was drauf.«
»Mann, ich bin nicht umsonst im Knast groß geworden. Hab übrigens dein Zeug gelesen.«
»Hab deinen Kram auch gelesen. Die Geschichte, wo du bei dieser Tante nackt aus dem Badezimmerfenster gekrochen bist und dich die halbe Nacht in den Büschen versteckt hast. War ganz gut. Hat mir gefallen.«
»Ah ja.« Er kippte eine Dose nach der anderen. Er setzte sich nie hin. Er schoß ständig im Zimmer hin und her. Seine Action war 'n bißchen bullig und aggressiv, aber es war kein Haß in ihm. Man mochte ihn unwillkürlich, obwohl man wußte, daß ihn Kerouac mit seiner Masche geködert hatte, und er hatte angebissen und nie aufgehört zu beißen. Aber Neal war O. K., und wenn man es andersrum anschaute, dann hatte Jack schließlich nur das Buch geschrieben. Er war ja nicht Neals Mutter. Nur sein Untergang.
Neal, auf seinem ewigen Trip, tanzte durchs Zimmer. Sein Gesicht sah alt und mitgenommen aus, aber sein Körper war immer noch der eines Achtzehnjährigen.
»Willst du's mal für 'ne Runde mit ihm versuchen, Bukowski?« fragte Bryan.
»Yeah, wie wär's, Baby?« fragte Neal.
»Nee, vielen Dank. Ich werd im August 48. Ich hab schon genug eingesteckt.«

Ich hätte ihn nie geschafft.
»Wann hast du Kerouac zum letztenmal gesehn?«
Ich glaube, er sagte 1962, oder 63, jedenfalls schon lange her. Ich schaffte es gerade noch, mit Neals Bierkonsum mitzuhalten und mußte schon bald raus und neues holen. Die Arbeit in der Redaktion war in etwa getan, Neal sollte bei Bryan übernachten, und B. lud mich zum Abendessen ein. »All right«, sagte ich, und da ich schon einen Leichten sitzen hatte, war mir nicht recht klar, was mir jetzt bevorstand.
Als wir auf die Straße kamen, hatte gerade ein Nieselregen angefangen, so 'ne dünne fettige Pisse, die so richtig die Straßen vermasselt. Ich merkte immer noch nichts. Ich dachte, Bryan würde fahren; aber Neal stieg ein und setzte sich ans Steuer. Na immerhin, ich hockte ja auf dem Rücksitz. Bryan setzte sich vorne neben Neal, und ab ging die Post. Mit Vollgas diese glitschigen Straßen runter, und jedesmal, wenn wir grad an einer Ecke *vorbei* zu sein schienen, überlegte sichs Neal noch kurz und bog ein. Um Haaresbreite an den geparkten Autos vorbei. Ein Millimeter mehr, und wir wären alle drei im Eimer gewesen.
Und jedesmal fuhr mir so 'ne lachhaft blöde Bemerkung raus wie »Na leck mich am Arsch!«, und Bryan kicherte, und Neal fuhr einfach zu — weder verbissen noch glücklich noch sarkastisch — einfach so; er saß da und machte die nötigen Bewegungen. Ich verstand. Das war seine Arena, seine Rennbahn. Es war richtig und es mußte so sein.
Das Beste kam kurz vor dem Sunset Boulevard; wir fuhren in nördlicher Richtung, auf Carlton zu. Das Nieseln hatte sich noch verstärkt und ruinierte jetzt nicht nur die Fahrbahn, sondern auch die Sicht. Kurz vor Sunset bog Neal ab, Vollgas, jetzt mußte seine nächste Entscheidung kommen, und zwar im Bruchteil einer Sekunde. Um zu Bryans Wohnung zu kommen, mußte man von der Carlton runter und links abbiegen. Wir hatten noch einen Block zu fahren. Vor uns war ein Wagen, und auf der Gegenfahrbahn kamen uns zwei entgegen. Nun, Neal hätte Gas wegnehmen und hinter dieser Karre bleiben können, aber das hätte seinen *Rhythmus* ruiniert. Er scherte also aus und fing an, den Wagen vor uns zu überholen. Ich dachte, das isses, jetzt hat er uns alle geschafft, naja, macht nichts, macht wirklich nichts, oder was einem in so 'ner Situation eben durch den Kopf geht. Die beiden Wagen rasten aufeinander zu, und der andere kam so dicht ran,

daß der ganze Rücksitz in sein Scheinwerferlicht getaucht war. Ich bin überzeugt, der andere Fahrer muß im allerletzten Augenblick noch seine Bremse angetippt haben; das gab uns die Haaresbreite, die wir brauchten. Neal mußte das einkalkuliert haben, diese winzige Bewegung. Aber es war noch nicht zu Ende. Neal fuhr mit hoher Geschwindigkeit auf der Gegenfahrbahn weiter — wollte ja schließlich am Ende des Blocks links einbiegen, und da kam uns der zweite Wagen ins Gehege. Ich werde mich ewig an diesen Wagen erinnern, es war wie eine Momentaufnahme aus allernächster Nähe. Es war ein altes graublaues Coupé, verschrammt, verbogen und verdellert, und es sah *hart* aus, wie 'n gußeiserner Backstein auf Rädern. Neal schnitt es scharf links an. Vom Rücksitz aus hatte es den Anschein, als würden wir kerzengerade in das Ding reinrasen. Es war ganz eindeutig. Aber irgendwie glichen sich die Vorwärtsbewegung des anderen und unsere Drift nach links genau aus. Die hauchdünne Linie war wieder da. Neal parkte unsere Karre, und wir gingen rein. Jean trug das Abendessen auf.
Neal fraß seinen Teller kahl und machte sich dann über meinen her. Das bißchen Wein, das es gab, war sowieso im Nu weg. Bryan hatte einen sehr intelligenten jungen homosexuellen Babysitter, der inzwischen, glaub ich, mit irgend 'ner Rock-Band weitergezogen ist oder Selbstmord verübt hat, oder was weiß ich. Auf jeden Fall, ich erinnere mich, daß ich ihn in den Arsch kniff, als er an mir vorbeiging. Er mochte das. Ich glaube, ich blieb lange da in jener Nacht, viel zu lange, köpfte ein Bier nach dem anderen, unterhielt mich mit Neal. Der Babysitter redete andauernd von Hemingway, verglich mich irgendwie mit Hemingway, glaub ich, bis ich ihm schließlich klarmachte, daß er mir auf die Nerven ging, und er verzog sich nach oben, um nach den Kindern zu sehen. Ein paar Tage danach kriegte ich einen Anruf von Bryan. »Neal ist tot. Neal ist gestorben.«
»Oh shit, nein.«
Und dann erzählte Bryan noch was und hängte auf.
All diese Autofahrten, all diese vielen Seiten von Kerouac, all die Jahre im Knast, um schließlich allein unter einem eisigen mexikanischen Mond zu krepieren, ALLEIN, versteht ihr? Könnt ihr die mickrigen, verschrumpelten Kaktusdinger sehn? Mexiko. Miese Gegend. Spürt ihr nicht den unsteten Blick der Tiere in dieser trostlosen Wüste? Die Ochsenfrösche, glatt,

unauffällig, Schlangen wie Schlitze im Hirn, wie sie angekrochen kommen, verhalten, warten, all das stumpfe Viehzeug unter dem stumpfen mexikanischen Mond. Reptilien, blitzschnelle flickernde Dinger, blinzeln herüber zu dieser Stelle im Sand, wo dieser Kerl im weißen T-shirt liegt.
Neal, er fand seinen Rhythmus, und niemand geschah etwas dabei. Und jetzt hatte er Schluß gemacht, an einer Eisenbahnlinie in Mexiko.
Bei unserer einzigen Begegnung hatte ich zu ihm gesagt: »Kerouac hat all deine Kapitel geschrieben, bis auf das letzte. Ich habs bereits im Kopf.«
»O. K. Worauf wartest du?« hatte er gesagt. »Schreib es.«
end copy.

Die Sommertage sind länger, wenn die Selbstmörder leicht im Wind schaukeln und die Schmeißfliegen über den gärenden Schmant herfallen. Er ist ein berühmter Straßenpoet aus den 50er Jahren und immer noch in Form. Ich schmeiß meine Flasche in den Kanal (wir sind in Venice), Jack ist hier irgendwo für 'ne Woche oder so untergekrochen und soll in ein paar Tagen eine Lesung geben. Der Kanal sieht komisch aus, sehr komisch.
»Nicht mal tief genug, um sich reinzustürzen.«
»Yeah«, sagt er in seiner Bronx-Kino-Stimme, »hast recht.« Er ist 37. Graue Haare. Hakennase. Untersetzt. Vital. Unwirsch. Männlich. Sehr männlich. Leichter Anflug eines jüdischen Lächelns. Aber wahrscheinlich ist er gar nicht Jude. Jedenfalls frag ich ihn nicht danach.
Er kennt Gott und die Welt. Pißte Barney Rosset* auf 'ner Party in die Schuhe, weil Barney was gesagt hatte, das ihm nicht paßte. Jack kennt Ginsberg, Creeley, Lamantia usw. usw., und jetzt hat er auch Bukowski kennengelernt.
»Yeah, Bukowski kam nach Venice rüber, um mich zu sehen. Völlig vernarbtes Gesicht. Eingefallene Schultern. Sieht sehr müde aus. Redet nicht viel, und wenn er was sagt, dann ist es irgendwie flach und nichtssagend. Man würde nie drauf kommen, daß er all diese Gedichtbände geschrieben hat. Er hat viel zu lang im Postamt Briefe sortiert. Hat den Halt ver-

---

* Herausgeber der EVERGREEN REVIEW.

loren. Sie haben ihm den Schneid abgekauft. Schade um ihn, aber ihr wißt ja, wie's ist. Trotzdem, er ist immer noch Klasse, große Klasse.«
Jack kennt sich aus mit den Leuten; es ist merkwürdig, aber nur zu alltäglich, zu wissen, daß an den meisten Leuten nichts dran ist. Das Ganze ist 'ne einzige beschissene Leier, man hat das alles schon so oft gehört, aber es ist doch ein merkwürdiges Gefühl, wenn man es gesagt kriegt, während man an einem Kanal in Venice hockt und dabei ist, einen überdimensionalen Kater auszukurieren.
Er blättert in einem Buch. Meistens Aufnahmen von Dichtern. Mein Bild ist nicht drin. Ich hab spät angefangen und zu lang allein gelebt in billigen kleinen Zimmern und Wein gesoffen. Die Leute denken immer, daß so'n Einzelgänger behämmert sein muß, und vielleicht haben sie recht.
Er blättert also in seinem Buch. Meine Güte, da sitz ich mit meinem Kater und unter mir schwappt das Wasser, und hier ist Jack und blättert in seinem Bilderbuch, und ich sehe die Nasen und Ohren der Berühmtheiten auf den glänzenden Seiten in der Sonne aufblitzen. Mir ist alles gleich, aber ich schätze, wir müssen uns über irgendwas unterhalten, und Konversation liegt mir nicht, naja, er macht das alles allein, here we go, Venice Canal, das ganze traurige beschissene Leben . . .
»Der hier hat vor zwei Jahren durchgedreht. Der hier wollte, daß ich ihn blase, bevor er mein Buch veröffentlicht.
»Hast du ihn . . .?« »Ob ich . . .? Gescheuert hab ich ihm eine! Mit dem hier!« Er zeigt mir seine Bronx-Faust.
Ich lache. Er gibt sich wie er ist und macht keine Umstände. Alle haben heute Angst davor, schwul zu werden. Ich finde das ein bißchen ermüdend auf die Dauer. Vielleicht sollten wir alle schwul werden und uns endlich mal ein bißchen entspannter geben. Nichts gegen Jack, also. Er ist 'ne wohltuende Ausnahme. Zu viele Leute haben Schiß davor, etwas gegen Homos zu sagen — nicht mal auf der ›rein intellektuellen Ebene‹. Ebenso wie sich viele intellektuelle Blüten scheuen, etwas gegen die Linke zu sagen. Mich interessieren die Schwulitäten dieser Eierköpfe herzlich wenig. Auf jeden Fall weiß ich eins: zu viele Leute haben die Hosen voll.
Jack ist also in Ordnung. Und da ich die letzte Zeit zu viel mit Intellektuellen zusammen gewesen bin, weiß ich ihn besonders zu schätzen. Ich verliere sehr schnell die Geduld mit die-

sen preziösen Intellekten, denen ständig ein Juwel über die Lippen kommen muß, sobald sie die Schnauze aufmachen. Und es ermüdet mich, wenn ich dauernd zu tun habe, um mir einen Platz in der geistigen Arena freizukämpfen. Deshalb habe ich mich so lange Zeit überhaupt nicht blicken lassen; und jetzt, wo ich wieder mit Leuten zusammen komme, hab ich das Gefühl, daß ich mich am liebsten gleich wieder in meinen Bau verziehen möchte. Schließlich ist das Geistesleben nicht alles. Es gibt zum Beispiel noch Insekten, Palmen und Salzstreuer. Und da ich in meinem Bau über einen Salzstreuer verfüge, kann ich nur lachen. Und überhaupt ist den Menschen nicht über den Weg zu trauen.
»Die ganze Geschichte mit den Dichterlesungen ist eine Domäne der Linksradikalen und Schwulen geworden«, sagt er und starrt in den Kanal.
Da ist sicherlich was Wahres dran und man kann schlecht was dagegen einwenden. Irgendwas ist faul an dieser Poetry-Szene. Die Bücher der sogenannten Großen sind so elend langweilig; Shakespeare eingeschlossen. (War es *damals* schon so?) Ich entschließe mich, Jack einen Knochen vorzuwerfen.
»Erinnerst du dich an das alte POETRY Magazin? Ich weiß nicht mehr, ob es Monroe war oder Shapiro, der das Ding herausgegeben hat; jedenfalls ist es mittlerweile so mies geworden, daß ich es überhaupt nicht mehr lese. Aber ich erinnere mich an einen Ausspruch von Whitman: ›Um große Dichter zu haben, brauchen wir ein gutes Publikum‹. Naja, ich hab Whitman immer für besser gehalten als mich, falls das überhaupt was bedeutet, aber in dem Punkt ist ihm was Falsches rausgerutscht. Es müßte heißen: ›Um ein gutes Publikum zu haben, brauchen wir große Dichter‹.«
»Yeah, genau. Stimmt«, sagte Jack. »Ich hab kürzlich Creeley auf 'ner Party getroffen und hab ihn gefragt, ob er je was von Bukowski gelesen hätte, und da wurde er richtig eisig. Mann, er wollte mir einfach keine Antwort geben. Na, du kennst das ja.«
»Machen wir, daß wir hier wegkommen«, sagte ich.
Wir machen uns auf den Weg zu meiner Karre. (Irgendwie hab ich's mal zu 'nem Wagen gebracht, Gebrauchtwagen natürlich, reiner Schrott.) Jack ist nach wie vor in sein Bilderbuch vertieft.
»Der hier bläst jeden Schwanz in Sicht.«
»Oh yeah?«

»Und der hat 'ne Lehrerin geheiratet, die poliert ihm den Arsch mit der Peitsche. 'n fürchterlicher Rechen. Er hat seit seiner Heirat kein Wort mehr geschrieben. Ich wette, die hat seine Seele einbalsamiert und unter Verputz in ihrer Möse.«
»Sprichst du von Gregory oder von Kero?«
»Nee, das hier ist *wieder* 'n anderer!«
»Großer Gott!«
Wir gehen weiter in Richtung auf meine Karre. Ich fühl mich ziemlich benommen, aber ich SPÜRE die Vitalität dieses Mannes, die pure ENERGIE in ihm, und für einen Moment wird mir klar, daß möglicherweise eines der wenigen unsterblichen Naturtalente unserer Zeit neben mir her geht.
Ich steig ein. Der Schrotthaufen springt an, aber die Schaltung klemmt wieder. Ich muß die ganze Strecke im ersten Gang fahren, und das Scheißding von Motor verreckt an jeder Kreuzung. Batterie mal wieder leer, ich flehe das Ding innerlich an, nur noch *einmal* anzuspringen, nur keine Bullen, nur nicht schon wieder 'ne Anzeige wegen Trunkenheit am Steuer ... ich bieg links ab und steh vor dem Haus, das er mir angegeben hat, auf die Bremse, und wir steigen aus. Jack blättert immer noch in seiner Sammlung.
»Der hier is O. K. Der hat sich, seinen Alten, seine Mutter und seine Frau umgebracht, aber die drei Kinder und den Hund hat er am Leben gelassen. War einer der Größten seit Baudelaire.«
»Yeah?«
»Yeah. Shit.«
Also wir klettern aus der Karre und ich mach ein Kreuz über der Motorhaube in der Hoffnung, daß sich's die Batterie beim nächstenmal doch noch überlegen wird.
Wir gehen die Stufen rauf und Jack bollert an die Tür.
»BIRD! BIRD! Hier ist Jack!«
Die Tür geht auf und da ist Bird. Ich muß zweimal hinsehen. Ist das nun ein Mann oder 'ne Frau. Das Gesicht hat die reine ätherische Schönheit von destilliertem Opium. Es ist ein Mann. Er hat die Bewegungen eines Mannes. Aber ich weiß, daß er jedesmal, wenn er sich auf die Straße traut, in Lebensgefahr schwebt. Irgendwann werden sie ihn killen, denn er hat nicht eine Spur von Tod an sich. Ich bin schon zu 9/10 krepiert, und an das restliche Zehntel klammere ich mich wie an ein rostiges Maschinengewehr. Und wenn ich die Straße runtergehe, sieht man mir's an.

»Bird, ich brauch 'n Zwanziger«, sagt Jack.
Eine gottverdammte 20-Dollar-Note schält sich aus Birds Hand. Die Bewegung ist glatt und lässig. »Thanks, Baby.«
»Vergiß es. Wollt ihr reinkommen?«
»All right.«
Wir gehen also rein und setzen uns. Mein Blick fällt auf ein riesiges Bücherregal. Ich seh mir das mal genauer an, und da scheint kein einziges langweiliges Buch drin zu stehen. Ich seh all die Bücher, die ich selbst schon immer bewundert habe. Verdammt, träum ich? Der Junge hat ein Gesicht, daß mir jedesmal, wenn ich ihn ansehe, ganz warm ums Herz wird, naja, ihr versteht schon, wie über 'nem Teller Chili und Bohnen, so richtig dampfend heiß, nach 'ner ewig langen Sauftour, der erste richtige Fraß in Wochen, naja, fuck, ich muß immer auf der Hut sein.
Bird. Und der Ozean da draußen. Und eine abgelaufene Batterie. Eine schrottreife Karre. Und die Bullen, die ihre stupiden leeren Straßen patrouillieren. Was für ein lausiger Krieg. Und was für ein idiotischer Alptraum. Nur für einen Augenblick dieser ruhige Raum zwischen uns, und irgendwann werden wir alle an die Wand gedrückt, zertreten wie Kinderspielzeug, und Schluß mit unserem lahmen Heldentum.
Also wir setzen uns. Eine Flasche Scotch erscheint. Ich kippe ein Wasserglas voll in einem Zug, ah, ich schnapp nach Luft, blinzle, ich Idiot, geh auf die 50 zu und versuch immer noch, den Helden zu spielen. Ich Arschloch von einem Helden, füsiliert von einer Salve Kotter.
Birds Frau kommt rein. Man stellt mich ihr vor. Sie ist eine Frau mit fließenden Bewegungen, sie hat ein braunes langes Kleid an und sie fließt, hat lachende Augen, und ich sag euch: sie fließt einfach so dahin.
»wow wow wow!«, sag ich.
Sie sieht derart gut aus, daß ich sie einfach hochheben muß, ich drück sie an mich, ich wirble mit ihr herum, ich lache. Niemand hält mich für verrückt. Wir alle lachen. Wir alle verstehen einander.
Jack hat es gern, daß ich aus mir raus gehe. Er hat den ganzen Nachmittag praktisch alleine bestreiten müssen und ist müde. Er grinst. Er fühlt sich gut. Ein einziges Mal in eurem Leben seid ihr vielleicht mal in einem Zimmer voll Leute gewesen, mit denen ihr euch in allem, was ihr tut, einig seid. Dies war so ein magischer Augenblick. Ich wußte es. Naja. O. K.

Ich zischte noch 'n Glas Scotch aus reiner Verlegenheit.
Bird schaute zu mir herüber.
»Hast du schon meine Collage gesehen?«
Er hielt mir ein völlig beschissen aussehendes Ding hin, mit 'nem Ohrring draufgepappt, und in der anderen Ecke klebte noch so'n undefinierbarer Fetzen Mist; und ich schlitterte in einen dieser endlosen, langweiligen Vorträge über das und jenes, was mir nicht gefiel, und wie ich auf der Kunstakademie *gelitten* hatte ...
Bird zieht die Notbremse. Er zerreißt das Ding und grinst mich an. Die Kokser-Masche. Aber ich kenn mich aus. Und ich weiß auch, jedenfalls nach dem was ich so höre, daß der einzige Kokser, der es wirklich überzeugend bringen kann, William Burroughs ist, dem die Burroughs Co. gehört, oder beinah, und der wirklich den harten Burschen abziehen kann, obwohl er innerlich ein fetter, schwuler, Warzen-schmatzender Macker ist. Jedenfalls hör ich das so hinten rum, und anscheinend redet man nicht laut darüber. Ob das stimmt? Na egal, sag ich, das mag stimmen oder nicht, auf jeden Fall ist Burroughs 'ne stinklangweilige Type, und ohne die tatsächlichen Erfahrungen, die hinter seinem Geschreibsel stecken, wäre er 'ne glatte Null, genauso wie Faulkner eine Null ist — außer in den Augen von ein paar vertrockneten Extremisten aus den Südstaaten — und genau wie Mr. Corrington und Mr. Nod und Mr. Suck-Dry-Shit ...
»Baby«, sagen sie zu mir, »du hast 'n Schlag.«
Und weiß Gott ja, das hab ich. Das hab ich. Und jetzt bleibt nichts mehr, als mich in die Grüne Minna zu verfrachten oder mich meinen Affen ausschlafen zu lassen.
Sie richteten mir ein Bett.
Ich kipp das Zeug zu schnell in mich rein. Sie unterhalten sich weiter. Ich höre sie, verschwommen, weit weg.
Ich nicke ein. Ich schlafe. Das Meer wird mich nicht unter sich begraben, und die anderen werden mir auch keinen reindrükken. Sie haben meinen fetten, schlafenden, schnarchenden Körper gern. Ich bin ein Arschloch. Sie haben mich trotzdem gern.
Ich wünschte, alle hätten es so gut wie ich.
Was soll ich mich da noch über 'ne leere Batterie aufregen.

Es war der reine Irrsinn — da stand ich mit meinem Pappkoffer am Times Square und sie kamen aus allen Löchern herausgequollen, rempelten mich und schossen blindlings an mir vorbei. Endlich gelang es mir, einen von ihnen zu fragen, wo das Village sei, und als ich ins Village kam, fand ich ein Zimmer, und als ich meine Flasche Wein köpfte und mir die Schuhe auszog, merkte ich, daß in dem Zimmer eine Staffelei stand, aber ich war kein Künstler, nur ein Tramp auf der Suche nach dem berühmten Silberstreif am Horizont, und ich hockte mich hinter die Staffelei und trank meinen Wein und sah aus dem verschmierten Fenster.

Als ich rausging, um mir noch eine Flasche zu holen, sah ich unten in der Halle diesen jungen Typ im seidenen Morgenrock, Baskenmütze auf dem Kopf, Jesus-Sandalen an den Füßen und einen verkümmerten Bart in der Visage, und er sabberte ins Telefon: »Oh yes, yes, Darling, ich *muß* dich einfach sehen, oh yes, *unbedingt!* Sonst schneide ich mir die Pulsadern durch...! Yes!« Und ich muß unbedingt hier raus, entschied ich. Was für ein mieser kleiner Scheißer. Der würde sich nicht mal die Schuhriemen durchschneiden. Und draußen hockten sie in den Cafés rum, sehr lässig, mit Baskenmützen und so, und machten auf Künstler.

Ich blieb dann doch eine Woche da, saß meine im voraus bezahlte Miete ab und nahm mir dann ein Zimmer außerhalb des Village. In Anbetracht der Größe und passablen Ausstattung war die Miete überraschend niedrig, und ich konnte mir zuerst nicht vorstellen, wo da der Haken war. An der Ecke war eine Bar, da saß ich den ganzen Tag über meinem Bier; das Geld ging mir langsam aus, aber wie gewöhnlich war mir der Gedanke an einen Job zuwider. Am späten Abend nahm ich mir zwei Flaschen Portwein mit aufs Zimmer. Ich zog mich aus, kroch ins Bett und goß mir das erste Glas ein. Und dann fand ich heraus, warum das Zimmer so billig war. Die »L*« führte genau an meinem Fenster vorbei. Und der Zufall wollte es, daß gerade hier eine Haltestelle war. Direkt vor meinem Fenster. Jedesmal wenn ein Zug hielt, wurde es taghell im Zimmer. Und ich hatte eine ganze Wagenladung Gesichter vor mir; schauderhafte Gesichter — Nutten, Orang-Utans, Bastarde, Irre, Killer — sie alle hockten da und starrten mich an wie das Jüngste Gericht. Und dann fuhr der Zug an, und das

---

* Hochbahn.

Zimmer wurde wieder dunkel. Bis zur nächsten Ladung. Und die kam immer viel zu schnell. Ich hatte den Wein wirklich nötig.
Das Haus gehörte einem jüdischen Ehepaar. Sie hatten eine Schneiderwerkstatt plus Reinigung über der Straße. Ich entschied, daß meine Klamotten in die Reinigung mußten. Es ließ sich nicht mehr vermeiden, ich mußte mich in Schale werfen und mich nach einem Job umsehen. Ich also rein, halb im Suff, mit meinen paar Lumpen auf dem Arm.
». . . möcht das Zeug hier waschen lassen oder reinigen oder so was.« »Sie armer Junge! Das sind ja nur noch Fetzen! Damit könnte ich nicht mal mehr die Fenster putzen. Ich will Ihnen was sagen . . . oh, Sam . . .!« »Yeh?«
»Zeig doch diesem netten Jungen mal den Anzug, den der Herr hiergelassen hat.«
»Oh ja, das ist solch ein *hübscher* Anzug. Ich *begreife* nicht, wie ihn der Herr einfach zurücklassen konnte!«
Ich will euch mit dem Rest der Unterhaltung verschonen. In der Hauptsache bestand ich darauf, daß mir der Anzug zu klein sei. Sie bestritten das energisch. Ich sagte, wenn er mir nicht zu klein ist, dann sind eben die Ärmel zu lang. Sie sagten 7 Dollar. Ich sagte Pleite. Sie sagten sechs. Ich sagte immer noch Pleite. Als sie auf vier herunter waren, sagte ich, sie sollten mich erst mal in das Ding reinkriegen. Sie schafften es irgendwie. Ich gab ihnen die vier. Ging zurück auf mein Zimmer, zog das Ding aus und legte mich lang. Als ich aufwachte, war es Nacht (außer wenn die Züge ankamen), und ich beschloß, meinen neuen Anzug anzuziehen, auszugehen und mir eine Frau zu angeln; eine, die gut aussah, natürlich, damit sie mich versorgen konnte.
Als ich in die Hosen stieg, rissen sie mir bis über den Hintern auf. Naja, ich nahm das hin. Es zog ein bißchen, aber ich dachte mir, die Jacke geht ja ein Stück drüber. Als ich in die Jacke schlüpfte, ging der linke Ärmel an der Schulter ab, und ein schmuddeliges Schaumgummipolster quoll heraus.
Wieder mal reingefallen. Ich pellte mich aus dem, was von der Klamotte noch übrig war, und beschloß, daß ich mal wieder die Tapete wechseln mußte.
Ich fand ein anderes Zimmer. So 'ne Art Souterrain, man mußte ein paar Stufen runtergehen und sich zwischen den Mülltonnen der anderen Mieter durchzwängen. Na, damit kam ich meiner Ebene schon näher.

Die erste Nacht, nachdem die Bars dicht gemacht hatten, stand ich vor der Tür und stellte fest, daß ich meine Schlüssel verloren hatte. Ich hatte nur ein dünnes weißes Hemd an. Um mir nicht den Arsch abzufrieren, stieg ich in einen Bus und fing an, kreuz und quer durch die Gegend zu fahren. Schließlich sagte der Fahrer Endstation; vielleicht hatte er mich auch einfach satt, was weiß ich.
Ich stieg aus. Es war nach wie vor elend kalt. Ich stand vor dem Yankee-Stadion.
Mein Gott, dachte ich, hier hat Lou Gehrig, der Held meiner Kindheit, gespielt. Und jetzt soll ich hier draußen verrecken. Na, das paßte ja alles zusammen.
Ich ging ein Stück, und nach einer Weile fand ich ein Café. Ich ging rein. Lauter schwarze Kellnerinnen, alle ein bißchen jenseits der besten Jahre. Aber die Kaffeetassen waren groß, und eine Doughnut plus Kaffee kostete so gut wie nichts.
Ich nahm mein Zeug, setzte mich an einen Tisch, schlang die Doughnut runter, schlürfte einen Mundvoll Kaffee und steckte mir eine King-size ins Gesicht.

Ich fing an Stimmen zu hören.

»PRAISE THE LORD, BROTHER!«

»OH, PRAISE THE LORD, BROTHER!«

Ich schaute mich um. Die Kellnerinnen waren dabei, mich zu lobpreisen, und einige Kunden ebenfalls. Wie schön. Die längst fällige Anerkennung, dachte ich. *Atlantic Monthly* und *Harper's Bazaar* konnten sich zum Teufel scheren. Dem Genie konnte die Anerkennung auf die Dauer nicht versagt bleiben. Ich lächelte sie alle an und zog genüßlich an meinem Glimmstengel.
Und dann kam eine der Kellnerinnen angerauscht und brüllte mich an:

»RAUCHEN VERBOTEN IM HAUSE DES HERRN, BROTHER!«

Ich erstarrte. Ich machte die Zigarette aus. Ich trank meinen Kaffee.
Dann ging ich raus und sah das Transparent über der Tür: FATHER DIVINE'S MISSION. Oh Brother. Ich zündete mir eine neue Zigarette an und machte mich auf den langen Weg nach Hause. Ich kam an, drückte auf sämtliche Klingeln, aber niemand machte auf. Schließlich machte ich mirs auf den Mülltonnen bequem und versuchte zu schlafen.
Immerhin hatte ich noch so viel Verstand, daß ich mich nicht

auf die Erde legte, wo mich die Ratten erwischen konnten. Ich war eben ein cleverer Junge.
Ich war so clever, daß ich am nächsten Tag sogar einen Job fand. Und am Abend, leicht zittrig, ziemlich verkatert und verkrumpelt, ging ich an die Arbeit.
Zwei alte Kerle sollten mich einweisen. Sie hatten den Job schon, seit man die U-Bahn erfunden hatte. (Bzw. die Hochbahn, wie sich rasch herausstellte.) Wir schusserten also los, jeder mit einem Stoß Pappdeckel unterm Arm und einem kleinen Gerät in der Hand, das aussah wie ein Flaschenöffner.
»In New York ham alle Leute solche kleinen grünlichen Wanzen«, sagte einer der beiden Alten.
»Was du nicht sagst!« meinte ich, wobei es mir ziemlich egal war, was für 'ne Farbe die Wanzen hatten.
»Du wirst sie sehen, auf den Sitzen. Wir finden sie jede Nacht auf den Sitzen. »Yeh«, machte der andere.
Meine Fresse, dachte ich, ob sowas auch mal Cervantes passiert ist?
»Jetzt schau her«, sagte der eine. »Jeder Karton hat 'ne kleine Nummer. Wir nehmen die alte Anzeige raus und setzen die neue mit derselben Nummer rein.«
Flip, flip. Der Flaschenöffner löste die Halterungen, die alte Werbung fiel raus, die neue wurde reingehauen, flip, flip die Halterungen wieder festgemacht.
»Jetzt versuchs du mal.«
Ich tat mein Bestes. Aber die Halterungen gaben nicht nach. Ich hatte einen miesen Flaschenöffner erwischt. Und außerdem war mir schlecht.
»Wirst es schon hinkriegen«, sagte einer der Alten.
Ich werds schon hinkriegen. Du ARSCH, dachte ich.
Wir arbeiteten uns durch den Wagen durch. Am anderen Ende kletterten wir raus und die Opas gingen weiter, über die Schwellen. Die Schwellen waren mindestens einen Meter auseinander. Ein Mensch konnte da bequem durchfallen, ohne sich besondere Mühe zu geben. Wir waren gut und gern 25 Meter über der Straße und ebensoweit vom nächsten Wagen entfernt. Die beiden alten Knacker hüpften über die Schwellen, erreichten den nächsten Wagen und drehten sich nach mir um. Drüben an der Haltestelle war gerade ein Zug eingefahren. Im Licht, das aus seinen Wagen über die Gleise fiel, konnte man die Zwischenräume zwischen den Schwellen sehr schön sehen.

»Mach schon! Los, wir hams eilig!«
»Scheiß auf eure Eile!« brüllte ich zurück. Ich fing an, mich langsam vorzuarbeiten, mit meiner Ladung Pappdeckel unterm Arm und diesem lächerlichen Flaschenöffner in der Hand ... ein Schritt ... noch einer ... noch einer ... schwindelig, verkatert, benommen.
Und dann fuhr der Zug drüben ab und es wurde dunkel wie in einer Besenkammer. Noch dunkler sogar. Ich sah nichts mehr. Ich konnte nicht mehr vor und nicht mehr zurück. Ich stand einfach da.
»Na los doch! Mach schon! Wir ham noch mehr Wagen zu machen!«
Meine Augen gewöhnten sich langsam wieder an die Dunkelheit. Ich tastete mich vorsichtig weiter vor. Manche Schwellen waren weich und angefault, andere uneben und voller Splitter. Längst nahm ich ihr Rufen nicht mehr wahr. Ich starrte nur noch wie hypnotisiert vor mich in die Dunkelheit. Jeder Schritt, den ich machte, konnte mein letzter sein.
Ich schaffte es bis zum nächsten Wagen und schmiß ihnen das Zeug vor die Füße.
»Wassn los?«
»Wassn los, wassn los! ICH SCHEISS DRAUF!«
»Was paßt dir denn nicht?«
»Ein falscher Schritt, und man hat sich's Genick gebrochen. Ist euch Deppen das eigentlich klar?«
»Hier hat sich noch keiner was gebrochen.«
»Wahrscheinlich weil keiner so viel säuft wie ich. So, und jetzt hätte ich gern, daß mir einer von euch sagt, wie man hier wieder runter kommt.«
»Tja, da drüben geht 'ne Treppe runter, aber da muß man über die Gleise gehn. Und das heißt, man muß über zwei oder drei Heiße steigen ...«
»Fuck it. Was sind ›Heiße‹?«
»Da fließt der Saft drin. Wenn du da drankommst, bist du hin.«
»Zeig mir, wo man rübergeht.«
Sie zeigten mir die Stelle. Die Entfernung schien nicht allzu groß zu sein.
»Bedanke mich, Gentlemen.«
»Paß auf die heißen Schienen auf. Pures Gold. Wenn du drankommst ... pffft!«
Ich machte mich auf den Weg. Ich spürte, wie sie mich beob-

achteten. Jedesmal, wenn ich an eine heiße Schiene kam, machte ich einen hohen, vorsichtigen Schritt. Einmal blickte ich zurück. Ihre Gesichter waren weich und milchig im Mondlicht.
Ich erreichte die Treppe und fing wieder an zu leben. Drunten auf der Straße war eine Bar. Ich hörte schallendes Lachen. Ich ging rein und pflanzte mich irgendwo hin. Ein Kerl gab Geschichten über seine Mutter zum besten, wie sie ihn in die Klavierstunde schickte und zum Malen auf die Abendakademie, und wie er ihr das Geld für seine Sauftouren aus der Tasche zog. Die ganze Belegschaft grölte. Mich überkam es auch. Der Kerl war ein Genie, seine gute Laune war einfach ansteckend, und er teilte es nach allen Seiten aus. Ich lachte, bis die Bar dicht machte und die Runde auseinanderging.
Ich verließ New York wenige Tage später und bin nie wieder hingegangen. Es gibt Städte, die einem Glück bringen, und es gibt Städte, die einen killen. Die zweite Sorte ist in der Überzahl. Um in New York durchzukommen, braucht man einen ganzen Panzerschrank voll Glück. Und das hatte ich nicht.
Das Nächste, an das ich mich erinnere, ist, daß ich in einem komfortablen Hotelzimmer in Kansas City saß und zuhörte, wie der Manager das Zimmermädchen verdrosch, weil sie es nicht fertiggebracht hatte, mir ihren Arsch zu verkaufen. Alles war wieder real, friedlich und normal. Ich saß im Bett, hörte mir das Gezeter an, langte nach einem vollen Glas, goß es mir hinter die Binde und räkelte mich in den sauberen Leintüchern. Der Manager hatte eine beachtliche Handschrift. Ich hörte ihren Kopf gegen die Wand schlagen.
Am nächsten Tag, wenn ich die Strapazen der Busfahrt überstanden hatte, würde ich sie vielleicht für einen Kurzen zu mir reinlassen. Sie hatte einen ansprechenden Hintern. Und der Manager besaß die kluge Umsicht, ihr den nicht zu ramponieren. Und ich war New York entronnen, gerade noch mal mit einem blauen Auge davongekommen.

Das waren Abende, damals im Olympic. Sie hatten einen glatzköpfigen kleinen Iren (hieß er Dan Tobey?), der die Ansage machte, und der Kerl hatte *Stil*, er hatte was gesehen im Leben, vielleicht war er sogar als Junge noch auf den alten Riverboats gewesen, oder wenn er nicht schon so alt war, dann hatte er doch mindestens noch den Dempsey-Firpo-Fight miterlebt.

Ich sehe ihn immer noch, wie er hochlangte und langsam das Ringmikrophon zu sich runterzog, wir hatten alle schon vor dem ersten Kampf einen sitzen, pafften Zigarren, fühlten uns wie Graf Rotz und warteten darauf, daß sie die ersten beiden Jungs auf die Bretter stellten. Wir waren eine grausame Meute, aber so wie die Dinge lagen, wollten wir was sehen für unser Geld.

Fast jeder von uns hatte eine rot oder blond gefärbte Schönheit dabei. Meine hieß Jane, und wir zogen manch einen guten 10-Runden-Fight miteinander ab, von denen einer für mich mit K. o. endete. Und ich war stolz, wenn sie aus dem Damenklo kam und die ganze Galerie anfing zu stampfen und zu pfeifen, wenn sie mit diesem großen magischen Hintern unter ihrem hautengen Kleid wackelte — und es *war* ein magischer Hintern: sie konnte den kältesten und härtesten Burschen derart bedienen, daß er nach Luft schnappte und brünstige Liebeslaute gegen einen Zementhimmel lallte. Und sie kam also die Galerie runter und setzte sich neben mich, und ich setzte die Flasche an wie eine Fanfare, reichte sie ihr rüber, sie nippte daran, gab sie zurück, und ich sagte gewöhnlich irgendwas Starkes in Richtung auf die Meute auf den billigen Plätzen: »Diese heulenden Wichser da oben, ich leg sie alle um!«

Und dann schaute sie auf ihr Programm und fragte mich: »Auf wen tippst du im ersten Kampf?«

Ich lag immer gut mit meinen Tips — vielleicht in 90 % aller Fälle —, aber ich sah mir die Jungs vorher immer genau an. Ich tippte immer auf den, der am wenigsten Wind machte. Und wenn einer sich vor dem Gong bekreuzigte und der andere nicht — dann stand für mich der Sieger bereits fest. Es stimmte meistens: derjenige, der rumtanzte und das ganze Schattenboxen abzog, war meistens auch der, der sich bekreuzigte, wenn es ernst wurde, und dann auch prompt Prügel bezog.

Es gab kaum schlechte Kämpfe in jenen Tagen, und wenn es welche gab, dann spielten sie sich — wie heute — in der Schwergewichtsklasse ab. Aber wenn damals etwas faul aussah, dann machten wir uns auch bemerkbar auf den Rängen — wir demolierten die Sitze oder nahmen den Ring auseinander oder steckten die ganze Halle an. Sie konnten sichs einfach nicht

leisten, uns zu viele miese Fights vorzusetzen. Die *Hollywood Legion* hatte das Monopol auf miese, gezinkte Fights, und keiner von uns ließ sich dort blicken. Jeder — selbst die Boys von der Hollywood L. — wußte, daß die wirkliche Action im Olympic war. Raft kam, und all die anderen Größen, und die Starlets kuschelten sich in ihre reservierten Sitze am Ring. Und die Jungs auf der Galerie gerieten außer sich, und die im Ring schlugen sich wie die Irren, und die ganze Halle war blau vom Zigarrenqualm; und wie wir uns die Lunge aus dem Hals schrien und Geldscheine in den Ring warfen und den Whisky rumgehen ließen; und wenn es vorbei war, kam die Fahrt nach Hause, und dann auf die Matratze mit unseren blondgefärbten raffinierten Ludern, man machte eine Nummer, und dann schlief man wie ein besoffener Engel. Wer brauchte damals die Leihbibliothek? Wer brauchte Ezra? T. S. E.? H. D.? Wer brauchte die Eliots, die Sitwells, den ganzen hochtrabenden Verein?
Ich werde nie den Abend vergessen, als ich zum erstenmal den jungen Enrique Balanos im Ring sah. Damals war mein Favorit ein tüchtiger schwarzer Fighter; er brachte immer ein kleines weißes Lamm mit in den Ring und drückte es an sich, bevor der Kampf losging. Das war natürlich zickig, aber der Junge hatte Klasse, und einem harten Fighter sieht man schließlich schon so einige Flausen nach, stimmts?
Jedenfalls, er war mein Held. Er hieß wohl Watson Jones oder so ähnlich. Watson hatte Klasse und einen guten Riecher — — schnelle Kombinationen, links-rechts, und dann kam der PUNCH; und man merkte, daß ihm die Arbeit im Ring Spaß machte. Und dann, eines Abends, stellten sie ohne Vorankündigung diesen Balanos gegen ihn auf die Bretter, und Balanos hatte genau die richtige Einstellung, er nahm sich Zeit, zermürbte Watson, deckte ihn ein nach Strich und Faden und gab ihm in der letzten Runde den Rest. Meinem Helden! Ich wollte es nicht wahrhaben. Ich stieg auf meinen Sitz, fuchtelte mit meiner Flasche in der Luft und schrie nach einem Sieg für Watson, der einfach nicht mehr drin war. Wenn ich mich recht entsinne, ging Watson am Ende sogar k. o., so daß der Abend wirklich zu einem bitteren Erlebnis wurde. Balanos teilte aus, was er hatte — und er hatte 'ne Menge. Er bewegte sich fast nicht. Er pflanzte seine Beine auf die Bretter und ließ seinen Gegner kommen. Er täuschte, duckte ab, fintete, und ständig kreisten seine Arme, die reinsten Windmühlenflügel, kann ich

euch sagen, und immer wieder kam er mit seiner Rechten durch. Nach diesem Fight wurde mir klar, daß es eines Mannes von einsamer Klasse bedurfte, um diesen Balanos zu schlagen. Und daß es für Watson das Beste war, wenn er sich sein Lämmchen unter den Arm klemmte und für immer von der Bildfläche verschwand.
Aber erst spät in jener Nacht, als der Whisky in mich reinlief wie in ein leckgeschlagenes Schiff und ich mich mit meiner Schickse in der Wolle hatte, war ich so weit, daß ich mir eingestand, daß der bessere Mann den Fight gewonnen hatte.
»Balanos. Gute Beinarbeit. Er handelt ohne zu überlegen. Reagiert blitzschnell und instinktiv. Heut nacht hat der Körper über die Seele gesiegt. So isses meistens. Goodbye Watson, goodbye Central Avenue. Feierabend'. Es ist alles vorbei.«
Ich schmiß mein Glas an die Wand, ging rüber und griff mir 'n Stück Weib. Ich war angeschossen. Sie war schön. Wir stiegen ins Bett. Ich entsinne mich, daß es zum Fenster reinregnete. Wir ließen uns vollregnen. Es tat gut. Es tat so gut, daß wir zwei Nummern hintereinander schoben. Und dann schliefen wir ein, mit dem Gesicht zum Fenster, und es regnete, und am nächsten Morgen wachten wir völlig durchnäßt und durchfroren auf und niesten und lachten,'»Jessas! Menschenskind! Irre!« Es war lustig, und der arme Watson lag irgendwo mit seinem zu Matsch geschlagenen Gesicht und sah den 6-Runden- und den 4-Runden-Kämpfen in der Provinz entgegen und schließlich einem Job neben mir am Fließband in der Fabrik, acht oder zehn Stunden Plackerei am Tag für 'n Trinkgeld, keine Aussicht, jemals wieder hochzukommen, nur noch geduldig auf Papa Tod zu warten, sich in den Arsch treten lassen, sich das Hirn durch den Wolf drehen lassen, und wir niesten, »Jessas!«, es war lustig und sie sagte, »Mensch, du bist ja total blaugefroren! BLAU! Von Kopf bis Fuß! Guck dich doch mal im Spiegel an!«, und ich stellte mich bibbernd vor den Spiegel, es stimmte, ich war vollkommen blau angelaufen! Verrückt! Ich fing an zu lachen, ich lachte, bis ich auf den Teppich fiel, und sie fiel auf mich und wir lachten, lachten, lachten, daß ich dachte, wir hätten beide den Verstand verloren, und dann wurde es Zeit für mich, ich mußte mich anziehen, mir die Haare kämmen, die Zähne putzen, essen konnte ich nichts, es kam mir schon beim Zähneputzen hoch, und dann ging ich raus und machte mich auf den Weg zur

Glühbirnenfabrik, die Sonne brannte herunter, es tat gut, aber das war auch das einzige, und im übrigen mußte man es eben nehmen wie es kam.

Santa Anita, 22. März 1968, 15 Uhr 10. Quillo's Babe liegt im Ziel gleichauf mit Alpen Dance, und ich hol nicht mal wieder meinen Einsatz raus. Das 4. Rennen ist vorbei, ich bin mit 40 Dollar im Schneider und hab noch keinen lausigen Cent gutgemacht. Es hätte klappen müssen bei Boxer Bob im zweiten Rennen mit Bianco im Sattel, einem der besseren neuen Jockeys auf der Bahn, und bei einer Notierung von 9/5. Bei jedem anderen Jockey, sagen wir Lambert oder Pineda oder Gonzales, hätte das Pferd mit 6/5 oder weniger notiert. Aber immerhin, ich halt mich an meinen alten Spruch: Eine Chance wittern und dann nicht konsequent nachsetzen ist dümmer, als von vornherein einfach auf Verdacht zu setzen. Wenn man blind setzt und es haut nicht hin, kann man sich wenigstens noch sagen: Scheiße, heut geht mir wieder alles daneben. Wenn man aber einen Lauf kommen sieht und sich nicht dranhängt, kann man sich hinterher nur noch Asche aufs Haupt streuen und nicht mal mehr mit gutem Gewissen Scheiße sagen. Und das ist ungesund, führt zu verkorksten Nächten, zuviel Alkohol, und dreht einen schließlich durch den Reißwolf.
All right. Die alten Kunden des Totalisators verschwinden nicht einfach von der Bildfläche. Sie sterben, aber härter als die übrigen Zeitgenossen. Vielleicht verkriechen sie sich in ein Loch an der East 5th, oder vielleicht stehen sie noch eine Zeitlang an der Ecke und verkaufen Zeitungen, mit einer zerschlissenen Schildmütze auf dem Kopf, und tun so, als ob das Ganze nur ein Gag sei, während sie in Wirklichkeit schon das Gras von unten wachsen hören. Ich glaube, es war einer von Freuds Lieblingsschülern (er hat sich inzwischen wohl einen Namen gemacht, meine Ex-Frau hat ihn immer mit Vorliebe gelesen), der gesagt hat, Glücksspiel sei eine Form von Masturbation. Es muß schön sein, Köpfchen zu haben und solche Weisheiten von sich zu geben. Und vermutlich steckt in jeder derartigen Binsenweisheit ein Körnchen Wahrheit. Wenn ich so ein gescheites Haus wäre, würde ich wahrscheinlich ähnliche Sprüche auf die Menschheit loslassen. »Sich die Finger-

nägel mit einer dreckigen Nagelfeile putzen ist eine Form von Masturbation.« Und ich würde vielleicht ein Stipendium kriegen oder zum Ritter geschlagen werden und noch 14 scharfe Nümmerchen als Dreingabe erhalten.
Gestützt auf meine langjährige Erfahrung mit Schlachthöfen, Fabriken, eisigen Nächten auf Parkbänken, lausigen Jobs, miesen Weibern und allgemein entnervenden Lebensläuften kann ich nur soviel sagen: der Grund, weshalb der Durchschnittsmensch seine paar Piepen beim Pferderennen verwettet, ist, weil man ihm die Schrauben zu eng angezogen hat, weil der Vorarbeiter eine Kanaille ist, weil der Hauswirt Scherereien macht, weil das Sexleben unter den Gefrierpunkt gesunken ist; Einkommenssteuer, Krebs und der große Katzenjammer; Kleider, die beim drittenmal Tragen aus dem Leim gehen; Leitungswasser, das wie Pisse schmeckt; Ärzte mit Fließbandbetrieb und verlausten Wartezimmern; Politiker mit Scheiße und Eiter im Kopf ... man könnte diese Aufzählung bis ins Aschgraue fortsetzen, würde sich aber nur den Vorwurf einhandeln, man sei verbittert und übergeschnappt. Also scheiß drauf. Jedenfalls, wenn ich richtig mitgezählt habe, dann hab ich bis heute 2500 Nummern geschoben, dagegen aber 12 500 Pferderennen erlebt. Wenn ich also jemand einen Rat geben kann, dann den: Malen Sie Aquarelle.
Worauf ich hinaus will, ist dies: Die Leute kommen zum Rennplatz, weil ihnen das Wasser bis zum Hals steht, und weil sie eher riskieren wollen, daß ihnen das Wasser bis über die Ohren geht, als sich mit ihrer augenblicklichen Lage zufrieden zu geben. Und hoch da oben thronen die Big Boys und schauen auf den Ameisenhaufen herunter. Glauben Sie nicht, daß Johnson sich wie Graf Rotz fühlt, wenn er seine Nabelschau betreibt? Und ist Ihnen nicht ebenso klar, daß Johnson gleichzeitig eine der größten Arschkrücken ist, die man uns je angedreht hat? Aber wir haben den Köder genommen, wir hängen an der Angel und zappeln uns einen ab. Und einige von uns haben sich bereits derart einwickeln lassen, daß sie geradezu süchtig sind nach diesen Quälereien, weil sie Teil eines logischen Plans zu sein scheinen. Sie scheinen unumgänglich, da sich keine Alternative anzubieten scheint. Also haben wir manipulierte Pferderennen in Santa Anita. Und also haben wir Johnson. Und irgendwie lassen wir es zu, daß es so bleibt. Wir sind so wahnsinnig, uns die Handschellen selbst anzulegen. Das mag erklären, weshalb einige von uns

— wenn nicht die meisten, wenn nicht alle — an einem Tag wie dem 22. März 1968 in Santa Anita zusammenkommen, um sich reinlegen zu lassen.
Ende des 5. Rennens; Sieger ist Quadrant, die Nr. 12. Die Anzeigetafel registriert 5/2. Das Pferd hat einen überzeugenden Sieg herausgelaufen und seinen Vorsprung auf der Zielgeraden noch vergrößert. Ich hab Zehn auf Sieg und warte mit meinen 40 Dollar Minus auf die offizielle Notierung. 5/2 zahlt zwischen $ 7.00 und $ 7.80, und Zehn auf Sieg bedeutet einen Gewinn zwischen $ 35.00 und $ 39.00. Und damit, schätze ich, bin ich einigermaßen aus dem Schneider. Das Pferd war an dritter Stelle in der Aufstellung und die 5/2-Notierung hatte sich bis zu dem Zeitpunkt, als der Totalisator dichtmachte, nicht geändert.
Die offizielle Notierung leuchtete auf: 5:40. Da war es, direkt vor meinen Augen. Fünf-Vier-Null. Das liegt zwischen 8/5 und 9/5 und hat mit 5/2 weiß Gott nichts mehr zu tun. Anfang der Woche hatte das Management über Nacht und ohne Vorankündigung die Parkgebühren von 25 auf 50 Cents erhöht. Die Gehälter der Parkwächter wurden garantiert *nicht* verdoppelt. Außerdem wurde der Eintrittspreis von $ 1.95 auf $ 2.00 aufgerundet. Und jetzt das. $ 5.40. Verdammt nochmal. Ein langsames, ungläubiges Aufstöhnen kam von der Tribüne. In all den nahezu 13 000 Rennen, die hinter mir lagen, hatte ich etwas derartiges noch nicht erlebt. Natürlich ist die Anzeigetafel nicht unfehlbar. Ich habe bei 9/5 schon erlebt, daß $ 6.00 ausgezahlt wurden und ähnliche geringfügige Verschiebungen, aber noch nie, daß eine 5/2 im letzten Augenblick auf beinah 8/5 fiel. Dazu hätten in letzter Sekunde noch unglaublich hohe Wetten eingehen müssen.
Die Menge fing an zu buhen. Das Buhen verebbte und begann von neuem. Und jedesmal hielt es länger an. BUH BUUUH BUUUUUUHHHHHH! Der Mob merkte, daß etwas faul war. Der Mob war mal wieder aufs Kreuz gelegt worden. $ 5.40 bedeutete, daß ich statt $ 39.00 nur $ 27.00 kassierte. Und ich war nicht der einzige, der davon betroffen war. Man spürte, wie es in der Menge gärte. Für viele bedeutete jedes Rennen die Entscheidung darüber, ob sie ihre Miete bezahlen konnten, am nächsten Tag was zu essen hatten und die nächste Rate für ihren Wagen bezahlen konnten oder nicht.
Ich schaute runter auf die Bahn und sah einen Mann, der mit seinem Programm fuchtelte und auf die Tafel zeigte. Er schien

auf einen der Platzordner einzureden. Dann schwenkte er sein Programm in Richtung auf die Zuschauer und forderte sie auf, herunter auf die Rennstrecke zu kommen. Ein Mann kam runter und sprang über das Geländer. Die Menge brach in Beifallsgeschrei aus. Dann kam noch einer. Wieder Beifall. Die Menge kam in Stimmung. Und dann kamen weitere, und die Menge johlte. Man fühlte sich besser, man witterte eine Chance ... Noch mehr Leute kamen herunter auf die Gerade; es mußten wohl an die 65 sein.
Die Stimme des Ansagers dröhnte aus den Lautsprechern: »LADIES AND GENTLEMEN, WIR BITTEN SIE, DIE RENNSTRECKE ZU RÄUMEN, DAMIT DAS 6. RENNEN BEGINNEN KANN!«
Seine Stimme hatte einen unangenehmen Klang. Auf der Zielgeraden waren zehn Polizisten in ihrer grauen Santa-Anita-Kluft; jeder trug eine Pistole. Die Menge BUHTE.
Dann merkte einer auf der Bahn unten, daß das nächste Feld im Anmarsch war und man ihm den Eingang blockierte. Die Leute zogen sich also auf den Rasen zurück und ließen die Pferde rein. Es waren acht Pferde, angeführt vom Outrider im roten Jackett und schwarzer Samtmütze. Die Leute kamen wieder vom Rasen herunter und verteilten sich auf der Bahn.
»WIR FORDERN SIE NOCH EINMAL AUF, DIE BAHN ZU RÄUMEN«, sagte der Ansager. »BITTE RÄUMEN SIE DIE BAHN! DIE TAFEL KONNTE DIE LETZTEN WETTEN NICHT MEHR REGISTRIEREN! DER ANGEZEIGTE BETRAG IST KORREKT!« Die Pferde hatten ihre Parade vor der Tribüne beendet und kamen zurück, auf die wartenden Leute zu. Die Pferde sahen sehr groß und nervös aus.
Ich fragte Denver Danny, einen Bekannten und Veteranen des Rennbetriebs: »Was, zum Teufel, läuft hier eigentlich, Denver?«
»Die Anzeige stimmt«, sagte er, »daran ist nichts faul. Jeder gewettete Dollar ist registriert worden. Als die Maschinen gestoppt wurden, hat die Tafel 5/2 angezeigt. Dann hat sie noch einmal aufgeleuchtet und die letzten Änderungen registriert; nur die 5/2 blieben unverändert. Nun, die Franzosen haben einen alten Spruch: ›Wer bewacht uns vor den Wächtern?‹ Du erinnerst dich, der Sieg von Quadrant stand schon im ersten Drittel der Zielgeraden fest, und er hat seinen Vorsprung bis ins Ziel noch vergrößert. Was könnte nun passiert sein? Es gibt mehrere Möglichkeiten. Vielleicht wurden die Wettmaschinen überhaupt nicht abgestellt, während das Rennen lief.

Als feststand, daß Quadrant gewinnen würde, hätte also das Management weiter Gewinn-tickets ausdrucken können. Es würde auch reichen, daß eine oder zwei Maschinen gezinkt sind und weiterlaufen, während die anderen gestoppt sind. Auf jeden Fall ist mir klar, daß hier ein grandioser Beschiß im Gange ist, und die anderen haben es auch gemerkt.«
Die Pferde bewegten sich auf die wartenden Leute zu, vorneweg der Outrider und das erste Pferd in der Aufstellung, RICH DESIRE, br. g. 4, ein wahres Monster von Pferd, mit Pierce im Sattel. Einer rief der Rennbahn-Polente einen unflätigen Ausdruck zu, und drei Bullen griffen sich den Jungen, schleppten ihn rüber ans Geländer und schickten sich an, ihm ein paar Rippen zu brechen. Die Demonstranten stürzten sich sofort auf sie, und die Bullen mußten sich wieder auf ihre Positionen zurückziehen. Die Jockeys rückten weiter mit ihren Gäulen vor und man spürte, daß sie sich nicht aufhalten lassen würden. Es war klar, daß sie ihre Anweisungen hatten. Das war es also: eine Herde berittener Arschkriecher gegen ein Häufchen verbitterter Verlierer mit nichts in der Hand. Zwei oder drei Demonstranten legten sich vor den Pferden auf die Bahn. Das Gesicht des Outriders verzerrte sich und wurde so rot wie seine Reitjacke. Er packte RICH DESIRE am Zügel, gab seinem Pferd die Sporen und rammte sich einen Weg durch die Demonstranten. Ich konnte nicht sehen, ob jemand dabei das Genick gebrochen wurde.
Aber der Outrider hatte sich seine Spesen verdient. Ein guter Management-Boy. Und ein paar miese Knacker auf der Tribüne johlten auch noch Beifall. Aber damit war die Sache noch nicht entschieden. Einige Demonstranten umringten das erste Pferd und versuchten, den Jockey aus dem Sattel zu zerren. Da griffen schließlich die Bullen ein.
Ich bin sicher, wenn sie den Jockey aus dem Sattel gekriegt hätten, wären sie als nächstes dazu übergegangen, die Tribüne in Brand zu stecken und die ganze Anlage zu ramponieren.
Die Bullen verausgabten sich inzwischen so richtig nach Herzenslust. Ihre Schießeisen blieben in den Halftern, aber sie schienen auch mit den Knüppeln mächtig Spaß zu haben. Die Jockeys ritten ihre Pferde warm und bereiteten sich auf die $1^{1/2}$ Meilen vor. Im Gegensatz zu den Bullen, die sich außergewöhnlich roh aufführten, schienen die Demonstranten nicht allzu viel Kampfgeist zu besitzen. Das Spiel war verloren. Die Bahn wurde geräumt. Und dann hob sich aus dem Durchein-

ander eine laute Stimme ab. »NICHT WETTEN! NICHT WETTEN! NICHT WETTEN!«
Das wäre was gewesen, hm? Keinen Dollar mehr in die Wettmaschinen der abartigen fetten Geier, die am Ende wohl gar noch ihre Villen in Beverly Hills einbüßen würden. Zu schön, um wahr zu sein. Die Maschinen hatten bereits 6000 Dollar geschluckt, als die Parole »Nicht wetten!« ausgegeben wurde. Und wieder saß der Angelhaken im Fleisch, und wieder und wieder würde man vor der Maschine zu Kreuz kriechen und sich melken lassen ...
Die zehn Bullen standen innen entlang der Zielgeraden, schwitzende, stolze Wahrzeichen der Korrruption.
Der Sieger des 6. Rennens war OFF, mit 9/1 notiert, und das wurde auch ausbezahlt. Wenn 8 oder 7 ausbezahlt worden wären, gäbe es heute wahrscheinlich kein Santa Anita mehr.
Ich las in der Zeitung, daß am nächsten Tag, einem Samstag, 45 000 Zuschauer auf dem Rennplatz waren, keine ungewöhnliche Zahl für einen Samstag.
Ich selbst war nicht dort und wurde auch nicht vermißt und die Pferde drehten ihre Runden und ich schrieb diesen Bericht. 23. März, 20 Uhr, Los Angeles, immer die gleiche verdammte Tretmühle und kein Ausweg in Sicht.

Gestern sprach mich ein Kerl in Army-Klamotten an und sagte: »Jetzt, wo es Kennedy erwischt hat, solltest du da was drüber schreiben.« Er hat immer behauptet, er sei Schriftsteller — warum schreibt *er* nicht was darüber? Dauernd wollen sie mir ihre verkorksten Bälle zuspielen, und ich soll sie irgendwie im literarischen Korb unterbringen. Mein Eindruck ist, daß sich bereits genug Experten mit dem Fall beschäftigen. Dies ist das Jahrzehnt der Attentäter und Experten. Und keiner von ihnen ist ein Stück gefrorene Hundescheiße wert. Das entscheidende Problem, das durch ein Attentat wie das auf Robert Kennedy aufgeworfen wird, ist, daß wir nicht nur einen guten Mann verlieren, sondern auch gewisse politische, geistige und soziale Errungenschaften wieder einbüßen — und es gibt solche Dinge, mag es auch noch so geschwollen klingen. In der Krise, die durch ein solches Attentat ausgelöst wird, verhärten sich automatisch die Vorurteile der anti-humanen und reaktionären Kräfte, und die Folgeerscheinungen ei-

ner solchen Krise werden als Vorwand benutzt, um mühsam errungene Freiheiten wieder zu annullieren.
Ich will mir hier nicht wie Camus (in seinen Essays) den Heiligenschein des engagierten Aktivisten aufsetzen, der sich um das Wohl der Menschheit sorgt, denn diese Menschheit macht mich zum größten Teil krank, und das einzige, was sich vielleicht anzustreben lohnt, wäre ein universales Konzept der Aufklärung und Erziehung, des gegenseitigen Verstehens auf der Basis realer positiver Vibrationen, eine Chance für die heranwachsende Generation, die noch nicht mit dem Rücken zur Wand steht; aber ich gehe jede Wette ein, daß man auch sie hopps nehmen wird und daß man ein solches Konzept schon in den Anfängen abwürgen wird, weil es denen, die am Drükker sitzen, an die Substanz gehen würde. Nein, Sweetheart, ich bin kein Camus, aber es stört mich doch, wenn ich sehe, wie unsere Bonzen im Schlagschatten dieser Tragödie ihr leeres Stroh dreschen.
Ein Auszug aus der Erklärung Gouverneur Reagans: »Der anständige, gottesfürchtige, die Gesetze unseres Landes achtende Bürger ist so erschüttert und besorgt über das, was geschehen ist, wie Sie und ich. Er, und wir alle, sind die Opfer einer Haltung, die sich in den letzten Jahren immer mehr breitgemacht hat — einer Haltung, die meint, daß es jedem überlassen sei, wie und wann er die Gesetze befolgen will; daß er um irgendeiner Sache willen das Gesetz in die eigenen Hände nehmen kann, und daß ein Verbrechen nicht notwendigerweise die Sühne nach sich ziehen muß. Diese Haltung ist bestärkt und ermutigt worden durch die unverantwortlichen demagogischen Reden sogenannter Leader, die oft nicht einmal ein entsprechendes Mandat besitzen.«
Aber es hat keinen Zweck, diesen Burschen weiter zu zitieren. Das ganze Gerede ist einfach zu verlogen und durchsichtig. Das alte Vater-Image mitsamt der Knute, die dir über den Arsch gezogen wird. Und dann nimmt uns der gute Gouverneur die Spielsachen weg und schickt uns zur Strafe ohne Abendessen ins Bett.
Nun, weiß Gott, *ich* hab Kennedy nicht ermordet, weder den einen noch den anderen. Ich hab auch weder King noch Malcolm X. noch all die anderen umgelegt. Aber jeder kann sich ausmalen, aus welchen Motiven die Linksliberalen nacheinander abserviert werden (einer der Verdächtigen soll in einem ›Reformhaus gearbeitet‹ haben und die ›Juden gehaßt‹ ha-

ben . . .) — egal aus welchen Gründen, die Linken werden abgemurkst und unter die Erde gebracht, und die Rechtsradikalen tragen dabei nicht mal Grasflecken auf ihren Knien davon.
Daß die Attentäter krankhaft veranlagt sind, mag man einräumen, und ebenso, daß das Vater-Image einen krankhaften Zustand signalisiert. O. K. Und dann kommen auch noch die ›Gottesfürchtigen‹ an und behaupten, ich sei ein ›Sünder‹, weil meine Vorfahren mal dem Herrn Jesus an den Karren gefahren sind. Fest steht, daß ich weder den Herrn Jesus noch den Kennedy umgelegt habe, und Mister Reagan hat es, soviel man weiß, auch nicht getan. Das heißt, wird sind quitt. Das heißt *nicht*, daß Reagan was Besseres ist als ich. Was sind das denn für Leute, die versuchen, uns Scheiße aufs Brot zu schmieren? Wenn ein Pechvogel sich im Bett zu Tode vögelt, soll das heißen, daß alle anderen schuldbewußt das Pimpern einzustellen haben? Wenn sich herausstellt, daß ein mißratener Bürger ein klinischer Fall ist, müssen sich dann alle Bürger als klinische Fälle behandeln lassen? Wenn jemand Gott getötet hat, heißt das, daß ich auch den Wunsch hatte, Gott zu töten? Wenn jemand Kennedy umbringen wollte, wollte ich es dann auch? Wer bringt es fertig, den Gouverneur so ins Recht zu setzen, daß er sich berechtigt fühlt, uns andere ins Unrecht zu setzen? Die Typen, die ihm seine Reden schreiben. Und nicht einmal besonders gute, wie man sieht.
Eine aufschlußreiche Bemerkung am Rande: ich fuhr am 6. und 7. Juni durch Los Angeles, und in den Negervierteln fuhren neun von zehn Autos mit Standlicht, als Zeichen der Verbundenheit mit Kennedy. Je näher ich den ausschließlich weißen Stadtvierteln kam, desto mehr verschob sich dieses Verhältnis, und am Hollywood Blvd. und entlang dem Sunset zwischen La Brea und Normandie hatte nur noch jeder zehnte Wagen die Scheinwerfer an. Und für einen Augenblick kam mir der Gedanke: war Kennedy ein Schwarzer?
Wie gesagt, alle rissen das Maul auf, allen voran unser Gouverneur; und jeder hatte irgendwelche miesen Komplexe oder Vorurteile abzuladen. Jeder, der sich was zusammengerafft hat, will es um jeden Preis behalten und wird dir klarmachen, wie *unrecht* es wäre, ihm die goldenen Schubladen aus dem Schreibtisch ziehen zu wollen. Ich bin im Grunde ein unpolitischer Mensch; wenn ich aber sehe, wie diese reaktionären Geier ihre Schläge unterhalb der Gürtellinie anbringen, dann platzt mir der Kragen und ich steige in den Ring.

Im Ring machten sich auch die Sportjournalisten breit, und die sind, wie jeder weiß, die schlimmsten, wenn es ans Schreiben geht — und speziell, wenn es um etwas geht, bei dem man den Verstand bemühen muß. Ich weiß nicht, was schlimmer ist: ihr Geschreibe oder ihr unterernährtes Denken. Auf jeden Fall pflegt eins mit dem andern eine höchst ungesunde Liaison einzugehen, aus der allenfalls Bastarde und wasserköpfige Monstren hervorgehen können.
Ein Sportjournalist einer der größten Zeitungen, die noch nicht durch einen Streik lahmgelegt ist, schüttelte sich folgende Perlen aus dem Ärmel (während die Ärzte noch um R. Kennedys Leben rangen):
»Die blindwütigen Staaten von Amerika: Eine Nation auf dem Operationstisch.«
». . . wieder einmal hat *Amerika the Beautiful* eine Kugel in den Leib bekommen. Das Land liegt auf dem Operationstisch. Die Verblendeten Staaten von Amerika. Eine Kugel ist mächtiger als eine Million Stimmen . . .«
»Dies ist keine Demokratie, dies ist eine Pathologie. Ein Land, das davor zurückschreckt, seine kriminellen Elemente zu bestrafen, seinen Kindern Disziplin beizubringen und seine Unzurechnungsfähigen in geschlossenen Anstalten unterzubringen . . .«
»Der Präsident der USA wird in einem Versandhaus-Katalog gewählt und mit einer Flinte aus demselben Katalog wieder beseitigt . . .«
»Die Freiheit wird zum Freiwild erklärt. Das ›Recht‹, zu morden, gilt dieser Nation immer noch als unveräußerliches Grundrecht. Faulheit und Schmarotzertum gelten als Tugenden. Patriotismus ist eine Sünde, staatserhaltende Gesinnung ein Anachronismus. Gott ist unglaubwürdig, weil er über 30 ist. Jung-sein ist die einzige Religion — als sei es ein hart erkämpftes Privileg. ›Anstand‹, das sind schmutzige Füße und hochnäsige Verachtung jeder ehrlichen Arbeit. ›Liebe‹ ist etwas, das mit Penicillin behandelt werden muß. ›Liebe‹ ist es, wenn du einem nackten Jüngling mit giftigen Ottern im Haar eine Blume reichst, während deine Mutter mit gebrochenem Herzen im vereinsamten Heim sitzt. Man ›liebt‹ wildfremde Leute, aber nicht seine Eltern.«
»Ich bin altmodisch genug, Leute zu mögen, die saubere Vorhänge an ihren Fenstern haben, und nicht Leute, die in ›Buden‹ wohnen. Ich bin es leid, mir sagen zu lassen, ich müsse

unkontrollierbaren Bösewichten ›Verständnis entgegenbringen‹. Erwartet man denn von einem Kanarienvogel, daß er für die Katze ›Verständnis‹ hat?«
»Die Verfassung war niemals als Deckmantel für allgemeine Degeneration gedacht. Es fängt an mit der öffentlichen Verbrennung der Flagge und endet mit der Einäscherung von Detroit. Man schafft für alle die Todesstrafe ab, nur nicht für Präsidentschaftskandidaten — und für Präsidenten ...«
»Gottesmänner werden zu Anführern des Mobs. Wüste Schreie in der Nacht ersetzen die Nationalhymne. Amerikanische Bürger können sich nicht mehr ungefährdet in ihren eigenen Parks ergehen oder die öffentlichen Verkehrsmittel benutzen. Sie müssen sich in ihren Wohnungen verbarrikadieren ...«
»›Laß Dich nicht unterkriegen, Amerika!‹ wird gerufen; aber der Ruf verhallt ungehört. Zeig die Zähne, wird gesagt. Drohe mit Vergeltungsschlägen. Der Löwe zeigt die Zähne, und die Hyänen ergreifen die Flucht. Ein feiges Tier dagegen liefert sich an Angreifer aus. Aber Amerika will nicht hören ...«
». . . neurotische Studenten, mit den Füßen auf dem Tisch, den sie nicht einmal selbst zusammenzimmern könnten. Sie reißen Universitäten nieder und besitzen weder das Wissen noch die Fähigkeit, sie wieder aufzubauen ...«
»Die Wurzel dieses ganzen Übels liegt in der Glorifizierung der ungewaschenen Taugenichtse, Landstreicher und arbeitsscheuen Elemente — üble arrogante Gäste, ungehobelte Schmarotzer an der edlen Tafel der Demokratie, die auch vor der Ungeheuerlichkeit nicht zurückschrecken, ihren bestürzten Gastgebern die Gedecke vor die Füße zu werfen ...!« ». . . wir beten zum Allmächtigen, daß er unseren Heilkundigen helfen möge, Bobby Kennedy zu retten. — Wer wird Amerika retten?«
Wie gefällt euch dieser Typ? Eben. Das dachte ich mir auch. Eine miese Kreuzung aus Gartenlaube und Volksschulaufsatz. Sind Sie zufällig Müllkutscher? Machen Sie sich nichts daraus. Wie man sieht, gibt es angenehmere Jobs, die nicht halb so gut verrichtet werden.
Die Irren einsperren. Aber wer *ist* ein Irrer? Also läßt man die Koryphäen, die Seelendoktoren, die Untersuchungsausschüsse auf uns los, um herauszufinden, wo bei uns der Wurm drin ist. Wer eine Macke hat und wer nicht, wer recht hat und wer nicht. Und wer eine Macke hat, gehört in die Gummizelle. Aber von sechzig Zeitgenossen, die man auf der Straße

trifft, haben neunundfünfzig einen Schatten — industrielle Neurosen, keifende Ehefrauen, künstlich geschaffener Zwang zu Überstunden und Mehrkonsum, so daß sie keine Zeit finden, wieder zu sich zu kommen und sich klar zu werden, wer oder was sie eigentlich sind oder tun, und warum ...
Und bald werden die Kommissionen ihre Berichte vorlegen; und wie die Armut & Hungersnot-Kommissionen, die zu berichten wußten, daß da unten ein paar armselige unterernährte Kanacken rumkrebsen, werden sie uns berichten, daß es auch welche gibt, die im Oberstübchen unterernährt sind. Und dann wird alles wieder in Vergessenheit geraten; bis zur nächsten ›Affekthandlung‹, und bis zur nächsten Stadt, die in Flammen aufgeht. Dann werden sie wieder zusammentreten, erneut ihre langweiligen Platitüden von sich geben, sich die Hände reiben und verschwinden wie ein Batzen Scheiße, wenn man die Spülung betätigt. Naja, schön wärs. Nur kommt das Gesocks immer wieder hoch. Und am hartnäckigsten sind die Psycho-Equilibristen, die darauf bestehen, uns ihre geistigen Eiertänze vorzuführen und uns zu der Erkenntnis zu bewegen, daß bei uns was schiefgegangen ist, weil unsere Mutter einen Klumpfuß hatte und der Vater Alkoholiker war und uns ein Huhn ins Maul geschissen hat, als wir 3 Jahre alt waren, und deshalb sind wir pervers oder schwul oder bedienen 8 Stunden am Tag eine Blechstanze. Während die simple Wahrheit ist, daß sich einige von uns elend fühlen, weil sie unter elenden Bedingungen leben müssen, und daß sich das ohne weiteres ändern ließe. Was man uns unter keinen Umständen zugeben will, ist, daß unsere Geisteskrüppel und unsere Amokläufer zwangsläufige Produkte unseres gegenwärtigen inhumanen gesellschaftlichen Klimas sind, unseres guten alten *American Way of Life and Death*.
Und es ist geradezu ein Wunder, daß man uns anderen den Psychopathen nicht schon an der Nase ansieht.
Aber Schluß mit den ernsten Betrachtungen; lassen wir diese Geschichte in einer etwas leichteren Tonart ausklingen. Ich war einmal unten in Santa Fé und saß mit einem Freund zusammen, der ein ziemlich renommierter Irrenarzt war, und während wir grad so schön am Klönen und Bechern waren, beugte ich mich über den Tisch und fragte ihn: »Jean, sag mir eins: bin ich verrückt? Also los, Baby, raus damit. Ich kann die Wahrheit vertragen.«
Er leerte in aller Ruhe sein Glas, setzte es auf den Tisch und

verkündete ungerührt: »Da wäre zuerst mal mein übliches Honorar fällig.«
Und da wußte ich wenigstens, wer von uns beiden eine Schraube locker hatte. Gouverneur Reagan und die Sportjournalisten von Los Angeles waren nicht mit von der Partie, und der zweite Kennedy war noch nicht einem Attentat zum Opfer gefallen. Aber während ich diesem übergeschnappten Seelen-Ingenieur gegenübersaß, kam mir die unheilvolle Gewißheit, daß es gar nicht gut um uns bestellt war und daß sich daran auch für ein paar weitere Jahrtausende nichts ändern würde.
So, mein Freund in deiner Army-Kluft, jetzt kannst du noch deinen Senf dazugeben ...

»Es ist vorbei«, sagte er. »Die Toten haben gewonnen.«
»Die Toten haben gewonnen, haben gewonnen, haben gewonnen«, echote Moss.
»Weißt du, wer das Spiel heut abend gewonnen hat?« fragte Anderson.
»Keine Ahnung.«
Moss ging ans Fenster. Draußen sah er ein männliches amerikanisches Individuum vorbeigehen. Er rief aus dem Fenster: »He, wer hat das Spiel gewonnen?«
»Pirates. 3:2«, sagte der amerikanische Mensch.
Moss drehte sich zu Anderson um: »Hast du es mitgekriegt?«
»Yeh. Pirates. 3:2.«
»Ich frag mich, wer wohl das 9. Rennen gewonnen hat.«
»Weiß ich zufällig«, sagte Moss. »Spaceman II. 7/1.«
»Unter wem?«
»Garza.«
Sie knöpften sich wieder ihr Bier vor. Sie waren beide schon leicht hinüber.
»Die Toten haben gewonnen«, sagte Anderson.
»Ja doch. Leg mal 'ne neue Platte auf«, sagte Moss.
»Also gut: Ich brauch was fürs Bett, und zwar bald, sonst dreh ich durch.«
»Vergiß es. Der Preis ist immer zu hoch.«
»Weiß ich. Trotzdem geht mirs ständig nach. Ich fang an, irre Träume zu kriegen, in denen ich Hühner in den Arsch ficke.«
»Hühner? Geht denn das?«
»Wenn man träumt, geht alles.«

Sie suckelten an ihren Bierdosen. Zwei alte Heinis, Mitte Dreißig, die es zu nichts gebracht hatten. Anderson, verheiratet, wieder geschieden, 2 Kinder irgendwo. Moss, zweimal verheiratet und wieder geschieden, ein Kind irgendwo. Es war Samstagabend, im Apartment von Moss.
Anderson warf in hohem Bogen eine leere Dose durch die Luft. Sie landete in einem großen Papierkorb, in dem schon mehrere leere Dosen lagen. »Weißt du«, sagte er, »manche Männer verstehen es einfach nicht mit den Weibern. Ich zum Beispiel. Das Ganze ist eine schrecklich fade Angelegenheit, und wenn es rum ist, kommt man sich so richtig verladen und verarscht vor.«
»Soll das ein Witz sein?«
»Du weißt schon, was ich meine. Die ausgebeulten Schlüpfer neben dem Bett mit grad so nem leichten braunen Schatten von Scheiße dran, und SIE marschiert siegreich ab ins Badezimmer. Du liegst da und starrst an die Decke, mit diesem abgeschlafften Ding zwischen den Beinen, und fragst dich, was das alles eigentlich soll, und du weißt, daß du für den Rest des Abends ihr saudummes Gewäsch über dich ergehen lassen mußt ... Ähm, sag mal, glaubst du, ich bin schwul oder so was?«
»Nee, Mann. Ich weiß schon, was du meinst. Weißt du, das erinnert mich an was, da war ich mal bei dieser Schnecke aufm Zimmer, hab sie eigentlich kaum gekannt, ein Freund hat mich irgendwie mit ihr zusammengebracht. Ich also rein mit ner Flasche unterm Arm, 'n Zehner für sie locker gemacht, alles prima. Nix mit romantischem Geflüster, Seelenverwandtschaft und solche Zicken. Ich roll also wieder von ihr runter und fühl mich ziemlich O. K., starre an die Decke, räkle mich und warte darauf, daß sie auf die Badezimmer-Tour geht. Und da langt sie doch weiß Gott unters Bett und holt einen Lappen vor und gibt ihn mir, damit ich mich abwische. Das hat mir wirklich den letzten Nerv geraubt, kann ich dir sagen. Der verdammte Lappen war schon ganz verkrustet. Aber gut, ich ließ mir nichts anmerken, spielte den Professionellen. Ich fand 'ne weiche Ecke an dem Lappen — was nicht leicht war — und wischte mich ab. Und dann hat *sie* den Lappen benutzt. Ich machte, daß ich rauskam. Und du kannst mich prüde nennen, wenn du willst, ist mir egal.«
Sie verstummten für eine Weile und widmeten sich ihrem Bier.

»Naja, wir wollen nicht ungerecht sein«, sagte Moss.
»Hnnn?« machte Anderson.
»Es gibt schon 'n paar dufte Weiber.«
»Hnnn?«
»Doch, wirklich. Ich meine, wenn alles richtig läuft. Ich hatte mal 'ne Freundin, na ich kann dir sagen ... Zucker! Und keine Fisematenten, vonwegen Seele und so ...«
»Und was ist mit der?«
»Gestorben. Noch ziemlich jung.«
»Hart.«
»Ja. Ich hab mich danach fast zu Tod gesoffen.«
Sie nahmen sich wieder ihr Bier vor.
»Wie kommt das eigentlich?« fragte Anderson.
»Was?«
»Daß wir fast in allem einer Meinung sind?«
»Das kommt, weil wir Freunde sind. Dieselben Erfahrungen, dieselben Vorurteile und so.«
»Moss und Anderson. Ein Duo. Wir sollten am Broadway auftreten.«
»Wir würden vor leeren Sitzen spielen.«
»Yeah.«
(Pause. Pause. Pause.) Dann:
»Das Bier wird immer beschissener. Ist bald nichts mehr dran kaputtzumachen.«
»Ywah. Garza. Bei Garza hatte ich nie Glück.«
»Hat eh nicht viel drauf.«
»Aber jetzt, wo Gonzales seine Krätze auskuriert hat, kommt er vielleicht wieder besser ins Rennen.«
»Gonzales. Der hat nicht genug in den Knochen. Läßt seine Pferde in der Kurve immer nach außen treiben.«
»Und dabei verdient er immer noch mehr als wir beide zusammen.«
»Kein Wunder.«
»Eben.«
Moss warf seine leere Dose in Richtung Papierkorb. Er warf daneben.
»Sport war nie meine Stärke«, sagte er. »Wenn ich dran denke, in der Schule, wenn sie da die Mannschaften aufgestellt haben, bin ich immer am Schluß drangekommen. Nach mir kam nur noch der Klassendepp. Winchell hieß er.«
»Und was ist aus Winchell geworden?«
»Großes Tier in der Stahlindustrie.«

»Mein Gott.«
»Willst du noch den Rest hören?«
»Meinetwegen.«
»Unser Primus. Harry Jenkins. Sitzt jetzt in San Quentin.«
»Mein Gott. Sind nun eigentlich die Richtigen im Knast oder die Falschen?«
»Sowohl als. Ist gehupft wie gesprungen.«
»Du hast doch auch mal gebrummt. Wie ist das eigentlich.«
»Kein Unterschied.«
»Wie meinst du das?«
»Naja, die gleiche verkackte Gesellschaft, draußen wie drinnen. Im Knast existiert die gleiche Klassengesellschaft wie draußen. Die Betrüger und Fälscher geben sich nicht mit den Autoknackern ab. Die Autoknacker wollen nichts mit Typen zu tun haben, die wegen Vergewaltigung sitzen. Und die halten sich wieder für was Besseres als die Exhibitionisten. Alles schön abgestuft, je nach Metier. Zum Beispiel: einer, der Pornofilme gedreht hat, rangiert ziemlich oben, aber einer, der sich ein bißchen an Kindern vergangen hat, weit unten.«
»Und wie stufst du sie ein?«
»Alle gleich: alle haben sich erwischen lassen.«
»All right, aber was für ein Unterschied ist dann zwischen einem, den sie verknackt haben, und einem Durchschnittsbürger auf der Straße?«
»Der Typ, der eingebuchtet wurde, ist in die Scheiße getreten, aber er hat wenigstens *versucht*, was zu drehen.«
»Also ich geb's auf. Trotzdem brauch ich jetzt was fürs Bett.«
Moss ging zum Kühlschrank und holte Nachschub. Er setzte sich und machte zwei Dosen auf.
»Ach ja, 'n Stück Weiberarsch«, sagte er. »Wir reden, als seien wir grad 15 geworden. Ich schaff's einfach nicht mehr, ich kann nicht dauernd über meinen Schatten springen, all diese kleinen Aufmerksamkeiten und Artigkeiten, diese ganze mühsame Vorarbeit, ich brings einfach nicht mehr. Manchen geht das anscheinend ganz leicht von der Hand. Wenn ich an Jimmy Davenport denke, meine Fresse, was für 'n triefäugiger kleiner Fatzke, aber die Damen sind reihenweise umgefallen, wenn er seine Schau abzog. Und hinterdrein ließ er immer die Sau raus. Wenn er mit ihnen fertig war, ging er immer an ihren Kühlschrank und pißte ihnen in die Salatschüsseln oder in die Milchtüten oder was weiß ich, was ihm grad unter den Hammer kam. Er fand das sehr witzig. Und

die Alte kam aus den Federn gekrochen und kuschelte sich an ihn und die Augen gingen ihr über aus Liebe zu diesem drekkigen Arsch. Manchmal nahm er mich mit und zeigte mir, wie er's machte, und ab und zu ließ er mich auch mal ran, deshalb weiß ichs, weil ichs ja selber miterlebt hab. Es scheint, als ob grad die besten Weiber sich immer an die größten Scheißkerle hängen. Oder hab ich 'n Sehfehler?«
»Nee, Mann, du hast vollkommen recht. Die Weiber fallen immer auf den rein, der ihnen den größten Eiertanz vormacht.«
»Also, angenommen, das stimmt: geht dabei nicht das Naturgesetz in die Binsen? — daß sich die Starken immer nur mit den Starken paaren? Was für eine Gesellschaft soll denn dabei rauskommen?«
»Die Natur hat eben andere Gesetze als die Gesellschaft. Wir haben eine *un*natürliche Gesellschaft. Deshalb hängen wir ja auch mit einem Bein immer in der Hölle. Die Weiber merken instinktiv, daß die Windmacher in dieser Gesellschaft am ehesten überleben, deshalb geben sie denen den Vorzug.«
»Dann meinst du also, daß uns die Weiber an den Rand des Untergangs gebracht haben?«
»Das Wort dafür ist Misogyniker.«
»Und Jimmy Davenport ist der König.«
»Der König der Pisser. Die große grüne Möse hat uns verraten und ihre Atom-Eier liegen rings um uns herum, ganze Berge davon ...«
»Mit einem Wort: Misogynie.«
Moss hob seine Bierdose:
»Auf Jimmy Davenport!«
Anderson hob seine:
»Auf Jimmy Davenport!«
Sie leerten ihre Dosen.
Moss machte die beiden nächsten auf. »Zwei einsame alte Männer, die den Ladies die Schuld anhängen ...«
»Was sind wir doch für lausige Ärsche«, sagte Anderson.
»Yeah.«
»Hör mal, kennst du nicht zufällig ein paar Weiber hier in der Gegend?«
»Schon möglich.« »Warum versuchst du's nicht mal?«
»Du bist wirklich nicht mehr zu retten«, sagte Moss. Dann ging er ans Telefon und wählte eine Nummer.
Er wartete.

»Shareen?« sagte er. »Oh yeah, Shareen... Lou... Lou Moss... erinnerst du dich nicht? Die Party in der Katella Avenue. Bei Lou Brinson... 'ne ziemliche Nacht. Natürlich, ich *weiß*, daß ich gemein war... aber wir haben's dann doch noch miteinander getrieben, nicht? Erinnerst du dich? Ich hab dich immer gemocht. Es ist dein Gesicht, glaub ich... so *klassisch* irgendwie. Nee. Nur 'n paar Bierchen. Wie gehts Mary Lou? Mary Lou ist 'ne sehr nette Person. Ich hab 'n Freund hier... was? Er ist Dozent für Philosophie in Harvard. Ehrlich. Aber sonst 'n ganz prima Bursche. Ich *weiß*, daß Harvard 'n juristisches Dings ist, aber es springen noch immer so 'n paar Immanuel Kants rum, noch von früher und so... Was? Ein 65er Chevvy. Grad die letzte Rate bezahlt. Wann? Sag mal, hast du noch das grüne Kleid mit diesem scharfen Gürtel, der immer so da unten rum hängt? Nein, ganz ehrlich. Sehr sexy. Wirklich fabelhaft. Ich träum immer von dir, und von Hühnern, die ich... Was? Nur 'n Scherz. Also was ist mit Mary Lou? O. K. Fein. Aber sag ihr, dieser Junge ist sehr gehemmt. Gescheites Haus, aber schüchtern und so... oh, 'ne entfernter Cousin. Maryland. Was? Aber ja, ich hab 'ne sehr *einflußreiche* Familie! Ah, was du nicht sagst... Na, jetzt machst *du* aber einen kleinen Scherz! Jedenfalls, er ist grad zu Besuch und... Aber nein, *natürlich* ist er Junggeselle! Warum sollte ich dir was vormachen? Nein, also ich muß immer an dich denken — dieser Gürtel, der da so tief runterhängt — ich weiß, es klingt zickig — Klasse, du bist wirklich Klasse. Klar, mit Radio und Heizung. Am Strip? Nicht mehr viel, nur noch paar junge Schnösel da. Warum komm ich nicht einfach zu euch rüber und bring 'ne Flasche mit?... all right, sorry. Nein, ich hab *nicht* sagen wollen, daß du alt bist. Herrgott, du kennst mich doch. Ich und mein loses Mundwerk. Nee, ich mußte auswärts, sonst hätt ich mal angerufen. Wie alt? 32, aber er sieht viel jünger aus. Er hat 'n Stipendium gekriegt, glaub ich, und geht bald nach Europa. Nach Heidelberg, als Gastdozent. Nee, ehrlich. Wann? All right, Shareen. Bis dann, Schatz.«
Moss hängte auf. Setzte sich. Langte nach seinem Bier.
»Wir haben noch eine Stunde, um unsere Freiheit zu genießen, Professor.«
»Eine Stunde?« fragte Anderson.
»Eine Stunde. Die beiden müssen sich noch die Mösen pudern und all diesen Kram. Du kennst das ja.«

»Auf Jimmy Davenport!« sagte der Professor aus Harvard.
»Auf Jimmy Davenport!« sagte der Mann von der Blechstanze.
Sie kippten ihre Dosen.

Das Telefon läutete.
Er saß auf dem Teppich. Er zog den ganzen Apparat an der Leitung zu sich herunter. Dann las er den Hörer vom Boden auf. Er hörte ein Geräusch.
»Hallo?« sagte er.
»McCuller!«
»Yowp?«
»Es sind jetzt schon drei Tage.«
»Seit wann?«
»Seit Sie zum letztenmal zur Arbeit erschienen sind.«
»Ich baue mir einen Leydener Krug.«
»Was ist denn das?«
»Ein Apparat, der statische Elektrizität speichert. 1746 von Cuneus von Leyden erfunden.«
Er hängte auf und warf das Telefon durchs Zimmer. Er trank sein Bier aus und hockte sich aufs Klo. Er schiß, zog sich die Hosen wieder hoch und kam singend herausmarschiert.
»DA DA!« sang er
  »DA DA
     DA DA DA DA!«
Herb Alpert's T. Brass. Gefiel ihm. So diese säuerliche Melancholie.
»RA DA
  RA DA
     RA DA DA DA — — —«
Er setzte sich in der Mitte des Zimmers auf den Teppich, und da saß seine 3½jährige Tochter. Er furzte.
»HEY! Du hast GEFURZT!« sagte sie.
»DENK MAL AN!« sagte er.
Sie lachte.
»Fred«, sagte sie.
»Yowp?«
»Ich muß dir was sagen.«
»Schieß los.«
»Mama hamse all solche Scheiße aus dem Arsch gezogen.«

»Ja?«
»Ja. Diese Leute haben ihr mit den Fingern in den Arsch gelangt und lauter so Scheiße rausgepuhlt.«
»Wie kommst du denn auf solche Geschichten, du weißt doch ganz genau, daß das nicht stimmt.«
»Doch, es stimmt, es *stimmt*, ich habs *gesehn!*«
»Geh, hol mir 'n Bier.«
»O. K.«
Sie rannte ins andere Zimmer.
»RA DA«,
sang er,
»RA DA
  RA DA
    RA DA DA DA!«
Die Kleine kam mit dem Bier zurück.
»Sweetheart«, sagte er, »ich möchte dir was sagen.«
»All right.«
»Die Schmerzen sind inzwischen *fast* total. Wenn sie ganz total sind, werd ichs nicht mehr lang machen.«
»Warum wirst du nicht blau wie ich?« fragte sie.
»Ich bin doch schon blau.«
»Warum wirst du nicht blau wie ich und die Blumen?«
»Ich werds versuchen.«
»Tanzen wir auf den ›Mann von La Mancha‹!« sagte sie.
Er legte die Platte auf. Sie tanzten. Er eins-achtzig und sie ein Drittel oder ein Viertel davon. Sie tanzten, jeder für sich, jeder mit seinen eigenen Bewegungen.
Die Platte lief aus.
»Marty hat mich gehauen«, sagte sie.
»Was?«
»Ja, Marty und Mama ham sich in der Küche gedrückt und geküßt und ich hab Durst gehabt und hab Marty gefragt, ob ich ein Glas Wasser haben kann und Marty wollte mir's nicht geben und dann hab ich geheult und dann hat mich Marty gehauen.«
»Geh, hol mir doch 'n Bier.« »Ein Bier! Bier!«
Er stand auf, ging in die Ecke, hob das Telefon auf und legte den Hörer auf die Gabel zurück. Es läutete.
»Mr. McCuller?«
»Ywop?«
»Ihre Versicherung ist abgelaufen. Der neue Satz ist $ 248 pro Jahr und ist im voraus zu entrichten. Sie haben drei Ein-

tragungen in der Verkehrssünder-Kartei. Jede Überschreitung wird von uns gleichrangig mit einem Verkehrsunfall behandelt ...«
»Blödsinn.«
»Wie bitte?«
»Ein Unfall kostet *euch* Geld, eine sogenannte Überschreitung kostet *mich* Geld. Und die Verkehrsbullen, die uns vor uns selber schützen sollen, müssen ein Tagessoll von 16 bis 30 Strafzetteln erfüllen, damit sie ihre Einfamilienhäuser und ihre neuen Wagen abbezahlen können, und Klamotten und Ohrringe anschaffen können für ihre drittklassigen Weiber. Erzählen Sie mir also hier keinen Mist. Außerdem hab ich überhaupt keinen Wagen mehr zu versichern. Ich hab meine Karre letzte Nacht im Hafen versenkt. Nur eins tut mir leid ...« »Und das wäre?«
»Daß ich nicht in der Kiste war, als sie unterging.«
McCuller hängte auf und ließ sich von seiner Tochter ein neues Bier reichen.
»Kleiner Spatz«, sagte er. »Auf daß es dir im Leben mal besser geht als mir.«
»Ich hab dich gern, Freddie«, sagte sie.
Sie versuchte ihn zu umarmen, aber ihre Arme reichten nicht einmal halb um seinen Bauch.
»Ich drück dich! Ich hab dich gern! Ich drück dich!«
»Ich hab dich auch gern, kleiner Spatz.«
Er hob sie hoch und drückte sie an sich.
»Mann, Mann, was für 'ne komische Welt«, sagte er.
Sie setzten sich wieder auf den Teppich und spielten ›Build A City‹. Sie stritten sich gerade darüber, wo die Eisenbahnschienen sein sollten und wer darauf fahren durfte, als die Türklingel ging. Er stand auf und ging zur Tür und machte auf; seine Tochter schaute an ihm vorbei und sah die beiden draußen im Flur.
»Mama! Marty!«
»Hol deine Sachen, Sweety. Es ist Zeit.«
»Ich will bei Freddy bleiben!«
»Ich hab gesagt, hol deine Sachen!«
»Aber ich will bei Freddy bleiben!«
»Ich sag dirs nicht nochmal, hol jetzt deine Sachen oder es gibt einen auf'n Po!«
»Freddy, sag *du* ihnen, daß ich hierbleiben will!«
»Sie will hierbleiben.«

»Du hast schon wieder 'n Schlag, Freddie. Wie oft *soll* ich dir noch sagen, du sollst nicht trinken, wenn das Kind dabei ist!«
»Ach was, du bist ja selber besoffen!«
»Sieh dich vor, Freddie«, sagte Marty, während er sich eine Zigarette ansteckte. »Ich hab dich sowieso noch nie leiden können. Ich hab schon immer den leisen Verdacht gehabt, daß du halb schwul bist.«
»Nett von dir, daß du mir mal sagst, was du wirklich denkst.«
»Jedenfalls, sieh dich vor, Freddie, und verkneif dir diese Beleidigungen. Oder ich lackier dir den Arsch ...«
»Augenblick. Ich muß dir was zeigen.«
Freddie ging in die Küche und kam singend wieder heraus:
»RA DA
   RA DA
      RA DA DA DA!«
Marty sah das Fleischmesser. »Nun sag bloß nicht, daß du mich mit *dem* Ding das Fürchten lehren willst. Paß auf, daß ich dir nicht den Arsch damit ramponiere!«
»Ah ja? Aber was ich dir sagen wollte: die Tante von der Telefongesellschaft rief mich an und sagte, sie würden mir das Telefon abstellen, weil ich die letzten Rechnungen nicht bezahlt hab. Ich hab ihr gesagt, daß ich sie krumm und lahm ficken möchte.«
»Na und?«
»Ich wollte damit sagen, daß auch *mir* mal der Kragen platzen kann.«
Freddie machte eine blitzschnelle Bewegung. Als Marty zurücktaumelte, war ihm die Klinge bereits vier- oder fünfmal über die Kehle gezischt.
»Um Gottes willen ... bring mich nicht um, bitte bring mich nicht um!«
Er krachte hinunter auf den Treppenabsatz.
Freddie ging zurück ins Zimmer, schmiß das Messer in den Kamin und setzte sich wieder zu seiner Tochter auf den Teppich.
»Jetzt können wir weiterspielen«, sagte sie.
»Klar.«
»Autos dürfen nicht auf die Schienen.«
»Ganz meiner Meinung. Die Polente würde uns sonst verhaften.«

»Und wir wollen nicht, daß uns die Polente verhaftet, nicht?«
»Mhm.«
»Marty is ganz voller Blut, nicht?«
»Sieht mir ganz danach aus.«
»Sind wir daraus gemacht?«
»So ziemlich.«
»Was so ziemlich?«
»Na eben Blut und Knochen und Schmerzen.«
Sie saßen da und spielten ›Build A City‹. Man hörte die Sirenen. Eine Ambulanz, die zu spät kam. Drei Überfallwagen. Eine weiße Katze strich an Marty vorbei, roch kurz an ihm und verschwand mit einem Satz. Eine einsame Ameise kroch über seine linke Schuhsohle.
»Freddie.«
»Was ist?«
»Ich muß dir was sagen.«
»Ja?«
»Diese Leute haben Mama in den Arsch gelangt und haben ihr lauter Scheiße rausgeholt mit ihren Fingern...«
»O. K. Ich glaub dir's.«
»Wo ist Mama jetzt?«
»Ich weiß nicht.«
Mama rannte unten die Straße rauf und runter und erzählte es all den Zeitungsjungen und Verkäufern und Kellnern und Deppen und Sadisten und Halbstarken auf Motorrädern und abgemusterten Matrosen und Gammlern und Schnorrern, und so weiter, und so weiter, und der Himmel war blau und das Brot sauber in Zellophan verpackt, und das erste Mal seit Jahren war Leben in ihren Augen, echtes, herrliches, sprühendes Leben. Aber der Tod war eine langweilige Sache. So langweilig, daß sich nicht einmal Katzen und Ameisen damit aufhielten.

Die Flüsse führen Hochwasser, eine elektrische Spannung liegt in der Luft, den Lehrern rutscht immer häufiger die Hand aus, und die Würmer fressen sich durchs Korn; die MGs werden in Stellung gebracht, und die Bäuche sind weiß, und die Bäuche sind schwarz, und die Bäuche sind Bäuche. Der ganze repressive Automatismus läuft auf Hochtouren; auf wahllosen Opfern wird wahllos herumgedroschen; Gerichtssäle sind Auf-

nahmestudios, in denen der letzte Akt zuerst gedreht wird, und alles was davor kommt ist nichts als Vaudeville. Menschen werden in Hinterzimmern verhört, und wenn sie wieder herauskommen, sind sie nur noch halbe Menschen oder gar keine mehr. Einige setzen ihre Hoffnung auf einen Umsturz, doch wenn sie ihre Revolution gemacht und eine neue Regierung eingesetzt haben, stellt sich heraus, daß es dieselbe alte Chimäre ist, nur hat sie sich eine neue Maske aufgesetzt.
Die Bullen von Chicago machten einen Fehler, als sie einigen Reportern unserer großen Zeitungen eins überzogen — der Schlag auf den Hinterkopf mochte immerhin einige nachdenklich stimmen; und bei den großen Zeitungen hat man sich das Nachdenken seit 1917 abgewöhnt — wenn man von der ehemaligen New York Times und einigen Ausgaben des Christian Science Monitor absieht. Man kann Open City den Prozeß machen, weil auf ihren Seiten ein alltäglicher Teil der menschlichen Anatomie abgebildet ist, aber wenn man den Leitartikler eines Blattes mit Millionenauflage in den Arsch tritt, muß man sich darauf gefaßt machen, daß er anfängt, die Wahrheit zu schreiben — und nicht nur über Chicago — und sich einen alten Gummi drum schert, ob sich das auf den Anzeigenteil auswirkt oder nicht. Er braucht nur noch einen einzigen Leitartikel durchbringen, bevor er gefeuert wird — das würde schon reichen, um eine Million Leser zum Nachdenken zu bringen; und wer weiß, was für Folgen das haben könnte.
Aber die Daumenschrauben sitzen zu fest. Und die Wahl zwischen Nixon und Humphrey läuft auf das gleiche hinaus, als wenn man uns beim Mittagessen die Wahl zwischen kalter und aufgewärmter Scheiße läßt.
Es sieht wirklich nicht sehr danach aus, als stünden die Zeichen auf Veränderung. Die Geschichte mit Prag hat vielen einen Dämpfer aufgesetzt, die Ungarn schon wieder vergessen hatten. Und in den Parks hängen sie nach wie vor herum mit ihren Che Guevara Plakaten und mit Castro-Anstreckern am Jackett und rennen hinter Allen Ginsberg, Jean Genet und William Burroughs her und machen auf OOOOOOOMMMM OOOOOOOOMM wie importierte indische Heilige. Diese Schriftsteller gehen auf die Straße, und eine Meute von Idioten hängt sich an sie und kaut ihnen ihren geistigen Schwanz ab. Schreiben funktioniert nur, wenn man mit seiner Schreibmaschine ALLEIN ist. Ich habe genug Fabriken, Bordelle, Zucht-

häuser, Bars und Seifenkistenredner erlebt, genug für die Lebzeiten von hundert Zeitgenossen. Einer, der auf die Straße geht, *nachdem* er einen großen Namen hat, macht sichs leicht — und muß damit rechnen, daß es schief geht. Thomas und Behan haben sie kleingekriegt mit ihrer LIEBE, ihrem Whisky, ihrer abgöttischen Verehrung und ihren einladend gespreizten Beinen; und ein halbes Hundert weitere haben sie fast so weit gekriegt. WENN DU VON DEINER SCHREIBMASCHINE AUFSTEHST, LEGST DU DEINE MASCHINENPISTOLE AUS DER HAND UND LÄSST DEN RATTEN FREIEN LAUF. Als Camus anfing, vor den verstaubten Geistern der Akademien Reden zu halten, ging seine Schriftstellerei den Bach runter. Und was ihn umbrachte, war kein Autounfall.

Wenn ein paar meiner Freunde fragen: »Warum machst du nicht mal eine öffentliche Lesung, Bukowski?«, sind sie immer ganz perplex, wenn ich sage: »Nicht mit mir, Baby.«

Also haben wir Chicago, also haben wir Prag, und es hat sich nichts geändert. Natürlich wäre mir Cleaver als Präsident auch lieber als Nixon, aber das will nicht viel heißen. Eins muß diesen gottverdammten Revolutionären noch klar werden, die mir ständig auf die Bude rücken und mein Bier saufen und mir den Kühlschrank leerfressen und mir die rosigen Schenkel ihrer Weiber vorführen: daß sich erst mal in den Köpfen ein neues Bewußtsein etablieren muß, und daß es nicht reicht, wenn man einem eine neue Regierung über den Kopf stülpt wie einen neuen Hut und darauf hofft, daß sich dann auch in der Rübe, die darunter steckt, etwas tut. Und solange sich bei dem Betreffenden die wesentliche Sorge auf das konzentriert, was sich zwei Stockwerke tiefer abspielt, wird auch ein kompletter Satz Dizzie-Gillespie-Platten nichts ändern.

Vor ein paar Tagen saß einer bei mir im Zimmer auf dem Teppich und verkündete:

»Ich werd die ganze Kanalisation sabotieren. Die ganze Stadt wird von Scheiße überschwemmt sein.«

Na, der Junge hatte an dem Abend bereits so viel Scheiße geredet, darunter hätte man nicht nur Los Angeles, sondern die ganze Gegend bis rauf nach Pasadena begraben können.

Und dann sagte er: »Hast du noch 'n Bier, Bukowski?«

Und die Mieze, die er dabei hatte, schlug ihre Beine übereinander und ließ dabei ein Stück rosa Unterwäsche aufblitzen; da stand ich eben auf und brachte dem Kerl noch ein Bier.

Revolution. Das klingt so romantisch. Ist es aber nicht. Es ist Blut, Härte und Wahnsinn. Es bedeutet gewöhnlich, daß eine ganze Reihe von Jungs draufgehen, bloß weil sie in die Mühle geraten sind ohne zu wissen, was eigentlich läuft. Oder daß dein Weib ein Bajonett in den Bauch gerammt kriegt und einen Schwanz in den Arsch, während du zusehen darfst. Und daß Männer, die früher mit Begeisterung Mickey-Mouse-Hefte gelesen haben, einander Streichhölzer unter die Daumennägel treiben. Bevor man sich darauf einläßt, sollte man sich vielleicht klar werden, wohin und wozu einen die Begeisterung eigentlich treiben soll, und was davon noch übrig sein wird, wenn die Sache gelaufen ist.
Ich bin nicht mit Dostojewski der Meinung, à la *Schuld und Sühne*, daß keiner das Recht hat, einem anderen das Leben zu nehmen. Tatsache ist, daß man uns in so und so vielen Fällen das Leben nimmt, ohne auch nur einen Schuß abzufeuern. Auch ich habe mich für einen miesen Stundenlohn auspowern lassen, während der Bonze in seinem Boudoir in Beverly Hills die Vierzehnjährigen reihenweise entjungfert hat. Ich habe erlebt, daß Männer gefeuert wurden, weil sie fünf Minuten zu lang auf dem Scheißhaus gesessen haben. Ich habe Sachen gesehen, über die ich nicht mal reden will. Aber bevor man eine Sache beseitigt, sollte man etwas Besseres an ihre Stelle zu setzen haben. Jedenfalls etwas Besseres als politische Latrinenparolen und Haßtiraden in Parks und öffentlichen Plätzen.
Und außer diesem emotionalen Gefasel ist bisher nichts zu hören gewesen. Keine Spur von einem realistischen Konzept, keine Spur von Anführern, die wenigstens untereinander einig sind; nicht ein Hauch von Gewißheit, daß der Revolution *nicht* wie gehabt der Verrat an der gemeinsamen Sache folgen wird. Ich bin für Gewaltanwendung, wenn es keine andere Lösung mehr gibt (und es gibt keine andere mehr), aber bevor ich einen umlege, will ich *sicher* sein, daß man mir nicht wieder ein ähnliches Kaliber an seine Stelle setzt. Auf die Tour haben wir bereits einen ansehnlichen Teil Geschichte verspielt, wie ein Haufen besoffener Würfelspieler im Männerklo unserer Stammkneipe an der Ecke.
O. K., es ist eine Sache, von Revolution zu faseln, während man einem anderen das Bier wegsäuft und mit einer 16jährigen Ausreißerin aus Grand Rapids durch die Gegend walzt; oder während man 3 international bekannten Rattenfängern

in den Indischen Ozean folgt. Eine andere Sache ist es, die Show tatsächlich über die Bühne zu bringen.
1870—71 haben sie in den Straßen von Paris 20000 umgelegt, die Straßen schwammen förmlich in Blut, und die Ratten kamen hervor und machten sich über die Leichen her; und die Bürger, ausgehungert, abgerissen und kirre, die Bürger kamen heraus und machten sich über die Ratten her. Und was ist Paris heute? Und mein Besucher auf dem Teppich gibt seinen braunen Senf dazu und grient in die Runde. Naja, er ist erst 20 und liest zuviele Gedichte. Und Lyrik ist nichts als ein nasser Lumpen im Spülbecken.
Und dann ›Pot‹. Ständig nennen sie Pot in einem Atemzug mit Revolution. Aber *so* gut ist Pot eben auch wieder nicht; und wenn es morgen legal wäre, Pot zu rauchen, würden 50 % dieser Leute das Interesse daran verlieren. Und wenn Sodomie nicht mehr unter Strafe gestellt wäre, würden all diese Truthähne plötzlich umsonst mit dem Hintern wackeln.
Was wäre also zu tun? Eine ganze Reihe von Dingen. Zunächst würde man einmal mit dem Brauch aufräumen müssen, derart *fiese* Visagen als Präsidentschaftskandidaten zu nominieren. Zweitens müßte mit den Museen etwas geschehen. Nichts ist so deprimierend und *verstunken* wie ein Museum. Und man fragt sich fast, warum der Prozentsatz an 3jährigen Mädchen, die in den Museen von frustrierten Zeitgenossen angefallen werden, nicht *noch* höher ist. In jeder Etage müßte also eine Bar sein; das allein würde schon die laufenden Ausgaben decken und möglicherweise auch noch die Restaurierung diverser Kunstwerke und des Säbelzahntigers, dem ständig das Sägemehl aus dem Arsch läuft. Als nächstes würde ich auf jeder Etage eine Rock Band, eine Swing Band und ein Sinfonieorchester installieren; plus drei oder vier gutaussehende Weiber, die nichts als rumzulaufen und gut auszusehen hätten. Mit anderen Worten, zum *Sehen* und Lernen bedarf es erst mal einer geeigneten Atmosphäre, d. h. der Stall muß die richtigen *Vibrations* ausstrahlen. So wie es jetzt ist, werfen die Leute einen flüchtigen Blick auf das lädierte Hinterteil des Säbelzahntigers und drücken sich daran vorbei, etwas peinlich berührt und leicht gelangweilt.
Wie aber, wenn nun ein Typ mit seiner Alten ankommt, jeder einen scharfen Drink in der Hand, und sie begucken sich den Säbelzahn, und er sagt: »Ver-dammt, schau dir bloß diese Beißerchen an! Fast wie 'n Elefant, hm?«

Und sie haucht: »Honey, ich bin schon ganz geil. Gehn wir heim und schieben ein Nümmerchen!«
Und er sagt: »Mo-ment! Erst muß ich aber noch runter in die Halle und mir diese 1917er Spad ansehn. Es heißt, daß Eddie Rickenbacker sie selber geflogen hat. Siebzehn Fritzen damit vom Himmel geholt. Außerdem sollen die PINK FLOYD da unten spielen.«
Unsere Revolutionäre dagegen würden das Museum einfach niederbrennen, damit wären für sie alle Probleme geritzt. Sie würden ihre eigene Großmutter abbrennen, wenn sie nicht schnell genug Leine ziehen würde. Und *dann* würden sie ankommen und fragen, wo denn hier der Wasserhahn ist und ob hier jemand ist, der mal schnell 'n Blinddarm operieren kann, oder jemand, der was gegen die Irren tut, die ihnen bei Nacht die Hälse durchschneiden wollen. Und dann würden sie mit Schmerzen feststellen, wieviele Ratten es in einer Stadt gibt — nicht die in Menschengestalt, sondern die richtigen —, und daß die Ratten die letzten sind, wenn es ans Ersaufen, Verbrennen und Verhungern geht. Die Ratten sind die wahren Revolutionäre; die gehen ganz pragmatisch vor, schon seit Jahrtausenden. Die Ratten, das ist der *wahre* Underground. Sie interessieren sich nicht für deinen Arsch, es sei denn, er hat die letzten Zuckungen schon hinter sich. Und auf indische Litaneien fallen sie auch nicht herein.
Ich will damit nicht sagen: schmeißt den Löffel fort und gebt auf. Auch mir liegt etwas am Fortbestand des wahren menschlichen Geistes. Nur laßt euch nicht verladen von den Jungs, die so zündende Reden halten und euch dann mit vier hartgesottenen Bullen und acht oder neun Typen von der Nationalgarde allein lassen. Die Schreier, die euch für die große Konfrontation präparieren, lassen sich gewöhnlich nicht mehr blicken, wenn die Schießerei losgeht. Sie wollen am Leben bleiben, damit sie ihre Memoiren schreiben können.
Und unweigerlich stoßen zu den revolutionären Varietékünstlern auch die Propagandisten von der Abteilung Religion. Was Wunder, daß man bei diesem siamesischen Zwilling nicht mehr weiß, was vorne und hinten ist. Früher, da war die religiöse Maske noch in kompetenten Händen. Ich meine nicht die Kirchen — das war schon immer eine müde Angelegenheit —, sondern die kleinen weißgestrichenen Buden an der Straße. Mann, ging es da rund. Ich hockte mich nachts immer rein, nachdem ich aus sämtlichen Bars geflogen war, und hörte

zu. Es war allemal besser als nach Hause gehen und sich einen runterholen. Am besten florierte der Schwindel in Los Angeles, dicht gefolgt von New York und Philadelphia. Wahre Künstler waren das, diese Prediger. Ich bin ziemlich abgebrüht, aber die Burschen brachten mich fast so weit, daß ich mich in ekstatischer Verzückung auf dem Boden wälzte. Und man sah, daß die Typen selber noch gegen ihren letzten Kater ankämpften, ihre blutunterlaufenen Augen traten ihnen aus dem Kopf, und sie kreischten sich die Lunge aus dem Leib, bis sie wieder die nötigen Moneten für eine Flasche Fusel oder eine Nutte oder was weiß ich zusammen hatten.
Inzwischen hat die Sache ziemlich gelitten; der liebe Gott vergaß, die Miete zu bezahlen oder die nächste Flasche auszufahren, und unter derart widrigen Arbeitsbedingungen baut man rapide ab. Gott fing an zu passen, und das Warten fällt einem schwer, wenn einem der Bauch bis in die Kniekehlen hängt, die Seele den großen Katzenjammer hat, die Lebenserwartung knapp 55 Jahre beträgt und man sich vergegenwärtigt, daß Gott sich zum letztenmal vor 2000 Jahren hat blicken lassen, und selbst da zeigte er nur ein paar billige Jahrmarktsnummern, ließ sich von einem Genossen reinlegen und machte spontan den Schirm wieder zu.
Gott hat seinen Platz im Apfelbaum geräumt, die Schlange und die Möse von Eden eingepackt, und jetzt sitzt Karl Marx oben und wirft mit den goldenen Äpfeln um sich.
Wenn es zum Kampf kommt — wovon ich überzeugt bin; und dem verdanken wir unsere Van Goghs und Mahlers, unsere Gillespies und Charly Parkers — dann ist, was die Anführer angeht, Vorsicht am Platz, und bei dem einen oder anderen möglicherweise die Frage erlaubt, ob er, statt die Shell-Tankstelle an der Ecke abzubrennen, nicht vielleicht doch lieber im Aufsichtsrat von General Motors säße. Und wir fragen uns vielleicht, ob auch unser Dubcek nur noch als halber Mann aus der Kälte zurückkommen wird...
Die Foyers der ›Schönen Künste‹ und die Nester der ›Revolutionäre‹ quellen über von unvorstellbaren verlausten Nieten, die ihren Kummer darüber, daß sie weder einen Job als Tellerwäscher finden noch dem Cézanne das Wasser reichen können, in Coca Cola ersäufen. Und in ihrem Innern herrscht die gleiche gähnende Leere wie in den Schokoladenhasen, die wir an Ostern unseren Kindern andrehen.
Aber, alt wie ich bin, kann ich doch noch mit Befriedigung

registrieren, DASS DER KLEINE MANN JETZT DEN KANAL VOLL HAT UND NICHT LÄNGER MIT SICH SCHLITTEN FAHREN LÄSST. Man kann es überall beobachten; in Prag und in Watts, in Ungarn und Vietnam. Es ist mehr als ein Auflehnen gegen die jeweilige Regierungsform. Es ist viel elementarer: Menschen, die sich nicht länger verarschen lassen von einer Weißen Weihnacht à la Bing Crosby und von gefärbten Ostereiern, die man vor den Kindern versteckt, damit sich die Kleinen erst mal ABRACKERN müssen, um die Scheißdinger zu finden. Ein elementares Unbehagen; und mir ist wohl dabei, ich schöpfe wieder Hoffnung. Die Jungen haben endlich angefangen, sich über gewisse Dinge Gedanken zu machen und verstehen es mehr und mehr, sich mit ihren Vorstellungen durchzusetzen. Ihre Sprecher nehmen das Risiko einer exponierten Stellung auf sich und werden der Reihe nach umgelegt. Aber die verhärteten Alten merken, daß ihnen der Teppich langsam aber sicher unter den Füßen weggezogen wird. Sie müssen sich darauf gefaßt machen, daß sie sehr bald von einer Revolution abserviert werden, die sich in Form von ganz gewöhnlichen Wahlen abspielt. Vorausgesetzt, daß man ihnen überhaupt noch soviel Zeit läßt. Das ist eigentlich unser Dilemma, Jungs: entweder wir machen zu langsam und gehen dabei drauf; oder wir machen zu schnell und gehen dabei drauf ...
Naja, ich laß das mal so stehen. Langsam kriege ich Zerfallserscheinungen, ich werde müde, ich frage mich, wozu ich mir den Mund fusselig rede, ich hoffe, daß das alles doch irgendwie einen Zusammenhang ergibt, der Kopf sackt mir auf die Maschine, ich höre auf, warte auf morgen. Vielleicht komme ich aus der Tür und latsche auf eine Tellermine? Wen kümmert das schon. Hoffentlich kommt dann ein paar Lesern wenigstens das Mittagessen hoch ...

Kommt so das Ende? Der Tod aus sämtlichen Nasenlöchern der Nacht? Wie billig. Was für ein Plagiat. Und wie brutal. Ein Klumpen rohes, stinkendes Hackfleisch, das jemand hat liegen lassen.
Er kotzte sich aufs Hemd; zu schwach, um den Kopf auf die Seite zu drehen.
Sie hatten ihn gewarnt. Nie Pillen und Whisky durcheinander. Und weiß Gott, sie hatten recht behalten.

Er spürte, wie seine Seele unter ihm wegrutschte. Er fühlte, wie sie verkehrtherum daling, wie eine Katze, und mit den Hinterbeinen krampfhaft nach einem Halt suchte.
Motherfucker, komm zurück! sagte er.
Seine Seele lachte, du hast mich lang genug gestriezt, Baby. Jetzt bin ich dran.
Es war ungefähr drei Uhr morgens.
Das Sterben kümmerte ihn weniger, eher schon die losen Enden, die vielen kleinen unerledigten Dinge, die nun für immer unerledigt bleiben würden — eine vierjährige Tochter irgendwo in einem Hippie-Camp in Arizona; Strümpfe und Unterhosen auf dem Boden, verschimmeltes Geschirr im Spülbecken; unbezahlte Rechnungen für Autoreparaturen, Gas, Strom, Telefon; und ein Teil von ihm, verschollen in ungewaschenen Mösen von einem halben Hundert Nutten, auf Fahnenmasten und Feuerleitern, in baufälligen leeren Wohnungen, im Kommunionsunterricht, auf Schiffen und in Gefängniszellen, in abgerissenen, vermoderten Verbänden, im Klo runtergespült; Spuren seines Ich, die an weggeworfenen Weckern klebten, an weggeworfenen Schuhen, Frauen, Freunden ...
Es war einfach ein Jammer. Wer konnte den Blues blasen so wie er wirklich war? Niemand. Das war es. Niemand konnte es. Man konnte es nur immer wieder versuchen, und das Scheitern und die Verzweiflung wuchsen, und es gab keinen Weg zurück.
Er würgte wieder, übergab sich und lag wieder still. Er konnte die Grillen hören, draußen in Hollywood, entlang dem Sunset Boulevard. Ich hab verspielt, mein Gott, ich hab alles verspielt, dachte er.
Yeah, Brother, hast verspielt, sagte seine Seele.
Er hatte das Ende aller Roßkuren erreicht. Er brachte nichts mehr runter, kein Bier, keine Pillen, nicht mal Wasser. Nichts mehr. Es gab kein Pot mehr, kein Hasch, keine Liebe, keinen Windhauch, keinen Sound — nur noch das Zirpen der Grillen. Nichts mehr zu hoffen. Und er hatte nicht einmal ein Streichholz, um die Bude in Brand zu stecken.
Und es wurde schlimmer.
Eine Melodie begann ihm durch den Kopf zu gehen und sich zu wiederholen, immer dieselbe Melodie:
»Schaff lieber noch einen Dollar an, Mr. Businessman, solang du noch kannst ...«

Ah ja. Und immer wieder dieselbe Leier:
»Schaff lieber noch einen Dollar an, Mr. Businessman...«
»Schaff lieber noch einen Dollar...«
»Schaff lieber noch...«
»Schaff lieber...«
Mit letzter Energie, die irgendwo aus den wahnsinnigen Echos des Raums zu kommen schien (Wer kann den wahren Blues blasen? Niemand.), langte er hoch und machte die kleine Lampe über seinem Kopf an, es war nur noch eine nackte Glühbirne, der Schirm war längst abgerissen (Wer kann ihn blasen, diesen Blues?), und er hob eine Ansichtskarte vom Boden auf, die er vor einigen Tagen in seinem Briefkasten gefunden hatte, und las:
»Lieber Buk: wir grüßen dich aus der Ferne und heben ein deutsches Helles und einen Klaren auf dein Wohl und gedenken deiner Säuferseele hinter den heimeligen Butzenscheiben des...«
Ein paar aufdringliche vollgefressene Typen, die gedankenlos in ihrem Glück aus zweiter Hand dahindämmerten. Die nachlässig hingeschmierten Zeilen verhedderten sich vor seinen Augen.
Eine Andeutung, daß man am nächsten Tag nach England aufbrechen werde. Gedichte, die sich langsam einstellten. Zu fett gegessen und bei der Stadtrundfahrt den Bus vollgekotzt.
»Wir halten Sie für den größten Dichter seit Eliot.«
Unterzeichnet von einem Herrn Professor und seinem Lieblingsschüler. Nur seit Eliot? Das war nicht weit her. Als ob er nicht all diesen einfallslosen Geistern demonstriert hätte, was es heißt, wieder Gedichte zu schreiben, die so voller Energie und Leben waren, daß sie leuchteten und schwitzten und stanken; und jetzt machten diese Leute eine Vergnügungsreise durch Europa und holten sich gegenseitig einen runter in ihrem Erste-Klasse-Abteil, während er in seinem schäbigen Loch auf der Skid Row von Hollywood am Abkratzen war.
»Schaff lieber noch einen Dollar an, Mr. Businessman... solang du noch kannst...«
Er warf die Karte auf den Boden. Es war doch alles egal. Wenn er wenigstens noch ein bißchen Selbstmitleid empfinden könnte oder sich in einen gesunden Wutanfall hineinsteigern könnte. Aber es war alles trocken und leer in ihm, und es kam ihm vor, als sei es nie anders gewesen.

Vor zwei Jahren hatten die Professoren angefangen, ihm die Tür einzurennen. Sie wollten herausfinden, wie er dazu kam, solche enormen Dinge von sich zu geben. Was hätte er ihnen schon sagen sollen. Sie waren alle gleich — so richtig gepflegt und adrett, auf eine beinahe weibische Art, mit langen Beinen, die sie zierlich schlenkerten, und großen, rosigen Schaufensteraugen. Und wenn sie erst den Mund aufmachten, tat es ihm leid, daß er sie überhaupt reingelassen hatte. Sie waren nichts als noble ästhetische Eierköpfe einer zerfallenden Struktur, die vor lauter süßem Eierschnee im Hirn nicht merkten, daß schon der ganze Dachstuhl in Flammen stand.
»Schaff lieber noch einen Dollar an, Mr. Businessman...«
Was war mit all der Härte in seinen Gedichten? Scheiße, er war mürbe und weich — jeder war es, wenn man genau hinsah. Sein ganzes Leben hatte er den harten Burschen rausgekehrt, aber diese Härte war nur ein Vorwand, ein verlogener Schutzwall. Er saß in einer lächerlichen beschissenen Falle, die er sich selbst gebaut hatte.
Er wälzte sich aus dem Bett. Es kostete ihn eine übermenschliche Anstrengung. Im Flur kam es ihm wieder hoch, grüngelbes schleimiges Zeug und etwas Blut. Er schwitzte und fror abwechselnd. Seine Füße schleppten schwer über die Dielen, als gehörten sie einem Gummielefanten. Flump, flump, flump. Und da (er blinzelte in das Licht einer Glühbirne) hing das stöhnende, angsterfüllte Auge des Konfuzius über seinem letzten Drink.
Blas mir einer den Blues — — —
Er tastete sich ins Wohnzimmer vor...
»Hey, Mr. Businessman...«
peilte einen Sessel an, verfehlte ihn, krachte auf den Fußboden und brach in irres Gelächter aus... Vor ihm stand das Telefon.
So enden also die Einzelgänger, dachte er. Irgendwo im Dunkeln. Allein mit sich selbst und der Welt. Als Einzelgänger sollte man sich *beizeiten* darauf einstellen.
All die starken Gedichte helfen jetzt nicht mehr. Auch nicht all die Frauen, die ich aufgetan hab. Und die, die ich nicht geschafft hab, erst recht nicht. Was ich jetzt brauche, ist einer, der mir groß und sicher den Blues vorträgt und sagt, ich *weiß*, worum es geht. Junge, nimm es ganz in dich auf, und dann leg dich hin und laß alles gehen.
Er sah das Telefon an. Er überlegte und überlegte. Wen sollte er anrufen; wer würde ihm jetzt die richtigen Worte sagen,

die ihm den Rest leicht machten. Er ging sie der Reihe nach durch, die wenigen von den Milliarden, die paar Leute, die er kannte.
Aber er wußte, es war zu früh am Morgen; kaum die passende Zeit für einen Sterbenden, um seine Freunde zu behelligen. Es wäre ungeschickt, sie würden wahrscheinlich denken, er mache Spaß oder sei besoffen oder verrückt, und er könnte es ihnen nicht einmal übelnehmen. Jeder war abgeschnitten, abgehängt, isoliert in seiner eigenen kleinen Zelle. Hey, Mr. Businessman...
Motherfuck!
Wer immer dieses Spiel erfunden hatte, er hatte sich einen sauberen, glatten Trick ausgedacht. Gut, nennen wir ihn Gott. Er war längst fällig für einen Blattschuß. Aber der raffinierte Bruder ließ sich nie richtig anvisieren. Das Zeitalter der Mörder hatte bisher den größten Halunken ausgespart. Seinen Sohn hätten sie damals fast gekriegt, aber er ging ihnen durch die Lappen und wir schlitterten weiter über die verkotzten Fliesen unseres Badezimmers. Der Heilige Geist war der gerissenste von den Dreien, er ließ sich überhaupt nie blicken. Er lehnte sich einfach bequem zurück und wichste, bis er schwarz wurde.
Seine Seele schlenderte aus dem Schlafzimmer mit einer leeren Dose Bier in der Hand. »Nur noch mal die Stimme deiner kleinen Tochter hören, damit du in Frieden abkratzen kannst, hm? Du mieser, sentimentaler Waschlappen! Deine kleine Tochter versumpft irgendwo in einem Hippie-Camp, während ihre Mutter irgendeinem Idioten an den Eiern fummelt! Na, wie schmeckt das? Schnall ab und schluck's runter, du lapprige Nummer!«
»... *you need love, you need love, love will get you in the end, my friend!*«
Liebe, was? Und mich am Ende kriegen?
Der große Preßlufthammer Tod. Yeah.
Er fing an zu lachen, brach ab, würgte wieder einen Klumpen Kotze aus. Mehr Blut dieses Mal. Fast nur Blut.
Er schleppte sich hinüber zur Couch.
»... *you need love, you need love* ...«
Naja, dachte er, wenigstens haben sie 'ne andere Platte aufgelegt.
Das Sterben war nicht so einfach, wie er es sich vorgestellt hatte. Überall Blut, die Vorhänge zugezogen, draußen mach-

ten sich die Leute fertig für die Arbeit. Einmal, als er sich herumwälzte, fiel sein Blick auf das Bücherregal, da standen all seine Gedichtbände — und er fühlte, wie alles umsonst gewesen war. Er hatte versagt, das reichte nicht einmal zurück bis Eliot, nicht einmal bis gestern früh. Er hatte verspielt wie ein leichtsinniger Affe, der vom Baum fällt und im Maul des Tigers landet.
Es machte nichts, und den Blues mochte blasen, wer wollte, es war ihm egal. Satchmo, go home. Schostakowitsch mit deiner Fünften, vergiß es. Peter Tschaik, hast dich mit einem runtergekommenen Sopran in die Nesseln gesetzt und nebenher noch 'ne Lesbierin unterhalten, wie man hört ... vergiß es. Wir haben alle nach der großen Nummer gehangelt, und alle haben wir versagt — als Schwanzlutscher, als Maler, Ärzte, Zuhälter, Green Berets, Tellerwäscher, Zahnklempner, Trapezkünstler und Birnenpflücker. Jeder an sein eigenes Kreuz genagelt. Und jeder röhrte seinen eigenen Blues.
»You need love, you need love ...«
Er stand auf und ging zum Fenster, zog die Vorhänge zur Seite, die beschissenen Dinger waren total verrottet, er hielt nur noch ein paar Fetzen in der Hand. Auch die Sonne war alt und ausgelaugt; sie schien auf dieselben müden Blumen und dieselben verbrauchten jungen Mädchen.
Er sah zu, wie die Leute zur Arbeit gingen. Er war genauso gescheit oder behämmert wie immer.
Er ließ sich wieder auf die gemietete Couch fallen, und für einen Augenblick war es *seine* Couch.
Nach all dem Trouble war nichts weiter dabei.
Er starb.

Der kleine verkrüppelte Schneider saß immer da und nähte und hatte gute Laune. Nur wenn seine Alte auftauchte und an der Tür schellte, verließ ihn seine gute Laune. »Mach auf, ich hab dir saure Sahne mitgebracht«, rief sie zu ihm hinein.
»Hau ab, du stinkst mir!« schrie er. »Ich scheiß auf deinen verdammten Rahm!«
»Äääääh!« machte sie. »Du und dein verstunkener Laden! — Schaff doch wenigstens mal deinen Müll raus!« Und weg war sie wieder.
Der Schneider legte einen Finger an die Nase und dachte einen

Augenblick nach. Ah ja — die drei Leichen. Das war es. Eine lag in der Küche vor dem Gasherd. Eine weitere hing steif im Wandschrank an einem Kleiderhaken. Und die dritte saß in halb aufrechter Position in der Badewanne, so daß gerade noch der Kopf über dem Rand sichtbar war. Langsam stellten sich immer mehr Fliegen ein, und das war unangenehm. Die Fliegen schienen sich außerordentlich wohl zu fühlen, sie berauschten sich förmlich an dem Verwesungsgeruch, und wenn er mit der Fliegenpatsche nach ihnen schlug, wurden sie wütend und fielen über ihn her. Also ließ er sie einfach in Ruhe.
Er setzte sich wieder an seine Arbeit, und wieder klingelte es. Sieht so aus, als ob ich heut ums Verrecken nicht zum Nähen komme, dachte er.
Es war sein Freund Harry.
»Hallo, Harry.«
»Hallo, Jack.«
Harry kam rein. »Wo kommt denn der Gestank her?«
»Leichen.«
»Leichen? Soll das ein Witz sein?«
»Nö. Schau dich doch um.«
Harry ging seiner Nase nach und fand den in der Küche, dann den im Wandschrank und den in der Badewanne. »Warum hast du die umgebracht? Bist du übergeschnappt? Was wirst du denn jetzt tun? Warum schaffst du sie nicht weg und versteckst sie irgendwo? Hast du nicht mehr alle Tassen im Schrank? Warum hast du sie denn umgebracht? Warum rufst du nicht die Polizei? Bist du denn von allen guten Geistern verlassen? Mann, dieser GESTANK! Hör mal, komm mir ja nicht zu nahe! Was soll denn jetzt werden? Was zum Teufel läuft hier eigentlich? UHHH! DIESER GESTANK! MIR DREHT SICH DER MAGEN UM!«
Jack arbeitete ungerührt weiter. Er nähte und nähte und nähte. Es war, als ob er sich dahinter verstecken wollte.
»Jack, ich ruf jetzt die Polizei an.«
Harry ging in Richtung Telefon, merkte aber plötzlich, wie es ihm hochkam. Er rannte ins Bad und kotzte in die Kloschüssel, grad neben dem Kopf der Leiche in der Wanne.
Er kam wieder heraus und langte nach dem Telefon. Er stellte fest, daß man die Sprechmuschel abschrauben und seinen Penis in die Öffnung schieben konnte. Er schob ihn darin vor und zurück, und es tat gut. Sehr gut sogar. Als er fertig war,

hängte er den Hörer ein, zog seinen Reißverschluß wieder hoch und setzte sich zu Jack.
»Jack, bist du meschugge?«
»Becky sagt, sie hält mich für 'n klinischen Fall. Sie will mich ins Irrenhaus stecken.«
Becky war seine Tochter.
»Weiß sie über die Leichen Bescheid?«
»Noch nicht. Sie ist gerade geschäftlich in New York. Sie arbeitet als Einkäufer für'n großes Kaufhaus. Guter Job. Bin stolz auf das Mädchen.«
»Und Maria? Weiß sie es?«
Maria war Jacks Frau.
»Maria weiß von nichts. Sie kommt nicht mehr her. Seit sie den Job in der Großbäckerei hat, denkt sie, sie is was Besseres. Sie lebt jetzt mit 'ner andern Frau zusammen. Manchmal denk ich, sie hat'n leichten Stich ins Lesbische.«
»Na, jedenfalls, ich brings nicht fertig, dir die Polente auf 'n Hals zu hetzen. Du mußt selber mit der Geschichte fertig werden. Aber kannst du mir nicht wenigstens sagen, warum du diese Leute umgebracht hast?«
»Ich hatte was gegen sie.«
»Aber man kann doch Leute, gegen die man was hat, nicht einfach umlegen!«
»Es gab halt *zu viel*, was mir an ihnen nicht gepaßt hat.«
»Jack?«
»Hm?«
»Willst du mal ans Telefon?«
»Wenn du nichts dagegen hast.«
»Is ja schließlich dein Telefon, Jack.«
Jack stand auf und zog seinen Reißverschluß runter. Er steckte seinen Penis in den Hörer. Er schob ihn vor und zurück, und es fühlte sich gut an. Als er fertig war, zog er seinen Reißverschluß hoch, setzte sich wieder hin und nähte weiter. In diesem Augenblick läutete das Telefon. Er ging hin und nahm den Hörer ab.
»Oh, hallo Becky! Nett, daß du anrufst! Danke gut, und dir? Ah ja, das kommt, weil wir die Sprechkapsel abgeschraubt haben. Harry und ich. Harry ist grad hier. Was is mit Harry? Glaubst du wirklich? Ich finde, er ist in Ordnung. Nichts weiter. Bin am Nähen, wie immer. Harry is auf 'n Sprung vorbeigekommen. Ziemlich trüber Nachmittag. Wirklich trübselig. Keine Sonne, nix. Alle Leute ham heute häßliche Gesichter.

Oh ja, ich fühl mich O. K. Wirklich. Nee, noch nicht. Aber ich hab 'n gefrorenen Hummer im Eisschrank. Bin einfach verrückt auf Hummer. Nee, hab sie schon 'ne Weile nicht mehr gesehn. Spielt die feine Dame und so. Ja, ich werd's ihr ausrichten. Keine Sorge. Goodbye, Becky.«
Jack legte auf, setzte sich hin und fing wieder an zu nähen.
»Weißt du«, sagte Harry, »das erinnert mich an was. Früher — ver*dammte* Fliegen! Bin ich denn schon am *Verschimmeln?!* — als junger Mann hatte ich mal 'n Job, ich und dieser andere Junge. Als Leichenwäscher. Manchmal kriegten wir richtig gut aussehende Weiber rein. Einmal kam ich zur Arbeit, und Mickey, das war der andere, war grad dabei, über so eine drüberzusteigen.« »Mickey«, sag ich, »was MACHST du denn da? Du solltest dich was SCHÄMEN!« Er guckte mich bloß so von der Seite an und machte weiter.
Als er von ihr runterkletterte, sagte er: »Harry, ich hab schon mindestens 'n Dutzend von denen gepimpert. Gar nicht schlecht. Versuch's mal. Wirst sehn...!« »Nee, danke!« hab ich gesagt. Einmal, als ich 'ne wirklich schicke Tante am Waschen war, hab ich 'n bißchen Stinkfinger bei ihr gemacht. Aber zu mehr konnt ich mich nicht aufraffen.«
Jack bosselte weiter an seiner Näharbeit.
»Glaubst du, daß du's mal mit einer versucht hättest, Jack?«
»Ach Gott, was weiß ich. Woher soll ich das wissen?«
Er nähte. Nach einer Weile sagte er: »Hör zu, Harry, ich hab 'ne harte Woche hinter mir. Ich muß was essen und mich dann 'n bißchen aufs Ohr legen. Ich hab 'n Hummer im Eisschrank. Aber ich bin komisch, ich bin gern allein beim Essen. Schmeckt mir nicht, wenn mir jemand dabei zusieht. Ja?«
»Ja... möchtest du, daß ich gehe? Du scheinst 'n bißchen durcheinander zu sein. Na, O. K. Ich mach mich dünne...«
Harry stand auf.
»Mußt nicht beleidigt sein, Harry. Wir sind doch Freunde. Wollen es auch bleiben, nicht? Wir sind doch alte Freunde.«
»Klar. Seit 33. Das waren noch Zeiten! FDR. Die NRA. Die WPA. Aber wir haben's durchgestanden. Die Jungs von heut, die haben doch einfach keine Ahnung, wie das war.«
»Kann man wohl sagen.«
»Na denn....Goodbye, Jack.«
»Goodbye, Harry.«
Jack ging mit Harry zur Tür, machte ihm auf, sah ihm zu,

wie er wegging. Immer noch dieselben alten, zerbeulten Hosen. Der Bursche lief rum wie 'n Lumpensammler.

Dann ging Jack in seine Küche, holte den Hummer aus dem Gefrierfach und fing an, die Anleitung zu lesen. Die machten immer so konfuse Anleitungen. Dann kam ihm die Leiche vor dem Herd in die Quere. Er würde sie beiseite schaffen müssen. Das Blut unter dem Körper war längst getrocknet und bildete einen harten Belag auf dem Fußboden. Die Sonne kam nun doch noch durch die Wolken, es war später Nachmittag, ging schon auf den Abend zu, und der Himmel wurde rötlich, und etwas von dem rötlichen Licht kam durchs Küchenfenster. Man konnte fast verfolgen, wie es sich hereintastete, ganz langsam, wie ein riesiger Schneckenfühler. Die Leiche lag mit dem Gesicht nach unten, und unter ihr, merkwürdig verrenkt, kam der rechte Arm an der Seite heraus, so daß die Handfläche nach oben zeigte. Der rötliche Schneckenfühler ruhte genau auf der Handfläche, so daß sie leicht rosa schimmerte. Das fiel Jack auf. Es sah so unschuldig aus. Nichts als eine Hand, eine einsame rosa Hand auf dem Fußboden. Fast wie eine Blume. Für einen Augenblick hatte Jack den Eindruck, daß sie sich bewegte. Nein, sie hatte sich nicht bewegt. Eine rosa Hand. Nur eine Hand. Eine unschuldige Hand. Jack stand unbeweglich da und sah sie an. Dann setzte er sich auf einen Stuhl, den Hummer auf dem Schoß, und schaute auf die Hand. Und dann fing er an zu weinen. Er legte den Hummer auf den Boden, warf sich über den Tisch, den Kopf in den Armen vergraben, und schluchzte. Er weinte eine lange Zeit. Er weinte wie eine Frau. Er weinte wie ein kleines Kind. Er weinte wie Gott weiß was. Dann ging er ins andere Zimmer und hob den Hörer ab.

»Vermittlung, geben Sie mir die Polizei. Ja, ich weiß, daß es komisch klingt; das Mundstück ist abgeschraubt. Aber ich möchte trotzdem, daß Sie mich mit der Polizei verbinden.«

Jack wartete.

»Ja? Also, hören Sie zu, ich hab einen Mann umgebracht! Was sag ich einen Mann? DREI MÄNNER! Im Ernst, *ja*, das ist mein Ernst! Ich möchte, daß Sie kommen und mich holen. Und daß Sie die Leichen abholen. Ich bin wahnsinnig. Ich hab den Verstand verloren. Ich weiß nicht, wie es passiert ist. Was?«

Jack gab ihnen seine Adresse.

»Was? Das kommt, weil das Mundstück nicht mehr dran ist. Ich hab's abgemacht. Ich hab das Telefon gepimpert.«

Der Beamte am anderen Ende redete aufgeregt weiter, aber Jack legte auf. Er ging zurück in die Küche, setzte sich wieder an den Tisch und vergrub den Kopf in den Armen. Er heulte nicht mehr. Er saß einfach da, das rötliche Licht war verschwunden, die Sonne war weg, es wurde dunkel, er dachte an Becky, und dann dachte er daran, sich umzubringen, und schließlich dachte er an gar nichts mehr. Der tiefgekühlte südafrikanische Hummer taute langsam zwischen seinen Füßen. Er kam nicht mehr dazu, ihn zu essen. Ich hatte mir eines Abends leicht einen angetrunken und kriegte Besuch von dem Kerl, der ein paar von meinen Büchern veröffentlicht hat, und er fragte mich: »Bukowski, hast du Lust, mit rüber zu L... zu gehen?«

L... war ein berühmter Schriftsteller. Seine Bücher waren in alle möglichen Sprachen übersetzt. Diverse Stipendien, Ehen, Mätressen, Preise, Romane, Gedichtbände, Kurzgeschichten, Europa-Aufenthalte, sogar Gemälde-Ausstellungen, was man nur wollte.

»Nee, Scheiße«, sagte ich zu Jensen, »der Kerl langweilt mich.«
»Aber das sagst du bei jedem.«
»Na und? Stimmt ja auch.«
Jensen setzte sich hin und sah mich an. Jensen liebte es, dazusitzen und mich anzustarren. Er konnte einfach nicht verstehen, weshalb ich so blöd war.
»Er möchte dich kennenlernen. Er hat von dir *gehört*.«
»So, hat er? Und ich hab von ihm gehört.«
»Du würdest dich wundern, wie viele Leute schon von dir gehört haben. Grad kürzlich war ich bei N. A. zum Abendessen, und sie hat gesagt, daß sie dich gern mal zum Essen einladen möchte. Sie hat L... während seiner Zeit in Europa gekannt.«
»Was du nicht sagst.«
»Und beide waren gute Bekannte von Artaud.«
»Ah ja, und sie wollte Artaud nicht an ihren Arsch ranlassen.«
»Stimmt.«
»Kann man ihr nicht verdenken. Ich hätt ihn auch nicht rangelassen.«
»Tu mir einen Gefallen. Geh mal mit rüber zu ihm.«
»Artaud?«
»Nee, L...«

Ich leerte mein Glas.
»Na schön, gehn wir.«
Es war eine lange Fahrt von den Slums zu L's Haus. Und was für ein Haus. Jensen rammte den Wagen die Einfahrt hoch, und die war so lang und breit wie 'ne Autobahnauffahrt.
»Ist das der Mensch, der ständig jammert, wie *arm* er dran ist?«
»Na immerhin soll er dem Finanzamt 85 000 schulden...«
»Arme Sau.«
Wir stiegen aus dem Wagen. Es war ein dreistöckiges Haus. Auf der Veranda stand eine gepolsterte Schaukel, und in der Schaukel lag eine 250-Dollar-Guitarre. Ein riesiger Schäferhund kam angerannt, fletschte die Zähne, Schaum vor dem Mund. Ich wehrte ihn so gut es ging mit der Guitarre ab, während Jensen die Türklingel betätigte.
Ein Guckloch öffnete sich in der Tür und eine gelbe, runzlige Visage sagte: »Wer ist da?«
»Bukowski und Jensen.«
»Wer?«
»Bukowski und Jensen.«
»Die Herrschaften sind mir nicht bekannt.«
Der Schäferhund machte einen Satz und es gelang mir, seine Flugbahn durch einen Schlag mit der Guitarre zu ändern, aber als er wieder auf den Beinen landete, schüttelte er sich nur kurz und machte sich zum nächsten Sprung bereit, das Fell im Nacken gesträubt und die dreckigen, gelben Zähne in meine Richtung gebleckt.
»Bukowski. Der Autor von ›ALL THE DAMN TIME, SCREAMING IN THE RAIN‹. Und ich bin Hilliard Jensen. NEW MOUNTAIN PRESS.«
Der Schäferhund gab ein letztes wütendes Knurren von sich, ehe er wieder zum Sprung ansetzte, als ich L's Stimme hinter mir hörte:
»Oh, Poopoo, laß das!«
Poopoo entspannte sich ein wenig.
»Brav, Poopoo«, sagte ich. »Brav, Poopoo.«
Poopoo schielte mich an. Er wußte, daß ich log. Der alte L hielt die Tür auf.
»Also. Kommen Sie herein«, sagte er.
Ich warf die zerdepperte Guitarre in die Schaukel und wir gingen rein. Das Wohnzimmer hatte die Maße einer Tiefgarage.

»Setzen Sie sich«, sagte L. Ich griff mir den nächsten Stuhl und pflanzte mich hin.
»Ich geb dem Establishment noch ein Jahr«, sagte L. »Den Leuten sind langsam die Augen aufgegangen. Wir werden den ganzen verkackten Laden bis auf die Grundmauern niederbrennen.«
L schnalzte mit den Fingern. »Es wird verschwinden . . .« (SNAP!) »Einfach so! Ein neues und besseres Leben wird kommen, für uns alle!«
»Wie wärs mit was zu trinken?« fragte ich.
L läutete eine kleine Glocke neben seinem Lehnstuhl. »MARLOWE!« brüllte er.
Dann sah er mich an. »Ich habe Ihr letztes Buch gelesen, Mr. Meade.«
»Irrtum«, sagte ich. »Ich bin Bukowski.«
Er wandte sich an Jensen. »Dann sind also *Sie* Taylor Meade! Verzeihen Sie mir!«
»Nein, nein, ich bin Jensen. Hilliard Jensen. NEW MOUNTAIN.«
Betretenes Schweigen. Ein Japaner in schwarzen Pluderhosen und weißem Jackett kam hereingetrabt, verbeugte sich und zog ein Lächeln auf, als ob er uns eines Tages alle um die Ecke bringen wollte.
»Marlowe, du Saftneger, diese Herren möchten was trinken. Nimm ihre Wünsche entgegen und bediene sie *umgehend*, oder ich versohle dir den Arsch!«
Merkwürdig: L's Gesicht sah aus, als habe es nie Schmerzen gekannt. Es war faltig und zerfurcht, aber die Falten sahen irgendwie unecht aus, als seien sie aufgemalt oder aufgeklebt. Merkwürdige Visage. Gelb. Kahl. Winzige Knopfaugen. Auf den ersten Blick ein unbedeutendes, nichtssagendes Gesicht. Wie war es nur möglich, daß er all *das* geschrieben hatte? ›Oh, Mack hatte einen großen Schwanz! Oh, Mack hatte den größten Schwanz von allen! Was für einen Schwanz er hatte! Mack hatte den größten Schwanz in der ganzen Stadt, den größten westlich des Mississippi. Alles redete über Macks Schwanz. Oh, Mack hatte einen großen Schwanz . . .‹ usw. In Sachen Stil machte ihm so leicht keiner was vor.
Marlowe brachte die Drinks, und das muß ich Marlowe lassen: er machte die Gläser voll und sparte mit dem Wasser. Er stellte sie vor uns hin und trabte wieder hinaus. Sein Hintern wackelte unter den dünnen Seidenhosen.

L hatte schon einen sitzen gehabt, als wir ankamen. Er schüttete wieder ein Glas in sich hinein. Ein Whisky-Soda-Typ.
»Ich werde mich immer an dieses Hotel in Paris erinnern. Wir waren alle da. Kaja, Hal Norse, Burroughs ... die bedeutendsten literarischen Köpfe unserer Generation.«
»Haben Sie den Eindruck, daß das Ihrer Arbeit förderlich war, Mr. L?« fragte ich.
Es war eine blöde Frage. Er schaute mich strafend an und schenkte mir schließlich ein kleines Lächeln. »Alles ist meiner Arbeit förderlich.«
Dann saßen wir einfach schweigend da, führten unsere Gläser zum Mund und starrten einander an. In regelmäßigen Abständen läutete L die Glocke, und Marlowe brachte Nachschub.
»Marlowe«, sagte L schließlich, »übersetzt Edna St. Vincent Millay ins Japanische.«
»Wunderbar«, sagte Jensen von der NEW MOUNTAIN.
Ich kann nicht sehen, was daran so wunderbar sein soll, wenn einer Edna St. Vincent Millay ins Japanische übersetzt, dachte ich.
»Ich vermag nicht zu sehen, was daran so wunderbar sein soll, wenn einer Edna St. Vincent Millay ins Japanische übersetzt«, sagte L.
»Nun ja, Millay ist schon ein bißchen passé, aber was ist mit der neueren Lyrik?« fragte der Mann von NEW MOUNTAIN.
Zuviel jugendlicher Überschwang, zu schnell hingemotzt, und sie geben zu schnell auf, dachte ich.
»Keine bleibenden Werte«, sagte der alte L.
Ich weiß nicht. Keiner redete mehr was. Im Grunde konnten wir uns nicht ausstehen. Marlowe servierte weitere Drinks. Ich hatte das Gefühl, daß ich in einer unterirdischen Höhle saß oder in einem Film, der keinen Sinn ergab. Nichts als eine Abfolge beziehungsloser Einstellungen. Gegen Ende stand L auf und versetzte Marlowe einen harten Schlag. Ich wußte nicht, was es zu bedeuten hatte. Sex? Langeweile? Oder nur eine Marotte? Marlowe grinste und flüchtete sich wieder in den Schoß der Millay.
»Keiner soll mein Haus betreten, der nicht alles Licht und allen Schatten ertragen kann«, sagte L.
»Schau her, Mann«, sagte ich, »du hast nichts als Scheiße im Hirn. Ich hab mich nie für deinen Kram begeistern können.«
»Und ich hab nie was für deinen Kram übrig gehabt, Meade«,

sagte der Alte. »Diese ewige Leier von wegen Filmstars abkauen und so. Das kann doch jeder. Das ist nichts Besonderes.«
»Kanns aber manchmal sein«, sagte ich. »Außerdem bin ich nicht Meade.«
Der alte Macker stand auf und wankte auf mich zu mit seinen Ausgaben in 18 verschiedenen Sprachen.
»Willst du pampig werden oder pimpern?« fragte er.
»Pimpern«, sagte ich.
»MARLOWE!« brüllte L.
Marlowe trottete herein und L schrie ihn an: »DRINKS!« Ich hatte FAST damit gerechnet, daß er Marlowe auffordern würde, für mich die Hosen runterzulassen... Aber ich sah nur noch Marlowes wackelnden Hintern durch die Küchentür verschwinden.
Wir setzten uns zur nächsten Runde. »Einfach so!« (SNAP!) sagte L. »Und das Establishment ist im Eimer! Wir sägen sie alle ab!«
Dann fiel sein Kopf nach vorn und er war erledigt.
»Gehn wir«, sagte Jensen.
»Augenblick«, sagte ich. Ich ging rüber zu dem Alten und fing an, ihn zu filzen.
»Was machst du denn da?« fragte Jensen.
»Alles ist meiner Arbeit förderlich«, sagte ich. »Und dieser Typ hier ist gestopft.«
Ich fand seine Brieftasche, steckte sie ein und sagte: »Gehn wer.«
»Das hättest du nicht tun sollen«, sagte Jensen, während wir zur Tür gingen.
Mein Arm wurde nach hinten gerissen und auf meinem Rücken hochgedreht.
»Wir lassen ALLE GELD HIER, BEVOR WIR GEHEN. ZU EHREN VON MR. L!« sagte der Übersetzer von E. V. Millay.
»Du brichst mir den verdammten Arm, du schlitzäugiges Aas!«
»WIR LASSEN ALLE GELD HIER! EHREN VON MR. L!« brüllte er.
»Tret ihm eine rein, Jensen! SCHLAG IHN ZUSAMMEN! SCHAFF MIR DIESEN GELBEN ARSCH VOM HALS!«
»Dein Freund langt mich an, dein Arm ist ZERBROCHEN!«
»Also schön, nimm die Brieftasche. Zum Teufel damit! Ich krieg sowieso noch 'n Scheck von GROVE PRESS.«
Er nahm L's Brieftasche und ließ sie auf den Boden fallen.

Dann nahm er *meine* heraus und ließ sie auf den Boden fallen.
»Hey, MOMENT MAL! Wie kommst du dazu? Bist du vielleicht ein krankhafter Kleptomane?«
»WIR LASSEN ALLE GELD HIER! EHREN VON MR. L!«
»Nicht zu fassen. Das ist ja schlimmer als im Bordell.«
»Jetzt. Sag deinem Freund. Er laßt seine Brieftasche fallen auf dem Boden oder ich brech dein Arm!«
Marlowe bog mir den Arm ein bißchen weiter nach oben, um mir einen Vorgeschmack zu geben.
»Jensen! Deine Brieftasche! SCHMEISS SIE HIN!«
Jensen ließ seine Brieftasche fallen. Marlowe ließ meinen Arm los. Ich schnellte herum. Ich konnte nur noch einen Arm gebrauchen.
»Jensen?« fragte ich.
Er sah Marlowe an. »Nee«, sagte er.
Ich schaute zurück zu dem alten Mann, der in seinem Lehnstuhl vor sich hindöste. Er schien ein leichtes Lächeln auf den Lippen zu haben. Wir machten die Haustür auf und gingen raus.
»Brav, Poopoo«, sagte ich.
»Brav, Poopoo«, sagte Jensen.
Wir stiegen ins Auto.
»Hast du noch jemand, den du heut abend mit mir besuchen willst?« fragte ich.
»Well, ich hatte an Anais Nin gedacht.«
»Vergiß es. Ich glaub nicht, daß ich sie noch verkraften könnte.«
Jensen bugsierte den Wagen aus der Einfahrt. Ein Abend wie jeder andere. Ein warmer kalifornischer Abend. Wir kamen auf den Pico Boulevard und Jensen ging auf östlichen Kurs. Ich konnte es nicht mehr erwarten, bis die verdammte Revolution endlich ausbrach.

»Red«, sagte ich zu dem Jungen, »für die Weiber hab ich aufgehört zu existieren. Zum Teil ist es meine eigene Schuld. Ich geh nicht mehr auf Tanzveranstaltungen, Kirchenbasare, Dichterlesungen, Love-ins und all die Scheiße — und da treiben sich die meisten Nutten herum. Ich hab sonst immer was angeschafft, in den Bars oder im Zug auf der Rückfahrt von Del

Mar, überall wo eine Sauferei im Gang war. Aber heut halt ichs in den Bars nicht mehr aus; all diese Typen, die da verloren rumsitzen und die Zeit totschlagen und darauf hoffen, daß sich ihnen irgendwann eine krätzige Tante auf den Schoß setzt. Die ganze Tour ist eine Schande für die Menschheit.«
Red wirbelte eine Bierflasche durch die Luft, fing sie auf und sprengte an meiner Tischkante die Kappe ab.
»Es ist alles im Kopf, Bukowski. Du hast das nicht nötig.«
»Es ist alles im Kopf von meinem Schwanz, Red. Und ich *habs* nötig.«
»Einmal haben wir 'ne pathologische Weinsäuferin gefaßt und auf 'n Bett geschnallt. 50 Cents pro Nummer. Ich schätze, daß da sämtliche Krüppel und verklemmten Macker in der Gegend drübergestiegen sind. In drei Tagen und drei Nächten müssen wir an die 500 Kunden abgefertigt haben.«
»Menschenskind, Red, du machst mich krank!«
»Wieso? Ich dachte, du bist der Dirty Old Man?«
»Ich wechsle bloß nicht jeden Tag die Socken, das ist alles. Habt ihr sie wenigstens aufstehen lassen, damit sie zwischendurch aufs Scheißhaus gehen konnte?«
»Wieso?«
»O shit. Hast du ihr denn was zu essen gegeben?«
»Die Sorte ißt nichts. Wir haben ihr Wein gegeben.«
»Macht mich krank.«
»Wieso?«
»Es war inhuman, verstehst du? Tierisch. Ach was, nicht mal Tiere würden sowas tun.«
»Wir haben 250 Dollar gemacht.«
»Wieviel hast du ihr gegeben?«
»Nix. Wir ham sie einfach dagelassen. Die Miete war erst in zwei Tagen fällig.«
»Habt ihr sie losgebunden?«
»Klar. Wir wollten uns doch keinen Mord anhängen lassen.«
»Wie rücksichtsvoll.«
»Du redest wie ein Pfarrer.«
»Nimm dir noch 'n Bier.«
»Ich kann dir 'n bißchen Pussy besorgen.«
»Wieviel? 50 Cents?«
»Nee, bißchen mehr mußt du schon investieren.«
»Nee, danke.«
»Siehst du, du willst es gar nicht wirklich!«
»Schätze, du hast recht.«

Wir machten uns an ein neues Bier. Er hatte einen guten Zug. Dann stand er auf. »Siehst du, ich hab immer ein kleines Rasiermesser an mir. Hier, unter meinem Gürtel. Für die meisten Rumtreiber ist Rasieren ein Problem. Nicht für mich. Und wenn ich auf Fahrt bin, hab ich immer zwei Paar Hosen an — hier, siehst du? — und wenn ich inne Stadt komm, zieh ich das äußere Paar aus, rasier mich, und unter meinem blauen Navy-Hemd hab ich 'n weißes Nylon an, das drück ich schnell durchs Wasser und inner Stunde oder so ist es trocken, und dann zieh ich meinen Schlips an, polier mir die Schuhe, hol mir innem An- und Verkauf-Laden eine passende Jacke, und zwei Tage später hab ich 'n white collar Job wie jeder respektable Bürger. Keiner sieht mir an, daß ich grad aus 'm Viehwaggon abgesprungen bin. Aber ich halt die Jobs nie lang aus. Und ums Katzenficken bin ich wieder auf Tour.«
Ich wußte nicht, was ich dazu sagen sollte. Also hielt ich die Klappe und schlappte weiter mein Bier.
»Und ich hab immer so 'n kleinen Eispickel im Ärmel, an so 'nem elastischen Halter am Unterarm, siehst du?«
»Yeah, ich sehs. Ein Freund von mir behauptet, 'n Flaschenöffner is 'ne prima Waffe.«
»Hat recht, dein Freund. Also, und wenn mich die Bullen anhalten, stoß ich das Ding immer schnell ab. Ich reiß die Arme hoch und schrei NICHT SCHIESSEN! . . .« (Red führte mir die Pantomime vor) ». . . und dabei ließ ich den Eispickel rausfallen. Sie finden nie was an mir. Ich weiß nicht, wieviel ich schon so verschwinden lassen mußte. Ne Unmenge jedenfalls.«
»Hast du mit 'nem Eispickel schon mal was gedreht, Red?«
Er warf mir einen merkwürdigen Blick zu.
»O. K., vergiß es«, sagte ich. »Ich hab nichts gesagt.«
Wir schlappten weiter an unserem Bier.
»Ich hab mal in so 'ner Absteige 'ne Zeitung gesehn mit so einem Artikel von dir. Ich halt dich für 'n großen Schriftsteller.«
»Thanks«, sagte ich.
»Ich habs auch mal versucht, aber es haut nich hin. Ich hock mich hin und versuch zu schreiben, aber es läuft einfach nicht.«
»Wie alt bist du?«
»Einundzwanzig.«
»Laß dir Zeit.«

Er saß da und überlegte, wie er ein Schriftsteller werden könnte. Dann langte er in seine Gesäßtasche.
»Das ham sie mir gegeben, damit ich die Schnauze halte.«
Es war eine geflochtene lederne Brieftasche.
»Wer?«
»Ich hab so zwei Typen gesehn, wie sie einen fertig gemacht ham, und dann ham sie mir das gegeben, damit ich nichts sage.«
»Warum ham sie ihn umgelegt?«
»Na weil er diese Brieftasche hatte mit sieben Dollar drin.«
»Und wie ham sie's gemacht?«
»Mit 'nem Steinbrocken. Er hat Wein gesoffen, und als er einen sitzen hatte, ham sie ihm den Schädel geknackt. Und die Brieftasche abgenommen. Ich hab zugesehn.«
»Was ham sie mit der Leiche gemacht?«
»Früh am Morgen hat der Zug gehalten und die Lok hat Wasser aufgenommen. Da ham sie die Leiche rausgeschleppt und unter so 'ne Viehrampe geworfen. Dann sind sie wieder eingestiegen und der Zug ist weitergefahren.«
»M-hmmm«, sagte ich.
»Später finden die Bullen dann so 'ne Leiche, sehn die Kleider, das Säufergesicht, keine Papiere am Mann, und der Fall ist für sie gestorben. Nur wieder 'n Rumtreiber. Interessiert niemand.«
Wir tranken noch ein paar Stunden weiter, und ich gab auch ein paar Sachen zum besten, natürlich nicht halb so gut wie seine. Dann wurden wir schweigsam, und jeder dachte an was anderes.
Dann stand Red auf.
»Well, hör zu, Mann, ich muß wieder los. Aber das war 'n guter Abend.«
Ich stand auf.
»Muß ich auch sagen, Red.«
»Well, shit, vielleicht sehn wir uns mal wieder.«
»Shit, yes, Red.«
Irgendwie zögerten wir beim Abschied. In mancher Beziehung war es ein guter Abend gewesen.
»See you, Kid.«
»O. K., Bukowski.«
Ich sah ihm nach, wie er um die Hecke vor dem Haus bog und sich entfernte, in Richtung Normandie, und weiter raus, auf Vermont zu, wo er noch für drei oder vier Tage ein Zim-

mer hatte, und dann war er verschwunden, und der letzte Rest des Mondes schien herab, und ich schloß die Tür ab, kippte noch ein letztes müdes Bier, machte das Licht aus, schlurfte zum Bett, zog die Klamotten aus und ließ mich reinfallen, während sie draußen in den Güterbahnhöfen über die Gleise stapften und die Züge zusammenstellten und ihre Bestimmungsorte notierten — bessere Städte, bessere Zeiten, mit mehr Liebe oder Glück oder irgendwas. Sie würden es nie finden. Sie würden nie aufhören, danach zu suchen.
Ich schlief.

Er hieß Henry Beckett und es war Montag früh, er war gerade aufgestanden, schaute aus dem Fenster, sah, wie eine Frau im Minirock vorbeiging und dachte, man hat sich schon fast wieder daran gewöhnt, zu dumm. Aber schließlich mußte eine Frau noch was anhaben, sonst hatte man nichts zum Ausziehen. Das nackte Fleisch allein hatte keinen Reiz.
Er ging in Unterhosen ins Bad, um sich zu rasieren. Als er sein Gesicht im Spiegel sah, stellte er fest, daß seine Haut völlig goldfarben war, mit grünen Tupfen. Er stand da, den Rasierpinsel in der Hand, und schaute nochmal hin.
Der Rasierpinsel fiel zu Boden. Aber sein Gesicht blieb unverändert im Spiegel: gold mit grünen Tupfen. Die Wände begannen sich zu verschieben. Henry klammerte sich ans Waschbecken. Irgendwie schaffte er es zurück ins Schlafzimmer und warf sich aufs Bett. Da lag er fünf Minuten lang, und in seinem Hirn schwappte, würgte und schluchzte es durcheinander. Dann richtete er sich auf, ging ins Bad und schaute wieder in den Spiegel: goldenes Gesicht mit grünen Tupfen.
Er ging ans Telefon. »Ja, hallo, hier spricht Henry Beckett. Ich kann heut leider nicht kommen, ich bin krank. Was? Oh . . . verkorkster Magen, ja, völlig verkorkst.« Er legte auf.
Zurück ins Badezimmer. Es war nutzlos. Das Gesicht war immer noch da. Er ließ Wasser ein und ging wieder zum Telefon. Die Sprechstundenhilfe wollte ihm einen Termin für kommenden *Mittwoch* geben. »Hören Sie, das ist ein *dringender Fall!* Ich muß den Doktor unbedingt noch *heute* sehen! Es geht um Leben und Tod! Nein, ich kanns Ihnen nicht sagen,

aber geben Sie mir *bitte* noch heute einen Termin, bitte, Sie *müssen* mich heute noch irgendwo reinnehmen!«
Sie gab ihm einen Termin um halb vier.
Er zog die Unterhosen aus und hockte sich in die Wanne. Er merkte, daß er am *ganzen* Körper goldgelb und grün gesprenkelt war. Bauch, Rücken, Beine, alles ... sogar sein Schwanz. Er seifte sich ein und fing an zu reiben. Es ging nicht ab. Er stieg aus der Wanne, trocknete sich ab und zog die Hosen wieder an.
Das Telefon läutete. Er hob ab. Gloria, seine Freundin, war dran. Sie arbeitete in derselben Firma.
»Gloria, ich kann dir nicht sagen, was los ist. Es ist schrecklich. Nein, ich hab nicht die Syph. Es ist was Schlimmeres. Ich kanns dir nicht sagen. Du würdest es mir nicht glauben.«
Sie sagte, sie werde während der Mittagspause vorbeikommen.
»Nein, bitte nicht, Baby. Sonst bring ich mich um.«
»Ich komm *sofort* rüber!« sagte sie.
»Nein, bitte nicht, BITTE ...«
Sie hatte bereits aufgelegt. Er starrte das Telefon an, stellte es zurück und ging wieder ins Badezimmer. Unverändert. Er ging zurück ins Schlafzimmer, legte sich hin und starrte auf die Risse an der Decke. Das war das erste Mal, daß ihm die Risse in der Decke auffielen. Sie sahen aus wie die Falten in einem freundlichen alten Gesicht. Er hörte den Verkehr draußen, gelegentlich einen Vogel, Stimmen auf dem Gehsteig — eine Mutter, die zu ihrem Kind sagte: »Na komm, geh doch ein *bißchen* schneller ...«, ab und zu ein Flugzeug über dem Haus.
Es klingelte an der Tür. Er ging ins vordere Zimmer, zog den Vorhang an der Tür ein wenig beiseite und schaute hinaus. Es war Gloria. Weiße Bluse, leichter blauer Rock, sie sah gut aus, er konnte sich nicht erinnern, daß sie jemals so gut ausgesehen hatte. Strohblond. Voller Leben. Die Nase ein wenig zu dick, aber wenn man sich daran gewöhnt hatte, gefiel einem auch die Nase. Er fühlte, wie sein Herz schlug. Es tickte wie eine Zeitbombe in einer leeren Besenkammer.
»Ich kann dich nicht reinlassen, Gloria!«
»Mach die verdammte Tür auf, du doofer Arsch!«
Er sah, wie sie versuchte, durch die Vorhänge hindurch einen Blick von ihm zu erhaschen.
»Gloria, du verstehst nicht ...«

»Ich hab gesagt, MACH DIE TÜR AUF!«
»All right«, sagte er, »all right, verdammt nochmal!«
Er spürte, wie sich hinter seinen Ohren der Schweiß sammelte und ihm langsam den Rücken hinunterlief.
Er riß die Tür auf.
»JESSES!« Sie gab einen halberstickten Schrei von sich. Ihre rechte Hand fuhr hoch und blieb über ihrem offenen Mund hängen.
»Ich hab doch GESAGT, ich hab doch versucht, dirs zu SAGEN ...«
Er machte ein paar Schritte rückwärts ins Zimmer hinein. Sie machte die Tür hinter sich zu und folgte ihm ins Zimmer.
»Was ist das?«
»Ich weiß nicht, mein Gott, ich hab keine Ahnung. Faß mich nicht an, faß mich nicht an ... vielleicht ist es was Ansteckendes.«
»Mein armer Henry, oh, mein armer Junge ...«
Sie kam näher, er wich weiter zurück und stolperte über einen Papierkorb.
»Verdammt! Ich hab dir gesagt, du sollst wegbleiben!«
»Wieso, du siehst beinah hübsch aus!«
»BEINAH!« brüllte er. »ABER ICH KANN IN DEM ZUSTAND KEINE VERSICHERUNGSPOLICEN VERKAUFEN, ODER?!«
Beide brachen in Gelächter aus. Dann hockte er plötzlich auf der Couch und weinte. Er hatte sein grün-goldenes Gesicht in den Händen und weinte.
»Mein Gott, warum kann es nicht Krebs sein, oder ein Herzinfarkt, irgendwas Ordentliches und Sauberes? Gott hat auf mich geschissen, das ist es, Gott hat auf mich geschissen!«
Sie hatte begonnen, ihn am Hals zu küssen, und dann bewegten sich ihre Lippen über seine Hände, die er immer noch vors Gesicht geschlagen hatte. Er stieß sie weg. »Hör auf, hör auf!«
»Ich liebe dich, Henry. Mir ist das alles ganz gleich.«
»Ihr gottverdammten Weiber seid alle bescheuert!«
»Aber ja. Wann bist du zum Arzt bestellt?«
»Halb vier.«
»Ich muß zurück ins Büro. Ruf mich an, wenn sich was herausstellt. Ich komm heut abend wieder vorbei.«
»O. K. O. K.« Und dann war sie weg.
Zehn nach drei hatte er einen Hut auf, tief in die Stirn gezogen, einen Schal um den Hals und eine Sonnenbrille auf der

Nase. Beim Fahren vermied er jede unnötige Bewegung und schaute immer geradeaus, als ob er sich dadurch unsichtbar machen könnte. Er schien niemand aufzufallen.
Das Wartezimmer war voll besetzt, alle lasen LIFE, LOOK, NEWSWEEK, und so weiter, die Stühle und Sofas reichten kaum aus, und es war heiß da drin. Seiten wurden umgeblättert, raschelten ... Er schaute herunter auf eine Zeitschrift, die er in den Händen hielt, und versuchte, nicht gesehen zu werden. 15 oder 20 Minuten lang ging alles gut; dann geschah das Unvermeidliche. Ein kleines Mädchen, das ständig seinen Luftballon durch die Gegend schubste und zwischen den Leuten herumrannte, kam in seine Nähe, und als der Ballon schließlich bei seinem Bein landete und die Kleine ihn aufhob, schaute sie ihm direkt ins Gesicht. Sie klemmte sich das Ding unter den Arm und lief zu einem absolut grundhäßlichen Weib mit Pfannkuchenohren und Augen wie das Innere einer Spinnenseele und sagte zu ihr: »Mammi, was ist mit dem Mann seinem GESICHT?«
Und Mammi sagte: »Sch schschschhhh!«
»ABER ES IST DOCH GANZ GELB UND HAT LAUTER SO ROTE TUPFEN DRAUF!«
»*Mary Ann*, ich hab doch gesagt, du sollst RUHIG sein! Jetzt SETZ dich mal eine Weile her zu mir und hör mit der Rennerei auf! LOS, setz dich hier HIN, hab ich gesagt!«
»Aber, *Mammi*! ...«
Die Kleine hockte sich hin, schnupfte, sah sein Gesicht an, schnupfte und sah sein Gesicht an.
Mammi und ihre Kleine wurden aufgerufen. Andere wurden aufgerufen, Neue kamen rein, manche gingen gleich wieder. Schließlich rief ihn der Arzt rein.
»Mr. Beckett.«
Er folgte dem Doktor ins Sprechzimmer. »Nun, wie geht es uns, Mr. Beckett?«
»Sie brauchen mich nur anzusehn, dann wissen Sie es.«
Der Arzt drehte sich um. »Gütiger Gott!« sagte er.
»Yeah«, sagte Mr. Beckett.
»Ich habe noch *nie* etwas derartiges gesehen! Bitte machen Sie sich frei und setzen Sie sich hier auf den Tisch. Wann ist das zum erstenmal aufgetreten?«
»Heut morgen, als ich aufgewacht bin.«
»Wie fühlen Sie sich?«
»Als ob ich von Kopf bis Fuß mit Scheiße vollgeschmiert bin.«

»Ich meine physisch.«
»Ich hab mich glänzend gefühlt, bis ich in den Spiegel geschaut hab.«
Der Arzt wickelte ihm die Gummimanschette um den Oberarm.
»Normaler Blutdruck.«
»Lassen Sie den Unfug, Doktor. Demnächst lassen Sie mich noch auf die Waage stehn. Geben Sie's ruhig zu: Sie wissen nicht, was es ist.«
»Nein, hab ich niemals derartiges gesehen.«
»Ihre Grammatik ist nicht ganz in Ordnung, Doktor. Wo sind Sie her?«
»Aus Österreich.«
»Aus Österreich. Ah ja. Und was wollen Sie jetzt mit mir machen?«
»Ich weiß es nicht. Vielleicht ein Hautspezialist, ständige Beobachtung, Tests...«
»Ich bin sicher, die würden mich sehr interessant finden. Aber es wird nicht weggehen.«
»Was wird nicht weggehen?«
»Was ich da hab. Ich spür es. Es wird nie mehr weggehen.«
Der Arzt fing an, sein Herz abzuhören. Beckett schlug ihm das Stethoskop weg. Er stand auf und zog sich wieder an.
»Überstürzen Sie nichts, Mr. Beckett. Bitte...!«
Dann war er angezogen und draußen. Hut, Schal und Sonnenbrille ließ er da. Zurück in seiner Wohnung, griff er sich seine Jagdflinte und genug Patronen, um ein ganzes Bataillon umzulegen. Er fuhr auf die Freeway und bog ab, wo es zu den Hügeln ging. Von den Hügeln konnte man eine Kurve einsehen, in der die Fahrer Gas wegnehmen mußten. Er hatte keine Ahnung, wie er ausgerechnet auf diese Stelle kam. Er stieg aus dem Wagen und kletterte auf die höchste Erhebung, die er finden konnte. Er wischte den Staub vom Zielfernrohr, lud durch, entsicherte und legte sich flach.
Zuerst wollte es nicht richtig hinhauen. Der Schuß schien jedesmal hinter dem Wagen einzuschlagen. Er übte sich darin, mit den Wagen mitzugehen. Sie fuhren alle praktisch gleich schnell, aber er paßte sich instinktiv den geringfügig wechselnden Geschwindigkeiten an. Der erste Fahrer, den er erwischte, war sehr merkwürdig. Die Kugel ging ihm durch die linke Schläfe und er schien genau zu ihm herauf zu sehen. Dann kam der Wagen ins Schleudern, fuhr gegen einen Zaun

und kippte um. Er nahm sich den nächsten vor, eine Frau am Steuer, verfehlte sie, die Kugel ging in den Motor, der Wagen fing Feuer, und die Frau saß einfach drin, schrie, wedelte mit den Armen und brannte. Das wollte er nicht mit ansehen. Er erschoß sie.
Der Verkehr stoppte. Leute stiegen aus ihren Wagen. Er beschloß, keine weiteren Frauen zu erschießen. Das sah nicht gut aus. Ein Doktor aus Österreich. Hatten sie in Österreich keine Kranken? Warum war er nicht dort geblieben?
Er erwischte vier oder fünf Männer, bevor sie da unten überhaupt merkten, was los war. Dann trafen die Bullen ein und die Krankenwagen. Sie sperrten die Freeway. Er ließ sie die Toten und Verwundeten in die Ambulanzen laden. Er schoß nicht auf die Krankenträger. Aber er feuerte auf die Bullen. Einen erwischte er, einen massigen Kerl, er war nicht zu verfehlen.
Er verlor jeden Sinn für die Zeit. Es wurde dunkel. Er fühlte, wie sie ringsherum begannen, zu ihm heraufzusteigen. Er wechselte seine Position. Bewegte sich auf sie zu. Er dezimierte ihren linken Flügel, indem er zwei aus dem Hinterhalt umlegte. Dann wurde er von rechts unter Beschuß genommen und mußte sich wieder zurückziehen. Sie kreisten ihn langsam ein. Es wäre falsch gewesen, wenn er sich an einer bestimmten Stelle festgesetzt hätte. Er versuchte noch einmal auszubrechen, aber das heftige Feuer trieb ihn wieder zurück.
Er arbeitete sich langsam wieder zu seiner alten Stellung zurück. Er hörte, wie sie redeten und fluchten. Es waren viele. Er stellte das Feuer ein und wartete. Er sah ein Hosenbein hinter ein paar Büschen, er zielte etwas höher, wo er den Körper vermutete, und drückte ab. Ein Mann schrie auf.
Es wurde immer dunkler. Gloria wäre ihm garantiert weggelaufen. Er wußte genau, daß *er* sie sitzen gelassen hätte, wenn sie jemals sowas gehabt hätte.
Sie wußten, er saß in der Falle, ganz da oben auf dem Hügel. Aber sie sahen auch, daß sie sich nicht mehr näher an ihn heranarbeiten konnten; es gab keine Deckung mehr, nur noch verstreute kleine Felsbrocken. Und alle wollten wieder heil nach Hause kommen. Er schätzte, daß er sie noch eine ganze Weile in Schach halten konnte.
Sie fingen an, Leuchtkugeln hochzujagen. Es gelang ihm, ein paar davon abzuschießen, aber bald deckten sie ihn förmlich damit ein. Und sie kamen immer näher. Scheiße. Scheiße. Na ja.

Eine Leuchtkugel landete ganz dicht neben ihm, und für einen Augenblick konnte Henry seine Hände sehen. Er schaute nochmal hin: seine Hände waren WEISS.
WEISS! Es war *weg!* Er war wieder WEISS, WEISS!
»Hey!« schrie er, »ICH GEBS AUF! ICH ERGEB MICH! ICH GEBS AUF!!«
Henry riß sein Hemd auf und schaute auf seine Brust: WEISS. Er zog sein Hemd aus, band es an den Lauf seiner Flinte und schwenkte es. Sie hörten auf zu schießen. Der irre lächerliche Traum war vorüber. Der Clown mit den roten Tupfen war verschwunden. Was für ein Witz, was für eine Scheiße ... war es überhaupt wirklich geschehen? Es konnte nicht sein. Er mußte es sich eingebildet haben. Oder war es doch geschehen? War das in Hiroshima wirklich geschehen? War irgend etwas jemals wirklich geschehen?
Er warf sein Gewehr hinunter. Dann ging er langsam hinterher, kam langsam auf sie zu, die Hände hoch über dem Kopf, und schrie: »ICH GEBS AUF! ICH ERGEB MICH! ICH ERGEB MICH!«
Während er näher kam, hörte er erregtes Stimmengewirr.
»Mann, was sollen wir jetzt machen?« »Ich weiß nicht. Paß bloß auf, vielleicht ist es ein Trick.« Er hat Eddie und Weaver auf dem Gewissen. Ich hasse die Drecksau.«
»Er kommt näher.«
»ICH ERGEB MICH!«
Einer der Bullen gab fünf Schüsse auf ihn ab, drei trafen ihn im Bauch, zwei gingen durch die Lunge.
Sie ließen ihn gut eine Minute liegen, ohne sich zu regen. Dann kamen sie aus der Deckung. Der Bulle, der geschossen hatte, erreichte ihn als erster. Er setzte den Stiefel an seiner Seite an und drehte ihn mit einem Schwung auf den Rücken. Der Bulle war ein Neger, Adrian Thompson, 236 Pfund, mit einem beinahe abbezahlten Eigenheim am Rande eines der besseren Stadtviertel. Er grinste im schwachen Mondlicht auf den leblosen Körper herunter.
Der Verkehr auf der Freeway wickelte sich wieder so reibungslos ab, als sei nichts geschehen.

Wir krallen uns alle an die Wände der Welt, und in den finstersten Augenblicken meines Deliriums denke ich an zwei Freunde, die mir Ratschläge zu verschiedenen Arten des Selbst-

mords geben. Kann man sich einen besseren Beweis der Freundschaft denken?
Der eine hat an seinem linken Arm eine Rasiermessernarbe neben der anderen. Der andere stopft sich die Pillen pfundweise durch das Loch in seinem filzigen schwarzen Bart. Beide schreiben Gedichte. Gedichte schreiben bringt es in manchen Fällen mit sich, daß man ständig mit einem Bein über dem Abgrund schwebt. Trotzdem werden wir alle drei wahrscheinlich ein hohes Alter erreichen. Könnt ihr euch die Welt im Jahre 2010 vorstellen? Vieles wird natürlich davon abhängen, was man mit der Bombe anstellt. Aber es ist denkbar, daß man nach wie vor Rühreier zum Frühstück essen wird, Orgasmusschwierigkeiten haben wird, Gedichte schreiben wird und Selbstmord verüben wird.
Ich glaube, meinen letzten Selbstmordversuch habe ich 1954 unternommen. Ich wohnte damals in einem Apartmenthaus an der North Mariposa Avenue. Ich machte alle Fenster dicht und drehte das Gas auf. Dann machte ich mirs auf dem Bett bequem. Das Geräusch von ausströmendem Gas hat etwas ungemein Beruhigendes an sich. Ich war im Nu weg. Es hätte wohl auch geklappt, nur kriegte ich von dem eingeatmeten Gas solche Kopfschmerzen, daß ich wieder aufwachte. Ich stand auf, fing an zu lachen und sagte mir: ›Du Idiot, du willst dich ja gar nicht umbringen!‹ Ich drehte das Gas ab und riß die Fenster auf. Ich mußte einfach lachen. Das Ganze kam mir wie ein blöder Witz vor.
Ein paar Jahre davor, als ich mal wieder eine einwöchige Sauftour hinter mir hatte, war ich auch ziemlich entschlossen, mich umzubringen. Ich lebte damals mit so 'nem süßen kleinen Ding zusammen und hatte keinen Job. Das Geld war alle, die Miete fällig, und selbst wenn ich mich um einen mickrigen Job gekümmert hätte, wäre es nur eine andere Form von Krepieren gewesen. Bei der nächsten Gelegenheit, wenn sie grad mal weg war, wollte ich es tun.
Inzwischen wollte ich mich vergewissern, was für ein Tag es war, denn bei der ständigen Sauferei verwischten sich einem die Vorstellungen von Tag und Nacht. Wir waren einfach pausenlos am Trinken und Stoßen. Es war um die Mittagszeit, als ich aus dem Haus trat, und ich ging die Straße runter zum Kiosk und kaufte eine Zeitung. Freitag stand da neben dem Datum. Schön, Freitag war mir so lieb wie jeder andere Tag. Und dann sah ich die Schlagzeile. MILTON BERLE'S COUSIN VON

HERABFALLENDEM STEIN ERSCHLAGEN. Also wie zum Teufel kann man an Selbstmord denken, wenn solche Dinge Schlagzeilen machen? Ich klemmte mir die Zeitung unter den Arm und ging zurück in die Wohnung. »Rat mal, was passiert ist?« fragte ich sie. »Was?« sagte sie. »Milton Berle's Cousin ist ein Stein auf den Schädel gefallen.« »Im Ernst?« »Yeah.« »Was glaubst du, was für ein Stein das war?« »Ich schätze, irgendwie rund, glatt und gelb.« »Yeah, das glaub ich auch.« »Was dieser Cousin wohl für Augen hat...?« »Ich würde sagen braun, so 'ne Art blasses Braun.« »Blasse braune Augen, und 'n leicht gelber Stein.« »CLUNK!« »Yeah, CLUNK!« Ich machte ein paar Flaschen auf, und wir hatten schließlich doch noch einen richtig netten Tag. Ich glaube, die Zeitung mit dieser Schlagzeile hieß »The Express« oder »The Evening Herald« oder so ähnlich. Ich bin mir nicht sicher. Jedenfalls, ich bin der Zeitung und Milton Berle's Cousin und dem runden glatten gelben Stein zu ewigem Dank verpflichtet.

Well, da unser Thema heute anscheinend Selbstmord ist, ich erinnere mich da an die Zeit, als ich in Frisco im Hafen gearbeitet hab, und während der Mittagspause hockten wir da am Pier, ließen die Füße über den Rand baumeln und fraßen unsere Stullen. Well, eines Tages hock ich also da und der Kerl neben mir zieht sich Schuhe und Strümpfe aus und legt sie schön ordentlich neben sich hin. Ich denk mir nichts weiter dabei, bis ich es platschen höre. Und merkwürdig: kurz bevor er auf dem Wasser aufprallte, schrie er ›HILFE!‹. Und dann waren nur noch ein paar kleine Wellen zu sehen. Ich saß da und sah zu, wie die Luftblasen aufstiegen. Dann kam einer zu mir her gerannt und fing an zu brüllen. »TU DOCH WAS! ER VERSUCHT, SICH DAS LEBEN ZU NEHMEN!« »Was soll ich denn da machen, verdammt nochmal!« »Hol ein Seil, wirf ihm ein Seil zu oder so was!« Ich sprang auf und rannte in einen Schuppen, wo ein alter Mann grad dabei war, Pakete und Kartons zu packen. »GIB MIR 'N STÜCK SEIL!« Er schaute mich verständnislos an. »VERDAMMT, GIB MIR 'N STÜCK SEIL, DA IST EINER AM ERSAUFEN, ICH MUSS IHN RAUSZIEHEN!« Der Alte drehte sich um und langte nach etwas. Als er sich mir wieder zuwandte, hielt er etwas zwischen zwei Fingern und streckte es mir hin. Es war ein kleines Ende Bindfaden. Mir platzte der Kragen. »DU ELENDER SAUBLÖDER SCHEISSER!« brüllte ich ihn an.

Inzwischen hatte sich so ein junger Streber seiner Klamotten entledigt, war reingesprungen und brachte unseren Selbst-

mörder wieder an Land. Der Streber durfte sich als Belohnung für den Rest des Tages frei nehmen. Unser Selbstmordkandidat behauptete steif und fest, er sei aus Versehen reingefallen. Allerdings hatte er keine Erklärung dafür, warum er sich zuvor erst Schuhe und Strümpfe ausgezogen hatte. Ich sah ihn nie wieder. Vielleicht versuchte er's in der Nacht noch einmal mit mehr Erfolg. Man weiß eben nie, wo einen der Schuh drückt. Der lächerlichste Anlaß kann einen Knacks verursachen, wenn einer erst mal in der richtigen Verfassung ist. Und am schlimmsten ist es, wenn man sich seine Ängste und Agonien nicht einmal mehr selbst erklären kann, wenn es einfach auf einem liegt wie ein großes, dickes Stück Eisenblech und man nicht mehr hochkommt, nicht mal bei 25 Dollar in der Stunde. Ich weiß Bescheid. Selbstmord? Selbstmord scheint einem völlig unvorstellbar — bis man einmal selbst angefangen hat, ernsthaft daran zu denken. Und um dem Klub beizutreten, braucht man nicht mal Mitglied in der Poet's Union zu sein ...
Ich erinnere mich, als junger Mensch, ich lebte in so 'nem schäbigen Hotel und hatte damals einen Freund, schon etwas älter, ehemaliger Sträfling, und der hatte einen Job, der darin bestand, die Trommeln von Candy-Maschinen auszukratzen. Klingt nicht wie eine Sache, für die es sich zu leben lohnt, nicht? Jedenfalls, wir haben ab und zu 'ne Nacht zusammen durchgesoffen und er machte den Eindruck, als ob man gut mit ihm auskommen konnte; großer, bulliger, gutmütiger Bursche, so an die 45; Lou hieß er. Früher mal im Steinbruch gearbeitet. Hakennase, große, zerschrammte Pfoten, ausgelatschte Schuhe, ungekämmtes Haar, nicht so gut im Umgang mit Weibern wie ich — damals wenigstens. Kurz und gut, er kam mal nicht zur Arbeit, weil er gesoffen hatte, und die Candy-Boys entließen ihn. Ich hab ihm gesagt, er soll sich nichts draus machen, ein Job kostet einen Mann sowieso die beste Zeit im Leben. Er schien von meinen hausbackenen Ansichten nicht viel zu halten und ging wieder weg. Ein paar Stunden später ging ich rüber zu ihm, weil ich mir ein paar Zigaretten von ihm pumpen wollte. Ich klopfte an, aber er reagierte nicht. Ich dachte mir, er schläft wahrscheinlich seinen Rausch aus. Die Tür war nicht abgeschlossen. Ich ging also rein, und da lag er auf dem Bett und die ganze Bude war voller Gas. Ich schätze, die Southern California Gas Company hat keine Ahnung, wie viele Leute ihren Service in Anspruch nehmen. Also, ich machte die Fenster auf und drehte das Gas ab. Ein

alter Knastbruder, dem sie den Candy-Spachtel aus der Hand genommen hatten, weil er einen Tag bei der Arbeit gefehlt hatte. (»Der Boss sagt, ich bin der beste Arbeiter, den er je gehabt hat. Das Dumme ist bloß, daß ich zu oft fehle. Letzten Monat waren es zwei Tage. Er sagt, wenn ich noch einmal fehle, schmeißt er mich raus.«)
Ich ging rüber ans Bett und rüttelte ihn. »Wach auf, du verdammtes Aas!«
»Waa...?«
»Du verlottertes Aas, wenn du das nochmal machst, tret ich dich so lang in den Arsch, bis ich dir diese Flausen ausgetrieben hab!«
»Hey, Ski, DU HAST MIR DAS LEBEN GERETTET! ICH VERDANKE DIR MEIN LEBEN! DU HAST MIR DAS LEBEN GERETTET!«
Er hörte überhaupt nicht mehr auf. Noch Wochen danach fing er immer wieder damit an. Er lehnte sich zu meiner Freundin rüber mit seiner Hakennase und nahm ihre Hand in seine große schwielige Pranke, oder — noch schlimmer — er legte sie auf ihr Knie und sagte: »Hey, dieser lausige Bruder hat mir das LEBEN GERETTET! VERSTEHSTDU?«
»Das hast du mir schon x-mal gesagt, Lou.«
»YEAH, ER HAT MIR DAS LEBEN GERETTET!«
Ein paar Tage später verschwand er und blieb für zwei Wochen die Miete schuldig. Ich hab ihn nie wieder gesehen.
Langsam klart sich mein verkatertes Hirn wieder auf. Vielleicht hat man mehr davon, wenn man statt Selbstmord zu begehen zu den anderen davon spricht und sie dadurch davon abbringt. Oder wirklich?
Ich bin bei meinem letzten Bier angelangt, und aus meinem Radio auf dem Fußboden kommt japanische Musik. Vor einer Weile klingelte das Telefon. Irgendein Saufbruder. Ferngespräch. Aus New York.
»Hör zu, Mann, solang sie uns nur alle fuffzig Jahr einen Bukowski geben, hab ich keine Sorge, daß ichs durchsteh.«
Für einen Augenblick erlaube ich mir den Luxus und laß mir das langsam auf der Zunge zergehen. Es ist verlogen, aber es tut gut, und ich hab schließlich hochkarätige Bluesdepressionen.
»Mann, erinnerst du dich noch an die Sauftouren, die wir zusammen gemacht haben?«
»Yeah, ich erinnere mich.«
»Was machst du jetzt so? Immer noch am Schreiben?«

»Yeah, ich schreib grad was über Selbstmord.«
»Selbstmord?«
»Yeah, ich schreib eine Kolumne oder so was, für eine neue Zeitung, die sie hier angefangen haben. OPEN CITY.«
»Und die drucken das Ding über Selbstmord?«
»Was weiß ich.«
Wir reden noch eine Weile, und dann hängt er wieder auf.
Ich erinnere mich, als ich ein Junge war, gab es einen Song, der hieß BLUE MONDAY. Kürzlich haben sie das, glaub ich, in Ungarn oft im Radio gespielt. Und jedesmal, wenn im Radio BLUE MONDAY kam, hat jemand Selbstmord verübt. Der Song wurde schließlich verboten. Aber aus meinem Radio kommt grad was, das ist genauso schlimm. Also wenn ihr in der nächsten Ausgabe meine Kolumne vermißt, dann bestimmt nicht, weil mir die Themen ausgegangen sind.

Es war letzten Montag. Ich hatte Nachtschicht geschoben bis Mitternacht und fuhr anschließend zu so 'ner Party. Ich brachte ein Six-Pack mit, das brachte die Leute wieder in Stimmung, und jemand ging weg und holte mehr.
»Letzte Woche hättet ihr Bukowski erleben sollen«, sagte einer. »Er tanzte mit dem Bügelbrett, und dann hat er sogar versucht, das Bügelbrett zu pimpern.«
»Yeah?«
»Yeah. Dann fing er an, uns seine Gedichte vorzulesen. Wir mußten ihm das Buch wegnehmen, sonst hätte er nicht mehr damit aufgehört.«
Ich sagte, da hat so ein jungfräuliches Wesen gesessen, das mich dauernd ansah, und deshalb hätte ich es nicht übers Herz gebracht, aufzuhören.
»Mal sehen«, sagte ich, »wir haben jetzt Mitte Juli, und ich hab dieses Jahr noch keine Frau umgelegt.«
Sie lachten. Sie fanden das lustig. Leute, die solche Probleme nicht kennen, finden das anscheinend immer lustig.
Dann sprachen sie über diesen blonden Götterjüngling, der es mit drei Miezen zugleich trieb. Ich wandte ein, daß der Junge mit 33 in einer Fabrik als Pförtner enden würde.
Die jüngeren Gäste schlafften langsam ab, und schließlich saß ich mit einem Oldtimer allein, er war ungefähr im gleichen Alter wie ich. Und darauf geeicht, die Nächte durchzumachen.

Als das Bier alle war, fanden wir noch 'ne kleine Flasche Whisky. Er war Herausgeber einer großen Lokalzeitung irgendwo im Osten. Wir unterhielten uns also gut. Zwei alte Knacker, die zuviel miteinander gemeinsam hatten. Es wurde hell. Kurz nach sechs stand ich auf. Ich beschloß, meinen Wagen dazulassen. Ich hatte ungefähr acht Blocks zu gehen. Der Oldtimer begleitete mich bis zur Kegelbahn am Hollywood Boulevard. Dann trennten wir uns mit einem altmodischen Händedruck.

Ich war vielleicht zwei Blocks von meiner Wohnung entfernt, als ich eine Frau sah, die sich vergeblich bemühte, ihren Wagen anzulassen. Sie stellte sich an wie der letzte Mensch. Der Wagen, ein älteres Modell, ruckelte ein paar Schritt vor und bockte. Sie drückte sofort wieder auf den Anlasser. Ich stand an der Ecke und sah ihr zu. Sie kam näher geruckelt, und schließlich stand sie mit ihrer Karre direkt vor mir. Ich sah eine Frau mit hochhackigen Schuhen an den Füßen, schwarze Netzstrümpfe, Bluse, Ohrringe, Ehering und Schlüpfer. Kein Rock, nur solche dünnen rosa Schlüpfer. Ich atmete tief ein. Sie hatte ein altes Gesicht und den Körper eines jungen Mädchens. Der Wagen machte wieder einen Sprung und wieder verreckte ihr der Motor. Ich beugte mich herunter und steckte meinen Kopf durchs Seitenfenster.

»Lady, ich glaub, es ist besser, wenn Sie das Ding hier parken. Die Bullen sind um diese Tageszeit besonders auf Draht. Sie könnten Trouble kriegen.« »Na schön.«

Sie manövrierte den Wagen an den Straßenrand und stieg aus. Der Busen unter der Bluse sah auch noch ziemlich jung und griffig aus. Da stand sie also in ihren Pumps und schwarzen Netzstrümpfen und ihrem rosa Schlüpfer um 6 Uhr 25 an einem Morgen in Los Angeles. Das Gesicht einer 55jährigen und der Körper einer 18jährigen.

»Sind Sie sich sicher, daß Ihnen nichts fehlt?« fragte ich.
»Klar, mir fehlt nichts«, sagte sie.
»Sind Sie sich auch *ganz* sicher?«
»Aber ja, selbstverständlich.« Sie drehte sich um und ging weg. Ich stand da und beobachtete das Schaukeln ihres Hinterns unter diesem straffgespannten dünnen, rosa glänzenden Zeug. Da ging das gute Stück, die Straße runter, und niemand zu sehen, keine Bullen, keine Menschenseele. Nichts als diese wiegenden jungen rosa Hinterbacken, die sich von mir entfernten. Ich war zu bematscht, um mir ein Stöhnen abzu-

ringen; ich fühlte nur, wie der wilde Kummer über diesen Verlust an mir fraß. Ich hatte nicht die richtigen Worte gesagt. Nicht die richtige Kombination gefunden. Ich hatte es nicht einmal versucht. Das mit dem Bügelbrett geschah mir recht. Naja, zum Teufel damit, doch bloß eine Irre, die um sechs in der Früh in rosa Schlüpfern rumrannte.
Ich stand da und sah ihr nach. Das würden mir die Jungs nicht glauben, wenn ich es ihnen erzählte. Und dann drehte sie plötzlich um und kam zurück. Auf die Entfernung sah sie auch von vorn ganz gut aus. Tatsache ist, je näher sie kam, desto besser sah sie aus — wenn man das Gesicht dabei ausließ. Aber schließlich mußte man auch mein Gesicht außer Betracht lassen. Das Gesicht muß man immer als erstes abschreiben, wenn einen das Glück zu verlassen beginnt.
Sie kam dicht an mich ran; und immer noch war kein Mensch auf der Straße zu sehen. Es gibt Augenblicke, wo der Wahnsinn so real und selbstverständlich wird, daß es schon kein Wahnsinn mehr ist. Da atmeten mir also die rosa Schlüpfer ins Fell, und kein Streifenwagen bog um die Ecke, kein Mensch war zu sehen.
»Schön, Sie sind also zurückgekommen«, sagte ich.
»Ich wollte mich nur vergewissern, daß der Wagen hier keine Einfahrt versperrt.«
Sie bückte sich; ich konnte mich nicht mehr beherrschen. Ich packte sie am Arm.
»Komm, gehn wir zu mir. Es ist grad um die Ecke. Genehmigen wir uns 'n paar Drinks und machen wir, daß wir von der Straße runterkommen.«
Sie wandte mir ihr zerfallenes Gesicht zu. Ich konnte dieses Gesicht einfach nicht mit dem Körper zusammenbringen. Ich war so geil, daß ich stank. Dann sagte sie: »O. K. Gehn wir.«
Also gingen wir um die Ecke. Ich faßte sie nicht an. Ich fischte eine Zigarette aus meiner Hemdtasche und bot sie ihr an. Während ich ihr Feuer gab, war ich darauf gefaßt, daß sich in der Nachbarschaft jeden Augenblick ein Fenster öffnete und jemand herausschrie: »He, Alte, mach, daß du hier verschwindest mit deiner verdammten Reizwäsche, oder ich hetz dir die Bullen auf'n Hals!« Aber es regte sich nichts. Es macht sich eben doch bezahlt, wenn man am Rand von Hollywood wohnt. Vermutlich linsten drei oder vier Kerle in diesem Augenblick durch die Vorhänge und holten sich einen runter, während hinter ihnen ihre Frauen den Frühstückstisch richteten.

Wir gingen rein, ich rückte ihr einen Stuhl zurecht und holte eine halbe Karaffe Rotwein, die irgendein Hippie zurückgelassen hatte. Wir tranken schweigend. Sie schien doch einigermaßen bei Trost zu sein — wenigstens fing sie nicht gleich an, ihre Familienfotos hervorzukramen. Nur über ihren Alten mußte natürlich gelästert werden, in der Beziehung war sie genau wie alle anderen.
»Frank macht mich einfach krank. Er gönnt mir nicht die kleinste Freude.« »Yeh?«
»Er sperrt mich dauernd ein. Ich habs satt, dauernd eingesperrt zu sein. Er hat meine ganzen Röcke versteckt, meine ganzen Kleider, alles weggeschlossen. Das macht er immer, wenn ich am Trinken bin.«
»Yeh?«
»Er hält mich wie eine Sklavin. Findest du es richtig, daß ein Mann seine Frau wie eine Sklavin behandelt?«
»Oh, *selbstverständlich* nicht!«
»Also heut hab ichs einfach nicht mehr ausgehalten, ich hab gewartet, bis Frank besoffen war, und dann bin ich abgehauen so wie ich bin.«
»Frank ist wahrscheinlich trotz allem ein guter Kerl«, sagte ich. »Du solltest auf Frank nicht dauernd rumhacken, verstehst du, was ich meine?«
Alter professioneller Trick. Immer so tun, als ob man Verständnis hat, selbst wenn es nicht stimmt.
»Ich finde, Frank ist ein Untier. Bist du vielleicht nicht froh, daß ich hier bin?«
Naja, hätte ich beinah gesagt, auf jeden Fall besser als 'n Bügelbrett. Ich kippte mein Glas vollends runter, langte rüber und griff mir dieses alte Gesicht und küßte es — wobei ich mir Mühe gab, an ihren Körper zu denken — hängte meine Zunge rein, und sie fing an zu saugen und zu schmatzen, während ich diese festen Mädchenbeine und Titten befummelte.
Wir kamen gleichzeitig wieder hoch und schnappten nach Luft. Ich goß die Gläser wieder voll.
»Was machst du eigentlich so?« fragte sie.
»Ich bin Innenarchitekt«, sagte ich.
»Ach fick dich doch nicht ins Knie...!«
»Hey, du merkst aber auch alles.«
»Bin schließlich aufs College gegangen.«
»Ah ja, du bist aufs College gegangen...«

»Naja, nicht allzu lange ...« Dann griff sie mir plötzlich an die Eier. Ich war überhaupt nicht darauf gefaßt. Ich wollte sie eigentlich gerade zu ihrem Wagen zurückbringen.
Naja, es war nicht schlecht. Es tat sogar ganz gut. Wie sie mich so anfaßte. Und es half wenigstens über das blöde Gerede hinweg.
Wir tranken noch ein paar auf die schnelle, und dann bugsierte ich sie in Richtung Schlafzimmer. Oder sie mich. Ist ja auch unwichtig. Ich bestand darauf, daß sie ihre Schuhe und Netzstrümpfe anbehielt. Schließlich bin ich pervers. Oder was weiß ich, was die Psychiater für einen Spezialausdruck dafür haben. Jedenfalls hab ich auch ein paar Spezialausdrücke für die Psychiater.
Es war wirklich gut. Als wir das Badezimmer hinter uns hatten, gingen wir wieder nach vorn und gaben der Karaffe den Rest. Ich kann mich nicht erinnern, wie ich wieder ins Bett gelangte. Jedenfalls, als ich aufwachte, glotzte mich dieses 55-jährige Gesicht an, völlig irre, die reine *dementia praecox*. Ich mußte lachen. Sie hatte mir einen Streifen hinmassiert, während ich schlief.
»Go, Baby, go!« sagte ich zu ihr.
Ich faßte rüber und zog sie an den Backen zu mir herunter. Das alte Gesicht sackte auf mich herunter und küßte mich. Es war schauderhaft, aber der 18jährige Körper war fest wie eine pralle Zitze, knisterte und schlängelte sich — es war, als ob sich sämtliche Tapeten von den Wänden kringelten und lebendig wurden. Wir schoben noch eine Nummer. Dann schlief ich endgültig ein.
Irgendwann weckte mich etwas auf. Der rosa Schlüpfer geisterte durchs Zimmer. Ich sah, wie sie sich anschickte, in ein Paar alte, ausgebeulte Hosen von mir zu klettern. Es tat mir leid, zuzusehen, wie dieser prächtige Hintern in einem Paar viel zu weiten, schlotterigen Hosen verschwand. Es war traurig und mies und es war lachhaft, aber als alter Professioneller tat ich so, als ob ich schlief. Ich beobachtete, wie sie in einer leeren Zigarettenpackung stocherte. Ich sah aus den Augenwinkeln, wie sie auf mich herunterschaute — und für einen Augenblick hatte ich das Gefühl, daß etwas Bewunderndes in ihrem Blick lag. Na, scheiß drauf ...
Sie stelzte aus dem Schlafzimmer. Als sie weg war, sprang ich mit einem Satz aus dem Bett und durchsuchte meine Klamotten. Ich fand die Brieftasche. Ich fand 7 Dollar drin. An-

scheinend hatte sie mich doch nicht beklaut. Und mit einem kleinen peinlichen Grinsen im Gesicht ließ ich mich wieder in die Federn fallen und pennte.

In Philadelphia damals hatte ich mir einen Stammplatz ganz am anderen Ende der Bar ergattert, indem ich kleine Botengänge machte, Sandwiches holte usw. Jim, der Bartender von der Morgenschicht, pflegte mich gegen halb sechs reinzulassen, während er noch den Schmant von der letzten Nacht aufwischte, und ich kriegte freie Drinks, bis um sieben die ersten Gäste kamen. Der letzte, der am folgenden Morgen um zwei die Bar verließ, war ich. Was bedeutete, daß ich nicht allzu viel Zeit zum Schlafen fand. Aber ich hatte eh nichts zu tun.
Die Bar war so alt und heruntergekommen und stank derart nach Urin und Tod, daß wir es geradezu als Auszeichnung empfanden, wenn mal eine Nutte reinkam, um sich einen Freier zu angeln.
Etwa um diese Zeit erschien eine Kurzgeschichte von mir in PORTFOLIO III, zusammen mit Beiträgen von Henry Miller, Lorca, Sartre und anderen. Das Ding kostete 10 Dollar — ein enormer Apparat, lauter einzelne Blätter, teures, farbiges Papier, jede Seite in einer anderen Schrift gedruckt, und das Ganze durchsetzt von irrsinnig progressiven Grafiken. Caresse Crosby, die Herausgeberin, schrieb mir: »Eine höchst ungewöhnliche und wundervolle Story. Wer SIND Sie?« Und ich schrieb zurück: »Liebe Mrs. Crosby: Ich hab keine Ahnung, wer ich bin. Ihr sehr ergebener Charles Bukowski.«
In jener Nacht wankte ich raus in den Regen, es ging ein ziemlicher Wind, und ich ließ PORTFOLIO sich in seine Bestandteile auflösen. Die Blätter wirbelten durch die Gegend, die Leute rannten ihnen nach, und ich stand da in meinem Suff und sah zu. Ein riesiger Fensterputzer, der immer sechs Eier zum Frühstück aß, stellte seinen Fuß auf eines der Blätter.
»Hier! He! Ich hab eins!«
»Fuck it!« schrie ich. »Laß die Scheiße sausen, laß den ganzen Mist davonfliegen!« Ich hatte irgendwas bewiesen, und das reichte mir. Daraufhin stellte ich das Schreiben für 10 Jahre ein.
Jeden Morgen um 11 sagte Jim, los es reicht jetzt, du bist voll, geh ein bißchen an die Luft. Und ich ging raus, um die

Bar herum, und legte mich in der Straße dahinter in die Gosse. Das reizte mich, weil durch diese Straße ständig Lastwagen fuhren und ich mir dachte, da könnte sich mal was ergeben. Aber ich hatte nie Glück. Keiner hatte Lust, mich zu überfahren. Statt dessen kamen jeden Tag die Negergören der Nachbarschaft und piesackten mich mit ihren Stecken, und dann hörte ich ihre Mutter rufen: »All right, laßt das doch endlich, laßt den Mann in Ruh.« Und nach einiger Zeit stand ich dann wieder auf und ging in die Bar zurück.

Eines Tages erkundigte ich mich bei einem unserer Stammgäste: »Wie kommt es eigentlich, daß nie mal einer in diese andere Bar da unten an der Straße geht?«

»Das ist eine Gangster-Bar«, wurde mir gesagt. »Wenn du da reingehst, legen sie dich um.«

Ich trank mein Glas aus, stand auf und ging mir mal das Ding ansehen. Die Bar machte einen ziemlich sauberen Eindruck. Eine Menge großer, breitschultriger Typen hockte da rum, mit völlig ausdruckslosen Gesichtern. Als ich mich an die Bar setzte, wurde es sehr still im Raum. »Scotch and water«, sagte ich zum Barkeeper.

Er tat so, als hätte er nichts gehört.

Ich drehte meine Lautstärke etwas auf. »Barkeeper, ich hab gesagt ›Scotch and water‹!«

Er ließ sich lange Zeit; dann drehte er sich um, holte die Flasche und schenkte ein. Ich kippte das Glas runter.

»Und jetzt möcht ich noch einen.«

Ich sah eine junge Lady allein in einer Nische sitzen. Sie sah einsam aus. Und sie sah gut aus. Ich hatte einiges Geld bei mir. Keine Ahnung, wo ich es her hatte. Ich griff mir mein Glas, ging rüber und setzte mich zu ihr.

»Was möchtst du hören? Was soll ich auf der Jukebox für dich drücken?« fragte ich.

»Irgendwas. Was du willst.« Ich fing an, die Jukebox aufzuladen. Die Lady sah wirklich gut aus. Wie konnte sie derart gut aussehen und trotzdem allein sitzen?

»Barkeeper! Barkeeper! Noch zwei Drinks! Einen für die Lady und einen für mich!«

Ich konnte es förmlich riechen, daß Tod in der Luft lag.

»Was möchtest du trinken, Honey? Sag dem Mann, was du haben willst!«

Wir hatten ungefähr eine halbe Stunde getrunken und uns unterhalten, als sie aufstand und pissen ging.

Einer der beiden großen Typen, die ganz am Ende der Bar saßen, stand langsam auf und kam zu mir herüber. Er stand hinter mir und beugte sich zu mir herunter. »Hör mal zu, Buddy, ich muß dir mal was SAGEN.«
»Aber bitte. Schieß los.«
»Das da ist dem Boß sein Zahn. Wenn du dich noch weiter einmischst, kanns passieren, daß dir jemand was zwischen die Rippen steckt.«
Er sagte tatsächlich »zwischen die Rippen steckt«. Wie im Kino. Er ging weg und setzte sich wieder an die Bar. Die Lady kam wieder vom Pissen zurück und setzte sich.
»Barkeeper«, sagte ich.
»Noch zwei.«
Ich unterhielt mich weiter und lud zwischendurch die Jukebox nach. Dann mußte *ich* pissen gehen. Ein Schild, auf dem MEN stand, zeigte auf eine lange Treppe, die nach unten führte. Das Männerklo war hier im Keller. Merkwürdig. Ich fing an, die Stufen hinunterzugehen, und dann merkte ich, daß mir die zwei großen Kerle folgten. Es machte mir eigentlich keine Angst, ich fand das Ganze einfach äußerst *seltsam*. Jedenfalls, es blieb mir nichts anderes übrig als weiterzugehen. Unten stellte ich mich vor ein Pißbecken, machte den Latz auf und fing an zu schiffen. Leicht angetrunken, wie ich war, spürte ich doch noch, wie ein Totschläger hinter mir niedersauste. Instinktiv bewegte ich meinen Kopf ein bißchen zur Seite, kriegte das Ding aber trotzdem genau auf den Hinterkopf. Das Licht ging aus. Dann ging es wieder an, flackerte, kreiste in meinem Kopf, wurde zu Sternen, die mir vor den Augen tanzten. Es war eigentlich nicht allzu wild. Ich pißte zu Ende, machte den Latz wieder zu und drehte mich um. Sie standen da und warteten darauf, daß ich zusammensackte.
»Verzeihung«, sagte ich und ging zwischen den beiden durch. Ich stieg die Treppe hoch und setzte mich wieder an meinen Platz. Ich hatte vergessen, mir die Hände zu waschen.
»Barkeeper«, sagte ich. »Noch zwei.«
Blut lief mir am Hinterkopf herunter. Ich holte mein Taschentuch heraus und hielt es nachlässig dagegen. Dann sah ich, wie die beiden Jungs nach oben kamen und sich wieder an die Bar setzten.
»Barkeeper«, sagte ich und nickte in ihre Richtung. »Zwei Drinks für die beiden Gentlemen da drüben.«
Ich machte weiter small talk und ließ die Jukebox eine weitere

Ladung Platten abfahren. Das Mädchen rührte sich nicht von meiner Seite. Was sie sagte, kriegte ich, nur halb mit. Dann mußte ich wieder eine Stange Wasser in die Ecke stellen. Ich stand auf und marschierte wieder in Richtung Männerklo. Als ich an den beiden vorbeiging, sagte der eine zum anderen: »Den Hundeknochen kannst du nicht umlegen. Der ist übergeschnappt.«
Diesmal gingen sie mir nicht nach, und als ich wieder nach oben kam, setzte ich mich auch nicht wieder zu der Lady. Ich hatte gezeigt, worum es mir ging, und weiter interessierte mich die Sache nicht. Ich schüttete noch einiges in mich rein, bis die Bar dichtmachte, und dann gingen wir alle zusammen raus und redeten durcheinander und lachten und grölten Lieder. Die letzten paar Stunden hatte ich mit einem schwarzhaarigen Jungen gebechert, und jetzt kam er zu mir her und sagte: »Hör zu, wir wollen dich in die Gang aufnehmen. Du bist hart im Nehmen. 'n Kerl wie dich können wir brauchen.«
»Danke, Kumpel. Ehrt mich, aber ich muß ablehnen. Jedenfalls, danke für das Angebot.«
Ich drehte mich um und ging. Immer die gleiche Masche. Effektvoller Abgang und so.
Nach ein paar Blocks stoppte ich einen Streifenwagen und erzählte den Bullen, ein halbes Dutzend Matrosen hätten mich zusammengeschlagen und ausgeraubt. Sie fuhren mich in die Ambulanz, wo sich ein Arzt und eine Schwester meinen Fall vornahmen. »Das wird jetzt ziemlich weh tun«, sagte der Doktor und fing an, mit seiner Nähnadel an mir zu fummeln. Ich war so voll, daß ich überhaupt nichts merkte. Als sie mir einen Verband um den Schädel wickelten, langte ich der Schwester ans Bein und drückte ihr ein bißchen das Knie. Es fühlte sich gut an.
»He! Zum Donnerwetter, was ist denn in Sie gefahren!«
»Nix. Sollte nur 'n Scherz sein«, sagte ich.
»Sollen wir diese Type einbuchten?« fragte einer der Bullen.
»Nein, schafft ihn nach Hause. Er hat eine wüste Nacht hinter sich.«
Die Bullen chauffierten mich heim. Exzellenter Service. In Los Angeles wäre ich glatt in einer Zelle gelandet. Auf meiner Bude leerte ich erst noch eine Flasche Wein, dann haute ich mich hin.
Am nächsten Morgen war ich um halb sechs nicht da, als Jim die alte Bar aufmachte. Das kam schon hin und wieder mal

vor. Ich blieb manchmal den ganzen Tag im Bett. Gegen zwei Uhr mittags hörte ich ein paar Weiber vor meinem Fenster tratschen. »Ich weiß nicht«, sagte die eine. »Dieser neue Mieter ... manchmal bleibt er den ganzen Tag in seinem Zimmer ... zieht nicht mal die Rollos hoch ... hört andauernd Radio ... Das ist alles, was er den ganzen Tag macht.«
»Ich kenn ihn«, sagte die andere. »Die meiste Zeit besoffen. Was für ein schrecklicher Mensch.«
»Ich glaub, ich muß ihm sagen, daß er ausziehen soll.«
Ah shit, dachte ich. Ah shit shit shit shit SHIT.
Ich stellte den Stravinsky ab, zog meine Klamotten an und ging runter zur Bar.
»Hey, da kommt er!!«
»Wir ham gedacht, du bist am Arsch!«
»Bist du in die Gangster-Bar reingegangen?«
»Yeah.«
»Na erzähl doch!«
»Erst brauch ich 'n Drink.«
»Klar, hier ...«
Ein Scotch & water wurde aufgefahren. Ich setzte mich auf meinen Stammplatz. Das dreckige Sonnenlicht arbeitete sich langsam durch den Raum. Mein Arbeitstag hatte begonnen.
»Das Gerücht«, begann ich, »daß es sich um einen ruppigen Laden handelt, entspricht absolut der Wahrheit ...« Und dann erzählte ich ihnen in groben Zügen, was vorgefallen war.
Der Rest der Story ist, daß ich mir zwei Monate lang nicht die Haare kämmen konnte, noch ein- oder zweimal in die Gangster-Bar ging, zuvorkommend behandelt wurde, Philadelphia wenig später verließ und nach neuen Schwulitäten Ausschau hielt. Trouble fand ich jede Menge, aber das, wonach ich sonst noch suchte, hab ich bis heute nicht gefunden. Vielleicht finden wir das, wenn wir sterben. Vielleicht nicht mal dann. Ihr könnt ja in euren philosophischen Wälzern nachschlagen. Und im übrigen: macht einen Bogen um Lokale, bei denen das Männerklo im Keller ist.

Der Tod von Henrys Mutter machte keine Komplikationen. Nettes katholisches Begräbnis, wie es sich gehörte. Der Sarg blieb zu. Der Priester schwenkte ein paarmal sein Rauchfaß, und damit hatte es sich. Henry ging von der Beerdigung aus

direkt zum Rennplatz, erwischte einen guten Lauf und bandelte schließlich mit einer Chinesin an, die ihn mit auf ihr Zimmer nahm. Sie machte Steaks, und dann stiegen sie ins Bett.
Als sein Vater starb, ging es nicht so einfach ab. Der Sarg blieb offen, und die Geliebte seines Alten — er sah sie zum erstenmal, eine gewisse Shirley — diese Shirley also warf sich über den Sarg und heulte und zeterte und hievte den Oberkörper des Toten halb aus dem Sarg und bedeckte sein Gesicht mit Küssen. Man mußte sie mit Gewalt entfernen. Und als Henry wenig später die Treppe herunterkam, warf sie sich ihm in der Halle um den Hals und küßte ihn. »Oh, du siehst genauso aus wie dein Vater!« Während sie ihn küßte, wurde er ziemlich scharf, und als es ihm schließlich gelang, sie wegzustoßen, kam vorne auf seiner Hose ein feuchter Fleck durch. Er hoffte, daß die Trauergäste nichts merkten. In Gedanken machte er sich in Sachen Shirley einen Knoten ins Taschentuch. Sie war nicht viel älter als er.
Von der Beerdigung aus ging er auf den Rennplatz, aber es war keine Chinesin aufzutreiben, und außerdem verlor er einige Einsätze. Der Alte hatte wohl doch sein Stigma auf ihm gelassen.
Laut Notariat gab es kein Testament. Es gab auch kein Geld, nur ein Haus und einen Wagen. Henry und seine alte Freundin Maggy nahmen beides sofort in Beschlag.
Um die Mittagszeit pflegte er aufzustehen und den Rasen unter Wasser zu setzen. Und die Blumen. Der Alte war ein Blumennarr gewesen. Henry stand auf dem Rasen mit dem Wasserschlauch in der Hand und dachte daran, wie ihn sein Alter gehaßt hatte, weil er nicht arbeiten wollte und ständig soff und sich mit Weibern herumtrieb. Und jetzt hatte *er* das Haus und den Wagen, und der Alte sah das Gras von unten wachsen. Allmählich machte er sich mit den Nachbarn bekannt. Mit einem der Typen kam er in näheren Kontakt. Er hatte eine Wäscherei. Harry hieß er.
Harry hatte einen ganzen Hinterhof voller Vögel. Zusammen an die 5000 Dollar wert. Alle Arten von Vögeln. Eine Menge exotisches Federvieh darunter. Einige konnten sogar reden. Einer sagte ständig: »Go to hell go to hell!« Henry verpaßte ihm einmal eine kalte Dusche, aber es nützte nichts, der Vogel keifte ihn an: »Hast du mal Feuer?«, und dann sagte er mehrere Male ganz schnell hintereinander: »Go to hell!« Der

ganze Hinterhof war vollgestapelt mit Käfigen aus Maschendraht. Harry lebte nur für seine Vögel. Henry lebte für seine Flasche und für die Mösen. Vielleicht würde er es mal mit so einem Vogel versuchen ... Aber wie stellte man das an?
Maggy war gut auf der Matratze, aber da sie halb Irin und halb Indianerin war, entwickelte sie ein fürchterliches Temperament, sobald sie was getrunken hatte, und er mußte sie in regelmäßigen Abständen verprügeln. Er besorgte sich Shirleys Telefonnummer und lud sie mal zu sich ein. Sie fing prompt wieder an, ihm um den Hals zu fallen und ihm zu sagen, wie sehr er seinem Vater ähnlich sah. Er spielte mit, ließ es aber an diesem Abend noch zu nichts kommen und beschloß, erst einmal abzuwarten.
Harry kam fast jeden Abend mit seiner Frau herüber, und man setzte sich zusammen und leerte einige Flaschen. Harry erzählte von seiner Wäscherei und von seinen Vögeln. Die Vögel konnten Harrys Frau nicht ausstehen. Während Harrys Frau sich darüber ereiferte, wie sehr ihr die Vögel auf die Nerven gingen, schlug sie ständig die Beine übereinander, und zwar auf eine derart aufreizende Art, daß sich unter Henrys Hose bald etwas zu regen begann. Diese verdammten Weiber, dauernd mußten sie ihn reizen. Allmählich stellte sich auch Shirley regelmäßig zu diesen Abenden ein, Maggy wurde zunehmend sauer, und Henry sah von Harrys Frau zu Shirley und überlegte, welche wohl besser sei. So kam schließlich eines Abends alles zusammen.
Harrys Frau hatte einiges über den Durst getrunken und ließ sämtliche Vögel raus. Die ganzen 5000 Dollar schwangen sich in die Luft.
Harry, in seinem Suff, saß eine Weile wie versteinert da. Dann fing er an zu schreien und seine Alte zu vermöbeln. Jedesmal, wenn sie umfiel, hatte Henry Gelegenheit, ihr unter den Rock zu sehen. Er wurde langsam unerträglich geil. Maggy rannte raus und versuchte, die Vögel wieder einzufangen, schien aber keinen besonderen Erfolg zu haben. Die Viecher flatterten die Straße rauf und runter, hockten auf den Bäumen, stelzten auf den Dächern herum, der ganze verrückte 5000-Dollar-Verein, völlig irre und konfus wegen der ungewohnten Freiheit.
Henry konnte sich nicht mehr beherrschen, er griff sich Shirley und schleppte sie ins Schlafzimmer. Er zog sie aus und stieg drüber. Er hatte Schwierigkeiten, sich zurechtzufinden.

Der Alkohol machte ihm zu schaffen. Dann kam Maggy ins Haus zurück, mit einem Vogel unter dem Arm. Das Ding hatte ein paar vereinzelte rötliche Federbüschel auf Kopf, Brust und Beinen, und der Rest war nichts als graue, faltige Haut. Harry hatte 300 Dollar dafür bezahlt. Maggy krakeelte im Hausflur: »Ich hab einen gefangen!«, und als sie Henry nirgends entdeckte, ging sie ins Schlafzimmer, und als sie sah, was dort lief, hockte sie sich auf einen Stuhl, den Vogel im Schoß, riß ungläubig die Augen auf und schrie, und Harry verdrosch weiter seine Frau, und das war etwa die Situation, wie sie die Polizei vorfand.
Es waren zwei junge Typen. Die Bullen zerrten Henry von seiner Shirley runter und befahlen dem ganzen Verein, sich ausgehfertig zu machen. Ein weiterer Streifenwagen mit zwei Bullen drin kam an. Maggy drehte durch und fiel einen der beiden an. Die Bullen packten sie in den Wagen und fuhren mit ihr in die Berge. Dort legte sie jeder einmal auf dem Rücksitz um. Sie mußten ihr dabei Handschellen anlegen. Der andere Streifenwagen verfrachtete Henry, Shirley, Harry und Frau auf die nächste Wache. Man nahm ihre Personalien auf und buchtete sie ein. Zurück blieben die Vögel, die in hellen Scharen durch die Straßen rannten.
Am folgenden Sonntag sprach der Pfarrer von »verworfenen Trunkenbolden, die Sünde und Schande über unsere Gemeinde bringen«. Maggy saß als einzige nicht hinter Schloß und Riegel. Sie war sehr fromm. Sie saß in der ersten Reihe und schlug ihre Beine in der bekannten Weise übereinander. Der Pfarrer konnte nicht umhin, ihr unter den Rock zu sehen, und unter seiner Soutane begann sich etwas zu regen. Glücklicherweise wurde der betreffende Teil seiner Anatomie durch die Kanzel abgeschirmt. Er zwang sich dazu, während er weiterpredigte, aus dem Fenster zu sehen, bis sich das Ding unter seiner Hose wieder legte.
Harry verlor seine Stellung. Henry verkaufte das Haus. Der Pfarrer stieg mit Maggy ins Bett. Shirley heiratete einen Typ, der Fernseher reparierte. Harry saß in seinem Hinterhof und starrte die leeren Käfige an. Die Vögel verhungerten auf den Straßen und gingen reihenweise ein. Jedesmal, wenn er wieder einen toten Vogel entdeckte, nahm Harry seine Frau in die Mangel. Henry verspielte und versoff das Geld, das er für das Haus bekommen hatte.
Mit Vornamen heiße ich Henry. (Charles ist mein zweiter

Vorname.) Beim Tod meiner Mutter gab es keine Komplikationen. Nettes katholisches Begräbnis. Weihrauch und so. Und der Sarg blieb zu. Als mein Alter starb, ging es nicht so einfach ab. Der Sarg blieb offen, und die Geliebte meines Alten warf sich darüber, und den Rest der Geschichte kennen Sie.
P. S. Wenn du einen Vogel pimpern willst, mußt du ihn erst mal fangen.

Vor Jahren war ich mal mit einer aus Texas verheiratet, die eine Erbschaft von einer Million in Aussicht hatte, man mußte nur warten, bis der Alte unter der Erde war. Aber in Texas ist die Luft nicht so verpestet wie hier, und die Leute leben gesund und rennen beim kleinsten Kratzer zum Arzt ...
Sie war eine Nymphomanin, und mit ihrem Halswirbel stimmte was nicht ganz, und um es kurz zu machen — was uns zusammenbrachte, waren meine Gedichte. Sie hielt mich für den größten Dichter seit Blake. Oder was weiß ich. Damals wußte ich noch nichts von der Million. Ich saß in meinem Zimmer am N. Kingsley Drive, frisch aus dem Krankenhaus entlassen nach einem Blutsturz und einer Magenoperation, und nachdem sie mir neun Flaschen Blut und Glukose verabreicht hatten, eröffneten sie mir: »Noch ein Drink, und der Bart ist ab.« So redet man einfach nicht mit einem Selbstmordkandidaten.
Ich saß also in meiner Bude, umgeben von leeren und vollen Bierdosen, schrieb Gedichte, paffte billige Zigarren, war ziemlich blaß und schwach und wartete darauf, daß mir die Decke auf den Kopf fiel. Inzwischen begannen ihre Briefe einzutreffen. Ich schrieb zurück. Nachdem sie ausgiebig von meinen Gedichten geschwärmt hatte, schickte sie ein paar eigene mit (sie waren nicht mal so schlecht), und dann kam immer wieder die gleiche Tour: »Ich werde nie einen Mann kriegen. Es liegt an meinem Hals. Ich kann den Kopf nicht drehen.« Ständig das gleiche Lamento: »Mich wird nie einer heiraten, ich werd nie einen Mann kriegen, mich wird keiner heiraten.« Schließlich, eines Abends, platzte mir der Kragen. Ich setzte mich hin, in meinem volltrunkenen Unverstand, und schrieb ihr: »Um Gottes willen, hör auf zu jammern! *Ich* werd dich heiraten!« Ich steckte den Brief in den Kasten und vergaß die ganze Geschichte. Nur sie vergaß es nicht. Ich hatte Fotos von

ihr bekommen, die mir sehr gut gefielen, und auf diesen Brief hin trafen plötzlich Fotos ein, die gar nicht mehr so schön waren. Ich starrte die Fotos an und kriegte es langsam mit der Angst zu tun. Ich fiel mitten im Zimmer auf die Knie und sagte: »Ich bin bereit, mich zu opfern. Wenn ich in meinem Leben nur einen einzigen Menschen glücklich machen kann, dann ist dieses Leben nicht umsonst gewesen.« Shit, ich mußte mir einfach irgendeinen Balsam auf die Seele gießen.
Well, sie kam also aus Texas angereist. Mit dem Bus. Papa und Mama wußten von nichts, selbst Opa war ahnungslos. Sie machten irgendwo Ferien. Mehr als ein bißchen Kleingeld hatten sie ihr anscheinend nicht dagelassen. Ich wartete auf sie an der Bushaltestelle. Ich wartete auf eine Frau, die ich heiraten sollte, ohne sie jemals gesehen zu haben. Ich hatte wirklich die Motten. Der Bus kam an.
Ich seh mir die Leute an, die aussteigen, und da kommt diese blonde Schönheit raus, richtig sexy, mit Stöckelschuhen, wippender Gang und so, dufter Hintern und alles, und JUNG, Menschenskind, höchstens 23, und das mit dem Hals schien gar nicht so wild zu sein. War es möglich? Moment, dachte ich: und wenn sie den Bus verpaßt hat? Egal, ich ging auf sie zu.
»Sind Sie Barbara?«
»Ja«, sagte sie. »Dann sind Sie also Bukowski...«
»Schätze ja. Wollen wir?«
»Allright.«
Wir kletterten in meine alte Karre und fuhren zu mir.
»Fast wäre ich unterwegs wieder ausgestiegen und umgekehrt.«
»Kann ich verstehen.«
Bei mir zu Hause kippte ich schnell noch ein paar Gläser, aber sie wollte erst mit mir ins Bett, wenn wir verheiratet waren. Also legte sich jeder aufs Ohr, und am nächsten Morgen fuhr ich mit ihr nach Las Vegas und wir heirateten. Ich fuhr die ganze Strecke nach Las Vegas und zurück ohne Unterbrechung. Ich hatte es so eilig wie noch nie in meinem Leben. Der Schweiß brach mir aus, wenn ich an den Augenblick dachte, wo wir ins Bett steigen würden. Und wie richtig diese Ahnung war, stellte sich schnell heraus... NACH unserer ersten Nummer. O. K., sie hatte mir geschrieben, sie sei mannstoll. Aber ich hatte es ihr nicht geglaubt. Nach der dritten oder vierten Runde war ich soweit, daß ich es glaubte. Da wußte ich, daß ich mich in die Nesseln gesetzt hatte.

Ich arbeitete als Packer in einer Spedition. Ich gab den Job auf und wir nahmen den nächsten Bus nach Texas. Dort stellte sich heraus, daß ich eine potentielle Millionärin geheiratet hatte. Was mich nicht besonders aus der Fassung brachte — ich hatte schon immer einen leichten Schatten. Es war eine ziemlich kleine Stadt. Einer Untersuchung zufolge war es die letzte Stadt, auf die man eine Atombombe werfen würde, und ich war geneigt, mich der Meinung der Experten anzuschließen.

Sooft ich der Sklavenarbeit im Schlafzimmer entrinnen konnte, ging ich spazieren, ziemlich weich in den Knien und ziemlich bleich im Gesicht, und wurde natürlich von allen Seiten angestarrt. Ich war der Macker aus der großen Stadt, der sich das reiche Mädchen geangelt hatte. Irgendwas MUSSTE also an mir dran sein. Alles, was an mir dran war, war ein müder Schwanz und ein Koffer voll Gedichte.

Sie arbeitete im Bürgermeisteramt. Sie hatte einen riesigen Schreibtisch und nichts zu tun, und ich saß in ihrem Büro am Fenster, ließ mir die Sonne ins Gesicht scheinen und verscheuchte die Fliegen. Ihr Alter haßte mich wie die Pest. Opa dagegen schien mich zu mögen; nur hatte Papa fast all die Moneten. Also hockte ich am Fenster und verscheuchte die Fliegen und wartete. Ein riesiger Cowboy kam rein; in Stiefeln; einen enormen Hut auf dem Kopf; alles was dazu gehörte.

»Hallo, Barbara«, sagte er. Dann sah er mich.
»Sag mal ... was machst *du* hier?«
»Was ich hier MACHE?«
»Ja, was du hier eigentlich MACHST.«

Ich ließ eine lange Zeit verstreichen. Ich schaute aus dem Fenster. Ich verscheuchte eine Fliege. Dann wandte ich mich zu ihm um. Er beugte sich über den Schalter zu mir herein mit seinen eins-dreiundachtzig, mit seiner roten texanischen Visage, ganz amerikanischer Volksheld.

»Ich? Ooooch, ich äh ... ich HÄNG hier eben so rum und nehm, was kommt.«

Er fuhr zurück, als hätte ich den bösen Blick, und im nächsten Augenblick war es vor dem Schalter wieder leer.

»Weißt du, wer das war?« fragte sie mich.
»Nee.«
»Das war unser starker Mann; verdrischt die Leute und so. Er ist mein Cousin.«

»Na, aber eben hat er doch nichts GEZEIGT, oder?«
Sie warf mir einen merkwürdigen Blick zu, und zum erstenmal hatte sie einen zweifelnden Ausdruck in den Augen. Sie merkte wohl langsam, daß die ganze Aura des sensiblen Lyrikers nur ein rosa Schleifchen war, das ich mir zu Weihnachten umband. Am Blue-Jean-Day (Cowboy-Festival) kramte ich meinen einzigen guten Anzug heraus und zog ihn an und schlenderte damit durch die Stadt. Angeblich sollte jeder, der an diesem Tag nicht in Blue Jeans rumlief, in den Löschteich geworfen werden. Aber damit war es nichts. Ich kriegte den Teich nicht mal aus der Ferne zu sehen. Ich hatte schon einiges getankt, wankte durch die Gegend und sah gefährlich drein. Die Stadt gehörte mir. Der Doktor kam angekrochen und wollte mit mir angeln gehen, oder auf die Jagd. Die Verwandten kamen an und machten große Augen, während ich die leergetrunkenen Bierdosen der Reihe nach in den Papierkorb flippte und Witze erzählte.
Aber sie wollte unbedingt nach Los Angeles ziehen. Sie hatte noch nie in einer großen Stadt gelebt. Ich versuchte es ihr auszureden, schließlich fand ich das Leben in Texas ganz erträglich, aber nein, sie mußte weg. Also stellte uns Opa einen Scheck aus und zurück gings nach L. A. Mit dem Bus. Zwei verstaubte und verdreckte Millionäre in einem Greyhound-Bus nach Los Angeles. Und es kam noch schlimmer: sie bestand darauf, daß wir unseren Unterhalt selbst verdienten. Also heuerte ich wieder als Packer an, und sie hockte zu Hause herum und wünschte nichts sehnlicher, als auch einen Job zu finden ... Nach der Arbeit mußte ich mich jeden Abend besaufen. »Großer Gott«, sagte ich, »was hab ich nur gemacht. Ich hab 'ne Dorftrampel geheiratet.« Daß ich vor der Million keinen Respekt hatte, ging ihr wirklich an die Nieren.
Wir hatten ein kleines Haus in den Außenbezirken gemietet, und der Hof hinterm Haus war völlig mit Gras zugewachsen und voller Fliegen. Sie schwirrten zu Tausenden herum und raubten mir langsam den letzten Nerv. Ich rannte jeden Tag mit einer großen Spraydose raus und killte, soviele ich konnte, aber sie nahmen nicht ab.
Das bescheuerte Volk, das vor uns da gewohnt hatte, hinterließ uns eine sinnreiche Einrichtung im Schlafzimmer — sie hatten um das ganze Bett herum Regale gebaut, auf denen unzählige Töpfe mit Geranien standen. Wenn wir fickten, wackelte das Bett, und dann fing der ganze Apparat an zu

wackeln, es klang wie ferner Donner, wenn die Blumentöpfe auf den Regalen tanzten, und ich hörte mittendrin auf. »Nein NEIN, MACH WEITER, AHH, MACH WEITER!« Und ich raffte mich auf, versuchte meinen Rhythmus wiederzufinden, und dann kam der ganze Laden auf mich herunter, die Geranien fielen mir auf den Arsch und auf den Kopf, und auf den Rücken und die Beine, und sie schrie und lachte in ihrem Delirium und KAM.

Die Blumentöpfe hatten es ihr wirklich angetan. »Ich werd diese ganze Scheiße von der Wand reißen!« sagte ich ständig; aber sie hatte so eine nette Art, mich davon abzubringen, daß ich die Dinger immer wieder aufstellte, und alles blieb beim alten.

Dann kaufte sie eines Tages einen kleinen schwarzen Hund, der einen Dachschaden hatte, und nannte ihn Bruegel. Nach ein paar Tagen verlor sie das Interesse an ihm. Sie trat ihm in die Rippen, wenn er ihr in den Weg kam, und raunzte ihn an: »Hau ab, Scheißviech!« Die einzige Freude, die der Hund hatte, waren unsere abendlichen Kämpfe, wenn ich im Suff mit ihm auf dem Fußboden herumrollte.

Sie kaufte einen neuen Wagen, einen 57er Plymouth — ich fahr ihn heute noch — und ich sagte ihr, bei der Landespolizei hätte sich ein Job für sie ergeben. Sie stellte sich vor und bezog einen Schreibtisch im Büro des Sheriffs. Ich erzählte ihr, die Spedition hätte einiges Personal entlassen müssen, darunter leider auch mich.

Nun wusch ich jeden Tag den Wagen und holte sie von der Arbeit ab. Eines Tages, ich parkte vor dem Gebäude und sie stieg gerade ein, da kamen lauter solche bleichgesichtigen Typen in geblümten Hemden und mit eingefallenen Schultern und blöden Kaugummi-Visagen aus dem Gebäude.

»Was sind denn das für traurige Armleuchter?« fragte ich sie.

»Das sind Polizeibeamte«, sagte sie in ihrem hochnäsigen Zickenton.

»Ah, erzähl mir doch keine Märchen! Diese mickrigen, dusseligen Scheißer? Das sind doch im Leben keine Bullen! Was? Ach komm, *das* sind doch keine Bullen!«

»Das sind Polizeibeamte, und es sind alles SEHR nette Jungs.«

»Oh, SHIT!« sagte ich.

Sie war tödlich beleidigt. In der Nacht fickten wir nur einmal. Am nächsten Tag war wieder was anderes kaputt.

»Das da ist José«, sagte sie. »Er ist Spanier.«

»Spanier?«
»Ja, er ist in Spanien geboren.«
»Die ganzen Mexikaner, mit denen ich in den Fabriken gearbeitet hab, die behaupten alle, sie seien in Spanien geboren. Das ist alles Theater.«
»Aber José ist in Spanien geboren. Ich weiß es.«
»Woher willst du denn das wissen?«
»Er hat es mir gesagt.«
»Oh, SHIT!«
Am Abend beschloß sie, in den Zeichenkurs zu gehen. Sie war ständig am Kritzeln und Malen.
»Ich werd auch hingehen«, sagte ich.
»DU? Wozu denn?«
»Damit du jemand hast, mit dem du in der Pause Kaffee trinken kannst. Und ich kann dich dann immer hinfahren und wieder zurück.«
»Na schön, wenn du willst...«
Wir belegten den gleichen Kurs, und nach drei oder vier Abenden fing sie an nervös zu werden und die Seiten aus ihrem Zeichenblock zu reißen und zusammenzuknüllen. Ich hockte einfach an meinem Platz und gab mir Mühe, sie nicht anzusehen. Alle taten ganz geschäftig und vertieft, kicherten aber ständig, als sei das Ganze ein blöder Witz und als sei es ihnen peinlich, hier zu sitzen wie Schulkinder und zu malen.
Der Zeichenlehrer pflanzte sich vor mich hin. »Hören Sie, Bukowski, Sie sollen hier was malen. Warum sitzen Sie ständig da und starren auf das Papier?«
»Ich hab vergessen, mir einen Pinsel zu kaufen.«
»Na schön, dann LEIHE ich Ihnen eben einen Pinsel. Aber geben Sie ihn nach der Stunde wieder zurück.«
»Yeah.«
»So, und jetzt malen Sie mal diese Vase da mit den Blumen drin.«
Ich beschloß, es hinter mich zu bringen. Ich schmierte was aufs Papier, dann ging ich raus, trank einen Kaffee und rauchte eine Zigarette. Als ich wieder reinkam, standen alle um meinen Platz herum. Eine Blonde mit enormen Titten wandte sich nach mir um und hängte mir die Dinger vors Gesicht und sagte: »Ah, Sie haben FRÜHER schon gemalt, nicht wahr?«
»Nee, das ist mein erstes Bild.«
»Ah, Sie machen einen SCHERZ!«
»Ummmmmmm«, war alles, was ich sagen konnte.

Der Professor griff sich mein Opus und hängte es vorne an der Tafel auf. »Sehen Sie, meine Herrschaften, DAS ist es, was ich von Ihnen möchte! Dieses GEFÜHL . . . diesen NATÜRLICHEN FLUSS . . .!«
Ach du große Scheiße, dachte ich.
Sie stand wütend von ihrem Platz auf, packte ihren Kram zusammen und verschwand im Nebenzimmer. Sekunden später hörte man da drin Papier in Fetzen gehen und Farbtöpfe an den Wänden zerschellen. Der Professor kam auf mich zu. »Mr. Bukowski . . . ist die Dame da drin Ihre . . . Frau?«
»Äh . . . ja.«
»Nun, wir dulden hier nämlich nicht solche Primadonna-Allüren. Öh, vielleicht wäre es gut, wenn Sie das Ihrer Frau Gemahlin sagten. Und, öh, was ich Sie fragen wollte: würden Sie mir gestatten, Ihr Werk in die Kunstausstellung aufzunehmen . . .?«
»Klar.«
»Oh, verbindlichsten Dank, danke sehr, sehr freundlich von Ihnen!« Der Professor hatte ganz eindeutig eine Meise. Alles, was ich zusammenschmierte, wollte er für seine Kunstausstellung. Dabei wußte ich nicht einmal, wie man richtig die Farben mischt. Ich rührte einfach etwas zusammen, tunkte den Pinsel rein und fuhrwerkte damit auf dem Papier herum. Das Ganze sah aus, als sei ein Hund mit Dünnschiß darüber gerannt.
Jedenfalls, die Frau Gemahlin hatte den Kanal voll und steckte das Malen auf. Und ich vermachte dem Professor meinen impressionistischen Dünnschiß und meldete mich ebenfalls ab.
Dann fing sie an, mir von ihrem Türken vorzuschwärmen, der sei so ein feiner Mensch. »Er trägt eine purpurne Krawattennadel, und heut hat er mich auf die Stirn geküßt, so ganz dezent und hat gesagt, ich seh HIMMLISCH aus.«
»Hör zu, Sweetheart, sowas gehört zum Standard-Repertoire sämtlicher Bürohengste. Manchmal kommt was dabei heraus, meistens aber nicht. Die meisten von diesen Typen onanieren daheim in ihrer Besenkammer und sehen sich zuviele Filme mit Charles Boyer an. Die Typen, die wirklich was zu bieten haben, machen nicht solchen Zirkus. Ich mach jede Wette, dein Verehrer geht zu oft ins Kino. Faß ihm an die Eier, und er läuft davon.«
»Aber WENIGSTENS ist er ein GENTLEMAN! Und er ist immer so überarbeitet. Er tut mir richtig leid.«

»Überarbeitet! Von WAS denn? Vom Heftklammern-Sortieren?«
»Er hat ein Autokino, da muß er immer noch bis spät in die Nacht arbeiten. Er kommt überhaupt nicht richtig zum Schlafen.«
»Na, da will ich Schweinchen Schlau heißen...«
»So heißt du auch«, hauchte sie. In dieser Nacht kamen die Geranien zweimal auf mich runter.
Und dann kam der Abend, als ich die pikanten chinesischen Schnecken servierte. Ich war im Supermarkt gewesen, und zum erstenmal war mir dieses Regal mit den Spezialitäten aufgefallen. Ich kaufte den ganzen Mist. Winzige Tintenfische, Schnecken, Schlangen, Eidechsen, Raupen, Heuschrecken...
Als erstes kamen die Schnecken auf den Tisch.
»Ich hab sie in Butter gedünstet«, sagte ich zu ihr. »Greif zu. Das fressen die armen Schlucker im Osten jeden Tag. Hier zahlt man sich krumm und bucklig dafür...«
»Die schmecken wie aus Gummi...«
»Gummi, Gummi... ISS sie!«
»Sie haben so kleine Arschlöcher... man kann richtig ihre kleinen Löcher sehen... ohh...«
»Alles, was man ißt, hat ein Loch. Du hast eins, ich hab eins, wir alle haben Löcher. Sogar dein Krawattenmuffel...«
»Ohhhhh...«
Sie wurde grün im Gesicht, fing an zu würgen und stürzte ins Bad. Ich brach in brüllendes Gelächter aus, und während mir die Tränen übers Gesicht liefen, schlappte ich die kleinen Arschlöcher eins nach dem anderen auf und spülte sie mit Bier runter.
Es überraschte mich nicht besonders, als mir wenige Tage später eine Scheidungsklage ins Haus flatterte.
Ich hielt ihr betrübt das Stück Papier hin. »Baby, was ist denn das? Liebst du mich denn nicht?«
Sie fing an zu heulen. Sie heulte und heulte und heulte.
»Na komm, na komm, krieg dich wieder. Vielleicht ist der Krawattenmuffel der Richtige. Ja, ich glaube, das wird der Richtige sein. Ich glaube auch nicht wirklich, daß er heimlich zu Hause onaniert.«
»Ohhhhh, ohh-ohh. Ohhhh...«
»Vielleicht wichst er nur in der Badewanne.«
»Oh, du gemeines Scheusal!«
Sie hörte abrupt zu weinen auf. Wir brachten ein letztes Mal

die Geranientöpfe zum Einsturz. Dann ging sie ins Badezimmer, summte und trällerte vor sich hin. Ich suchte ihr eine Wohnung und half ihr beim Umzug. Sie wollte nicht im Haus wohnen bleiben; sie sagte, es würde ihr das Herz brechen. Übergeschnappte Möse. Am nächsten Tag kaufte ich mir eine Zeitung und konsultierte den Stellenmarkt. Packer, Laufjunge, Pförtner, Kaufhausdetektiv, Aushilfe in einem Heim für Krüppel, Telefonbücher austragen ... Ich warf die Zeitung in die Ecke, ging ins nächste Spirituosengeschäft und besorgte mir eine Flasche und begoß die entschwundene Million.
Ich sah sie ein- oder zweimal wieder — nur so, ohne Geranien — und sie sagte, nach der ersten Nacht mit dem Krawattenmuffel hätte sie ihren Job aufgegeben, und jetzt wollte sie »ernsthaft« mit Schreiben und Malen anfangen.
Später ging sie nach Alaska und heiratete einen Eskimo, oder einen japanischen Fischer, und wenn ich besoffen bin, mach ich mir manchmal einen Witz daraus, den Leuten zu erzählen: »Ich hab mal eine Million an einen japanischen Fischer verloren.«
Ein- oder zweimal im Jahr krieg ich einen Brief von ihr, zu Weihnachten meistens einen längeren. »Schreib mir mal«, sagt sie. Inzwischen hat sie zwei oder drei Kinder, die alle Eskimo-Namen haben. Und sie sagt, sie hat ein Buch geschrieben, ein Kinderbuch, und sie ist sehr »stolz« darauf, und jetzt schreibt sie einen Roman über »Persönlichkeitszerfall«. Oder vielmehr ZWEI. Aha, sag ich mir, einen über mich und einen über den japanischen Fischermann, der inzwischen wohl längst durchgedreht hat.
Vielleicht hätte ich mich lieber um die Blonde mit den großen Titten in der Abendakademie kümmern sollen. Aber man kann nie wissen.
Wahrscheinlich hätte auch sie die Schnecken mit den kleinen Löchern nicht gemocht. Aber Tintenfisch, das sollten Sie mal versuchen. Wie Babyfinger in zerlassener Butter. Und während Sie daran schmatzen, haben Sie das Gefühl, daß Sie genüßlich Ihre Rache auskosten, und dann kippen Sie ein Bier hinterher und zum Teufel mit der Million, und zum Teufel mit dem Elektrizitätswerk und mit Fuller-Pinseln, kaputten Tonbandgeräten und den Hängebäuchen von Texas und ihren blödsinnigen Weibern mit den steifen Hälsen, die ständig keifen und flennen und einen auspowern und einem die Substanz rauben, und jedes Jahr zu Weihnachten ihren Fa-

milientratsch auf einen loslassen, und obwohl man sich längst völlig fremd geworden ist, beharrlich in denselben alten Erinnerungen herumwühlen, Bruegel, die Fliegen, der 57er Plymouth vor dem Fenster, das ganze Elend, sinnlos und vertan, das ständig gleiche müde Theater, unser ganzes Leben, immer nur einstecken, in die Knie gehen, wieder aufstehen, so tun als sei alles O. K., und wir grinsen und sabbern und wischen uns unsere kleinen verhärmten Arschlöcher und all die anderen Löcher.

Die Öffentlichkeit nimmt sich von einem Schriftsteller, was sie braucht, und den Rest läßt sie unter den Tisch fallen. Und was sie unter den Tisch fallen lassen, ist meistens das, was sie am nötigsten hätten.
Sex ist interessant, aber nicht das einzig Entscheidende. Ich will damit sagen, es ist nicht mal so wichtig (technisch gesehen) wie das Scheißen. Ein Mann kann 70 Jahre alt werden, ohne je eine Nummer zu schieben, aber ohne Stuhlgang kann er in einer Woche tot sein.
Vor allem hier in den Vereinigten Staaten geht die Überschätzung des Sex ins Aschgraue. Eine Frau, die sexy aussieht, benutzt ihren Körper automatisch als Waffe im Kampf um größeren materiellen Wohlstand. Ich spreche nicht von der gewerbsmäßigen Hure, ich spreche von eurer Mutter und eurer Schwester und eurer Frau und eurer Tochter. Und der amerikanische Mann ist dusselig genug, zuzusehen, wie dieser Extremismus weiter ins Kraut schießt. Sicher, man muß berücksichtigen, daß der amerikanische Mann schon in frühester Kindheit weichgemacht wird von der Tretmühle der amerikanischen Erziehung und dem behämmerten amerikanischen Elternhaus und von der Werbung, jenem speziellen amerikanischen Monster. Wenn er also ins entsprechende Alter kommt, ist er präpariert, und seine weiblichen Gegenspieler kennen ebenfalls ihren Part und lassen ihn vor sich hecheln und winseln und die Dollarscheine ausfahren. Deshalb hassen sie auch ihre Konkurrentinnen, die gewerbsmäßigen Nutten mit dem Gummi unter dem Leintuch, bis aufs Blut. Die rein geschäftsmäßige Attitüde der professionellen Hure wirkt zersetzend auf die Moral der amerikanischen Männergesellschaft, derzufolge man sich erst vor dem Sexschinken im Staub winden

muß, bevor man mal darf, und dann *außerdem* noch den spendablen Freier markieren muß. Mit anderen Worten, die Einstellung der professionellen Nutte inflationiert das Währungssystem Möse.
Es stimmt schon: Sex wird zu völlig überhöhten Preisen gehandelt. Man betrachte sich einmal mit Verstand eine jener Gruppenaufnahmen von Teilnehmerinnen an einem Schönheitswettbewerb oder einer Mißwahl — diese Idealfiguren, diese Beine, diese Busen ... in der Tat, eine gewisse magische Ausstrahlung läßt sich nicht abstreiten. Aber die Girls wissen alle, daß es sich dabei um KAPITAL handelt. Und dann betrachte man einmal die GESICHTER, die einem da entgegenlächeln. Das sind keine menschlichen Gesichter. Das ist genormtes Lächeln, in ein Stück toten Karton eingestanzt. Die Einzelteile — Nase, Ohren, Mund usw. — entsprechen durchaus unseren gängigen Vorstellungen von Schönheit; aber als Ganzes sind diese Gesichter häßliche Fratzen ohne einen Funken Geist, ohne Intensität, nichts als platte mörderische Attrappen aus bemalter Haut. Aber sobald man diese Horrorvisagen einem amerikanischen Durchschnittsmann vorführt, wird er prompt sagen: »Yeah, die Weiber sind EINSAME KLASSE ... nichts gegen zu sagen.«
Wenige Jahre später kann man sie dann im Supermarkt sehen, um Jahrzehnte gealtert, heruntergekommen, schlampig, übergeschnappt und verbittert — sie fühlen sich hereingelegt, als habe man ihre Aktien plötzlich weit unter Kurs verscherbelt. Und dann ist Vorsicht geboten: ihre Shopping-Karren haben Messerklingen an den Rädern — wie die Kampfwagen der alten Nubier. Sie sind die Wahnsinnsmösen des Universums.
Für manche Schriftsteller — den glorreich impertinenten Bukowski eingeschlossen — ist Sex also eindeutig eine Tragikomödie. Wenn ich darüber schreibe, dann nicht, weil ich hoffnungslos davon besessen bin. Ich sehe es eher als eine Schmierenkomödie, bei der man in den Pausen ein bißchen heulen muß. Boccaccio hat das viel besser gekonnt als ich. Er fand den richtigen Stil und er hatte den nötigen Abstand davon. Ich klebe immer noch zu sehr am Objekt, und die Leute halten mich einfach für einen Schmutzfinken. Vielleicht sollten sie lieber mal das »Dekameron« lesen ... Und doch, nach mehr als 2000 Nummern — von denen die meisten nicht viel taugten — bin ich doch allmählich in der Lage, die Sache mit etwas

Abstand zu sehen und mich über mein Dilemma mit einiger Selbstironie hinwegzusetzen.
Einmal hatte ich einen Job als Packer im Keller eines Modehauses. Ich arbeitete mit einem jüngeren Typ zusammen, einem unausstehlichen kleinen Fatzken, dem die Haare ausfielen und der gerade seinen Einberufungsbescheid gekriegt hatte, er sollte kurz vor Toresschluß noch im 2. Weltkrieg mitmischen. Das schien ihn zu bedrücken. Er kam zu mir und vertraute mir seine Sorgen an. Anscheinend hielt er mich für einen netten Burschen.
Wir waren allein in dieser riesigen unterirdischen Lagerhalle — die übrigen Packer arbeiteten im Erdgeschoß —, es war ein trostloses, verstaubtes Loch und wir krochen auf allen Vieren über die Kartons, die sechs Fuß hoch aufgestapelt waren, und suchten nach einer bestimmten Nummer, irgendein Artikel, der versandfertig gemacht werden sollte. Also wir krochen durch diese staubigen Kartons, man konnte kaum atmen, und im ganzen Keller gab es höchstens 3 oder 4 Glühbirnen, die so trüb waren, daß man kaum die Hand vor den Augen sah, und da sollten wir nun eine gewisse Nummer ausfindig machen.
Und der kleine kahlköpfige Fatzke schrie andauernd: »HAST DIE NUMMER JETZT GEFUNDEN?«
Und ich röchelte irgendwo hinter einem Karton hervor: »Nä ...«
Shit, ich gab mir nicht mal Mühe. Was interessierte mich diese Nummer. Schließlich wühlte er sich zu mir durch, hockte sich auf einen Stoffballen neben mir und zündete sich eine Zigarette an.
»Bukowski, du bist 'n dufter Kerl. Ich gab keine Antwort.
»Noch eine Woche, und dann muß ich einrücken.«
Weiß Gott, seit ich hier angefangen hatte, juckte es mich ständig, ihm eine zu kleben, und jetzt kam er doch tatsächlich auch noch an meinen Busen gekrochen.
»Weißt du, was mir bei der Army zu schaffen macht?«
»Nee.«
»Ich werd meine Alte nicht mehr pimpern können. Also, die meisten Jungs sind ja noch zu grün, die haben keine Erfahrung. Aber bei dir, ich meine, du kriegst es ja regelmäßig, das seh ich dir an ...« (Fehlanzeige, dachte ich.) »... also sag ich zu meiner Frau, ich sag ›Honey, was werd ich bloß tun. Ich werd dich nicht mehr ficken können.‹ Und weißt du,

was sie mir antwortet? Sie sagt: ›Menschenskind, mach, daß du in die Army kommst und sei endlich ein Mann. Ich werd schon auf dich warten...‹ Aber verdammt, es wird mir fehlen. Es wird mir arg fehlen. Die meisten von diesen Jungs wissen ja nicht, wie das ist, aber du und ich, wir wissen es. Yeah.«
Hätte ich ihm vielleicht sagen sollen, daß ein anderer ihm das Pimpern abnehmen würde, während er weg war? Und daß sie, wenn er nicht mehr zurückkam, mit dem was sie noch zu bieten hatte, ganz selbstverständlich die dafür vorgesehene Position auf dem Fleischmarkt einnehmen würde? Und der kleine Maulwurf würde seine x-beliebige unerhebliche Position in der Army ausfüllen: einem Himmelfahrtskommando BANZAI! brüllender Japaner zu trotzen, oder einem letzten verzweifelten Schachzug des bereits geschlagenen Hunnen, der erbittert und zähneknirschend mit der letzten Energie, die ihm der Wahnsinn verlieh, durch den Schnee der Ardennen vorpreschte und nach SEINER Nummer Ausschau hielt. Und der mickrige Maulwurf würde es heroisch durchleiden wie einen Juckreiz oder ein Gähnen oder eine Grippe, nur um weiter auf der *richtigen* Seite der menschlichen Gesellschaft zu bleiben, in der Hoffnung, bei einigem Glück mit heiler Haut davonzukommen und dann wieder in Ruhe seine Alte ficken zu können.
Da habt ihr die Spannweite des Phänomens Sex: sie umfaßt drittklassige Arschkrücken, die zwecks Erhaltung eines Systems, das auf der Diktatur sekundärer Geschlechtsmerkmale beruht, einen Granatwerfer bedienen, ebenso wie die Triebkräfte, die ganze Armeen bewegen. Männer, die anstelle eines Hirns eine Möse haben, werden mit Tapferkeitsmedaillen dekoriert. Aber was für eine Tapferkeit ist das? Der Mut von Idioten fällt doch kaum ins Gewicht.
Nun ja, je mehr man darüber nachdenkt, desto weniger wird man daraus schlau, und das Sex-Ding macht sogar den Bukowski konfus.
Einmal saß ich abends in einer Kneipe, downtown, in der Nähe von einem der großen Tunnels, ich wohnte grad um die Ecke, ein Stück den Bunker Hill rauf, well, ich saß also in dieser Kneipe, so richtig am Bechern, und verdammt, ich fühlte mich so richtig stark, ganz harter Bursche und so, der mit jedem fertig wird, der ihm in die Quere kommt. Ich war so 22, 23. Ein richtiges Arschloch, das sich noch Illusionen macht.

Na schön, ich sitz also da, trinke alles durcheinander — Whisky, Wein, Bier — und geb mir jede Mühe, mal so richtig zu versumpfen, aber es will nicht klappen.
Und dann schau ich mal in die Runde und seh dieses sehr traurige und schöne junge Mädchen neben mir sitzen. Sie ist vielleicht siebzehn und hat langes blondes Haar (sowas macht mich immer weich, diese langhaarigen Typen, ich meine, wo man bis an den Arsch runter langen kann und immer noch Haar in der Hand hat ...) und sie sitzt sehr still, ganz ruhig, man sieht fast einen kleinen Heiligenschein ... ah, aber sie ist eine NUTTE, und neben ihr sitzt ihr Schutzengel, die lesbische Madam, und sie MÖCHTEN eigentlich lieber nicht, versteht ihr, aber sie brauchen eben den Zaster. Ich fing eine Unterhaltung mit ihnen an und bestellte Drinks.
Für jeden Drink, den sie schlürften, kippte ich drei runter. Das schien sie zu ermutigen. Ich hatte angebissen, ich hatte das »X« auf der Stirn, ich war leichte Beute. Was sie nicht wissen konnten, ist, daß ich schon überall in der Stadt Saufwetten gewonnen hatte, und zwar mit einigen der härtesten Trinker, die es gab. Ich weiß nicht, warum ich solche Unmengen in mich reinkippen mußte, bis ich endlich unter den Tisch fiel. Vielleicht hatte ich zuviel aufgestauten Ärger in mir. Oder zuviel Unverstand. Wahrscheinlich beides.
Jedenfalls, ich will mich nicht mit diesen Details aufhalten; wir machten uns schließlich auf, alle drei, und gingen hoch auf meine Bude.
Ich muß noch erwähnen, daß die lesbische Madam ein widerwärtiger Fettkloß war, mit Augen aus Pappe und sinnlosen Wülsten an den unmöglichsten Stellen, und dazu kam, daß ihr eine Hand fehlte, und an Stelle der Hand hatte sie so eine schimmernde, klobige und sehr interessante stählerne KLAUE.
Also wir gingen zusammen den Bunker Hill rauf, und in meinem Zimmer sah ich mir die beiden mal näher an. Die reine, schlanke, magische junge Schönheit, und neben ihr die Tragödie des Jahrhunderts: Schmant und Horror, maschinelles Versagen, Frontalzusammenstöße, Frösche, denen kleine Jungs die Beine ausreißen, die Spinne, die der Fliege die Eier abfrißt, und das zermatschte Hirn von Primo Carnera, der unter den monotonen Playboy-Kanonaden von Maxie Baer in die Knie geht — und ich warf mich auf die Tragödie des Jahrhunderts, auf diese blödsinnige Mißgeburt aus Fett und Scheiße.
Ich packte sie und versuchte, sie auf meine dreckige Matratze

zu werfen, aber sie war zu nüchtern und zu stark für mich. Sie fegte mich mit ihrem puren lesbischen einarmigen Haß zur Seite und fing an, DIESEN ARM MIT DER GROSSEN INTERESSANTEN SCHIMMERNDEN STÄHLERNEN KLAUE ZU SCHWINGEN.
Ich konnte nicht den Lauf der Sexualgeschichte ändern; dazu hatte ich nicht das Zeug.
Sie ging mir nach mit weiten, wundervollen Schwüngen dieser Klaue, und jedesmal, wenn ich mich duckte und dann den Kopf hob, um zu sehen, wo sich die KLAUE befand, kam sie schon wieder auf mich herunter. Und während Eisenklaue ihre Mordlust an mir ausließ, warf ich schnelle Blicke auf die schöne junge und heilige Nutte, und ich sah an ihrem Gesichtsausdruck, daß sie von uns dreien am meisten litt. Sie konnte bestimmt nicht begreifen, warum ich auf diesen häßlichen Berg aus totem Fett aus war, anstatt auf das, was sie mir zu bieten hatte. Aber ich schätze, die lesbische Mama hatte längst begriffen, und jedesmal, wenn sie mit ihrer Klaue nach mir ausholte, wandte sie sich halb nach ihrer Kleinen um und sagte: »Der Kerl ist wahnsinnig, der Kerl ist wahnsinnig, der Kerl ist wahnsinnig ...!« In einem solchen Augenblick duckte ich mich unter einem ihrer Schwinger durch und stürzte mich auf die Tür. Ich zeigte auf die Kommode und schrie: »DAS GELD IST IN DER OBERSTEN SCHUBLADE!« Und die Alte, der raffgierige Knochen, ließ sich einwickeln und wandte sich der Kommode zu. Bis sie merkte, was gespielt wurde, war ich schon den ganzen Bunker Hill hinauf. Ich sah mich um, atmete tief durch, betastete mich von Kopf bis Fuß und überlegte, wo das nächste Spirituosengeschäft war.
Als ich mit der Flasche unter dem Arm zurückkam, stand die Tür weit offen und sie waren weg. Ich verriegelte die Tür, schenkte mir in Ruhe ein Glas ein und leerte es andächtig. Auf den Sex und auf den Wahnsinn. Dann kippte ich noch eins hinterher, legte mich lang und ließ die Welt ihren Lauf nehmen.

Alles fängt an und endet mit dem Briefkasten, und wenn sie eines Tages einen Weg finden, wie man ohne Briefkästen auskommt, werden wir eine ganze Menge Probleme los sein.
Aber soweit ist es noch nicht. Ich ging also nach einer schlaflosen Nacht auf meine Veranda und sah dieses große, graue,

geistlose Ding an, unter dem sich gerade eine Spinne die letzten Zuckungen einer Schmetterlingsseele einverleibte. Ich steh also da und sag mir, ah, well, vielleicht der Pulitzer-Preis oder ein Reisestipendium oder mein Exemplar des »Turf Digest« (Rennsportzeitung), ich lang also rein, und da ist es: ein einsamer Brief im Kasten — ich kenne die Handschrift, ich weiß den Absender auswendig, ich kenne den Ton, das Vibrato, die krakelige Persönlichkeit jedes einzelnen Schriftzugs, jeder einzelnen Seite, das unsinnige Trommeln der Querschläger und Schrapnelle einer überkandidelten, kleinkarierten weiblichen Seele:

»Lieber Bongo:
Heut hab ich die Pflanzen gegossen. Meine ganzen Pflanzen sterben. Wie geht es Dir? Bald wird es Weihnachten. Meine Freundin Lana hält einen Kurs über Dichtung in der Irr-Heilanstalt. Sie geben auch eine Zeitschrift heraus. Vielleicht kannst Du auch etwas von Dir hinschicken. Jetzt muß ich schließen. Ich bin sicher, sie würden gern was von Dir veröffentlichen. Die Kinder kommen gleich von der Schule. Ich hab Dein letztes Gedicht gelesen in der Oktobernummer von BLUE STARDUST JACKOFF. Es war wundervoll. Du bist der größte lebende Dichter unserer Zeit. Die Kinder kommen jetzt gleich von der Schule und muß schließen.

Liebe Grüße
Deine Meggy.«

Meggy bombardiert mich mit solchen Briefen. Ich habe sie nie getroffen, aber ich kenne sie von den Fotos, die sie schickt, und ich muß sagen, sie sieht aus wie eine große, gesunde Fickmaschine. Sie hat mir auch schon Gedichte von sich geschickt. In ihren Gedichten macht sie es sich ein bißchen einfach, und obwohl sie von Agonie und Tod und Ewigkeit und Ozean spricht, ist das Ganze doch ein einziges großes gähnendes Loch in der Sofaecke. Nichts als wieder mal eine triste Weiberseele, eingelullt von ihrem eigenen Ausverkauf durch die Jahre und Jahrzehnte, und längst dazu verurteilt, für den Rest ihrer Tage mit dem Staubsauger durch die Gegend zu schussern und sich mit den Flausen ihres Juniors herumzuärgern, der ebenfalls rapide auf das große Nichts zusteuert.

Wenn Meggy irgendwo in der Nähe wohnen würde, hätte ich der ganzen Qual längst ein Ende machen können — ich sehe es richtig vor mir, sie in meiner Bude, hingemäht vom Feuer-

atem meiner lyrischen Augen, gebannt dem müde stolzierenden Pantherschritt meiner Beine in den durchlöcherten Hosen folgend, mich im Geiste mit Stephan Spender vergleichend, und ich würde mich ihr zuwenden und in nicht ganz stilvollem Englisch sagen:
»Baby, in wenigen Minuten werd ich dir deine gottverdammten Fähnchen vom Leib reißen und dir einen dicken, runzligen Truthahn-hals zeigen, der dir bis ans kühle Grab hinan gedenken wird. Ich hab einen großen, krummen Penis, geschweift wie eine Sichel, der schon gar manche Möse ausgeräumt und ihren heißen Saft auf meinen härenen, wanzenverschmierten Teppich hat speien lassen. Doch erst laß mich mal diesen Drink vollends killen.«
Und dann leerst du ein randvolles Glas Whisky, schleuderst das Glas an die Wand, murmelst: »Villon hat gegrillte Titten zum Frühstück gegessen«, steckst dir in Ruhe eine Zigarette an, und wenn du dich umdrehst, ist das Problem verschwunden — nämlich durch den Vordereingang. Wenn es nicht verschwindet, hat es verdient, was dann kommt. Und du selbst auch.
Aber Meggy lebte in einem Staat hoch im Norden, und deshalb war diese Lösung für mich gestorben. Immerhin beantwortete ich ihre Briefe mehrere Jahre lang, in der Hoffnung, daß sie vielleicht doch einmal eines Tages nahe genug kam, um sie entweder zu ficken oder ein für allemal zu verscheuchen.
Schließlich baute aber meine scheinbar permanente Erektion doch ab. Es kamen weiter Briefe von ihr, aber ich beantwortete sie einfach nicht mehr. Ihre Briefe waren wie immer unendlich deprimierend und entnervend, aber die Tatsache, daß ich sie nicht mehr beantwortete, entschärfte langsam die Wirkung ihres Giftes. Was für ein genialer Plan, ein Plan, für den ein simpler Verstand wie meiner JAHRE gebraucht hatte: einfach die Briefe nicht mehr beantworten, und du bist FREI.
Schließlich trat eine Pause ein. Ich hatte das Gefühl, daß es ausgestanden war. Ich fing an, wieder freier zu atmen. Ich fing an, wieder die kleinen Dinge meiner Umgebung zu sehen, die seltsamen und verrückten Dinge, die mir früher immer aufzufallen pflegten; romantische, explosive Dinge, die plötzlich eine magische Kraft zu offenbaren schienen, wo zuvor nur ein gähnendes Nichts gewesen war.

TÖTET ERFINDER

Monterey, 18. Nov. (UPI) Ein Mann aus Carmel Valley erlitt tödliche Verletzungen, als ein von ihm konstruiertes Gerät zur Entrunzelung von Pflaumen aus bisher ungeklärten Gründen explodierte.

Das war die ganze Meldung. Perfekt. Ich lebte wieder. Dann, eines Morgens, ging ich wieder mal an den Briefkasten, und zwischen den Gas- und Stromrechnungen, einer Mahnung vom Zahnarzt und einer Karte von einer meiner Ex-Frauen, an die ich mich kaum noch erinnerte, lag wieder ein Brief von IHR.

»Lieber Bongo:
Das ist jetzt endgültig mein LETZTER Brief. Gott möge Dich strafen. Meinetwegen fahr zur Hölle. Du bist nicht der EINZIGE, der mich verlassen hat. Euch undankbare Halunken werd ich noch alle überleben. ICH WERD EUCH ALLE ÜBERLEBEN!

Meggy.«

Well. Ein paar Tage später — wieder ein Stoß Briefe. Ich machte den ersten auf:
»Sehr geehrter Herr Bukowski,
Ihr Antrag auf ein Stipendium des *National Endowment for the Arts* ist vom *National Council on the Arts* geprüft worden. In Übereinstimmung mit dem Urteil eines unabhängigen Sachverständigenausschusses bedauern wir, Ihnen mitteilen zu müssen...«

Ich öffnete den nächsten:
»Hallo Bongo:
schreibe diese Zeilen zusammengekauert in einer Ecke dieses übelriechenden Hotelzimmers das einzige was die Stille durchbricht ist das Klirren von Flaschenhälsen zwischen klappernden Zähnen... hab eine böse Erkältung und Frostbeulen an den Füßen; 51 Asse umgedreht auf dem Tisch, alles Nieten; und das 52. kommt mit der Post... hab an alles gedacht, verstehst du? und jetzt merk ich was für ein elender beschissener Teufelskreis es ist... Job auf der Zitronenplantage verloren weil ich zu lang weg geblieben bin (4 Tage Hochzeit auf ner Schweinefarm) und zu wenig gepflückt hab. Fuhr zurück nach San F. und hab todsicheren Weihnachtsjob bei der Post um einen Tag verpaßt... hock in dieser Ecke hier im Dunkeln und warte darauf daß in der Baptistenkirche gegenüber das rote Neonlicht angeht und mir die Tränen kommen... Bus-

fahrer Kontrolle verloren und 'n Hund auf der Straße überfahren ... wünschte ich wär dieser Hund gewesen, von selber bring ichs doch nicht fertig ... sogar das verlangt eine Entscheidung von einem ... kann meine Zigaretten nicht finden ... heut morgen in der Mission gewesen, konnte es nicht mehr aushalten, der unaussprechliche Fraß dreht einem den Magen um. Hab mich ein bißchen auf der Market Street umgesehen, all die hübschen Mädchen mit ihren langen Haaren wie klarer San-Frisco-Winter-Sonnenschein ... Naja. Was soll's.

M.«

Und noch einer:
»Lieber Bongo:
Verzeih mir. Es fliegt einfach so an mich ran. Versuch mich ein bißchen gern zu haben. Heut hab ich einen neuen Rasensprenger gekauft. Der andere war schon ganz verrostet. Ich lege ein Gedicht aus ›Poetry Chicago‹ bei. Ich mußte ... unwillkürlich ... an mich selber denken ... wie ich es gelesen hab. Muß jetzt schließen. Die Kinder kommen gleich heim.

Küß mich,
Meggy.«

Das beiliegende Gedicht ist sorgfältig abgetippt, fehlerlos, zweifacher Zeilenabstand, und die Worte sind alle mit dem gleichen regelmäßigen Anschlag, mit der gleichen *liebevollen* Sorgfalt auf dem Papier eingraviert. Es ist ein schauderhaftes Gedicht. Es handelt vom Wind und von irgendeiner Tragödie, die aber so lasch vorgetragen wird, daß es wirklich nicht weit her damit sein kann. Reines 18. Jahrhundert. Schlechtes 18. Jahrhundert.

Ich lasse die Briefe unbeantwortet. Ich erscheine regelmäßig zur Arbeit bei der Müllabfuhr. Da unten wissen sie nicht, wer ich bin. Und das ist mir recht. Sie lassen mich in Frieden. Sie lassen mich treiben. T. S. Eliot und Lawrence von Arabien sind für sie Jacke wie Hose. Manchmal bin ich zwei oder drei Tage hintereinander besoffen. Aber ich erscheine pünktlich zur Arbeit.

Wenn mich jemand anruft, muß er das Telefon nach einem bestimmten System klingeln lassen, sonst hebe ich nicht ab. Das ist kein snobistischer Tick von mir; ich will nur sicher sein, daß mir der Betreffende auch was zu sagen hat. Aber eines Nachts, als ich mich gerade für die Arbeit fertig machte, klingelte das Telefon; es war nicht das richtige Signal, aber

ich war sowieso schon halb aus der Tür und dachte, was soll's, und nahm den Hörer ab. »Bongo?«
»Eh? Yeh?«
»Hör zu, ich äh, ich will mich nicht aufdrängen. Nur, ich krieg eben Zustände manchmal ... und heut ...«
»Oh ... yeh ... das geht uns allen so.«
»Hauptsache, du haßt mich nicht wegen meinen Briefen ...«
»Well, Meggy, das ist so: hassen tu ich deine Briefe eigentlich nicht. Sie sind einfach so ...«
»Oh, ich bin ja so froh!«
Sie ließ mich nicht ausreden. Ich hatte sagen wollen, ihre Briefe seien so nichtssagend, daß sie mir mit ihrem Staubsauger-Gähnen den letzten Nerv raubten. Aber sie ließ mich ja nicht ausreden.
»Das freut mich wirklich.«
»Yeh«, sagte ich.
»Aber du hast keine Gedichte geschickt für die Zeitschrift von der Heilanstalt.«
»Ich werd mal nachsehn, ob ich was passendes finde.«
»Ich bin sicher, daß sie jedes Gedicht von dir nehmen würden ... Oder schreibst du keine Gedichte mehr? Ich kann mich noch entsinnen an die Zeit, wo in jeder Nummer von BLUE STARDUST was von dir drin war. Lilly schreibt, daß du schon seit Jahren nichts mehr schickst. Hast du denn die Little Magazines ganz vergessen?«
»Nee, die Motherfucker werd ich nie vergessen.«
»Oh, du bist ein Witzbold. Aber, ich meine, schickst du denn deine ARBEITEN gar nicht mehr raus?«
»Naja, da ist zum Beispiel EVERGREEN ...«
»Du meinst, die haben wirklich was von dir GENOMMEN?«
»Ein- oder zweimal. Aber EVERGREEN ist natürlich keine kleine Zeitschrift mehr. Meinetwegen sag Lilly, ich bin desertiert.«
»Oh Bongo, ich hab gleich gewußt, wie ich zum erstenmal was von dir gelesen hab, daß du zu was Großem bestimmt bist. Ich hab immer noch mein Exemplar von deinem ›Christus kriecht rückwärts‹. Oh Bongo Bongo.«
Ich wimmelte sie schließlich ab, indem ich ihr klarmachte, daß ich jetzt dringend etwas Müll aufsammeln mußte. Ich holte mir ein Bier aus dem Kühlschrank. Ich beschloß, daß ich heute den Job schleifen lassen mußte. Ich hockte mich in meinen kaputten Lehnstuhl, setzte die Flasche an, und alles andere war mir egal.

Ich kannte mal eine, die behauptete, sie sei im St.-Elisabeth-Hospital zu Ezra Pound ins Bett gestiegen. Nach längerer Korrespondenz gelang es mir, auch die abzuwimmeln. Ich bestand darauf, daß ich von Gedichten mehr verstand, und außerdem seien die »Cantos« stinklangweilig.
Überall lagen Meggys Briefe herum. Einer lag auf dem Boden neben der Schreibmaschine. Ich stand auf, ging rüber und hob ihn auf:
»Lieber Bongo:
Alle meine Gedichte kommen zurück. Naja, wenn die nicht wissen, was ein gutes Gedicht ist, sind sie selber dran schuld. Ich nehme immer wieder deinen ersten Gedichtband zur Hand. CHRIST CREEPS BACKWARDS. Und all deine anderen Gedichtbände. Solang ich das hab, können die mir mit ihrer ganzen schrecklichen Blödheit gestohlen bleiben. Die Kinder werden gleich heimkommen. Küß mich.
Meggy.
P.S. — Mein Mann zieht mich ständig auf: ›Bongo hat schon lang nichts mehr von sich hören lassen. Wast ist los mit Bongo?‹«
Ich trank die Flasche aus und warf sie in den Papierkorb. Ich konnte es richtig vor mir sehen: ihr Mann, wie er dreimal in der Woche über sie stieg. Ihr Haar wie ein verfilzter Fächer auf dem Kissen. Und sie stellt sich vor, er sei Bongo. *Er* stellt sich vor, er sei Bongo.
»Oh Bongo! Bongo!« sagt sie.
»Gleich, Mutti«, sagt er.
Ich lang mir noch ein Bier und gehe ans Fenster. Draußen beginnt wieder ein trüber, steriler, sinnloser Tag in Los Angeles. Ich wundere mich, daß ich noch am Leben bin. Es ist lange her seit jenem ersten Gedichtband. Es ist lange her seit dem Aufstand in Watts. John Bryan braucht einen Artikel. Ich könnte was über Meggy schreiben. Aber bei der Meggy-Story fehlt noch der Schluß. Er wird morgen im Briefkasten liegen. Wenn das Ganze ein Film wäre, hätte ich den Schluß schon jetzt parat:
»Also sieh mal, John, ich kenn da so 'ne Schreckschraube. Sie geht mir auf den Wecker, verstehst du? Du weißt, wie man mit sowas fertig wird. Aber vermassel die Sache nicht. Gib ihr deinen 35-cm-Schwanz und schaff sie mir vom Hals, ja? Du kannst sie nicht verfehlen. Sie steht in diesem Zimmer mit dem Staubsauger in der Hand und Tränen in den Augen.

'n Zimmer voller Gedichtbände und Lyrik-Hefte, und sie ist unglücklich, sie glaubt, daß sie das Leben angeschissen hat, aber sie weiß überhaupt nicht, was Leben ist, verstehst du? Bring sie wieder in Ordnung, gib ihr deine 35 cm ...«
»Aw right.«
»Und John ...« »Yeh?«
»Sauf dir unterwegs keinen an.« »Aw right.«
Ich lasse mich wieder in den Lehnstuhl fallen und schlürfe mein Bier. Ich sollte mir einen ansaufen, zu ihr hochfliegen und völlig verlaust und zerlumpt und voll wie tausend Mann an ihre Haustür klopfen, die ganze Hemdenbrust gepflastert mit Buttons: »FEUERT JOHNSON« ... »STOP THE WAR« ... »EXHUMIERT TOM MIX.« Irgendwas. Aber es nützt alles nichts. Ich kann nur dasitzen und warten. Mit dem Stipendium ist es nichts. An EVERGREEN schicke ich keine Gedichte mehr. Und in meinem Briefkasten werde ich in Zukunft nur noch eins finden:

»Lieber Bongo:
Blah blah blah blah blah blah. Ich hab die Pflanzen gegossen. Die Kinder kommen gleich heim. Blah blah blah blah blah blah. Küß mich.
Meggy.«

Ob Balzac oder Shakespeare oder Cervantes je sowas passiert ist? Ich möchte es ihnen jedenfalls nicht wünschen. Die schlimmste Erfindung des Menschen ist eine dreiköpfige Hydra: Der Briefkasten, der Briefträger und der Briefschreiber. Auf dem Regal steht eine blaue Kaffeekanne voller unbeantworteter Briefe. Im Wandschrank steht ein großer Pappkarton voller unbeantworteter Briefe. Wann tun all diese Leute eigentlich saufen, ficken, Geld verdienen, schlafen, baden, scheißen, essen und sich die Fußnägel schneiden?? Und Meggy führt die ganze Meute an: Küß mich, küß mich, küß mich.
Ein 35-cm-Schwanz würde mich vielleicht aus der Affäre ziehen. Oder noch weiter reinreiten. Jedenfalls mit dem, was ich hab, hat es schon Trouble genug gegeben.

In jenen Tagen war gewöhnlich jemand in meiner Bude, egal ob ich zu Hause war oder nicht, und wenn ich durch die Tür kam, wußte ich meistens nicht, wen (oder wie viele) ich antreffen würde. Es war ständig irgendeine Party im Gange, und um die Bude mit sechs oder sieben Leuten vollsitzen zu haben, genügten zwei Dollar und etwas Wechselgeld und ein Sonderangebot in der Getränkeabteilung.

All right, eines Nachts wachte ich auf in meinem Bett, stockvoll, aber doch noch klar im Kopf, die Lichter waren aus, ich stützte mich auf, sah mich um, und es schien niemand mehr da zu sein. Nur ein paar leere Weinflaschen lagen auf dem Boden herum. Ich setzte mich im Bett auf und erkannte die Umrisse einer menschlichen Gestalt neben mir. Hm. Anscheinend hatte eine dieser Nutten beschlossen, bei mir zu bleiben. Das war Liebe. Das war ein Zeichen von Courage. Shit, wer konnte mich denn schon ausstehen? Jemand, der es mit mir aushielt, mußte wahrhaftig ein Herz aus purem Gold haben. Ich mußte diese Seele von Mensch einfach dafür BELOHNEN, daß sie das Stehvermögen und den Schneid hatte, bei mir zu bleiben.

Und was für eine schönere Belohnung gab es, als sie in den Arsch zu ficken?

Ich hatte eine merkwürdige Serie von Weibern hinter mir, und keine wollte sich von hinten nehmen lassen, was zur Folge hatte, daß sich das langsam zu einer Zwangsvorstellung bei mir auswuchs. Sobald ich etwas getrunken hatte, mußte ich immer wieder davon anfangen. Ich peilte das nächste Weib an und sagte: »Ich werd dir den Arsch aufreißen, und ich werd deiner Mama den Arsch aufreißen, und ich werd deiner Tochter den Arsch aufreißen.« Und die Antwort war jedesmal: »Oh nein, das wirst du NICHT!« Sie würden alles tun, nur nicht DAS. Vielleicht war es das Gesetz der Serie, oder vielleicht lag es nur am Wetter, jedenfalls Jahre später saßen plötzlich nur noch Weiber herum, die sagten: »Bukowski, warum rammelst du mich nicht mal in den Arsch? Ich hab 'n großes, rundes, weiches Hinterteil...«, und ich pflegte zu antworten: »Das stimmt, Schätzchen, das sieht man wirklich. Aber ich möcht lieber nicht.«

Damals jedoch herrschte in dieser Beziehung reiner Notstand, und ich kriegte wirklich langsam die Motten, und als ich DIE da neben mir liegen sah, sagte ich mir, Mann, 'ne gute Nummer in der ihren Arsch und du bist 'ne Menge emotionale Probleme los.

Ich fand noch einen Rest Wein in einem Glas mit einer leichten Schicht Zigarrenasche darauf, und dann kroch ich wieder

ins Bett und manövrierte meinen kleinen Weenie in dieses makellose, schnarchende, sich wölbende Hinterteil. Von einem heimlichen Dieb sagt man, daß er die Beute nicht so sehr liebt wie das eigentliche Stehlen. Ich mochte beides gleich gern. Mein kleiner Bammelmann pulsierte und zitterte am Rande des Wahnsinns. Das war die Rache, irgendwie, widerwärtig und vollkommen, die Rache für alles mögliche, für verhutzelte Eisverkäufer mit irren Taubenaugen, für meine tote Mutter, die sich Fettcreme auf ihr lebloses, gleichgültiges Gesicht schmierte ...
Die hat aber einen tiefen Schlaf, dachte ich. Na, um so besser. Wahrscheinlich war es Mitzi. Oder vielleicht Betty. Spielte ja keine Rolle. Es war mein Sieg — mein trauriger, arbeitsloser, verhungerter Schwanz brach siegreich durch das Tor zu allen verbotenen Dingen! Fanfarenstöße! Ich fühlte mich als Mittelpunkt eines großen Dramas — wie Jesse James, als ihn im grell ausgeleuchteten Aufnahmestudio die goldene Kugel traf.
Ich arbeitete drauflos wie ein Besessener. Sie stöhnte und machte AARG UG, HO AH, HA ... Mir wurde klar, daß sie nur so tat, als ob sie schliefe. Sie tut nur so, um den letzten Rest ihrer versoffenen Ehre zu retten, und ich bin ein MANN und NIEMAND kann mir an den Karren fahren!
Ich erwischte zur Abwechslung mal einen richtigen Lauf, und der magische Glanz und die Glorie des Ganzen und meine wilde Brutalität trugen mich empor und ließen mich mit schier endloser Ausdauer rammeln und stoßen, und alles war rein und vollkommen.
Und dann rutschte uns in der Aufregung die Bettdecke weg, und ich sah den Kopf und den Nacken und die Schultern — es war Baldy M. Glatzköpfiges, amerikanisches männliches Individuum! ... Alles an mir wurde schlaff. Ich rollte auf den Rücken, benommen vor Ekel, und starrte an die Decke. Und kein Tropfen Alkohol mehr in der Bude ... Baldy M. machte keinen Mucks. Kein Laut, keine Bewegung. Schließlich beschloß ich zu schlafen und den Morgen abzuwarten.
Am nächsten Morgen wachten wir auf, und keiner erwähnte etwas. Dann kam jemand vorbei und wir legten zusammen für eine Flasche Wein.
Und er machte keine Anstalten zu gehen. Nach ein paar Tagen fingen die Girls an, mir komische Blicke zuzuwerfen. Zwei Wochen, drei Wochen gingen vorbei, und er war noch immer da.

Es stellte sich auch heraus, daß er nicht gerade einen Reinlichkeitsfimmel hatte. Eines Abends — ich hatte den ganzen Tag Kisten mit tiefgefrorenem Fisch abgeladen — kam ich angekrochen, die Hände blutig und zerschrammt und einen Fuß, auf den mir eine Kiste gefallen war, leicht angeknackst. Wieder war eine Party im Gang — was mich nicht störte, ich hab es immer gern, wenn ein paar volle Flaschen auf dem Tisch stehen —, nur mußte ich feststellen, daß es in der Küche verheerend aussah; sie hatten meine ganzen Konserven aufgebraucht, sämtliche Gläser, Teller und Bestecke waren dreckig, und alles lag im Ausguß in einer stinkenden trüben Brühe, und der Ausguß war verstopft; sie hatten auch meinen ganzen Vorrat an Papiertellern aufgebraucht, die jetzt in dicken aufgequollenen Klumpen im Ausguß lagen, und zu alledem hatte auch noch jemand in den Ausguß gekotzt. Und als ich das sah, griff ich mir das nächste volle Glas, kippte es runter, schmiß das Glas an die Wand und brüllte: »JETZT REICHT ES MIR! ALLE MANN RAUS! UND ZWAR SOFORT!«

Sie machten sich dünne, einer nach dem anderen, all die Nutten und Schnorrer — alle bis auf Baldy M. Er blieb einfach auf dem Bettrand sitzen, sah mich verständnislos an und sagte: »Hank, Hank, was is denn? Was is denn los, Hank?«

»HALTS Maul oder ich schlag dich k. o.!«

Ich ging ans Telefon, suchte die Nummer seiner Mutter heraus und rief sie an. Er war einer von diesen Trotteln mit überdurchschnittlichem Intelligenzquotienten, die ständig bei ihrer Mutter wohnen.

»Hören Sie, Mrs. M., hier ist Hank. Kommen Sie rüber und holen Sie Ihren Filius ab.«

»Ah, also bei IHNEN hat er die ganze Zeit gesteckt. Ich hab mirs halb gedacht, aber ich wußte Ihre Adresse nicht. Wir haben schon eine Vermißtenanzeige erstattet. Sie sind ein schlechter Umgang für ihn, Hank. Warum können Sie meinen Jungen nicht in Ruhe lassen?« (Ihr ›Junge‹ war 32 Jahre alt.)

»Ich werd mir Mühe geben, Mrs. M. Inzwischen wäre es vielleicht gut, wenn Sie ihn abholen.«

»Ich kann einfach nicht verstehen, weshalb er diesmal so LANGE geblieben ist. Gewöhnlich kommt er nach ein oder zwei Tagen wieder nach Hause.«

»Ja. Und jetzt holen Sie ihn bitte ab.«

Ich gab ihr meine Adresse und ging wieder zu meinem Sorgenkind zurück.

»Deine Mutter kommt vorbei und holt dich ab.«
»Ich will aber nicht gehen! Nein! Hank, ist noch Wein da? Ich muß was trinken, Hank.«
Ich schenkte ihm ein Glas ein. »Ich will nicht gehen«, sagte er.
»Jetzt hör mir mal zu. Ich hab dir x-mal gesagt, du sollst verschwinden. Aber es hat nichts genützt. Ich hatte nur die Wahl, dich entweder windelweich zu schlagen und mit Gewalt rauszuschmeißen, oder deine Mutter anzurufen. Ich hab mich für den zweiten Weg entschieden.«
»Aber ich bin doch ein erwachsener MANN! Ich bin ein MANN, kannst du das nicht sehen? ICH WAR IN CHINA IM KRIEG! ICH HAB DIE CHINESISCHEN TRUPPEN DURCH DICK UND DÜNN GEFÜHRT! ICH HAB MICH IN AUGENBLICKEN HÖCHSTER GEFAHR ALS LEUTNANT IN DER AMERIKANISCHEN INFANTERIE BEWÄHRT!«
Es stimmte. Und er war sogar in Ehren aus der Army entlassen worden. Ich goß jedem von uns ein Glas ein.
»Auf den China-Feldzug!« toastete ich.
»Auf den China-Feldzug!« sagte er.
Wir tranken aus.
Dann fing er wieder an. »Ich bin ein MANN! Verdammt nochmal, ist dir nicht klar, daß ich ein MANN bin! Begreifst du nicht: ICH BIN EIN MANN!«
15 Minuten später kam sie an. Sie sagte nur ein Wort: »WILLIAM!«
Dann ging sie rüber ans Bett und packte ihn beim Ohr. Sie war eine gebeugte alte Lady, bestimmt über die 60. Sie packte ihn am Ohr, zog ihn hoch und zerrte ihn, ohne sein Ohr loszulassen, durch den Flur, hinaus zum Fahrstuhl, drückte auf den Knopf, und während er wimmerte und sich wand, bugsierte sie ihn in den Fahrstuhl; der Fahrstuhl fuhr abwärts und ich hörte ihn wieder schreien: ICH BIN EIN MANN, ICH BIN EIN MANN!
Ich ging ans Fenster und sah zu, wie sie ihn am Ohr zum Auto zerrte, ihn reinstieß, auf die andere Seite herumging und einstieg, und dann sah ich meine einzige Nummer *a tergo* entschwinden und hörte, wie er mit schwächer werdender Stimme heulte, »ICH BIN EIN MANN! ICH BIN EIN MANN!«
Es erübrigt sich zu sagen, daß ich ihn nie wieder sah und auch keine besonderen Anstrengungen unternahm, ihn wiederzusehen.

In der Nacht, als die Drei-Zentner-Hure auftauchte, war ich zu allem bereit. Als einziger im ganzen Lokal, wie sich zeigte. Sie war unglaublich fett, und allzu sauber war sie auch nicht. Kein Mensch wußte, woher sie kam, was sie hier suchte und wie sie überhaupt so lange überlebt hatte. Aber von wem wußte man das schon. Also bestellte ich Drinks für sie und fing an, ihr auf die Pelle zu rücken, an ihr zu schnuppern und sie anzuheizen. Sie kicherte in einer Tour. »Baby, Baby, ich könnte dir was reindrücken, daß dir das Lachen vergeht und das große Wimmern kommt!«
»Ah, hahahahaha, ha«, lachte sie.
»Wenn ich dir das reinsteck, geht dirs durch den ganzen Bauch und hoch durch die Tracheen und den Oesophagus. Yeah!«
»Ah, hahahahaha, ha!«
»Verdammt, ich mach jede Wette, wenn du dich aufs Scheißhaus setzt, hängen dir die Arschbacken bis auf den Boden runter, eh? Und wenn du geschissen hast, Baby, ist die Leitung einen ganzen Monat lang verstopft. Eh?«
»Ah, hahahahaha, ha!«
Als die Kneipe Feierabend machte, gingen wir zusammen weg. Ich mit meinen 1,80 und 165 Pfund, und sie mit ihren 1,58 und 300 Pfund. Die einsame und lächerliche Welt walzte zusammen die Straße runter. Vor meiner Pension blieb ich stehen und suchte nach den Schlüsseln.
»Jeesus«, hörte ich sie sagen. »Was is denn das?«
Ich drehte mich um. Auf der anderen Straßenseite stand ein kleines, unscheinbares Gebäude, an dem ein unscheinbares Schild hing: MAGENKLINIK.
»Oh, das ... ist was zum Lachen. Na lach mal, ich hör dich gern lachen, Baby!«
»Es is 'ne Leiche, sie tragen 'ne Leiche raus!«
»Freund von mir. Hat früher mal bei Red Grange Football gespielt. Ich hab ihn erst heut mittag noch gesehn. Da hat er noch ganz gesund ausgesehen. Ich hab ihm 'ne Packung Zigaretten gegeben. Die Leichen schaffen sie hier immer bei Nacht raus. Ich seh sie jede Nacht eine oder zwei raustragen. Bei Tag würde es schlecht aufs Geschäft wirken.«
»Woher weißt du, daß es dein Freund ist?«
»Ich seh's an der ganzen Figur, an der Kopfform unter dem Leintuch. Einmal nachts war ich so voll, daß ich beinah so 'ne Leiche geklaut hätte. Ich weiß nicht, was ich damit angefangen hätte. In den Schrank gestellt, schätze ich.«

»Wo gehn sie jetzt hin?«
»Die nächste Leiche holen. Was macht dein Magen?«
»Oh... gut... gut.«
Wir gingen rauf zu mir. Irgendwie schaffte sie es, obwohl sie einmal ins Rutschen kam und fast die ganze Wand mitgenommen hätte. Wir zogen uns aus und ich stieg auf.
»Menschenskind«, sagte ich. »Laß mal 'n bißchen BEWEGUNG sehn! Lieg doch nicht einfach da wie 'n großer Pudding!... heb mal deine großen Baumstämme an... Mutti, ich kann dich ja gar nicht FINDEN!...«
Sie fing an zu kichern. »Oh, hehehehehe, oh, hehehehehe!«
»Shit und fuck!« raunzte ich. »MACH MAL LOS! SHAKE IT!«
Und dann fing sie wirklich richtig an. Ich klammerte mich an und versuchte den Rhythmus zu finden. Sie rotierte ganz schön, aber es ging nicht nur im Kreis, sondern dazu noch rauf und runter. Dem Kreisen konnte ich mich noch anpassen, aber bei dem unberechenbaren Auf und Ab wurde ich mehrere Male aus dem Sattel geworfen. Einmal gelang es mir fast, eine jener riesigen Titten zu fassen, aber dieses schreckliche Ding rutschte weg über den Rand der Matratze und hing da wie eine träge, vollgefressene Wanze. Ich warf mich wieder zurück auf die Mitte dieser 300 Pfund und sank wieder in das Zentrum dieses »Oh, hehehehehe, oh, hehehehehe«, und ritt und klammerte mich fest, so gut es ging.
»Der Himmel steh uns bei«, keuchte ich in eins ihrer fetten, heißen, dreckigen Ohren.
Betrunken wie wir waren, schufteten wir weiter, wobei ich noch öfter abgeworfen wurde, aber jedesmal beharrlich wieder aufsprang. Ich bin sicher, wir wollten beide am liebsten aufgeben, aber irgendwie fanden wir nicht den richtigen Ausstieg. Einmal griff ich mir aus purer Verzweiflung eine dieser enormen Titten, zog das Ding wie einen lapprigen Pfannkuchen hoch und rammte mir das spitze Ende in den Mund. Es schmeckte nach Traurigkeit, Gummi und abgestandenem Yoghurt. Angewidert spie ich das Ding wieder aus und grub mich tiefer ein. Schließlich schaffte ich sie. Ich meine, sie war immer noch am Arbeiten, das muß ich ihr lassen, aber sie fing an nachzugeben, ich hatte ihren Rhythmus gefunden und meine Stöße kamen genau, wie sie es brauchte, und schließlich, wie ein abbruchreifes Haus, das sich gegen das Einstürzen wehrt, gab sie nach, gab nach, und dann stöhnte sie und

wimmerte wie ein Kind, und ich räucherte sie vollends aus. Es war herrlich. Dann schliefen wir.
Als wir am nächsten Morgen aufwachten, stellte sich heraus, daß das Bett platt auf dem Boden lag. Alle vier Beine waren abgebrochen.
»Meine Güte!« sagte ich. »Ach du meine Güte ...!«
»Wasn los, Hank?«
»Das Bett ist kaputt.«
»Hab ich mir fast gedacht.«
»Yeah, aber ich hab kein Geld für ein neues.«
»Hm. Ich hab auch keins.«
»Eigentlich sollte ich dir ja auch 'n bißchen Geld geben, Ann.«
»Nein, ich bitte dich. Du bist der erste Mann seit Jahren, bei dem ich was gefühlt hab.«
»Well, vielen Dank, aber im Moment beschäftigt mich das verdammte Bett.« »Willst du, daß ich geh?«
»Hm, ich will ja nicht schofel sein, aber recht wär mirs schon. Es ist wegen dem Bett. Das macht mir Kummer.«
»Ist doch klar, Hank. Kann ich erst noch mal schnell aufs Klo?«
»Natürlich.«
Sie zog sich an und ging den Flur runter und zwängte sich in das Kabuff. Dann kam sie wieder raus, blieb an der Treppe stehen und drehte sich um.
»Goodbye, Hank.«
»Goodbye, Ann.«
Ich kam mir richtig schofel vor, daß ich sie einfach so wegschickte. Aber das mit dem Bett machte mir Sorgen. Ich erinnerte mich an ein Seil, das ich mal gekauft hatte, als ich mich aufhängen wollte. Es war ein gutes, solides Stück Seil. Ich stellte fest, daß die Bettpfosten der Länge nach gesplittert waren. Man konnte sie also schienen. Ich flickte sie notdürftig wieder zusammen. Dann zog ich mich an und ging runter.
Unten erwartete mich meine Wirtin.
»Ich hab diese Frau hier rausgehen sehen. Das war eine Straßendirne, Mr. Bukowski. Ich habe Grund zu der Annahme, daß sie die Nacht auf Ihrem Zimmer verbracht hat. Ich kenne meine Mieter; die anderen würden sowas nicht tun.«
»Mutti«, sagte ich. »Es gibt sehr wenige Männer, die sich das verkneifen können.«
Ich ließ sie stehen und steuerte meine Kneipe an. Die Drinks schmeckten, aber das mit dem Bett ging mir einfach nach.

Idiotisch, dachte ich. Ich Leiche auf Rädern reg mich über ein kaputtes Bett auf. Aber es ließ mir keine Ruhe. Ich goß mir noch ein paar hinter die Binde und ging wieder zurück. Wieder erwartete mich die Wirtin.
»Mr. Bukowski. Mit Ihrem Seiltrick können Sie mir nichts vormachen! Sie haben das Bett kaputt gemacht! Herr des Himmels, da oben bei Ihnen muß letzte Nacht wirklich was los gewesen sein! An dem Bett sind alle VIER Beine ab!«
»Tut mir leid«, sagte ich. »Aber ich kann Ihnen das Bett nicht ersetzen. Ich hab meine Stellung als Bus-Schaffner verloren, und die bei Harpers' und Atlantic Monthly lehnen alle meine Short Stories ab.«
»Well, wir haben Ihnen ein NEUES Bett reingestellt.«
»Ein neues Bett?«
»Ja. Lila schlägt es gerade auf.«
Lila war ein adrettes schwarzes Hausmädchen. Ich hatte sie nur ein- oder zweimal zu Gesicht bekommen, da sie tagsüber arbeitete, und da war ich gewöhnlich am Sumpfen.
»Well«, sagte ich. »Ich bin ziemlich abgeschlafft. Vielleicht sollte ich ein bißchen raufgehen.«
»Ja, ich kann mir vorstellen, daß Ihnen das guttun würde...«
Wir gingen zusammen die Treppe hoch. Am ersten Treppenabsatz hing ein handgesticktes Tuch an der Wand, auf dem es hieß: GOTT SCHÜTZE DIESES HAUS.
»Lila!« rief die Wirtin, als wir uns meinem Zimmer näherten.
»Ja?«
»Wie weit bist du mit dem Bett?«
»Mann oh Mann, das Scheißding macht mich vielleicht fertig! Da möcht man blutige Tränen furzen. Ich krieg einfach das letzte Bein nicht dran! Ich kanns anstellen wie ich will, das Ding PASST einfach nicht!«
»Wenn mich die Damen vielleicht einen Augenblick entschuldigen wollen«, sagte ich. »Ich muß auf'n Sprung ins Klo...«
Ich schloß mich ein und setzte mich zu einem langsamen, aber stetigen Bier-Wodka-Wein- und Whisky-Schiß auf die alte rissige Schüssel. Ein Gestank wie tausend Ottern. Ich zog mit letzter Kraft die Spülung und ging wieder nach vorn. Als ich vor meiner Tür stand, hörte ich drinnen einen lauten quietschenden Plumps, und dann brachen beide in ein wieherndes Gelächter aus. Ich ging rein. Ihr Lachen erstarb. Sie blickten plötzlich ganz ärgerlich und mißbilligend drein. Das Mädchen

rannte raus und polterte die Treppe hinunter. Unten fing sie wieder an zu lachen. Die Wirtin baute sich im Türrahmen auf und sah mich streng an.
»Versuchen Sie bitte, sich in Zukunft zu benehmen, Mr. Bukowski. Dies ist ein anständiges Haus.«
Dann machte sie langsam die Tür zu.
Ich sah mir das Bett an. Es war aus Eisen.
Ich zog mich aus und legte mich nackt in mein neues, frisch bezogenes Bett. Als ich mir die saubere weiße Bettdecke über den Kopf zog, fiel mir ein, daß ich schon wieder vergessen hatte, mir die Hände zu waschen. Was sollte es. Ein Wunder war geschehen. Ich war gerettet. Ich schlief. Es war ein Uhr nachmittags in Philadelphia.

Mary versuchte es mit allen erdenklichen Tricks. Aber in Wirklichkeit wollte sie mich gar nicht verlassen. Eine typische Abschiedsvorstellung sah etwa so aus: Sie kam aus dem Bad und hatte ihre ganzen Haare zu einer windschiefen Frisur auf die Seite gekämmt. »Schau her!« Ich goß mir ungerührt ein Glas Wein ein und sagte in meinem besten angeekelten Tonfall: »Billige Nutte, gottverdammte miese Nutte . . .« Sie machte kehrt, und als wie wieder herauskam, hatte sie statt eines Mundes einen dicken, fetten Klacks Lippenstift im Gesicht. »Schau her! Genau wie dem Johnson seine Alte!«
»Nutte, mickrige, drittklassige Nutte . . .«
Ich ließ mich ächzend aufs Bett fallen, barfuß, in schmuddeliger Unterwäsche, die ich seit mehr als einer Woche nicht mehr gewechselt hatte, und stellte mit zittriger Hand mein Glas auf den Nachttisch. Sie kam herüber und beugte sich über mich.
»DU BIST DIE GRÖSSTE DRECKSAU ALLER ZEITEN!«
»Hi! hehehehe!« meckerte ich.
»Well, ich GEH jetzt!«
»Das juckt mich nicht. Bloß laß dir nicht einfallen, die Tür zuzuknallen, wenn du rausgehst. Diese Türknallerei geht mir nämlich langsam auf die Nerven. Also. Wenn du die Tür wieder zuknallst, geh ich dir mit der Kohlenschaufel nach!«
»Du TRAUST dich ja nicht!«
Sie donnerte wahrhaftig die Tür zu. Als mich die Schockwelle erreichte, blieb mir fast das Herz stehen. Ich wartete, bis die

Wände aufhörten zu wackeln, dann sprang ich aus dem Bett und stürzte hinaus. Sie hörte, wie ich die Tür aufriß, und fing an zu laufen. Aber sie hatte hohe Schuhe an und kam nicht weit. Ich holte sie auf dem ersten Treppenabsatz ein und klebte ihr eine, daß sie kopfüber die restlichen Stufen hinuntersegelte. Das verschaffte mir die Möglichkeit, ihr unter den Rock zu sehen; und als ich diese langen, prächtigen, nylonumspannten Beine in ihrer ganzen magischen Schönheit sah, dachte ich: was für ein Wahnsinn, all diese Herrlichkeit einfach in den Wind zu schießen! Aber es half nichts. Ich mußte Haltung zeigen. Ich drehte mich um und ging wieder hinauf, schloß die Tür hinter mir, setzte mich hin und schenkte mir das nächste Glas ein. Ich hörte, wie sie unten zeterte. Dann ging eine Tür auf.
»Was is los, Honey?« sagte eine Frauenstimme.
»Er hat mich GESCHLAGEN! Mein Mann hat mich GESCHLAGEN!« (Mein MANN??)
»Armes Ding! Kommen Sie, stehen Sie auf...«
»Vielen Dank.«
»Was wollen Sie jetzt machen?«
»Ich weiß nicht. Ich kenne keine Menschen...« (Verlogenes Aas.)
»Also, passen Sie auf: Sie nehmen sich jetzt ein Zimmer für die Nacht, und morgen, wenn er zur Arbeit geht, kommen Sie einfach wieder zurück.«
»ARBEIT!« heulte sie. »ARBEIT? DER DRECKSACK HAT IN SEINEM GANZEN LEBEN NOCH KEINEN EINZIGEN TAG GEARBEITET!«
Ich fand das ungeheuer witzig. Ich fand das so witzig, daß ich einen Lachkrampf kriegte. Ich mußte mir das Kissen vors Gesicht drücken, damit sie mich nicht lachen hörte. Als der Anfall vorüber war, machte ich vorsichtig die Tür auf und schaute hinunter. Sie war weg.
Nach ein paar Tagen war sie wieder da, und alles ging wieder von vorne los. Ich saß da in meinen schmuddeligen Unterhosen und wurde zunehmend sauer, und Mary war im Badezimmer zugange und richtete sich für ihren nächsten Abgang.
»Diesmal komm ich nicht mehr zurück! Jetzt hab ich endgültig den Kanal voll! Mir reicht's! Ich kann dich nicht mehr ausstehen! Du bist einfach durch und durch verdorben und verrottet!«
»Du bist 'n Flittchen, nichts als 'n billiges Flittchen...«

»Klar bin ich 'n Flittchen, sonst würd ich ja nicht mit dir leben...!«
»Hmmmm... von der Seite hab ich das noch gar nicht betrachtet.«
»Dann wirds aber Zeit...!«
Ich leerte mein Glas und schenkte mir gleich wieder nach. »Hör zu«, sagte ich, »diesmal werde ich dich an die Tür bringen und SELBER die Tür aufmachen und wieder schließen. Bist du fertig?«
Ich hielt ihr die Tür auf. Ich stand da in meinen Unterhosen und mit meinem Glas Wein in der Hand und wartete. »Komm, komm, mach schon. Ich will mich hier nicht erkälten. Bringen wirs hinter uns. Hm?« Es paßte ihr gar nicht. Sie ging durch die Tür, blieb stehen und drehte sich nach mir um.
»Na los, zisch ab. Vielleicht kannst du dem Zeitungsjungen, dem der rechte Daumen fehlt, du weißt schon, der mit der vernarbten Visage, vielleicht kannst du dem für 5 Mark deine Syph-Spritze andrehen. Toodle-uuh, Schätzchen.«
Ich machte Anstalten, die Tür zu schließen, und sie packte ihre Handtasche mit beiden Händen und hob sie hoch über den Kopf. »Du ELENDES Dreckstück!« Ich sah die Handtasche niedersausen und blieb einfach stehen, mit einem kleinen, ungerührten Lächeln auf den Lippen. Ich hatte etliche Schlägereien mit ziemlich harten Burschen überstanden, und eine Frau mit Handtasche war das letzte, wovor ich mich fürchtete. Das Ding sauste auf mich herunter. Ich spürte es. Sehr sogar. Sie hatte eine ganze Reihe Cremepötte aus Porzellan, anscheinend waren die alle da drin. Das Ding traf mich wie ein Felsbrocken.
»Baby«, sagte ich. Ich hatte immer noch den Türknauf in der Hand und mein stilles Lächeln im Gesicht, aber ich konnte mich nicht bewegen, ich war wie gelähmt.
Wieder sauste die Handtasche nieder. »Hör zu, Baby...«
Und wieder.
»Oh, Baby...«
Meine Beine gaben nach. Und während ich langsam in die Knie ging, hatte sie oben mehr Platz zum Ausholen, und jetzt kam sie erst richtig in Fahrt, schneller und wütender kamen ihre Schläge, als wollte sie mir den Schädel knacken. Das war der dritte K. O. in meiner bewegten Karriere, aber der erste, der mir von einer Frau beigebracht wurde.
Als ich wieder zu mir kam, war die Tür zu und ich war allein.

Ich sah Blut auf dem Boden. Glücklicherweise hatte ich Linoleum in der ganzen Wohnung. Ich rappelte mich auf, watschte durch das Zeug und steuerte die Küche an, wo ich für besondere Anlässe eine Flasche Whisky verwahrte. Dies war ein besonderer Anlaß. Ich köpfte die Flasche, und bevor ich mir ein Glas einschenkte, goß ich mir eine Portion auf den Skalp. Dann kippte ich das Glas in einem Zug. Das elende Weibsstück hatte versucht, mich UMZUBRINGEN! Unglaublich! Für einen Augenblick spielte ich mit dem Gedanken, sie wegen versuchten Totschlags anzuzeigen. Aber es war zu riskant. Wahrscheinlich hätten mich die Bullen gleich mit eingebuchtet. Wer weiß, vielleicht hätten sie sich das Schauspiel nicht entgehen lassen, mich *mit ihr zusammen* in eine Zelle zu sperren!
Das Apartment lag im vierten Stock. Ich zwitscherte noch einen Whisky und ging zum Schrank. Ich griff mir ihre Kleider, Schuhe, Hosen, Schlüpfer, BHs, Slipper, Strumpfgürtel, den ganzen Mist, und schichtete es am Fenster auf. »Das verdammte Hurenstück hat versucht, mich zu killen...« Neben dem Haus war eine Baugrube. Ich warf das Zeug aus dem Fenster. Ich warf es wild durch die Gegend. Die Fähnchen landeten auf den Hecken, auf den Bäumen, auf dem Bauzaun, oder flogen einfach in die Grube. Ich fühlte mich wieder besser. Ich leerte die Flasche, holte einen Putzlappen und wischte den Boden auf.
Am nächsten Morgen dröhnte mir der Schädel. Ich betastete meinen Skalp und stellte fest, daß ich einen dicken roten Kamm aus geronnenem Blut hatte. Es ging auf Mittag zu. Ich stieg die Treppen runter und ging durch den Hintereingang auf den Hof hinaus, um die Kleider und das ganze Zeug wieder aufzusammeln. Es war weg. Ich ging um die Baustelle herum. Das Zeug war verschwunden. Im Hinterhof des Nachbarhauses hantierte ein alter Knacker mit einer Maurerkelle. Ich ging zu ihm hin.
»Sagen Sie mal, haben Sie hier zufällig ein paar Kleider rumliegen sehen?«
»Was für Kleider?«
»Na, Weiberklamotten.«
»Ja, sind hier in der Gegend gelegen. Hab den Kram aufgelesen und die Heilsarmee angerufen, damit sie es abholen.«
»Das waren die Kleider von meiner Frau.«
»Ich hab gedacht, die hat jemand weggeschmissen.«

»Es war ein Versehen.«
»Well, ich hab sie noch da. Inner Schachtel.«
»Sie ham sie noch? Hören Sie: kann ich sie wiederhaben?«
»Klar. Aber ich hab gedacht, die hat jemand weggeschmissen.«
Der alte Knacker ging ins Haus, und nach einer Weile brachte er einen Karton angeschleppt.
»Thanks«, sagte ich.
»Schon gut.«
Ich klemmte mir den Karton unter den Arm und ging wieder rauf.
Am späten Abend kam sie zurück, mit Eddie und der ›Herzogin‹ im Kielwasser. Sie brachten Wein mit. Ich schenkte die Gläser voll. Eddie sah sich in der Wohnung um. »Sieht richtig sauber aus hier«, sagte er.
»Hör zu, Hank«, sagte Mary. »Lassen wir doch die Streitereien. Es macht mich einfach krank. Und weißt du, eigentlich lieb ich dich doch. Ich lieb dich wirklich.«
»Yeah.«
Die ›Herzogin‹ saß teilnahmslos da, die Haare fielen ihr übers Gesicht, ihre Strümpfe waren zerrissen und dünne Speichelfäden liefen ihr aus den Mundwinkeln. Ich merkte sie mir im Geiste vor. Sie hatte so einen kranken sexy-Look. Ich schickte Mary und Eddie weg, um mehr Wein zu holen. Sie hatten kaum die Tür hinter sich zugemacht, als ich mich auf die Herzogin stürzte und sie aufs Bett warf. Sie war nichts als Haut und Knochen und sah irgendwie sehr theatralisch aus. Das arme Ding hatte wahrscheinlich seit zwei Wochen nichts Anständiges mehr gegessen. Ich puderte ihr einen über, einen auf die schnelle. Als die beiden anderen zurückkamen, saßen wir wieder auf unseren Stühlen, als sei nichts gewesen.
Ungefähr nach einer Stunde flaute die Unterhaltung ab, und wir saßen nur noch herum mit unseren Gläsern in der Hand. Plötzlich streckte die Herzogin ihre Hand aus und zeigte mit ihrem toten knochigen Finger auf mich. »Er hat mich vergewaltigt«, sagte sie mit völlig tonloser Stimme. »Er hat mich vergewaltigt, während ihr den Wein geholt habt.«
»Du glaubst doch nicht, was sie sagt, oder?«
»Natürlich glaub ichs«, sagte Eddie.
»Also wenn du einem Freund sowas zutraust, dann ist hier kein Platz mehr für dich! Mach, daß du verschwindest!«
»Die Herzogin lügt nicht. Wenn sie sagt, daß du . . .«

»VERSCHWINDET, IHR GOTTVERDAMMTEN SCHEISSER!«
Ich stand auf und schleuderte ein volles Glas an die Wand.
»Ich auch?« fragte Mary.
»DU AUCH!«
»Oh Hank, ich hab gedacht, es ist endlich Schluß mit diesen Szenen. Ich bins wirklich langsam leid...«
Sie verdrückten sich. Eddie voran, dann die Herzogin, dann Mary. Die Herzogin wiederholte ständig: »Er hat mich vergewaltigt, ich sag euch, er hat mich vergewaltigt. Er hat mich vergewaltigt, wenn ich euch sage ... er hat mich vergewaltigt...«
Als sie gerade aus der Tür waren, packte ich Mary am Arm.
»Komm rein, du Miststück!«
Ich zerrte sie ins Zimmer und kickte die Tür zu. Dann gab ich ihr einen heißen, saftigen Kuß und griff mir eine pralle Hälfte ihres Hinterns.
»Oh, Hank...«
Sie mochte das.
»Hank, Hank, du hast doch dieses Knochengestell nicht wirklich gepimpert, oder?«
Ich gab ihr keine Antwort, ich bearbeitete sie einfach weiter. Ihre Handtasche fiel zu Boden. Sie langte mir mit einer Hand zwischen die Beine und fing an, mir die Eier zu massieren. Ich war plötzlich müde. Ich brauchte eine Schnaufpause.
»Ich hab deine ganzen Klamotten aus dem Fenster geschmissen«, sagte ich.
»Was?!« Sie bekam große Augen und nahm ihre Hand weg.
»Aber ich bin runter und hab sie wieder aufgelesen.«
Ich ging zum Tisch und schenkte zwei Gläser voll.
»Du weißt, daß du mich um ein Haar erledigt hättest, nicht?«
»Waas?«
»Ja, erinnerst du dich denn nicht mehr?«
Ich sank völlig gebrochen auf einen Stuhl und ließ den Kopf hängen, damit sie ihr Werk auch richtig begutachten konnte. Sie kam herüber und sah sich meinen ramponierten Skalp an.
»Oh, mein armer Junge. Mein Gott, das tut mir aber leid...«
Sie beugte sich über mich und küßte meinen blutverkrusteten Kamm. Ich langte ihr unter den Rock. Sie machte JUCH! Und dann balgten wir uns wieder, in diesem elenden Loch, zwischen den Weinlachen und Glassplittern auf dem Boden. In dieser Nacht würde es keine Prügelei geben, es gab kein Gesindel rauszuwerfen, wir waren allein, unsere Schatten tanz-

ten auf dem blanken, ausgetretenen Linoleum, die Liebe hatte gesiegt.

Es war im French Quarter in New Orleans, ich stand auf dem Trottoir (sic) und sah einem Italiener zu, der an einem betrunkenen Franzosen seine schlechte Laune ausließ. Er fragte ihn: »Bist du 'n Franzos?«, und der Franzose sagte: »Ja, ich bin Franzose.« Der Itakker langte ihm eine und fragte wieder: »Bist du 'n *Franzos?*« Und der Franzose sagte wieder ja und fing wieder eine. Wie ein mechanisches Ballett. Und das Merkwürdige ist, jedesmal wenn ihm der Itakker eine latschte, sagte er: »Ich bin dein Freund, ich bin dein Freund, ich will dir doch nur *helfen,* begreifst du das denn nicht?« Und der Franzose sagte ja und kriegte wieder eine gelangt.
Nun ja, ich war allerhand gewöhnt. Aber da war noch ein Franzose. Er saß in seinem Wagen und rasierte sich im Rückspiegel im Schein einer Taschenlampe. Er saß da, das ganze Gesicht voller Rasiercreme, und schabte sich mit einem langen Rasiermesser die Stoppeln aus dem Gesicht. Er ignorierte völlig, was um ihn herum vorging. Aber dann kam sein Landsmann unter den Schlägen des Itakkers ins Wanken und stolperte auf den Wagen zu. Er hielt sich am Türgriff fest und sagte »Hilfe«. Der Itakker verpaßte ihm noch eine, er fiel gegen den Wagen und das Ding kam ins Schaukeln. Auf der anderen Seite ging die Tür auf und der Fahrer sprang heraus. »Du elender Hund!« brüllte er. Auf seiner linken Backe begann sich durch den weißen Schaum ein roter Striemen abzuzeichnen. Er ging auf seinen Landsmann zu und zog dem Störenfried mit blitzschnellen Bewegungen das Rasiermesser übers Gesicht; und als der aufheulte und die Hände vors Gesicht schlug, schlitzte er ihm die Handrücken auf. »Du elender Hund! Du dreckiger Sauhund!«
Ich war erst seit zwei Tagen in der Stadt und fand es langsam etwas schwierig, mich an die Verhältnisse zu gewöhnen. Ich ging in die nächste Kneipe und setzte mich an die Bar. Ein Typ neben mir lehnte sich herüber und fragte: »Bist du 'n *Franzos,* oder bist du Italiener?« »Weder noch«, sagte ich. »Ich bin in China geboren. Mein Vater war dort Missionar. Er ist von 'nem Tiger gefressen worden, als ich noch 'n kleines Kind war...«

Glücklicherweise blieben mir weitere Fragen erspart, weil in diesem Augenblick die Band zu spielen anfing. Ich bestellte ein Bier. Dann kam ein anderer zu mir her und setzte sich neben mich. »Mein Name ist Sunderson. Sie sehen aus, als ob Sie Arbeit suchen.«
»Was ich brauch, ist Geld. Auf Arbeit bin ich nicht gerade scharf.«
»Sie müßten nur jede Nacht ein paar Stunden hinter der Kasse sitzen.« »Und was ist dabei drin?«
»18 Dollar die Woche. Vorausgesetzt, die Kasse *stimmt*...«
»Und wie wollen Sie mich daran hindern, daß ich nicht mit der Kasse türme?«
»Ich heuere noch einen an. Auch für 18 Dollar die Woche. Der paßt auf Sie und die Kasse auf.«
»Sind Sie 'n Franzos?«
»Sunderson. Schotte. Entfernter Verwandter von Winston Churchill.«
»Ah. Ich hab mir gleich gedacht, daß bei Ihnen was nicht ganz in Ordnung ist.«
Es war eine Art Tankstelle. Sie gehörte einem Taxiunternehmen. Die Fahrer kamen an zum Tanken, ich kassierte und deponierte das Geld in der Kasse. Die meiste Zeit döste ich auf meinem Stuhl vor mich hin. Der Job ließ sich ganz gut an, abgesehen von gelegentlichen Streitereien mit den Fahrern, die unbedingt wollten, daß ich ihnen beim Reifenwechsel half. Dann hängte sich einer dieser italienischen Jungs ans Telefon, klingelte den Boß aus dem Bett und beschwerte sich über meine mangelhafte Arbeitsmoral. Aber ich hatte meine Anweisungen. Ich hatte nichts zu tun als Benzin zu zapfen und auf das Geld aufzupassen. Und der Alte hatte mir gezeigt, wo die Pistole lag und wie sie funktionierte.
Nur hätte er sich da fast geschnitten. Ich hatte nämlich nicht das geringste Interesse, für 18 Dollar in der Woche eine volle Kasse zu bewachen. Das Dumme war, daß mir mal jemand unmißverständlich klargemacht hatte, daß »unrecht Gut nicht gedeiht«, wie er sich ausdrückte. Und das saß so tief, daß ich einfach nicht dagegen ankam.
In der vierten Nacht stand plötzlich eine junge Negerin in der Tür. Sie stand gut und gerne 3 Minuten lang da und lächelte mich an. Schließlich sagte sie: »Na, wie läufts denn so? Ich heiße Elsie.«
»Nicht besonders«, sagte ich. »Ich heiße Hank.«

Sie kam herein. Sie hatte ein dünnes braunes Kleid an. Und während sie auf mich zukam, schien so etwas wie Elektrizität im Raum zu knistern.
Sie lehnte sich an den alten Schreibtisch, hinter dem ich saß.
»Kann ich einen Soft-Drink haben?«
»Klar.«
Sie gab mir das Geld. Ich sah ihr zu, wie sie den Deckel von der Kühltruhe nahm und nach vielem Hin und Her eine Limonade herausholte. Sie setzte sich auf einen Barhocker in der Ecke, hob kurz die Flasche in meine Richtung und trank sie runter. Ich sah, wie die Luftblasen in der Flasche im Schein der Lampe aufblitzten. Ich starrte sie an. Ihren Körper. Ihre Beine. Mir wurde ziemlich warm ums Herz. Es war einsam in der Bude, wenn man Nacht um Nacht auf seinem Stuhl vor sich hindämmerte. Und das für 18 Dollar die Woche.
Sie gab mir die leere Flasche zurück.
»Thanks.«
»Yeh.«
»Was dagegen, wenn ich morgen nacht 'n paar Freundinnen mitbringe?«
»Wenn sie nur halb so dufte sind wie du, Sweetie, dann nichts wie her damit.«
»Die sind alle wie ich.«
»Na dann bis morgen.«
In der nächsten Nacht kam sie an mit drei oder vier Freundinnen; sie saßen herum, lachten, redeten durcheinander und machten sich über die Soft-Drinks her. Sie waren jung, voller Leben und Energie, es kam Stimmung in die Bude, und mein Job fing an mir Spaß zu machen. In der Nacht darauf waren sie zu acht, und eine Nacht später waren es 13 oder 14. Sie begannen Whisky und Gin mitzubringen, und ich brachte mir auch einigen Stoff mit. Elsie war eine Marke für sich; sie setzte sich bei mir auf den Schoß, und nach einiger Zeit sprang sie plötzlich auf die Beine und schrie: »Hey, Menschenskind, willst du mir meine EINGEWEIDE oben rausschieben mit deiner dicken FAHNENSTANGE?!« Sie funkelte mich an und tat äußerst pikiert, und die restlichen Girls lachten, bis ihnen die Tränen herunterliefen. Ich saß da, völlig konfus und entgeistert, und lächelte in die Runde. Sie waren alle unerreichbar für mich, aber irgendwie war es eine gute Show. Ich fing richtig an aufzutauen.
Wenn draußen ein Fahrer hupte, stand ich schwankend auf,

trank langsam mein Glas aus, holte die Knarre aus der Schublade und sagte zu Elsie: »Also, Baby, du nimmst jetzt die Knarre und bewachst den Zaster in der Kasse, und wenn eins von diesen Girls eine dumme Bewegung macht, dann bläst du ihr 'ne Kugel durch die Möse, klar?«
Und Elsie stand da mit dieser enormen Luger in der Hand. Es war eine merkwürdige Kombination. Sie hatte es in der Hand, ob jemand aus Versehen draufging oder nicht, während ich draußen an der Zapfsäule stand ...
Und dann kam eines Nachts Pinelli, einer der italienischen Fahrer, herein und wollte einen Soft-Drink. Sein Name war so ziemlich das einzige, was ich an ihm mochte. Er war einer von denen, die mich ständig für irgendwelche Hilfeleistungen einspannen wollten. Reifenwechsel und so. Ich hatte nichts gegen Italiener an sich, aber es beunruhigte mich doch, daß mir die italienische Landsmannschaft seit meiner Ankunft am meisten Kummer zu machen schien. Pinelli kam also hereingestelzt. Und ich meine wirklich: GESTELZT. Die Girls waren in Hochstimmung. Sie ignorierten ihn vollkommen. Er ging an die Kühltruhe und hob den Deckel ab.
»VERDAMMT, DIE GANZEN SOFT-DRINKS SIND WEG! WER HAT DIE SOFT-DRINKS WEGGESOFFEN?!«
»Ich«, sagte ich.
Es wurde sehr still. Die Girls blickten interessiert herüber. Elsie stand direkt neben mir und beobachtete ihn. Pinelli sah ganz gut aus, wenn man nicht so genau hinschaute. Adlernase, schwarzes Haar, enge Hosen. Dazu seine schönen blitzenden Augen. Im Geiste glaubte man sogar eine kleine herrische Gebärde mit einer unsichtbaren Reitpeitsche zu sehen.
»DIESE GIRLS WAREN ES! UND DIE HABEN HIER DRIN NICHTS ZU SUCHEN! DIESE DRINKS SIND NUR FÜR TAXIFAHRER!«
Er kam näher und pflanzte sich vor mich hin. Dabei stellte er seine Beine leicht auseinander. Genau wie ein Huhn, bevor es kackt.
»UND WEISST DU, WAS DAS FÜR GIRLS SIND? HM?«
»Klar«, sagte ich. »Das sind alles meine Freunde.«
»NEE, DAS SIND ALLES NUTTEN! SIE ARBEITEN IN DREI VERSCHIEDENEN BORDELLEN UM DIE ECKE! NUTTEN SIND DAS, ALLE ZUSAMMEN!«
Keiner sagte etwas. Wir standen schweigend um ihn herum und starrten ihn an. Nach einer Ewigkeit drehte er sich um und ging hinaus. Für einen Augenblick hatte ich mir Sorgen

um Elsie gemacht. Sie hatte die ganze Zeit die Knarre in der Hand gehabt. Ich ging hin und nahm sie ihr weg.
»Fast hätt ich diesem Scheißer einen neuen Bauchnabel verpaßt«, sagte sie. »Ich will verdammt sein, wenn *den* nicht 'ne vergrätzte Nutte ausgeschissen hat!«
Und im nächsten Augenblick war die Bude leer. Ich hockte allein da mit meinem Glas in der Hand.
Ich machte die Kasse auf und warf einen Blick hinein. Es schien nichts zu fehlen.
Gegen 5 in der Frühe kam der Boß rein.
»Bukowski.«
»Mr. Sunderson?«
»Ich muß Sie entlassen.«
»Wieso, was is kaputt?«
»Die Jungs sagen, Sie hätten hier lose Sitten einreißen lassen, der ganze Laden voller Nutten mit raushängenden Titten und Beine breit und so, und Sie sollen dazwischen rumgekrochen sein und geleckt und gemacht und so, und das Nacht für Nacht! Stimmt das?«
»Nö, kann man eigentlich nicht sagen...«
»Also jedenfalls, ich werde hier jetzt selber nach dem Rechten sehen, bis ich einen vertrauenswürdigen Mann für den Job finde.«
»Tja, wenn Sie meinen... Es ist Ihre Show, Sunderson.«
Es muß ungefähr zwei Nächte später gewesen sein. Ich war in einer Bar gewesen und beschloß, auf dem Nachhauseweg mal bei der alten Tankstelle vorbeizuschauen. Als ich ankam, waren drei Überfallwagen da.
Ein Stück weiter erkannte ich Marty mit seinem Wagen. Er war einer der wenigen Fahrer, mit denen ich gut auskam. Ich ging zu ihm hin.
»Was isn hier los, Marty?«
»Sunderson hamse abgestochen, und 'n Fahrer hamse mit der Knarre umgelegt.«
»Jessas, wie im Kino. Und der Fahrer, den's erwischt hat: war das Pinelli?«
»Yeah! Wie kommst du drauf?«
»Loch im Bauch?«
»Yeah, yeah! Woher weißt du 'n das?«
Ich gab keine Antwort. Ich drehte mich um und machte mich wieder auf den Weg. Ich weiß nicht, entweder war ich voll oder der Mond, jedenfalls lief mir unterwegs plötzlich das

Wasser aus den Augen. Hm. Elsie, die sagenhafte schwarze Nutte. Ich hätte was drum gegeben, wenn ich sie hätte sehen können, wie sie dem gelackten Affen ein Loch in den Pelz gebrannt hat.
Ich ging weiter durch die ausgestorbenen Straßen von New Orleans. Ich machte einen Umweg und fand einen Laden, der noch offen hatte. Der Verkäufer stellte die Flasche vor mich hin, ließ aber seine Hand dran. Er lehnte sich über den Ladentisch, hielt die andere Hand auf und sah mich von unten herauf an. Ich stützte mich leicht auf die Kante, fischte die dreckigen Münzen aus meiner Jackentasche, hielt sie mit spitzen Fingern hoch (ich sah, wie seine Augen der Bewegung folgten) und ließ sie einzeln an seiner ausgestreckten Hand vorbei auf den Boden fallen.

»Ah«, sagte mein Freund Lou. »Ich glaub, ich habs!«
»Yeah?«
»Yeah. Wir müssen das Ding aber gemeinsam drehen.«
»In Ordnung.«
»Also. Du erzählst gute Geschichten, ich meine, du hast da so 'ne Ader dafür. Sie brauchen ja nicht wahr zu sein...«
»Sie sind immer wahr.«
»Gut, in Ordnung, aber in diesem Fall ist das völlig wurscht. Also paß auf, wir machen das so: da unten an der Straße ist so 'ne mondäne Bar. Molino's. Du kennst den Laden. Da gehst du rein. Alles, was du brauchst, ist das Geld für den ersten Drink. Dafür legen wir zusammen. Du hockst dich also an die Bar und läßt dir Zeit mit deinem Drink und siehst dich um nach einem Typ, der große Scheine ausfährt. Da sitzen immer einige drin, die gestopft sind. Und wenn du einen hast, gehst du zu ihm rüber und fängst an, deine Geschichten zu erzählen. Aber so richtig loslegen, verstehst du, du mußt ihn richtig einwickeln. Versuch dir vorzustellen, du hättest so 'ne richtige Schlagseite. Wenn du voll bist, entwickelst du 'n ganz beachtlichen Wortschatz... einmal hast du sogar behauptet, du wärst ein Arzt... damals hast du mir 'ne Dickdarm-Operation in allen Einzelheiten geschildert... O. K., also du wickelst ihn ein, er wird dir Drinks bestellen, und du mußt natürlich darauf bestehen, daß er die ganze Nacht mithält. Und wenn die Bar schließt, gehst du mit ihm in Richtung Alvarado

Street, an der kleinen Sackgasse vorbei. Erzähl ihm, daß du ihm 'ne saftige junge Pussy verschaffen kannst, erzähl ihm, was du willst, Hauptsache, du führst ihn an dieser Sackgasse vorbei. Dort werd ich auf ihn warten. Mit dem da ...«
Lou fummelte hinter der Tür und brachte einen enormen Baseballschläger zum Vorschein.
»Mann Gottes!« sagte ich. »Willst du den Kerl umlegen?«
»Aach was, ein Besoffener geht nicht so schnell drauf, das solltest du am besten wissen! Ich werd ihn nur für 'ne Weile aus'm Verkehr ziehen. Wir nehmen ihm die Brieftasche ab und machen halbe-halbe.«
»Und das letzte, an was er sich erinnern wird, ist, daß *ich* ihn begleitet hab.«
»Das stimmt allerdings.«
»Ich glaub, ich mach lieber das mit dem Baseballschläger...«
»Ausgeschlossen. Das muß ich machen. Du mußt das Quatschen besorgen. Ich hab nicht so'n guten Vortrag wie du.«
»Also ich kann das nicht, einen so hopps nehmen ... das geht mir gegen den Strich, dazu bin ich zu anständig ...«
»Du und anständig. Du bist der kaltschnäuzigste Knochen, der mir je vorgekommen ist. Deshalb mag ich dich ja so gern...«
Ich fand einen. Einen richtigen Fettsack. Für solche Säcke hatte ich mein Leben lang gearbeitet und war von ihnen aus allen möglichen sinnlosen und unterbezahlten Jobs gefeuert worden. Langsam begann mir die Idee zu gefallen. Es würde mir gut tun.
Ich quatschte ihn an. Ich ließ meine Platten ablaufen. Was ich alles redete, wurde mir gar nicht recht bewußt. Ich fühlte nur, daß sich meine Lippen bewegten. Aber er hörte zu, lachte, nickte mit dem Kopf und ließ die Drinks anfahren. Er hatte eine massive Armbanduhr, an jedem Finger einen Ring, und eine pralle Brieftasche. Es war harte Arbeit, aber mit den spendierten Drinks kam ich einigermaßen über die Runden.
Ich erzählte ihm Stories aus dem Knast, von den Track-Gangs bei der Eisenbahn und aus dem Bordell. Die Bordellgeschichten gefielen ihm am besten. Ich erzählte ihm von dem Kerl, der sich nackt in die leere Badewanne setzte, während die Nutte ein Abführmittel nahm, und nach einer Stunde kam sie rein und zog ihren Dünnschiß über ihm ab, und ihm ging einer ab, der bis an die Decke spritzte.
»Oh nein, WIRKLICH?«
»Oh ja. Wirklich.«

Dann erzählte ich ihm von einem, der regelmäßig alle zwei Wochen ankam und gut bezahlte. Er ging mit der Nutte aufs Zimmer, sie zogen sich aus und spielten Karten. Nach zwei Stunden war er soweit. Konnte es nicht mehr erwarten, seine Klamotten wieder anzuziehen. Geld auf'n Tisch und raus. Und die Nutte nie angelangt.
»Donnerwetter!« sagte der Fette und sah völlig entgeistert drein.
»Yeah«, sagte ich.
Er hatte nichts als Scheiße im Kopf, das stand fest. Und je länger ich seinen dicken Schweineschädel ansah, desto wohliger wurde mir beim Gedanken an den Augenblick, wenn der Baseballschläger darauf niedersausen würde.
»Mögen Sie junge Girls?« fragte ich.
»Oh yeah, yeah, yeah!«
»So um die 15?«
»Oh mein Gott, ja!«
»Ich erwarte eine aus Chicago heut nacht. Sie wird so kurz nach 2 in meiner Wohnung sein. Sie ist sauber, intelligent und hat 'n irres Temperament. Ich geh natürlich ein kleines Risiko ein, wenn ich Ihnen das so sage. Sie müssen mir also vertrauen. Sagen wir 10 Dollar im voraus und 10, wenn Sie fertig sind. Oder ist Ihnen das zu hoch ...?«
»Aber nein! Völlig in Ordnung!« Er fischte einen Zehner aus der Tasche.
»O. K. Wenn die hier dicht machen, kommen Sie mit mir.«
»Klar. In Ordnung.«
»Und dann hat die Kleine aber auch noch solche Sporen. Silberne Sporen mit Rädchen aus Rubinen. Die kann sie anlegen und Ihnen was vorreiten, während Sie sich die Eier am Abbrechen sind. Was meinen Sie dazu? Das kostet allerdings 5 Dollar extra.«
»Äh, nein, vielleicht doch lieber ohne die Sporen.«
Schließlich wurde es 2 und ich ging mit ihm raus und steuerte ihn in Richtung auf unsere Stelle. Hoffentlich war Lou nicht irgendwo versumpft oder hatte Schiß gekriegt. Vielleicht machte er sich doch Sorgen, daß er dem Typ aus Versehen den Schädel zertrümmern könnte. Im stillen war ich froh, daß ich nur das Reden zu besorgen hatte ... Wir schwankten im Mondlicht die Straße hinunter. Weit und breit war niemand zu sehen. Alles würde glatt gehen.
Wir kamen an die vereinbarte Ecke. Lou war da.

Aber der Dicke sah ihn, er machte eine Bewegung mit dem Arm und duckte sich. Der Schlag verfehlte ihn und traf mich. Direkt hinter dem Ohr.
Während ich zu Boden ging, zuckte mir für den Bruchteil einer Sekunde der Gedanke durch den Kopf: Wenigstens hab ich den Zehner ... wenigstens etwas ...
Und dann lag ich in der Seitengasse im Dreck, zwischen alten Kondomen, Zeitungsfetzen, demolierten Waschmaschinen, Nägeln, Streichholzschachteln, vertrockneten Regenwürmern, in einer schmierigen Gasse voller nasser, sadistischer Schatten, wo sich rachitische Tunten im Morgengrauen mit klammen Händen gegenseitig einen runterholten und der rasselnde Atem von streunenden, bis aufs Skelett abgemagerten Katzen aus den dunklen Ecken drang.
Undeutlich hörte ich noch, wie der Dicke die Flucht ergriff; dann spürte ich Lous Hand, die mir den Zehner aus der Tasche zog; dann riß der Film.
Der steinreiche Bonze hockte in seiner Heimsauna und heulte. Er hatte das Gesamtwerk von J. S. Bach auf Schallplatten, aber das half nichts. Er hatte Butzenscheiben in der ganzen Wohnung, er hatte ein Bild von einer Nonne, die ihre Röcke hob und in den Rinnstein pißte, und auch das nützte nichts. Einmal hatte er in der Wüste von Nevada bei Vollmond einen Taxifahrer zu Tode foltern lassen und dabei zugeschaut; das möbelte ihn etwas auf, aber nach einer halben Stunde hatte auch diese Geschichte ihren Reiz für ihn verloren. Er fesselte Hunde an alte Grabkreuze und brannte ihnen mit seinen 5-Dollar-Zigarren die Augen aus. Kalter Kaffee. Er hatte so viele junge, unschuldige Dinger defloriert, daß ihn auch das nicht mehr juckte. Jetzt war er quengelig und verbittert. Er brannte teures exotisches Räucherwerk ab, während er badete. Er schüttete seinem Butler die Cocktails ins Gesicht. Der reiche Bonze war ein kümmerlicher, alter, beschissener Knacker.
Dann saß er mir an seinem Schreibtisch gegenüber. Immer noch liefen ihm die Tränen über das aufgeschwemmte Gesicht. Ich steckte mir eine von seinen teuren Zigarren an.
»Tu doch endlich was, um HIMMELS willen, hilf mir doch!« schrie er.
Es war Zeit für meinen Akt. »Augenblick«, sagte ich.
Ich machte seine Spezialtruhe auf, holte den schweren schwarzen Ledergürtel heraus. Ich hielt ihn so, daß das Ende mit

der massiven Metallschnalle nach unten hing. Er zog seinen Bademantel aus und legte sich über den Tisch. All das ungesunde, weiße, schwammige Fleisch, der eklige, schwabbelige, haarige Arsch ... Ich holte weit aus und drosch mit dem metallenen Ende des Lederriemens auf ihn ein.

ZAP! ZAP!

ZAP! ZAP! ZAP!

Er fiel vom Tisch. Er kroch am Boden herum wie ein Krebs, der nach dem Ozean Ausschau hält. Ich folgte ihm mit dem Riemen.

ZAP!
  ZAP!
    ZAP!

Dann beugte ich mich zu ihm hinunter, und während er zwei- oder dreimal wild aufbrüllte, drückte ich die Zigarre auf ihm aus.
Dann lag er still. Er hatte ein verklärtes Lächeln auf dem Gesicht. Ich ging in die Küche. Am Küchentisch hockte sein Anwalt und trank Kaffee.
»Fertig?« fragte er.
»Yeah.«
Neben seiner Kaffeetasse lag ein dickes Bündel Geldscheine. Er pellte umständlich fünf Zehner ab und schob sie mir über den Tisch. Ich merkte, daß ich immer noch die Zigarre in der Hand hatte. Ich warf sie in den Ausguß.
»Meine Fresse«, sagte ich. »Scheiße nochmal.«
»Yeah«, sagte der Anwalt. »Ihr Vorgänger hat es nur einen Monat ausgehalten.«
Ich schenkte mir einen Kaffee ein. Die Küche war ganz gemütlich.
»Also dann nächsten Mittwoch wieder«, sagte er.
»Wollen Sie's nicht mal für mich machen?«
»ICH? Nee, ich bin viel zu sensibel...!«
Wir lachten. Ich ließ 2 Stück Würfelzucker in meinen Kaffee fallen.

Es war dunkel in der alten chinesischen Wäscherei. Wir hörten, wie er oben über die aufgestellte Klappe stolperte, und dann

kam er über die schräge Rutsche nach unten geschlittert. Maxfield zog ihm mit dem Stiel einer Zimmermannsaxt eine über und brach ihm das Genick. Wir durchsuchten seine Taschen. Wir hatten den Falschen erwischt.
»Oh shit«, sagte Maxfield.
»Oh shit«, sagte ich.
Ich ging rauf ins Büro und rief Steinfelt an.
»Rabbit. Ram. Kay. Remus. Hard«, sagte ich.
»Shoot. Bugger. Damn. Lame«, sagte Steinfelt.
»Spooks«, sagte ich. »Spooks down tender.«
»FUCK YOU«, sagte Steinfelt und hängte auf.
Als ich wieder runterkam, lag Maxfield schmatzend auf der Leiche.
»Aha, ich hab dich schon immer im Verdacht gehabt«, sagte ich.
Maxfield schaute auf und bleckte die Zähne. »Bugger, bugger reeme«, raunzte er.
»Was hat'n DAS damit zu tun?« fragte ich.
»Gluub«, machte er.
Ich hockte mich auf eine ausrangierte Waschmaschine.
»Hör zu«, sagte ich. »Wenn wir eine bessere Welt schaffen wollen, müssen wir den Kampf nicht nur auf der Straße austragen, sondern auch in unseren Köpfen. Außerdem, wenn unsere Frauen ihre Fußnägel nicht sauberhalten können, steht zu befürchten, daß sie es auch mit der übrigen Körperhygiene nicht allzu ernst nehmen. Also immer erst Inspektion machen. Und bei den Fußzehen anfangen.«
»Gluub«, machte er. Er stützte sich auf und entfernte der Leiche mit seinem Schnappmesser die Augäpfel. Auf dem Messergriff war ein Hakenkreuz eingraviert. Er sah aus wie Celine in seinen besten Tagen. Er schluckte die Augäpfel runter.
Eine Zeitlang saßen wir schweigend da.
Dann fragte er: »Hast du ›Widerstand, Rebellion und Tod‹ gelesen?«
»Ich fürchte, ja.«
»In der höchsten Gefahr liegt unsere größte Hoffnung.«
»Hast du mal 'ne Zigarette?«
»Klar«, sagte er.
Ich steckte sie an und drückte ihm die brennende Spitze leicht auf den Handrücken.
»Oh shit«, sagte er. »Hör doch mit diesem Tinnef auf.«

»Du kannst von Glück sagen, daß ich dir das Ding nicht in den Arsch gesteckt hab.«
»Schön wärs«, seufzte er.
»Ausziehen!« kommandierte ich.
Er gehorchte.
»Arschbacken auseinander!«
Er gehorchte.
»Ich gelobe«, intonierte er, »bei der...«
Aus einem Lautsprecher im Obergeschoß kam Rimsky Korsakovs »Scheherazade«. Ich hielt ihm die rotglühende Zigarettenspitze zwischen die Backen.
»Unngggg«, machte er.
»So. Gehen wir der Sache mal auf den Grund«, sagte ich und drückte ihm das Ding rein.
»Mann«, sagte er, »Mann Gottes...!«
»Jeder macht mal 'ne kleine Dummheit«, sagte ich ungerührt.
»Aber WER bringt es fertig, mit der dummen, arroganten Glorie seines genialen Irrsinns zu leben?«
»Nur einer: CHARLES BUKOWSKI!«
»Maxfield«, sagte ich, »du bist gar nicht so blöd wie ich gedacht hab.« Ich zog ihm die Zigarette aus dem Hintern, schnupperte daran und warf sie in die Ecke.
»Also, im Ernst«, sagte ich, »das mit Camus ist gar nicht so schwer zu verstehen... wenn du mir folgen kannst... ein Brukk, ein Banko, ein Sestina-vik... all das... brillanter Schreiber, gewiß, ABER... letzten Endes doch umgefallen...«
»Wovon redest du eigentlich?«
»Von den Briefen an COMBAT, von den Reden für L'Amitié Française, von den Erklärungen, die er im Dominikaner-Kloster von Latour-Maubourg abgegeben hat. Und seine Antwort an Gabriel Marcel. Und die Rede im Gewerkschaftshaus von Saint-Etienne am 10. Mai 1958. Und die Tischrede anläßlich eines Banketts zu Ehren von Präsident Eduardo Santos, ehemaliger Herausgeber von ›Il Tiempo‹, und von der Junta aus Kolumbien vertrieben. Und der Brief an M. Aziz Kessous. Und das Interview in ›Demain‹ im Oktober 1957. Mit anderen Worten: weich geworden, sich abkauen lassen, seine Position aufgegeben. Er starb in einem Auto, das er längst nicht mehr steuerte...«
»Trotzdem«, sagte er, »was für ein Recht haben wir, auf den Mann zu scheißen? Wer sind wir denn schon — kleine Nummern... mit Flinten, Schreibmaschinen, anonymen Briefen

unter der Tür... räudige alte Köter, die versuchen, einem großen Toten ans Bein zu pissen...«
»Ach, fick dich doch nichts ins Knie...«, sagte ich.
Wir schwiegen eine lange Zeit. Schließlich sagte ich: »Was machen wir jetzt mit dieser Leiche?«
»Wieso? Hab ich doch schon erledigt...«
»Ich meine JETZT...«
»Jetzt bist du dran.«
»Vergiß es.«
Wir schwiegen und starrten den toten Körper an.
»Warum sprichst du nicht mit Steinfelt?« fragte Maxfield.
»Warum ich...«
»Ja, warum denn nicht?«
»Mensch, du gehst mir vielleicht auf die Nerven.«
Ich ging rauf und nahm den Hörer ab. Er fühlte sich an wie ein großer, schlaffer Negerschwanz. Meine Hand war feucht und verschwitzt.
»Steinfelt«, sagte ich.
»Was meinst du, wer das 9. Rennen gewonnen hat?« fragte er, »Harness oder Del Mar?«
»Harness.«
»Falsch getippt. Jonboy Star. 5 Mille gemeldet. Davor in Spokane waren es sechs, Asaphr im Sattel. Am Start die 8. Sechs zu zwoeinhalb. Jetzt die 2. Jack Williams übernahm. Morning Line 4. Mit $7/2$ eröffnet. Nach letzten Wetten auf $2/1$ herunter. Gewann spielend.«
»Und auf wen hast du gesetzt?«
»Smoke Concert.«
»Na also. Was soll der Quatsch.«
»Rabbit Ram Kay Remus. Hard.«
»Spooks«, sagte ich. »Spooks down tender.«
»FUCK YOU«, sagte Steinfelt und hängte auf.
Ich ging wieder runter. Copelands ›Fanfare for the Common Man‹ dröhnte aus dem Lautsprecher. Maxfield machte sich wieder an der Leiche zu schaffen.
Ich sah ihm eine Weile zu.
»Mein lieber Freund«, sagte ich, »unser Job ist nicht einfach. Denk an Afrika, denk an Vietnam, denk an Watts und Detroit; denk an die Boston Red Sox und das L. A. Landesmuseum. Oder sonst was. Denk dran, wie beschissen du im Spiegel aussiehst.«
»Blubb«, sagte Maxfield.

Der unaufhaltsame Untergang des Alten Westens. Noch zehn Jahre. Höchstens noch zehn Jahre, lieber Spengler. Oswald. OSWALD??? Le Harvey Oswald Spengler.

Miriam und ich hatten eine Art Gartenhaus gemietet, was ganz praktisch war — Miriam ging arbeiten, und ich kümmerte mich um die Tulpen und Bohnen und führte den Hund aus. Das war alles, was ich tat; wenigstens nach außen hin. Die Miete war minimal und die Nachbarn ließen einen in Ruhe, sogar wenn man im Suff randalierte. Wenn die Miete fällig war, mußte man dem Hausbesitzer geradezu damit nachlaufen. Er war Autohändler und schwamm im Geld. Wenn man ihm dezent andeutete, daß man mit der nächsten Miete vielleicht ein oder zwei Wochen in Verzug geraten würde, sagte er nur: »Schon gut. Nur, tun Sie mir den Gefallen und geben Sie das Geld nicht meiner Frau. Sie säuft mir in letzter Zeit zuviel, und ich möchte nicht, daß das ins Kraut schießt...«
Es war ein gemütliches Arrangement. Miriam arbeitete als Stenotypistin in einem großen Möbelgeschäft. Morgens war ich meistens zu verkatert, um sie an den Bus zu bringen; aber abends holte ich sie immer mit dem Hund an der Haltestelle ab. Wir hatten zwar einen Wagen, aber der blieb mir allein vorbehalten, da sie unfähig war, das Ding anzulassen. Gewöhnlich wachte ich gegen halb elf auf, ließ mir Zeit mit dem Aufstehen, sah nach den Blumen, trank einen Kaffee und ein Bier und ging dann raus in die Sonne und rieb mir den Bauch. Dann spielte ich mit dem Hund, was ziemlich ermüdend war, denn er war ein riesiges Tier, größer als ich selbst. Deshalb verzog ich mich bald wieder ins Haus, räumte ein bißchen auf, machte das Bett, sammelte die leeren Flaschen auf und spülte das Geschirr. Noch ein Bier, ein kurzer Blick in den Kühlschrank, um mich zu vergewissern, daß noch etwas zu essen für sie da war, und dann wurde es Zeit für den Rennplatz. Nach dem letzten Rennen konnte ich es gerade noch bequem schaffen, sie rechtzeitig an der Haltestelle abzuholen.
Es war ein schönes Leben. Es war zwar nicht gerade wie Monte Carlo, aber ich fühlte mich doch ganz wohl dabei. Schließlich war ich nicht besonders verwöhnt. Ich schlief besser, sah besser aus und fickte besser als zuvor. Es war wirk-

lich nicht schlecht. Trotzdem, ich spürte, daß es auf die Dauer nicht gutgehen würde ...
Es fing an, als ich die Dame kennenlernte, die in dem Haus vorne an der Straße wohnte. Zuerst war es ganz harmlos. Ich saß auf der Veranda, trank mein Bier und warf den Ball für den Hund. Und sie kam heraus, breitete ein Badetuch auf dem Rasen aus und nahm ein Sonnenbad. Man mußte sehr genau hinsehen, um zu bemerken, daß sie einen Bikini anhatte. Er bestand nur aus ein paar dünnen Fäden. Und einen KÖRPER hatte die Dame ... Während der ersten paar Tage beschränkten wir uns auf einen flüchtigen Gruß. Sie sagte »Hi« und ich sagte »Hi«, und viel mehr wurde nicht gesprochen. Ich mußte vorsichtig sein. Miriam kannte schließlich die ganze Nachbarschaft.
Aber dieser KÖRPER ... Hin und wieder schafft die Natur einen Körper, an dem alles stimmt, sogar der Hintern. Gewöhnlich ist es der Hintern, der aus der Reihe tanzt — er ist entweder zu groß oder zu platt oder zu rund oder nicht rund genug, oder er hängt einfach völlig beziehungslos da, als sei er im letzten Augenblick grad noch so drangeklatscht worden. Aber bei der hier stimmte sogar der Hintern. Allmählich fand ich heraus, daß sie Renie hieß und daß sie in einem der kleinen Klubs an der Western Avenue als Stripper arbeitete. Sie hatte ein paar harte Linien im Gesicht. Ein typisches Los-Angeles-Gesicht. Man ahnte, daß sie einiges mitgemacht hatte, als sie noch jünger war; und jetzt war sie vorsichtig geworden und behielt ihre Deckung oben, als wolle sie sagen: Fuck you, Brother ... jetzt bestimme ich, wie die Schläge verteilt werden.
Eines Morgens sagte sie zu mir: »Ich muß jetzt immer hier hinten hin zum Sonnenbaden. Kürzlich ist mir da vorne der alte Dreckskerl von nebenan auf die Pelle gerückt und hat versucht, mich abzufummeln.«
»Tatsächlich?«
»Ja. Die alte Sau. Bestimmt schon an die 70, aber seine dreckigen Griffel kann er immer noch nicht weglassen. Da ist ein Kerl, der kommt jeden Tag und bringt seine Frau zu dem Alten. Und der Alte steigt mit ihr in die Federn, und sie liegen den ganzen Tag in der Falle und saufen und vögeln. Und abends kommt der Mann wieder und holt seine Frau ab. Die denken wahrscheinlich, wenn der Alte abkratzt, vermacht er ihnen sein Geld. Steinreich, der Alte. Solche Leute machen mich einfach krank. Da unten in dem Klub, wo ich arbeite,

der Kerl, dem der Laden gehört, so'n großer, fetter Itakker, Gregario heißt er, der sagt also eines Tages zu mir: ›Baby‹, sagt er, ›wenn du für mich arbeiten willst, dann mußt du immer für mich da sein, und nicht nur wenn du auf der Bühne stehst.‹ Und ich hab zu ihm gesagt: ›Schau her, George, ich bin eine Künstlerin. Wenn dir mein Akt so, wie er ist, nicht paßt, dann steig ich aus!‹ Ich hab einen Freund von mir angerufen und wir haben meine ganzen Sachen da rausgeholt, und kaum waren wir bei mir zu Hause, da hat schon das Telefon geklingelt. Gregorio natürlich. ›Schau, Honey‹, sagt er, ›du mußt zurückkommen! Der Laden läuft einfach nicht, wenn du nicht hier bist. Alle fragen sie nach dir. Bitte, komm zurück, Baby. Ich respektiere dich als Künstlerin und als Frau. Du bist 'ne großartige Frau...«
»Ham Sie Lust auf ein Bier?« fragte ich sie.
»Klar.«
Ich ging ins Haus und holte ein paar Flaschen aus dem Kühlschrank. Renie setzte sich zu mir auf die Veranda, und wir fingen an zu trinken.
»Was machst du so den ganzen Tag?« fragte sie.
»Zur Zeit gar nichts.«
»Du hast 'ne nette Freundin.«
»Ja, die is O. K.«
»Und was hast du früher gemacht?«
»Alles mögliche. Lauter miese Jobs. Nichts besonderes.«
»Ich hab mich mal mit Miriam unterhalten. Sie sagt, du malst und schreibst Gedichte. Du bist ein Künstler.«
»In ganz seltenen Augenblicken bin ich ein Künstler, in der übrigen Zeit bin ich nichts.«
»Ich möchte gern, daß du mal meinen Akt siehst.«
»Ich geh nicht gern in diese Klubs.«
»Ich hab 'ne Bühne in meinem Schlafzimmer.«
»Was??«
»Komm, ich zeigs dir.«
Wir gingen rüber in ihr Apartment. Tatsächlich, sie hatte eine Bühne im Schlafzimmer. Sie nahm fast den ganzen Raum ein. Auf der Seite war ein Teil durch einen Vorhang abgetrennt. Sie brachte mir einen Whisky. Dann ging sie auf die Bühne und verschwand hinter dem Vorhang. Ich hockte auf dem Bett und nippte an meinem Drink. Dann hörte ich Musik. »Slaughter on Tenth Avenue.« Dann teilte sich der Vorhang und sie schlängelte sich heraus.

Ich goß den Rest meines Drinks herunter und beschloß, diesen Nachmittag nicht zum Pferderennen zu gehen.
Nach und nach fielen die Hüllen. Sie fing an zu stoßen und sich zu winden. Sie hatte mir die Flasche neben das Bett gestellt; ich langte rüber und goß mir einen kräftigen Schuß ein. Inzwischen hatte sie nur noch die dünne Schnur mit dem kleinen Perlenvorhang an. Wenn sie den Unterleib nach vorne stieß, sah man die magische Büchse. Dann war die Platte zu Ende. Sie war wirklich gut.
»Bravo, bravo!« applaudierte ich.
Sie kam herunter und steckte sich eine Zigarette an.
»Hat es dir wirklich gefallen?«
»Klar. Jetzt weiß ich, was Gregario meint, wenn er sagt, du hast Klasse.«
»All right, was meint er denn?«
»Erst brauch ich noch 'n Drink.«
»Schön. Ich nehm auch einen.«
»Also, Klasse ist etwas, das sieht man, das fühlt man. Das kann man nicht erklären. Auch bei Männern kann man es sehen. Und bei Tieren. Trapezkünstler, zum Beispiel, wenn sie in die Arena kommen. Sie haben so etwas in ihrem Gang, in ihrer ganzen Haltung. Etwas, das von INNEN heraus durchscheint. Das hast du auch, wenn du tanzt. Dein ganzer Tanz lebt von dem, was du in dir hast.«
»Ja, so empfinde ich es auch. Für mich ist es nicht nur so 'n mechanisches Sex-Gehupfe. Es ist ein Gefühl. Innerlich spreche ich und singe ich, wenn ich tanze.«
»Weiß Gott, das tust du, das hab ich gemerkt.«
»Aber weißt du, ich möchte gern, daß du mich kritisierst. Ich möchte, daß du mir Anregungen gibst. Ich möchte noch besser werden. Deshalb hab ich auch diese Bühne hier, zum Üben. Sprich zu mir, während ich tanze. Du mußt dich nicht genieren, was zu sagen.«
»O.K. Noch 'n paar Drinks und ich schätze, ich werd auftauen.«
»Klar. Bedien' dich nur.«
Sie verschwand wieder hinter dem Vorhang. Als sie wieder herauskam, hatte sie ein anderes Kostüm an. Und sie hatte eine neue Platte aufgelegt.

»When a New York baby says goodnight
it's early in the morning
good night sweetheart...«

Die Musik war so laut, daß ich geradezu brüllen mußte. Ich kam mir vor wie ein abnormaler, fettarschiger Hollywoodregisseur.

»DU DARFST NICHT LÄCHELN, WENN DU RAUSKOMMST. DAS IST VULGÄR. DENK DRAN, DU BIST EINE LADY. DU LÄSST DICH HERAB, VOR DIESEN MACKERN ZU ERSCHEINEN. WENN GOTT NE MÖSE HÄTTE, DANN WÄRST DU GOTT. DU MUSST NUR NOCH ETWAS GELÖSTER WERDEN. DU BIST EINE HEILIGE, DU BIST EINSAME KLASSE! ZEIGS IHNEN!«

Ich goß mir Whisky nach. Ich fand eine Packung Zigaretten auf dem Bett und rauchte eine nach der anderen.

»JA! GENAU SO! DU MUSST DIR VORSTELLEN, DU BIST GANZ ALLEIN. KEIN PUBLIKUM. UND DU SEHNST DICH NACH LIEBE, NACH DER LIEBE HINTER ALL DEM SEX, HINTER ALL DER QUAL!«

Ihr Kostüm begann sich aufzulösen.

»JETZT SAG ETWAS, GANZ UNVERHOFFT! ZISCH ETWAS INS PUBLIKUM, ÜBER DIE SCHULTER, WÄHREND DU DICH VON DER RAMPE WEGDREHST! WAS DIR GRAD EINFÄLLT! SAG IRGENDWAS! SO WAS WIE ›POTATOES HURL MIDNIGHT ONIONS‹!«

»Potatoes hurl midnight onions!« zischte sie.

»NEIN! NEIN! DU SOLLST SELBER WAS SAGEN!«

»Chippy chippy suck nuts!« zischte sie.

Ich verschluckte beinahe die Eiswürfel. Ich goß mir schnell einen neuen Whisky nach.

»UND JETZT TEMPO, AUFS GANZE GEHEN! RUNTER MIT DEN FÄHNCHEN! ZEIG MIR DIE EWIGE MÖSE!«

Sie tat es. Das ganze Schlafzimmer stand in Flammen.

»UND JETZT SCHNELLER! SCHNELLER! ALS OB DU DEN VERSTAND VERLOREN HÄTTEST! ALS OB DU ALLES UM DICH HERUM VERGISST!«

Und sie legte los. Ich war sprachlos. Die Zigarette versengte mir die Finger.

»UND JETZT WERD' ROT!«

Sie errötete tatsächlich.

»UND JETZT LANGSAMER! LANGSAM, GANZ LANGSAM! AUF MICH ZU! LANGSAM, LANGSAM...! JA! DIE GANZE TÜRKISCHE ARMEE HAT EINEN STEIFEN! NÄHER! AUF MICH ZU! JAAA!...«

Ich wollte gerade auf die Bühne springen, als sie wieder zischte: »Chippy chippy suck nuts!« Und da war es zu spät. Es ging mir in die Hose.

Ich goß noch ein Glas runter, sagte ihr goodbye, ging wieder rüber zu mir, nahm ein Bad, rasierte mich, spülte das Geschirr,

nahm den Hund an die Leine und kam gerade noch zurecht, um Miriam an der Haltestelle in Empfang zu nehmen. Sie war müde und abgespannt.
»War das mal wieder ein Tag«, sagte sie. »Eins von diesen blöden Mädchen ist rumgegangen und hat sämtliche Schreibmaschinen geölt. Die Dinger haben überhaupt nicht mehr funktioniert. Wir mußten einen aus der Reparaturwerkstatt holen. Der hat uns angebrüllt: ›Verdammt, wer hat die ganzen Dinger geölt?‹ Und dann ist uns Connors ins Kreuz getreten, damit wir die verlorene Zeit wieder aufholen und diese blöden Rechnungen fertig kriegen. Ich hab so auf die Tasten gehämmert, daß ich ganz taube Finger hab.«
»Du siehst trotzdem blendend aus, Baby«, sagte ich. »Du wirst jetzt ein schönes heißes Bad nehmen, und nach ein paar Drinks fühlst du dich wieder ganz prächtig. Ich hab pommes frites im Ofen und wir haben Steaks und Tomaten, und dazu ein frisches heißes Knoblauchbrot.«
Zu Hause hockte sie sich auf einen Stuhl, kickte ihre Schuhe in eine Ecke und sagte: »Ich bin einfach hundemüde.« Ich brachte ihr einen Drink. Sie nippte daran und sah aus dem Fenster. »Wie schön doch unsere Stangenbohnen sind, wenn abends die Sonne so durchkommt«, sagte sie seufzend.
Sie war eben nur ein nettes kleines Mädchen aus New Mexico.
Well, ich sah Renie noch ein paarmal wieder, aber es war nie mehr so wie beim erstenmal, und wir hatten nie was miteinander. Erstens mußte ich wegen Miriam vorsichtig sein, und zweitens hatte ich mich so in die Vorstellung von Renie als Künstlerin und Lady hineingesteigert, daß ich es fast selber glaubte. Und jede Intimität hätte unser striktes Künstler-Kritiker-Verhältnis gestört. So wie es war machte es eigentlich auch viel mehr Spaß.
Als die Geschichte schließlich platzte, war es nicht Renie, die mich verpfiff, sondern die kleine fette Frau des Garagenwarts im Hinterhaus. Sie kam eines Morgens gegen 10 rüber, um sich etwas Kaffee oder Zucker zu borgen. Sie hatte nur so einen dünnen, losen Morgenmantel an, und als sie sich vorbeugte, um ihren Kaffee oder was weiß ich in Empfang zu nehmen, fielen ihr die Titten raus.
Es war richtig gewöhnlich. Sie wurde rot und richtete sich schnell auf. Ich spürte, wie alles heiß wurde. Wie wenn ich von einer tonnenschweren Masse purer Energie eingeschlossen

sei, die mich ständig bearbeitete. Im nächsten Augenblick hatte ich sie an mich gerissen. Ich dachte daran, daß ihr Mann vermutlich gerade auf seinem kleinen Rollschlitten unter einem Wagen lag und fluchend mit einem schmierigen Schraubenschlüssel hantierte. Ich bugsierte sie ins Schlafzimmer. Sie war eine fette kleine Butterpuppe. Es war gut. Dann ging sie. Wir hatten die ganze Zeit kein Wort gesagt.
An einem der nächsten Abende, wir saßen gerade gemütlich bei einem Drink, sagte Miriam: »Ich höre, du hast die kleine Dicke von da hinten gebimst.«
»Na«, sagte ich, »so dick ist sie eigentlich gar nicht.«
»Das spielt jetzt auch keine Rolle. Jedenfalls kann ich sowas nicht haben. Wenigstens solange ich hier für das Geld sorge. Mit uns zwei ist Schluß.«
»Kann ich nicht wenigstens heut nacht noch bleiben?« fragte ich. »Nein.«
»Aber wo soll ich denn hin?«
»Von mir aus geh zum Teufel.«
»Nach all der Zeit, die wir zusammen waren?«
»Nach all der Zeit, ja.«
Ich versuchte sie umzustimmen. Es nützte nichts. Es wurde nur noch schlimmer.
Ich hatte schnell gepackt. Meine paar alten Klamotten füllten den kleinen Pappkoffer nicht einmal zur Hälfte. Glücklicherweise hatte ich noch etwas Geld. Ich fand ein hübsches, billiges Apartment am Kingsley Drive. Zuerst begriff ich nicht recht, wieso Miriam das mit der kleinen Dicken herausgekriegt hatte, ohne gleichzeitig auch der Sache mit Renie auf die Spur zu kommen. Aber wahrscheinlich wußte sie auch davon. Vermutlich steckten sie alle unter einer Decke. Frauen haben so eine Art, sich untereinander zu verständigen.
Manchmal, wenn ich die Western Avenue hinunterfuhr, sah ich auf den Aushang am Klub. Da stand ihr Name: Renie Fox. Aber sie war nicht die Hauptattraktion. Das war eine andere. Ihr Name leuchtete in dicken Neonbuchstaben. Renies Name stand zusammen mit zwei oder drei anderen auf einem Pappkarton. Ich ging nie rein.
Miriam sah ich noch einmal wieder, vor einem Thrifty Drugstore. Sie hatte den Hund dabei. Er sprang mich an und wedelte. Ich tätschelte ihn.
»Naja«, sagte ich, »wenigstens der Hund vermißt mich.«
»Das merk ich auch«, sagte sie. »Deshalb hab ich ihn mal

genommen und bin rüber zu dir, aber bevor ich auf die Klingel gedrückt hab, hat da drin bei dir so 'n Flittchen gekichert. Ich wollte nicht stören und bin wieder gegangen.«
»Das mußt du dir eingebildet haben. Bei mir ist noch nie jemand gewesen.« »Ich hab mirs aber nicht eingebildet.«
»Hör zu«, sagte ich. »Ich sollte vielleicht mal abends bei dir vorbeischauen...«
»Nee, das solltest du nicht. Ich hab jetzt einen sehr netten Freund. Er hat einen guten Job. Er ARBEITET, verstehst du? Er geniert sich nicht, was zu arbeiten!«
Und damit drehte sie sich um, und damit verschwanden Frau und Hund aus meinem Leben. Ich sah ihnen nach, wie sie weggingen und ihre Hinterteile schlenkerten. Ich stieg in den Wagen. Ich stand an der Kreuzung und wartete, bis es grün wurde. Dann gab ich Gas und fuhr weg. In die andere Richtung.

Ich lernte sie in einer Buchhandlung kennen. Sie trug einen sehr kurzen, engen Rock und Schuhe mit enorm hohen Absätzen, und ihre Titten zeichneten sich sogar noch unter ihrem weiten blauen Pullover sehr deutlich ab. Ihr Gesicht war irgendwie streng, sie trug kein Make-up, und ihre Unterlippe schien etwas schief zu hängen; aber bei einem solchen Körper konnte man das schon in Kauf nehmen. Man erwartete unwillkürlich, daß sich ein massiver, bulliger Macker in ihrer Nähe aufhielt. Ihre Augen schienen keine Pupillen zu haben, man sah nur ein endloses, tiefes, schwarzes Leuchten. Ich stand da mit einem Wälzer über Pferderennen in der Hand. Ich beobachtete sie, wie sie sich ab und zu niederbückte — sie kramte in einem der unteren Fächer mit Fachliteratur über Mystik und okkulten Kram und so —, und dabei zeigte sie mir jedesmal ihre strammen Schenkel und einen Hauch von Arsch.
Ich ging zu ihr hin. »Entschuldigen Sie«, sagte ich, »Sie haben so eine magische Anziehungskraft. Ich fühle mich einfach unwiderstehlich zu Ihnen hingezogen. Ich glaube, es sind Ihre Augen...« »Gott«, sagte sie, »zieht uns unwiderstehlich in seinen Bann.«
»Sie sind Gott. Sie sind mein Schicksal«, sagte ich. »Darf ich Sie zu einem Drink einladen?«

»Gern.«
Wir gingen in die Bar um die Ecke, und dort blieben wir, bis die Bar schloß. Sie redete völlig wirres mystisches Zeug. Ich tat das gleiche. Und das half. Ich brachte sie dazu, daß sie mit auf mein Zimmer ging, und sie war eine ganz große Nummer.
Ich machte ihr ungefähr 3 Wochen lang den Hof, und dann fragte ich sie, ob sie mich heiraten wolle. Eigentlich hätte mir schon bei ihrem Namen etwas auffallen müssen. Sie hieß nämlich Yevonna. Jedenfalls, sie sah mir lange in die Augen. Sie sah mich so lange an, daß ich fürchtete, sie hätte die Frage womöglich schon längst wieder vergessen. Schließlich machte sie den Mund auf: »Also gut. Aber ich heirate dich nicht aus Liebe. Es ist nur ... ich fühle, ich muss dich heiraten, es ist meine Bestimmung. Wenn es nur aus Liebe wäre ... das wäre nicht recht ... das würde nicht gut gehen ... Aber so ... Ich fühle, daß es so sein muß.«
»O. K., Sweetheart«, sagte ich.
Wir waren kaum verheiratet, als die kurzen Röcke und die hochhackigen Schuhe verschwanden und sie tagaus tagein in einem langen roten Morgenrock aus Kordsamt umherlief. Und das Ding war nicht mal allzu sauber. Und darunter hatte sie ständig ein Paar zerfledderte blaue Schlüpfer an. In diesem Aufzug ging sie auch auf die Straße, ins Kino, überall hin. Und beim Frühstück ließ sie mit Vorliebe ihre Ärmel in die Butter hängen.
Anfangs sagte ich noch: »He, du schmierst dich ja ganz mit Butter voll!«
Aber sie reagierte nie darauf. Statt dessen schaute sie zum Beispiel aus dem Fenster und rief: »oooooooh! Ein Vogel! Dort auf dem Baum, siehst du ihn?« Oder: »oooooooh! Eine Spinne! Schau doch, dieses liebe kleine Geschöpf Gottes! Ich LIEBE Spinnen! Ich kann Leute, die etwas gegen Spinnen haben, einfach nicht verstehen! DU hast doch nichts gegen Spinnen, Hank, oder?«
»Hm. Darüber hab ich mir eigentlich noch keine Gedanken gemacht.« Nun, die ganze Wohnung wimmelte von Spinnen und Fliegen und Wanzen. Und alle waren sie liebe kleine Geschöpfe Gottes.
Als Hausfrau war sie eine Katastrophe. Sie bestand darauf, das sei völlig unwichtig. Ich dagegen hatte sie im Verdacht, daß sie einfach stinkfaul war und außerdem ein bißchen *eigen*.

Ich war gezwungen, ein Dienstmädchen einzustellen. Es hieß Felicia.
Eines Nachts kam ich nach Hause und überraschte die beiden, wie sie die Rückseite eines Spiegels mit irgendeiner Salbe beschmierten und darüber beschwörende Bewegungen mit den Händen machten und merkwürdige Laute von sich gaben. Als sie mich sahen, schrien sie auf, rannten weg und versteckten den Spiegel vor mir.
»Also ich will verdammt sein«, sagte ich, »was ist denn das für ein Zirkus hier?«
»Keines Fremden Auge darf auf den Magischen Spiegel fallen«, sagte Yevonna.
»Das stimmt«, sagte Felicia. Aber dann stellte sich heraus, daß auch Felicia längst keinen Finger mehr krumm machte und die Wohnung allmählich wie ein Saustall aussah. Auch sie hatte die fixe Idee, das sei alles unwichtig.
Entlassen wollte ich sie allerdings nicht, denn auf der Matratze war sie fast so gut wie Yevonna. Außerdem konnte sie ganz gut kochen, wobei mir jedoch oft nicht klar war, WAS sie mir da eigentlich auftischte.
Dann wurde Yevonna schwanger, und immer häufiger wurde mir von Nachbarn hinterbracht, daß sie sich in meiner Abwesenheit immer merkwürdiger aufführte. Sie selbst erzählte mir, sie habe ständig solche irren Träume, und ein Dämon sei im Begriff, von ihr Besitz zu ergreifen. Sie beschrieb mir das Ding. Der seltsame Macker schien ihr in zweierlei Gestalt zu erscheinen. Eine davon hatte große Ähnlichkeit mit mir. Das andere war eine Kreatur mit dem Gesicht eines Menschen, dem Körper einer Katze, Beinen und Krallen wie ein Adler, und Flügeln wie eine Fledermaus. Die Erscheinung sprach nie zu ihr, aber allein das Ansehen schien sie auf komische Gedanken zu bringen. Einer dieser komischen Gedanken war, daß ich an ihrem ganzen Elend schuld sei; und das löste eine unbändige Zerstörungswut in ihr aus. Nur ließ sie ihre Wut nicht an den Schmeißfliegen und Wanzen aus oder an dem Dreck und dem Schmant, der sich überall ansammelte, sondern an Dingen, die mein gutes Geld gekostet hatten. Sie ramponierte die Möbel, riß die Jalousien herunter, verbrannte die Vorhänge, zerfetzte die Couch, warf ganze Rollen Toilettenpapier durch die Zimmer, ließ die Badewanne überlaufen und setzte die ganze Wohnung unter Wasser. Außerdem führte sie endlose Ferngespräche mit Leuten, die sie kaum

kannte. Wenn sie einen dieser Anfälle hatte, blieb mir in der Regel nichts anderes übrig, als mit Felicia ins Bett zu steigen und drei oder vier Nummern nach allen Regeln der Kunst abzuziehen, bis ich aus reiner Erschöpfung alles um mich herum vergaß.
Schließlich brachte ich Yevonna so weit, daß sie sich bereit erklärte, einen Psychiater aufzusuchen. »Na schön«, sagte sie, »wenn du meinst ... Aber glaub mir, das ist kompletter Nonsens, du bildest dir das alles nur ein. In Wirklichkeit hast nämlich *du* einen Dachschaden.«
»All right, Baby«, sagte ich, »aber überlassen wir das doch dem Fachmann, hm?«
»Hol schon mal den Wagen raus«, sagte sie. »Ich komm gleich nach.« Ich wartete draußen im Wagen. Als sie herauskam, hatte sie einen engen Rock an, hohe Schuhe, nagelneue Nylons an den Beinen und makelloses Make-up im Gesicht. Sogar frisiert hatte sie sich — zum erstenmal seit unserer Hochzeit.
»Gib mir einen Kuß, Baby«, sagte ich. »Ich werd schon ganz scharf.«
»Nein. Erst zum Psychiater.«
Als wir schließlich dem Psychiater gegenübersaßen, hätte sie sich nicht normaler aufführen können. Kein Wort von dem Dämon. Sie lachte, wenn der Mann einen Scherz machte, sie kam nie ins Plappern, sie ließ immer den Doktor zuerst kommen. Er kam zu dem Schluß, daß sie in ausgezeichneter körperlicher und geistiger Verfassung sei. Daß sie in ausgezeichneter körperlicher Verfassung war, wußte ich selbst.
Wir stiegen wieder in den Wagen und fuhren zurück. Zu Hause hatte sie sich im Nu umgezogen und lief wieder in ihrem dreckigen Morgenmantel herum. Und ich stieg wieder mit Felicia ins Bett.
Die Erscheinungen des Dämons hörten auch nach der Geburt unseres ersten Kindes nicht auf. Yevonna behauptete steif und fest, daß er sie nach wie vor peinigte. Sie wurde langsam schizophren. Sie konnte ganz ruhig und umgänglich sein, und im nächsten Augenblick fing sie an zu keifen und zu sabbern und drehte durch.
Manchmal, wenn sie in der Küche stand, hörte ich so ein häßliches, lautes, heiseres, bellendes Geräusch. Es klang wie eine Männerstimme. Ich stürzte rein und fragte: »Was hast du denn, Schatz?«

Und sie sah mich ganz kühl an und sagte ruhig: »Was meinst du denn?«

»Na«, sagte ich dann, »da will ich doch ein dreckiger Motherfucker sein...!« Ich schenkte mir einen kräftigen Drink ein und verzog mich wieder.

Eines Tages gelang es mir, einen Psychiater ins Haus zu schmuggeln, während sie wieder einen ihrer Anfälle hatte. Er stimmte mir zu, daß sie nicht mehr alle Tassen im Schrank hatte, und riet mir, sie in eine Anstalt einweisen zu lassen. Ich füllte die nötigen Formulare aus, und ein Hearing wurde anberaumt. Wieder kam sie mit ihrem kurzen Rock und den hohen Schuhen an. Aber diesmal spielte sie nicht die kleine normale, kichernde Ziege, diesmal kehrte sie die Intelligenzbestie heraus. Sie hielt einen brillanten Vortrag über ihren intakten Geisteszustand. Sie stellte mich als hinterhältigen Ehemann hin, der sich auf schäbige Weise seiner Frau entledigen will. Sie brachte es fertig, die Aussagen mehrerer Zeugen als völlig erstunken und erlogen vom Tisch zu fegen. Sie trieb zwei vom Gericht bestellte Gutachter in die Enge und brachte sie dazu, die Waffen zu strecken. Schließlich brach der Richter das Hearing ab und erklärte: »Das Gericht findet keinen hinreichenden Grund, der die Einweisung von Mrs. Radowski in eine Anstalt rechtfertigen würde.«

Ich chauffierte sie wieder nach Hause und sie schlüpfte wieder in ihren abgerissenen, verdreckten Morgenmantel. »Weiß Gott«, sagte ich, »wegen dir dreh ich am Ende noch selber durch.«

»Du HAST ja längst einen Schaden«, sagte sie. »Warum steigst du nicht wieder mit Felicia ins Bett, damit du wenigstens deine Zwangsvorstellungen los wirst.«

Genau das tat ich auch. Aber diesmal stand Yevonna neben dem Bett und sah zu. Sie rauchte eine Kingsize-Zigarette aus einem langen Elfenbein-Mundstück und lächelte die ganze Zeit. Ich machte mir nichts daraus. Vielleicht war sie inzwischen völlig hinüber und würde in Zukunft keine Scherereien mehr machen.

Aber damit war es nichts. Am nächsten Abend, als ich von der Arbeit kam, stellte mich der Hausbesitzer in der Einfahrt. »Mr. Radowski! Mr. Radowski, Ihre Frau, IHRE Frau hat schon wieder mit den Nachbarn Streit angefangen, und in Ihrer Wohnung hat sie sämtliche Fenster eingeschlagen! Ich muß Sie bitten, die Wohnung auf der Stelle zu räumen!«

Wir packten und fuhren zu Yevonnas Mutter nach Glendale. Die alte Dame war noch ganz gut in Schuß, aber der ständige Budenzauber mit Räucherwerk, Beschwörungsformeln und magischen Spiegeln ging ihr bald so auf die Nerven, daß sie uns nahelegte, uns auf ihre Farm bei San Francisco zu verziehen. Wir ließen das Baby bei ihr und fuhren rauf. Dort stellte sich allerdings heraus, daß die Farm von einem Pächter besetzt war, einem gewissen Final Benson, der entschlossen schien, seine Stellung um jeden Preis zu halten. »Ich hab dieses Land mein ganzes Leben lang bearbeitet, und hier kriegt mich keiner runter. KEINER.« Und da er eins-neunzig groß war und gut 3 Zentner wog, mieteten wir uns im Nachbarhaus ein und beschlossen, die Sache einem Rechtsanwalt zu übergeben.
Aber schon in der ersten Nacht ereignete sich etwas, das die ganze Situation grundlegend änderte. Ich war gerade dabei, mit Felicia das neue Bett auszuprobieren, als ich aus dem Wohnzimmer ein fürchterliches Stöhnen hörte. Außerdem klang es, als krache die Couch aus allen Fugen. »Moment«, sagte ich und stellte das Rammeln ein. »Es hört sich so an, als ob Yevonna Schwierigkeiten hat.«
Und in der Tat, sie hatte Schwierigkeiten: Final Benson war nämlich dabei, sie nach allen Regeln der Kunst zuzureiten. Es war ein überwältigendes Schauspiel. Benson leistete die Arbeit von vier Männern zugleich. Ich schlich mich zurück ins Schlafzimmer und schob meine kleine Nummer zu Ende.
Am nächsten Morgen war Yevonna nirgends zu sehen. »Ich möchte nur wissen, wo dieses behämmerte Weibsbild wieder steckt«, murmelte ich. Erst als ich mit Felicia beim Frühstück saß und zufällig aus dem Fenster sah, merkte ich, was los war. Yevonna, in Blue Jeans und einem olivfarbenen Männerhemd, rutschte im Garten auf den Knien herum, und neben ihr kniete Final Benson, zwischen sich hatten sie einen Korb voll Rüben. Final hatte sich eine Bauersfrau angeschafft.
»Ach du große Scheiße«, sagte ich. »Jetzt aber nichts wie weg hier!« Felicia und ich packten unsere Sachen und ergriffen die Flucht. In Los Angeles stiegen wir in einem Motel ab. »So, meine Süße«, sagte ich, »die Sorge wären wir los.« Wir besorgten uns eine Flasche Whisky und feierten.
In der Nacht weckte mich eine laute Stimme. »Unseliger garstiger Quälgeist!« hörte ich Felicia sagen. »Ist keine Ruh vor dir in diesem Leben? Yevonna hast du mir genommen, und

jetzt verfolgst du mich! Von dannen, Dämon! Hinweg mit dir! Entfleuch und laß mich auf immer!«
Ich setzte mich jäh auf. Ich folgte Felicias Blicken und glaubte etwas zu sehen — ein großes, rotglühendes Gesicht, aus dem zwei lange gelbe Zähne hervorstanden, und die Fratze schien uns anzugrinsen wie ein schweinischer Witz.
»Hinweg« sagte Felicia. »Im Namen des Allmächtigen Jah, im Namen Buddhas und im Namen von tausend Göttern verweise und verstoß ich dich aus unsern Seelen für alle Ewigkeit!«
Ich machte das Licht an.
»Es ist nur der Whisky, Baby«, sagte ich. »Der Whisky und die Anstrengung von der langen Fahrt.«
Ich schaute auf die Uhr. Es war halb zwei. Ich brauchte dringend einen kräftigen Schluck. Ich stand auf und zog mich an.
»Wo gehst du hin, Hank?«
»Was zu saufen holen. Ich kanns grad noch schaffen, bevor der Laden zumacht. Die Fratze da hat mir wirklich einen Knacks gegeben.« Ich stand jetzt angezogen an der Tür.
»Hank?«
»Was is, Sweetheart?«
»Ich muß dir was sagen.«
»O. K., aber machs kurz. Muß mich beeilen, bevor der Laden dicht macht.«
»Ich bin Yevonnas Schwester.«
»Ah ja.«
Ich beugte mich herunter und gab ihr einen Kuß. Dann machte ich, daß ich weg kam. Das Motel war im Osten, fast an der Vermount Avenue. Ecke Hollywood und Normandie war ein Laden, der noch offen hatte. Ich kaufte eine Flasche, stieg wieder in den Wagen und fuhr weiter nach Westen.
Well, ein Final Benson läuft einem nicht jeden Tag über den Weg, dachte ich. Jedenfalls nicht mit *der* Potenz. Aber manchmal muß man diese wahnwitzigen Mösen einfach in den Wind schießen, damit man wieder zu sich kommt. Manchmal ist da ein Preis drauf, den einfach KEIN Mann bezahlen will.
Ich fand ein Hotel unten in der Nähe von Vine Street und nahm mir ein Zimmer. Als ich auf den Fahrstuhl zuging, sah ich eine in der Halle sitzen. Ihr Rock war bis über den Hintern hochgerutscht. Ich versuchte mich zu beherrschen. Sie starrte die Flasche an, die aus meinem Tragbeutel heraus-

ragte. Ich starrte ihren Hintern an. Als sich die Fahrstuhltür schloß, war sie mit mir drin.
»Sie werden diese Flasche doch nicht ganz allein austrinken, Mister?«
»Nur wenn ich muß.«
»Sie müssen nicht.«
»Fein«, sagte ich.
Der Fahrstuhl blieb stehen. Die Tür ging auf. Sie drückte sich an mir vorbei und schlängelte sich hinaus auf den Flur. Es kribbelte mir in sämtlichen Gliedern.
»Zimmer 41«, sagte ich.
»O. K.«
»Übrigens, du interessierst dich nicht zufällig für Okkultismus, Fliegende Untertassen, Geister, Hexen, Dämonen, Magische Spiegel und solche Sachen . . .?«
»WAS? Kapier ich nicht . . .«
»Schon gut. Vergiß es, Baby.«
Sie ging vor mir her, ihre hohen Absätze klapperten, ihr Körper tanzte und schlenkerte im schummrigen Flurlicht. Ich konnte es kaum erwarten. Zimmer 41. Ich schloß auf, fand den Lichtschalter, schloß die Tür ab, fand zwei Gläser, spülte sie aus, schenkte den Whisky ein und gab ihr ein Glas. Sie setzte sich damit auf die Couch, schlug betont langsam ihre Beine übereinander und lächelte mich an.
Na also. Alles war wieder normal.
Alles würde gutgehen.
Für ein paar Stunden.

Einer meiner besten Freunde — und einer der stärksten Dichter unserer Zeit — schleppt es gerade in London mit sich herum; schon die alten Griechen kannten es; es kann einen in jedem Alter erwischen, aber das beste Alter dafür scheinen die späten Vierziger zu sein: es äußert sich als innere Verhärtung und Stasis, als völliges Einfrieren der Lebensenergie, als totale innere Vereisung — ich nenne es das ›Frozen Man Syndrom‹.
Früher oder später erwischt es jeden einmal und deutet sich an in Redensarten wie: »Ich schaff es einfach nicht«, oder: »Da ist doch schon wieder alles zu spät«, oder: »Grüß mir den Broadway«. Aber gewöhnlich bleibt es ein vages, ober-

flächliches Unbehagen, und der Betroffene kehrt schnell wieder zu seinem normalen Leben zurück, verprügelt weiter seine Frau und steckt weiter seine Karte in die Stechuhr. Bei meinem Freund dagegen ist es keine vorübergehende Schwäche. Es scheint geradezu ein chronisches *organisches* Leiden zu sein. Er hat Ärzte in zahlreichen Ländern konsultiert — in der Schweiz, in Frankreich, Deutschland, Italien, Griechenland, Spanien, England. Ohne Erfolg. Von einem ist er sogar gegen Würmer behandelt worden. Ein anderer hat es mit Akupunktur versucht. »Das könnte es sein«, schrieb er mir, »Tausende von goldenen Nadeln in den Armen, im Nacken, auf dem Rücken ... mit dem Trick könnte es vielleicht klappen.«
Aus seinem nächsten Brief erfuhr ich, daß er es jetzt mit einem Voodoo-Zauberer versuchte. Und dann versuchte er gar nichts mehr. Er war bedient. Er war geliefert. Er war endgültig und für immer zum »Frozen Man« geworden.
Einer der großen Dichter unserer Zeit, abgezehrt und paralysiert in seinem Bett in einem kleinen, dreckigen Zimmer in London; unfähig zu schreiben, unfähig etwas zu sagen; angewiesen auf die immer seltener werdenden Zuwendungen einiger peinlich berührter Wohltäter; innerlich erstarrt, gelähmt, versteinert — ein lebendes Fossil.
Ich empfinde eine tiefe innere Verwandtschaft zu diesem Mann, denn ich selbst bin — und war schon immer, soweit ich zurückdenken kann — der *geborene* ›Frozen Man‹. Meine früheste Erinnerung ist die an unser Badezimmer, in dem ein dicker schwarzer Lederriemen hing, den mein Vater — ein lärmender, brutaler Schrank von einem Mann — weniger dazu benutzte, um seine Rasiermesser daran zu schärfen, als mir mehrmals am Tag damit den Rücken und den Hintern zu polieren. Diese Prügelszenen im Badezimmer schienen nach einem geheimen, undurchsichtigen Mechanismus abzulaufen und verdichteten sich allmählich in meiner Erinnerung zum Inbegriff eines zwanghaften Rituals der totalen Sinnlosigkeit.
Zwischendurch pflegte er völlig planlos herumzulaufen und zu singen: »Oh when I was single / my pockets did jingle« (Ach, als ich noch Junggesell war / da zahlte ich immer in bar) — immer wieder, immer wieder diese beiden blödsinnigen Zeilen. Ich glaube, manchmal war es geradezu eine Erleichterung für mich, wenn er abrupt mit seiner Singerei aufhörte und wieder zum Riemen griff. Ich hatte das Gefühl, daß

er mich für die Inkarnation seiner sämtlichen Schuldgefühle hielt.
Einmal in der Woche mußte ich ihm den Rasen mähen — einmal längs und einmal quer — und dann mit der Rasenschere die Ränder trimmen. Und wenn dann auch nur *ein* Grashalm noch aus der Fläche herausragte, gab es Prügel. Das war gleichzeitig der einzige Fall, wo ich einen *handfesten* Grund für die Prügel erkennen konnte. Nach den Prügeln mußte ich dann jedesmal hinaus und den Rasen *gießen*. Und inzwischen spielten die anderen Jungens in der Nachbarschaft Baseball oder Football und wuchsen zu normalen amerikanischen Menschen heran.
Der große Augenblick kam immer, wenn sich der Alte flach auf den Rasen legte und seine Luchsaugen über die gemähte Fläche streichen ließ — auf der Suche, nach dem EINEN Grashalm, der aus der Reihe tanzte. Er fand ihn immer. »Da, ich hab ihn! Du hast einen ausgelassen! DU HAST EINEN AUSGELASSEN!« Und dann brüllte er zum Badezimmerfenster hinüber, an dem meine Mutter — ein edles germanisches Weib — in diesem Augenblick regelmäßig zu stehen pflegte: »ER HAT EINS AUSGELASSEN! ICH SEH ES! ICH SEH ES!« Und dann hörte ich die Stimme meiner Mutter: »Wie? Er hat eins AUSGELASSEN? Eine SCHANDE ist das!« Und dann brüllte er: »REIN INS BADEZIMMER!« Ich also rein ins Badezimmer, Hosen runter und über die Kloschüssel gelegt. Und er riß den Riemen von der Wand und Ring frei zur nächsten Runde.
Obwohl die Schmerzen gräßlich waren, empfand ich keine Wut. Ich fühlte nichts. Es war ein Mechanismus, dessen Ursachen mir verborgen blieben; Schuld empfand ich keine, folglich war das Ganze für mich uninteressant.
Am schlimmsten war das Heulen. Ich wollte nicht heulen. Ich versuchte es zu unterdrücken. Es gelang mir nie. Hinterher bei Tisch wollten sie mir immer ein Kissen unter den lädierten Hintern schieben. Dabei schienen sie mit perversem Vergnügen meine inneren Kämpfe zu beobachten, ob ich das Kissen nun annehmen sollte oder nicht. Ich nahm es nie an.
Eines Tages beschloß ich, nun auch nicht mehr zu heulen, wenn mich der Alte verdrosch. Es löste einen Schock bei ihm aus. Man hörte nur noch das Sausen des Riemens und das klatschende Geräusch, wenn er auf meinem nackten Hintern landete — ein merkwürdig fleischiges und widerwärtiges Geräusch in der Stille des trostlosen Badezimmers. Die Tränen

liefen mir übers Gesicht, aber ich gab keinen Laut von mir. Ich lag einfach da und starrte auf die Fliesen. Gewöhnlich verabreichte mir der Alte 15 bis 20 Hiebe; diesmal stoppte er nach sieben oder acht. Er starrte mich entgeistert an, dann rannte er hinaus und schrie: »He, Mama, ich glaub, unser Junge is VERRÜCKT geworden, er schreit überhaupt nicht mehr, wenn ich ihn verdresche!«
»Glaubst du, er ist verrückt geworden, Henry?«
»Ja!«
»Ach! Zu dumm!«
Das war das erste *erkennbare* Anzeichen des FM-Syndroms. Das Verhalten der Eltern suggerierte, daß etwas mit mir nicht stimmte, aber ich hielt mich nicht für übergeschnappt. Ich hatte lediglich kein Verständnis dafür, wie man sich über völlig belanglose Dinge derart aufregen konnte, im nächsten Augenblick ein blödsinniges Lied vor sich hinträllern konnte, und im nächsten Augenblick zum Riemen greifen konnte; wie man sich überhaupt für IRGEND ETWAS interessieren konnte, wo doch alles im Grunde völlig uninteressant war.
Im Sport oder beim Spielen mit den Nachbarkindern war ich nicht besonders gut. Ich hatte keine Angst vor handgreiflichen Auseinandersetzungen, aber ich hatte auch keinen besonderen Ehrgeiz. Es bedeutete mir einfach nichts. Wenn ich mich mit einem raufte, empfand ich keine Wut und fühlte nicht das Bedürfnis, ihn zu *besiegen*. Ich kämpfte nur, weil es sich gerade so ergab und weil es unvermeidlich schien. Die Wut und den Haß in meinem Gegner konnte ich nicht verstehen. Oft vergaß ich ganz einfach, mich zu wehren, so sehr war ich damit beschäftigt, seinen Gesichtsausdruck und seine Bewegungen zu beobachten; und das Ganze gab mir nichts als Rätsel auf. Hin und wieder raffte ich mich auf und versetzte ihm ein paar solide Haken, nur um zu sehen, ob ich es auch konnte, *wenn ich wollte;* dann verfiel ich wieder in meine Lethargie.
Irgendwann kam dann unweigerlich mein Alter herausgestürzt und brüllte: »Schluß jetzt! Schluß mit der Rauferei! Aus! Schluß!«
Die Jungs hatten alle Schiß vor meinem Alten und liefen weg.
Und dann sah er mich geringschätzig an. »Du hast keinen Mumm in den Knochen, Henry. Du bist halt einfach kein Mann! Du hast dich schon wieder verdreschen lassen!«
Ich reagierte nicht.

»He, Mama, unser Junge hat sich schon wieder von diesem Chuck Sloan verdreschen lassen!«
»Unser Junge?«
»Ja, unser Junge!«
»Was für eine SCHANDE!«
Schließlich, glaube ich, hat mein Alter dann doch den Frozen Man in mir erkannt. Aber auch das kümmerte mich nicht. Ich hatte ihm nichts zu sagen. Es interessierte mich nicht.
Mit 17 fing ich an zu saufen. Ich trieb mich mit einer Bande älterer Jungs herum, und wir raubten Tankstellen und Spirituosenhandlungen aus. Sie hielten meine Interesselosigkeit für ein Zeichen von Mut und Kaltblütigkeit. Ich war beliebt bei ihnen, aber es berührte mich nicht. Ich war GEFROREN. Sie schütteten Wein und Bier und Whisky in mich rein, aber sie schafften mich nicht. Wenigstens wurde ich nie so voll, daß ich vom Stuhl kippte. Die anderen fingen an zu grölen, die Inneneinrichtung zu demolieren und sich gegenseitig die Nasenbeine zu brechen — ich saß starr und steif an meinem Tisch, kippte noch ein Glas runter, fühlte, wie ich mich innerlich immer weiter von ihnen entfernte.
Ich wohnte immer noch bei meinen Eltern, es war jetzt die Zeit der Wirtschaftskrise, 1937, und man bekam nirgends mehr einen Job. Aus reiner Gewohnheit kam ich nach jeder Schlägerei oder Sauferei und nach jedem Raubüberfall wieder nach Hause und klopfte an die Tür.
In einer Nacht machte meine Mutter das kleine Guckfenster in der Tür auf und schrie: »Er ist besoffen! Er hat schon wieder gesoffen!« Und von drinnen hörte ich die laute Stimme meines Alten: »Was? Schon WIEDER besoffen?!«
Er kam an die Tür. »Du kommst mir hier nicht rein! Du bist eine Schande für deine Familie und für dein Land!«
»Es ist scheißkalt hier draußen«, sagte ich ruhig. »Entweder du machst die Tür auf oder ich renn sie dir ein. Ich bin den ganzen Weg bis hierher gekommen, und jetzt will ich auch rein.«
»Nein, mein Lieber, du verdienst es nicht, daß man dich reinläßt. Dies ist ein *anständiges* Haus. Du bist eine Schande für deine Familie und für . . .«
Ich ging ein paar Schritte zurück, senkte die rechte Schulter und lief an. Ich tat es nicht aus Wut oder Verärgerung, sondern nur aus dem Bedürfnis, eine Sache, die rein mathematisch bis zu diesem Punkt gelangt war, nun auch zu Ende zu führen.

Ich krachte gegen die Tür. Sie ging nicht auf, aber das Schloß gab nach und ein starker Riß ging von oben bis unten durchs Holz. Ich trat wieder zurück, um einen neuen Anlauf zu nehmen.
»All right«, sagte mein Alter. »Komm rein.«
Ich ging rein. Aber dann sah ich den miesen Ausdruck auf ihren Gesichtern, auf diesen sterilen, toten, grauen, heimtückischen Hackfleisch-Visagen, und es drehte mir den Magen um. Ich kotzte auf ihren schönen Wohnzimmerteppich, in dem das ›Baum-des-Lebens‹-Motiv eingestickt war. Ich stolperte darauf herum und reiherte ihnen den ganzen Teppich voll.
»Weißt du, was man mit einem Hund macht, der einem auf den Teppich scheißt?!«, fragte mein Alter drohend.
»Nee.«
»Well, man steckt ihm die NASE rein, damit er's nicht WIEDER tut!«
Ich schwieg.
Er trat auf mich zu und packte mich hinten am Hals. »Und du BIST ein Hund«, sagte er.
»Du weißt doch, was man mit einem Hund macht, oder?«
Ich schwieg.
Er drückte mich hinunter auf den Boden, hinunter auf meinen See aus Kotter auf dem ›Baum des Lebens‹.
Und hinter ihm stand meine Mutter, das edle germanische Weib, in ihrem schmuddeligen langen Nachthemd, und sah schweigend und mißbilligend zu.
»Also hör mal«, sagte ich zu meinem Alten. »Ich glaub, das langt jetzt...«
»Nein. Du weißt, was wir mit einem HUND machen...!« »Ich hab gesagt, das LANGT jetzt.«
Er drückte meinen Kopf weiter runter, bis meine Nase dicht über der Kotze war. Ich vermochte nicht recht einzusehen, warum ich mir die Nase in meine eigene Kotze stecken lassen sollte. Hätte es einen Grund dafür gegeben, dann hätte ich sie SELBER reingesteckt. Aber so konnte ich es nur als ein Versuch ansehen, meine spezielle *Mathematik* der Vorgänge durcheinander zu bringen. Und das störte mich.
»Hör auf«, sagte ich. »Ich sags jetzt zum letzten Mal, hör auf damit.« Er drückte mir die Nase noch tiefer. Ich warf mich zur Seite und schlug mit dem rechten Bein aus. Ich traf ihn mit dem Absatz voll am Kinn. Er taumelte zurück, das ganze

brutale Empire zerrann zu Scheiße, er krachte mit weit ausgestreckten Armen auf sein Sofa, BANG, er hatte glasige Augen, ich ging auf ihn zu, wartete, daß er wieder hochkam...
er kam nicht mehr hoch. Er lag einfach da und starrte mich mit seinen glasigen Augen an. Er *versuchte* nicht einmal aufzustehen. Trotz all seiner wilden Brutalität war mein Alter also ein feiger Hund. Es überraschte mich nicht besonders. Für einen Augenblick kam mir der Gedanke: da der Alte ein Feigling ist, bist du wahrscheinlich auch einer. Aber da ich ein Frozen Man war, konnte mich auch das nicht jucken. Es bedeutete nichts.
Und dann fing meine Mutter an, mir ihre Fingernägel durchs Gesicht zu ziehen und zu zetern: »Du hast deinen VATER geschlagen! Du hast deinen VATER geschlagen! Du hast deinen VATER geschlagen!«
Na und? dachte ich. Ich blieb bewegungslos stehen und ließ sie mein Gesicht bearbeiten und mir mit ihren dreckigen Fingernägeln die Haut und das Fleisch in Fetzen abziehen, und das Blut und die Fetzen kleckerten mir aufs Hemd und hinunter auf den beschissenen ›Baum des Lebens‹. »DU HAST DEINEN VATER GESCHLAGEN!« Ich wartete. Allmählich ließ ihre Energie nach. Ich wartete. »Du...hast...deinen...VATER... geschlagen...deinen Vater...«
»Bist du fertig?« fragte ich. Ich glaube, es waren die ersten Worte (außer »Ja« und »Nein«), die ich seit 10 Jahren zu ihr gesagt hatte. »Ja«, sagte sie.
»Du gehst jetzt auf dein Zimmer«, sagte mein Alter mit schwacher Stimme. »Wir sprechen uns morgen früh.«
Aber am nächsten Morgen war ER auch ein Frozen Man. Ich schätze, es blieb ihm einfach nichts anderes übrig.
Ich hab mir oft von Nutten und sonstigem Weibervolk das Gesicht malträtieren lassen, so wie damals von meiner Mutter. Das ist zu einer dummen Angewohnheit von mir geworden. So wie die Dinge stehen, muß ich mich eben damit abfinden, daß die Kinder auf der Straße und manchmal auch die Erwachsenen zusammenzucken und sich abwenden, wenn sie mein Gesicht sehen...
Na ja, wahrscheinlich interessieren euch diese Stories zum Thema FM nicht so sehr wie mich; deshalb will ich versuchen, es kurz zu machen.
Zwischen 1936 und 1938 war ich in der Los Angeles High School. Man hatte in der Schule die Wahl zwischen Sport-

unterricht und ROTC*, so 'ner Art Kadettenverein. Nun hatte ich am ganzen Körper solche großen, häßlichen Pickel. Ich hatte weiß Gott keinen Hang zum Militär, aber ich sagte mir, in einem Trikot sieht man die Pickel und in einer Uniform nicht. Also meldete ich mich zum ROTC.

Jeder, der was auf sich hielt, machte natürlich auf Sport. Die Versager, die Deppen, die Irren und die Aussätzigen wie ich gingen zum ROTC. Mir selbst machten die Pickel nichts aus, aber irgendwie fühlte ich mich verpflichtet, diesen reinen Helden, diesen Auserwählten meinen Anblick zu ersparen; und außerdem wollte ich vermeiden, daß sie mich ständig mit ihren mißbilligenden Röntgenaugen anstarrten. In Uniform war ich gegen ihre Röntgenstrahlen immun. Ein inneres Verhältnis zum ROTC fand ich nicht.

Schließlich war ich GEFROREN.

O. K. Eines Tages fand ein Schau-Exerzieren statt, in dessen Verlauf ein Wettbewerb ablief — ich glaube, es ging darum, den Karabiner zu zerlegen und in der richtigen Reihenfolge wieder zusammenzusetzen. Die Tribünen waren vollgepackt mit Idioten — sämtliche Eltern, Verwandten usw. — und wir standen auf dem Exerzierfeld in der glühenden Sonne und führten all die unsinnigen Kommandos aus. Bald waren 50 %/o ausgeschieden, dann 75 %/o, und schließlich waren nur noch 10 %/o von uns übrig, und ich war immer noch dabei mit meinen großen, roten, häßlichen Pickeln im Gesicht, und es war HEISS, ich schwitzte wie ein Affe, und ich sagte mir ständig: Menschenskind, mach einen Fehler, mach doch endlich einen Fehler, und du bist aus der ganzen Scheiße raus. Aber ich konnte mich einfach nicht dazu ZWINGEN, einen Fehler zu machen. Wieder das mathematische Ding, der zwanghafte mechanische Tick des Frozen Man, der unbeirrbar ablief wie ein Uhrwerk in einem Zementblock.

Schließlich waren nur noch zwei im Rennen: mein Freund Jimmy und ich. Well, dachte ich, Jimmy Hadford ist so ein krankhafter Streber, daß er einfach gewinnen MUSS, für ihn ist das schließlich lebensnotwendig, also hoffentlich macht ers, und alles hat seine Ordnung. Und dann kam das Kommando: »Order Arms!« — nein, es ging so: »Order . . .« (lange Pause) ». . . Arms!« Da ich nie ein guter Soldat war, weiß ich nicht mehr, welchen Handgriff man draufhin auszuführen hatte.

---

* Reserve Officers' Training Corps.

Wahrscheinlich mußte man den Bolzen in den Verschluß einsetzen oder sowas. Jedenfalls, ich rammte das Ding rein, und dann schaute ich rüber und sah, daß Jimmy Mist gebaut hatte. Jimmy, der sich immer für die ganze Scheiße begeistert hatte, der vor Ehrgeiz schier aus den Nähten platzte, auf den die ganze Mannschaft ihre Hoffnung setzte ... und jetzt, 5 Minuten vor zwölf: abserviert. Und da stand ich, allein, verschwitzt, die Pickel quollen mir aus dem Kragen, überzogen meinen ganzen Schädel, sogar in den Haaren hatte ich welche, und es war heiß, unerträglich heiß, das Uhrwerk lief ab, und ich stand teilnahmslos da, empfand weder Freude noch Ärger, einfach gar nichts. Und all die adretten Girls auf den Rängen stöhnten auf und vergingen vor Mitleid mit ihrem armen Jimmy, und seine Eltern ließen den Kopf hängen und verstanden die Welt nicht mehr.
Das alte Arschloch von Kommandeur — ein gewisser Oberst Muggett, der sein Leben lang mit der Army verheiratet gewesen war — kam angekrochen, um mir die Medaille ans Hemd zu stecken, unter dem meine verschwitzte, pickelige Haut juckte. Er pinnte mir das Blech an die Brust und streckte mir die Hand hin. Ich nahm seine Hand und grinste ihn an. Sein Gesicht war todtraurig. Er hielt mich für eine Mißgeburt, völlig untaugliches Material. Und ich hielt ihn für einen Deppen.
Ein guter Soldat grinst nicht. Das Grinsen schien ihm klarzumachen, daß ich ihn nicht nur für einen Deppen hielt, sondern daß ich auch wußte, daß das Schicksal ihm und dem ganzen Verein an den Karren gefahren war. Er zog seine Hand zurück und wischte sie am Hosenbein ab. Ich marschierte zurück zu meiner Einheit.
Und ihr werdet es nicht glauben: unser Leutnant baute sich vor uns auf und sagte: »Ich möchte dem Gefreiten Hadford meine Hochachtung dafür aussprechen, daß er zweiter Sieger geworden ist. Die Kompanie ist stolz auf ihn.«
Dann: »Stillgestanden!«
Dann: »Wegtreten!« oder was weiß ich.
Ich sah, wie die Jungs Jimmy umringten und ihm gratulierten. Niemand sagte etwas zu mir. Dann kamen Jimmys Eltern von der Tribüne herunter und nahmen ihn in den Arm. Mir wurde schlecht. Ich ging weg.
Vor einem Drugstore machte ich mechanisch die Medaille ab und ließ sie in einen Gully fallen. Jimmy wurde ein paar

Jahre später über dem Kanal abgeschossen. Sein Bomber erhielt einen Volltreffer; er befahl seinen Leuten, auszusteigen, und versuchte, das ramponierte Ding noch zum Stützpunkt zurückzubringen. Er schaffte es nicht. Etwa um diese Zeit lebte ich, u. k.-gestellt, in Philadelphia und fickte eine 3-Zentner-Hure, wobei sämtliche vier Beine an meinem Bett zu Bruch gingen.
Das alles soll nicht den Eindruck erwecken, als ob mich überhaupt nichts berührte, als ob ich keinerlei Mitgefühl hätte und zu keinerlei Emotionen fähig sei. Ich will damit nur sagen, daß meine Gefühle, meine Gedanken und Verhaltensweisen offensichtlich einem Schema gehorchen, das es mir unmöglich macht, mit den anderen WARM zu werden.
Mein Freund in London beschreibt seine Erfahrungen als Frozen Man so: ». . . ich stecke in diesem Goldfischglas, verstehst du, in diesem riesigen Aquarium, und meine Flossen sind anscheinend zu schwach, um mich in dieser großen Unterwasser-city bewegen zu können . . . Ich tu, was ich kann, aber der magische Funke springt nicht mehr über. Es scheint, ich komme einfach nicht mehr aus diesem Cold Turkey*-Zustand heraus, alles ist erzwungen und gequält — das Schreiben, das Ficken, das Essen und Trinken, ich werd nicht mal mehr high . . . es ist nicht nur Sand im Getriebe, der ganze Mechanismus ist im Eimer. Ich richte mich auf ein langes Überwintern ein, es wird eine lange, dunkle Polarnacht. Mehr als das: ich bin an die Sonne gewöhnt, an die Wärme und die grellen Farben des Mittelmeers; ich bin daran gewöhnt, mit dem Arsch auf einem Vulkan zu sitzen, wie in Griechenland — dort gab es wenigstens Licht, dort gab es noch ein paar Menschen, dort gab es sogar so etwas wie Liebe. Und jetzt: nichts mehr von alledem. Abgespannte, frühzeitig gealterte Gesichter. Gesichter, die einen im Vorübergehen krampfhaft anlächeln und »Hello« sagen. Ein ständiges tristes Halbdunkel, grauer Nebel, Kälte. Ein alternder, ausrangierter Poet, der in seiner eigenen Scheiße verkommt.
Ich bin von Arzt zu Arzt gelaufen, von einer Klinik zur anderen mit Urinproben und Schitproben, und immer das gleiche Lied — kaputte Leber, kaputter Magen, und keiner kann was dagegen tun. Ich wüßte was: alles liegen und stehen lassen und mir eine sagenhafte junge Schönheit auftun, die mir den

---

* Zwangsweise ›kalte‹ Entziehungskur (d. h. ohne medizinische Hilfe).

Arsch in Schuß hält, wenig Ansprüche stellt und sich im übrigen still verhält. Aber wo findet man so etwas? und wie? Außerdem, was könnte ich ihr schon bieten? Aber Shit, es ist durchaus möglich, daß ich mit sowas wieder die Kurve kriegen könnte ...
Ich wünschte, ich wäre hartgesotten genug, um nochmal von vorn anzufangen und das Ganze stärker, härter und klarer als zuvor zu Papier zu bringen. Aber ich habe nicht mehr das gewisse Etwas, ich bin auf der Rolle, und ich verwende meine ganze Energie darauf, Zeit zu schinden.
16.40 Uhr. Der Himmel ist dunkelgrau und stellenweise rot angelaufen. Rush hour. Verkehrsstockungen. Drüben im Zoo hecheln die Steppenwölfe in ihren engen Käfigen. Der Mandrill knurrt gereizt, zieht sich die faulen Bananen und Äpfel aus dem Arsch und bombardiert damit die Zuschauer. Bevor ich abkratze, möchte ich nochmal nach Kalifornien, an die Küste südlich von Los Angeles, nahe an der mexikanischen Grenze. Aber das ist ein Traum. Und all die Briefe, die ich aus den Staaten bekomme, sind von Dichtern oder Künstlern, die mal hier waren, auf dieser Seite des Atlantik, und alle reden davon, wie beschissen es zu Hause zugehe, wie lausig die ganze Szene sei usw.
Ich weiß nicht, was ich davon halten soll. Aber im Moment ist es sowieso nicht drin, denn meine ganzen Geldgeber sitzen hier drüben, wollen mich in der Nähe haben und würden mich wahrscheinlich in den Wind schießen, wenn ich weggehe.
Ich weiß, daß es bei Dir noch beschissener aussieht, aber versuch, irgendwie am Ball zu bleiben. Und entschuldige diesen tödlich langweiligen Brief; ich kann nicht recht in Stimmung kommen mit all diesen Arztrechnungen und Mahnungen und all der Scheiße auf dem Tisch, dem rußigen Himmel und der vergrätzten Sonne draußen, und es sieht nicht so aus, als ob sich daran bald was ändern wird. Naja, du weißt ja, wie das ist. Stehen wirs eben durch. Cheers, alter Freund.
                                                                Harold.«

Well, mein Freund in London sagt das alles viel besser als ich. Und ich weiß nur zu gut, daß es sich hier nicht um lahmarschige Trägheit oder mieses Selbstmitleid handelt. Vielleicht begreift das nur einer, der selbst zu Stein und Bein gefroren im Käfig sitzt. Aber was soll's. Sogar ein verkrüppelter Zwerg,

den man hochheben muß, damit man seinen Kopf in die Schlinge kriegt, kann noch einen Steifen kriegen. Und ich bin Mateo Platch und Nichlos Combatz in einer Person, und die Sonne ist eine abgehalfterte, eingeäscherte Möse. Und drüben auf der Plaza zwischen dem Terminal Annex und der Union-Station sitzen die alten Männer im Kreis und schauen stundenlang den Tauben zu, und im Grunde sehen sie gar nichts.
Vereist und versteinert werden wir uns weiter durch die Nächte quälen mit unseren sinnlosen Träumen, wie schemenhafte paranoide Maulwürfe, die sich für nichts und wieder nichts die Pfoten blutig scharren und am Ende eins werden mit ihren Löchern. Und das ist auch alles, was von uns eines Tages übrig bleiben wird: sinnlose, blutende Löcher in der Nacht.

Kaputt in Hollywood

Herausgegeben und
aus dem Amerikanischen von Carl Weissner

Inhalt

Ich erschoß einen Mann in Reno 7

Geburt, Leben und Tod einer Untergrundzeitung . . 9

Szenen aus der Großen Zeit 34

Kaputt in Hollywood 39

Love it or leave it 51

Die Goldgräber von Los Angeles 59

Die Große Zen-Hochzeit 66

Eine verregnete Weibergeschichte 82

Vergewaltigung! 90

Hundekuchen in der Suppe 97

Bukowski-Interview 113

Ich erschoß einen Mann in Reno und andere unvorsichtige Angaben zur Person

Bukowski heulte, als Judy Garland in der New York Philharmonic Hall sang; Bukowski heulte, als Shirley Temple »I Got Animal Crackers in my Soup« sang; Bukowski heulte in billigen Kaschemmen; Bukowski läuft in unmöglichen Klamotten rum, Bukowski kann sich nicht richtig unterhalten, Bukowski hat Schiß vor den Weibern, Bukowski hat einen schwachen Magen, Bukowski ist voller Ängste und hat einen Haß auf Wörterbücher, Nonnen, Pennies, Busse, Kirchen, Parkbänke, Spinnen, Fliegen, Flöhe und Freaks; Bukowski war nicht im Krieg. Bukowski ist alt, Bukowski hat seit 45 Jahren keinen mehr hochgekriegt; wenn Bukowski ein Affe wäre, würde ihn seine Affenhorde davonjagen ...
Bukowski, der große Schriftsteller; Bukowski, der sich einen abwichst: ein Standbild im Kreml; Bukowski und Castro: ein Standbild im sonnigen Havana, mit Vogelscheiße verkleistert – Bukowski und Castro rasen auf einem Tandem-Rennrad dem Sieg entgegen (Bukowski auf dem hinteren Sitz); Bukowski der Tigerbändiger, der eine scharfe 19jährige Blondine auspeitscht, eine scharfe Blondine mit Oberweite 95, eine scharfe Blondine, die Rimbaud liest; Bukowski, eingekeilt zwischen den Wänden der Welt, von allen guten Geistern verlassen; Bukowski, der Judy Garland die Stange hielt, als es für alle schon zu spät war.
Bukowski hielt Mickey Mouse für einen Nazi; Bukowski benahm sich wie ein Arschloch in Barney's Beanery; Bukowski benahm sich wie ein Arschloch in Shelly's Manne-Hole; Bukowski ist neidisch auf Ginsberg; Bukowski ist neidisch auf den 69er Cadillac; Bukowski versteht nichts von Rimbaud; Bukowski wischt sich den Arsch mit hartem

braunem Klopapier ab; Bukowski wird in 5 Jahren tot sein; Bukowski hat seit 1963 kein brauchbares Gedicht mehr geschrieben; Bukowski heulte, als Judy Garland . . . einen Mann in Reno erschoß.

Geburt, Leben und Tod einer Untergrundzeitung

Zu Anfang gabs im Haus von Joe Hyans eine ganze Reihe von Meetings, da erschien ich gewöhnlich in betrunkenem Zustand, deshalb kriegte ich von der Gründung der Untergrundzeitung *Open Pussy* nicht viel mit; erst später ließ ich mir erzählen, was sich alles abgespielt hatte. Oder vielmehr, was ich angestellt hatte.
Hyans: »Du hast gesagt, du würdest die ganze Bude ausräumen, angefangen mit dem Typ im Rollstuhl. Der fing dann an zu heulen, und die anderen gingen nacheinander weg. Einem hast du ne Flasche übern Schädel gehauen.«
Cherry (Hyans' Frau): »Du hast dich geweigert, wegzugehn; du hast ne ganze Flasche Whisky ausgetrunken, und ständig hast du mir gesagt, du würdest mich im Stehen ficken, mit dem Rücken gegen die Bücherwand.«
»Hab ichs denn getan?«
»Nee.«
»Ah, dann eben nächstes Mal.«
Hyans: »Hör mal, Bukowski, wir versuchen hier ein bißchen Organisation reinzubringen, und du kommst ständig an und machst Scherereien. Du bist der schlimmste Säufer, der mir je begegnet ist!«
»OK, ich steig aus. Scheiß drauf. Wer interessiert sich schon für Zeitungen?«
»Nee, wir möchten, daß du ne Kolumne schreibst. Wir meinen, daß du der beste Schriftsteller in Los Angeles bist.«
Ich nahm meinen Drink in die Hand und holte damit aus.
»Das ist eine gottverdammte Beleidigung! Ich bin hier nicht hergekommen, um mich beleidigen zu lassen!«
»OK, vielleicht bist du der beste Schriftsteller in Kalifornien.«

»Ich sags ja! Du beleidigst mich schon wieder!«
»Also jedenfalls, wir wollen von dir ne Kolumne.«
»Ich bin Dichter.«
»Was ist denn der Unterschied zwischen Gedichten und Prosa?«
»Ein Gedicht sagt zuviel, in zu kurzer Zeit; Prosa sagt zu wenig und dauert zu lange.«
»Wir wollen eine Kolumne für *Open Pussy*.«
»Gieß mir 'n Drink ein, und wir sind im Geschäft.«
Hyans goß ein. Ich war im Geschäft. Ich kippte den Drink und ging rüber zu meinem Hinterhof im Slum und überlegte mir, was für einen Fehler ich machte. Ich war beinahe fünfzig Jahre alt, und hier ließ ich mich nun mit diesen langhaarigen bärtigen Kids ein. Oh Gott, *groovy*, Daddy, oh *groovy*! Krieg is Scheiße. Krieg ist die Hölle. Fick lieber, statt zu kämpfen. Das wußte ich alles schon seit fünfzig Jahren. Das war nicht mehr so aufregend für mich. Oh, und nicht zu vergessen: das Pot. Der Stoff im Versteck. *Groove*, baby!
Ich fand eine Flasche in meiner Bude, trank sie aus, vier Dosen Bier hinterher, und schrieb die erste Kolumne. Sie handelte von einer drei Zentner schweren Nutte, die ich mal in Philadelphia gefickt hatte. Es war eine gute Kolumne. Ich korrigierte die Tippfehler, wichste mir einen runter und ging schlafen . . .
Es begann im Erdgeschoß eines zweistöckigen Hauses, das Hyans gemietet hatte. Es gab ein paar halbgare Freiwillige und das Ding war neu und alle außer mir waren freudig erregt. Ich versuchte, die Mädchen zu einer Nummer zu animieren, aber sie sahen alle gleich aus, und sie benahmen sich auch alle gleich – sie waren alle neunzehn, so ein dreckiges Blond, kleiner Arsch, wenig Busen, benommen vor Eifer, und irgendwie von sich eingenommen, ohne recht zu wissen warum. Wenn ich sie mit meinen betrunkenen Pfoten anlangte, wurden sie immer ziemlich kühl. Ziemlich.
»Schau her, Opa, das einzige, was wir dich hier schwenken sehen wollen, is ne Fahne von Nordvietnam!«
»Ah, deine Muschi ist wahrscheinlich eh verstunken!«
»Oh, was bist du für ein alter Schmutzfink! Also wirklich . . . sowas von ekelhaft!«

Und dann stelzten sie davon und wackelten mit diesen saftigen kleinen Arschbäckchen vor mir herum, aber in der Hand hatten sie nicht meinen prächtigen purpurroten Schwengel, sondern irgendeinen oberschülerhaften Artikel über die Bullen, die am Sunset Strip die Kids filzten und ihnen ihre »Baby Ruth« Schokoladenhäppchen wegnahmen. Da war ich nun, der größte lebende Dichter seit Auden, und konnte nichtmal einen Hund in den Arsch pimpern . . .
Die Zeitung wurde zu groß. Oder Cherry wurde es zuviel, daß ich dauernd betrunken auf der Couch herumlümmelte und ihrer fünfjährigen Tochter lüsternde Blicke zuwarf. Richtig schlimm wurde es, als die Tochter anfing, bei mir auf dem Schoß zu sitzen. Sie rutschte hin und her und sah mich an und sagte: »Ich mag dich, Bukowski. Erzähl mir was. Komm, ich hol dir noch'n Bier, Bukowski.«
»Beeil dich, Sweetie!«
Cherry: »Hör mal, Bukowski, du alter Lustmolch . . .«
»Cherry, Kinder mögen mich einfach. Ich kann nichts dafür.«
Das kleine Mädchen, Zaza, kam mit dem Bier angerannt und kletterte mir wieder auf den Schoß. Ich machte die Dose auf.
»Ich mag dich Bukowski, erzähl mir ne Geschichte.«
»OK, honey. Also, es war einmal ein alter Mann und ein allerliebstes kleines Mädchen, die hatten sich beide im Wald verirrt . . .«
Cherry: »Na hör mal, du alter Lustmolch . . .«
»Na, na, Cherry. Ich glaub fast, du hast ne schmutzige Fantasie!«
Cherry rannte die Treppe rauf, auf der Suche nach Joe, der sich zu einem Schiß zurückgezogen hatte.
»Joe, Joe, wir müssen mit dieser Zeitung einfach hier raus! Das ist mein Ernst!«
Sie fanden ein leerstehendes Gebäude vorne an der Straße, zwei Stockwerke, und eines Nachts hatte ich in der einen Hand eine Flasche Portwein und mit der anderen hielt ich die Taschenlampe für Joe, der den Verteilerkasten an der Seite des Hauses aufbrach und die Drähte umklemmte, damit er sich gebührenfreie Nebenanschlüsse legen konnte.

Etwa um diese Zeit wurde Joe von der einzigen anderen Untergrundzeitung in Los Angeles beschuldigt, eine Kopie ihrer Adressenliste gestohlen zu haben. Aber ich wußte natürlich, daß Joe ein Mensch mit Moral und Skrupeln und Idealen war – deshalb hatte er auch aufgehört, für diese Untergrundzeitung zu arbeiten. Joe war so ne Art Jesus. Klar.
»Halt die Lampe ruhig«, sagte er . . .
Am Morgen klingelte bei mir zuhause das Telefon. Es war mein Freund Mongo, der Gigant des Ewigen High.
»Hank?«
»Yeh?«
»Cherry war letzte Nacht hier.«
»Yeh?«
»Sie hatte so ne Adressenliste bei sich. War sehr nervös. Wollte, daß ich das Ding verstecke. Sagte, Jensen sei hinter ihr her. Ich habs im Keller versteckt, unter nem Stapel Tuschezeichnungen, die Jimmy the Dwarf kurz vor seinem Tod gemalt hat.«
»Hast du sie gepimpert?«
»Wozu? Ist doch nur Haut und Knochen. An diesen Rippen würd' ich mich beim Ficken blutig stoßen.«
»Du hast Jimmy the Dwarf gepimpert, und der hat nur 83 Pfund gewogen . . .«
»Der hatte aber *soul*.«
»Yeh?«
»Yeh.«
Ich legte auf.

Die nächsten vier oder fünf Ausgaben von *Open Pussy* hatten Schlagzeilen wie: »WIR LIEBEN DIE L.A. FREE PRESS«, »OH, WIR LIEBEN DIE L.A. FREE PRESS«, »LIEBE, LIEBE, ALLES LIEBE DER L.A. FREE PRESS.«
Dazu hatten sie allen Grund. Sie hatten denen ihre Adressenliste.
Eines Abends gingen Jensen und Joe zusammen essen. Joe sagte mir hinterher, es sei jetzt alles »in Ordnung«. Ich weiß nicht, wer wen aufs Kreuz gelegt hat, oder was sich unterm Tisch abgespielt hat. War mir auch egal.
Und bald stellte sich heraus, daß ich außer den Langhaarigen und den Bärtigen noch andere Leser hatte . . .

Das neue Federal Building in Los Angeles ragt gläsern und wahnwitzig modern in den Himmel mit seinen endlosen Reihen von Kafkazimmern, jedes mit seiner eigenen persönlichen Form von Schleimscheißerei; eins saugt sich ans andere, und alles aalt sich in Wärme und tapsigem Tran wie der Wurm im Apfel. Ich berappte meine 45 Cents Parkgebühr für ne halbe Stunde, bzw. man verabreichte mir ein Ticket für diesen Betrag, und ich ging rein ins Federal Building. Unten drin hatte es Wandgemälde, wie sie Diego Rivera gemacht hätte, wenn man ihm neun Zehntel seiner Sensibilität herausoperiert hätte – amerikanische Matrosen und Indianer lächelten um die Wette und versuchten nobel dreinzuschauen in billigem Gelb und fauliger grüner Kotze und verpißtem Blau.

Ich hatte von der Personalabteilung eine Vorladung bekommen. Ich wußte, daß es nicht um eine Beförderung ging. Man nahm den Schrieb entgegen und ließ mich eine dreiviertel Stunde lang auf der harten Bank sitzen, damit ich die richtige Einstellung finde. Das gehörte zur altbewährten Du-hast-Scheiße-in-den-Eingeweiden-und-wir-nicht Routine. Glücklicherweise hatte ich damit schon meine Erfahrungen gemacht, ich erkannte die warzigen Zeichen der Zeit und fand die richtige Einstellung von selber: ich malte mir aus, wie jedes Girl, das vorbeiging, wohl im Bett sein würde, die Beine in der Luft, oder wenn sie's mit dem Mund machte. Bald hatte ich etwas Riesiges zwischen meinen Beinen – naja, riesig für meine Verhältnisse – und war gezwungen, auf den Fußboden zu starren.

Schließlich wurde ich reingerufen von einer sehr schwarzen und wohltuend geschmeidigen und gut angezogenen Negerin, die ziemliche Klasse hatte und sogar einen Hauch von Soul, und ihr Lächeln verriet, daß sie wußte, man würde mir einen reinwürgen, es lag aber auch so ne Andeutung darin, daß sie nicht abgeneigt wäre, mich mal ein bißchen an ihr Loch ranzulassen. Das änderte zwar nichts an der Situation, aber es half.

Und ich ging rein.

»Nehmen Sie Platz.«

Mann hinterm Schreibtisch. Die alte Scheißtour. Ich setzte mich.

»Mr. Bukowski?«
»Yeh.«
Er nannte mir seinen Namen. Interessierte mich nicht. Er lehnte sich zurück in seinem Drehstuhl und starrte mich an. Ich war sicher, er hatte einen erwartet, der jünger und besser aussah als ich, eher flamboyant, intelligenter oder hinterhältiger dreinschauend ... ich aber war bloß alt, müde, uninteressiert, verkatert. Er war ein bißchen grau und vornehm, wenn ihr die Art von vornehm kennt, die ich meine. Hat niemals Rüben aus der Erde gerupft zusammen mit einer Horde Mexikaner, hat keine fünfzehn oder zwanzig Mal in der Ausnüchterungszelle gesteckt; oder Zitronen gepflückt um 6 Uhr früh, ohne ein Hemd an, weil man wußte, daß die Temperatur um die Mittagszeit 35 Grad erreichte. Nur die Armen kannten den Sinn des Lebens, die Reichen und Abgesicherten mußten raten.
Merkwürdig: da mußte ich an die Chinesen denken. Rußland war schlapp geworden; es konnte sein, daß nur die Chinesen wußten, wo es lang ging; sie wühlten sich von unten hoch, hatten die weiche Scheiße satt. Aber naja, ich hatte mit Politik nichts im Sinn, das war auch nur so ein Schwindel: am Ende würgte die Geschichte uns allen einen rein. Ich war schon vor der Zeit erledigt – gebraten, gefickt und eingemacht, nichts mehr übrig.
»Mr. Bukowski.«
»Yeh?«
»Nun, äh ... wir haben da einen Informanten ...«
»Yeh. Nur zu.«
»... der uns mitteilt, daß Sie mit der Mutter Ihres Kindes nicht verheiratet sind.«
Ich malte mir aus, wie er einen Weihnachtsbaum schmückte, mit einem Drink in der Hand.
»Das stimmt. Ich bin nicht verheiratet mit der Mutter meines Kindes, Alter 4 Jahre.«
»Zahlen Sie Alimente?«
»Ja.«
»Wieviel?«
»Das werd ich Ihnen nicht sagen.«
Er lehnte sich wieder zurück. »Sie müssen verstehen, daß wir, die wir im Dienste der Regierung stehen, einen gewissen Standard aufrechterhalten müssen.«

Da ich mir keinerlei Schuld bewußt war, gab ich darauf keine Antwort.
Ich wartete.
Oh, wo seid ihr nur, Jungs? Kafka, wo bist du? Lorca, abgeknallt auf dem dreckigen Feldweg, wo bist du? Hemingway, als du behauptet hast, die CIA sei hinter dir her, hat dirs keiner geglaubt außer mir ...
Dann drehte er sich zur Seite, der alte vornehme gut ausgeruhte nicht-rübenrupfende Graue, griff in einen kleinen gutpolierten Aktenschrank und zog sechs oder sieben Exemplare von *Open Pussy* heraus.
Er warf sie auf seinen Schreibtisch wie stinkende vergrätzte und geschändete Scheißhaufen. Er tippte sie an mit seinen Fingern, die nie Zitronen gepflückt hatten.
»Wir sehen uns veranlaßt, davon auszugehen, daß Sie der Autor dieser Kolumnen sind – *Notes of a Dirty Old Man*.«
»Yeh.«
»Was haben Sie zu diesen Kolumnen zu sagen?«
»Nichts.«
»Nennen Sie das etwa *Literatur*?«
»Man tut was man kann.«
»Well, ich habe für zwei Söhne aufzukommen, die gegenwärtig an den besten Colleges Zeitungswissenschaft studieren, und ich HOFFE ...«
Er patschte auf die Blätter, die stinkenden Scheißblätter, mit seiner beringten Hand, die noch nie eine Fabrik oder ein Zuchthaus von innen gesehen hatte, und sagte:
»Ich hoffe, daß meine Söhne später einmal nicht solches Zeug schreiben wie SIE«
»Das werden sie nicht«, versprach ich ihm.
»Mr. Bukowski, ich glaube, das Gespräch ist beendet.«
»Yeh«, sagte ich. Ich steckte mir eine Zigarre an, stand auf, kratzte meinen Bierbauch und ging raus.

Die zweite Vorladung kam früher als ich erwartet hatte. Ich war voll beschäftigt – natürlich – mit einer meiner wichtigen niederen Tätigkeiten, als plötzlich der Deckenlautsprecher losdröhnte: »*Henry Charles Bukowski zum Leiter der Abteilung Postzustellung!*«
Ich ließ meine wichtige Arbeit fallen, holte mir beim zu-

ständigen Wachhund einen Laufzettel und ging rüber ins Büro. Der Sekretär des Oberpostlers, ein alter grauer Kriecher, musterte mich von oben bis unten.
»*Sie* sind Charles Bukowski?«, fragte er mich, ziemlich enttäuscht.
»Yeh, man.«
»Bitte folgen Sie mir.«
Ich folgte ihm. Es war ein großes Gebäude. Wir gingen mehrere Treppen runter, und unten durch eine lange Halle, und dann in einen großen dunklen Raum, aus dem es wieder in einen großen dunklen Raum ging. Dort saßen zwei Männer am einen Ende eines Tisches, der mehr als zwanzig Meter lang sein mußte. Sie saßen unter einer einsamen Lampe. Und am anderen Ende des Tisches stand dieser einzelne Stuhl – für mich.
»Sie können eintreten«, sagte der Sekretär. Dann machte er einen Bückling und ging rückwärts raus.
Ich marschierte rein. Die beiden Männer standen auf. Da waren wir nun, unter einer einsamen Lampe im Dunkeln. Aus irgendeinem Grund mußte ich an all die Attentate denken. Dann sagte ich mir: wir sind hier in Amerika, Daddy. Hitler ist tot. Oder doch nicht?
»Bukowski?«
»Yeh.«
Sie gaben mir beide die Hand.
»Setzen Sie sich.«
Groovy, baby.
»Das ist Mr. – – – aus Washington«, sagte der zweite Typ; er war einer der lokalen Obermacker.
Ich sagte nichts. Es war eine hübsche Lampe. Mit einem Schirm aus Menschenhaut?
Mr. Washington führte das Wort. Er hatte eine Mappe vor sich, mit ziemlich vielen Papieren drin.
»Also, Mr. Bukowski...«
»Yeh?«
»Sie sind 48 Jahre alt, und Sie werden seit elf Jahren von der Regierung der Vereinigten Staaten beschäftigt.«
»Yeh.«
»Sie waren mit Ihrer ersten Frau zweieinhalb Jahre verheiratet, wurden geschieden, und Ihre derzeitige Frau haben Sie wann geheiratet? Wir hätten gerne das Datum.«

»Kein Datum. Keine Heirat.«
»Sie haben ein Kind?«
»Yeh.«
»Wie alt?«
»Vier.«
»Sie sind *nicht* verheiratet?«
»Nein.«
»Zahlen Sie Alimente?«
»Ja.«
»Wieviel?«
»So das übliche.«
Dann lehnte er sich zurück, und da saßen wir nun. Gut vier oder fünf Minuten lang sagte keiner von uns dreien ein Wort.
Dann erschien ein Stapel Exemplare der Untergrundzeitung *Open Pussy*.
»Schreiben Sie diese Kolumnen? *Notes of a Dirty Old Man?*« fragte Mr. Washington.
»Yeh.«
Er reichte Mr. Los Angeles ein Exemplar.
»Haben Sie das hier gesehen?«
»Nein. Nein, das habe ich nicht gesehen.«
Über der Kolumne trabte ein Schwanz mit Beinen, ein riesiger RIESIGER trabender Schwanz mit Beinen. Die Story drehte sich um einen Freund von mir, den ich einmal im Suff aus Versehen in den Arsch gepimpert hatte – ich hatte ihn mit einer meiner Freundinnen verwechselt. Nach zwei Wochen mußte ich meinen Freund schließlich mit Gewalt aus der Wohnung schmeißen. Es war eine wahre Geschichte.
»Nennen Sie das etwa *Schreiben?*« fragte Mr. Washington.
»Zu der Schreibe kann ich nichts sagen. Aber als Story fand ich es äußerst lustig. Fanden Sie's nicht auch ganz humorvoll?«
»Aber diese ... diese Illustration hier über der Story ...«
»Der trabende Schwanz?«
»Ja.«
»Ich hab ihn nicht gezeichnet.«
»Sie haben nichts zu tun mit der Auswahl der Illustrationen?«

»Die Zeitung wird Dienstag abends zusammengebastelt.«
»Und Sie sind Dienstag abends nicht dabei?«
»Ich habe Dienstag abends *hier* zur Nachtschicht zu erscheinen.«
Sie warteten eine Weile, blätterten *Open Pussy* durch, sahen sich meine Kolumnen an.
»Wissen Sie«, sagte Mr. Washington und klopfte wieder mit der Hand auf die *Open Pussies,* »Sie wären ganz gut gefahren, wenn Sie weiterhin *Gedichte* geschrieben hätten, aber als Sie mit *diesem* Zeug hier anfingen . . .«
Er klopfte wieder auf die *Open Pussies.*
Ich ließ zwei Minuten und dreißig Sekunden verstreichen. Dann fragte ich: »Haben wir in den Beamten der Post die neuen Kritiker der Literatur zu sehen?«
»Oh, nein, nein«, sagte Mr. Washington, »*so* war das nicht gemeint.«
Ich saß da und wartete.
»Man erwartet von Postangestellten ein gewisses Betragen. Sie stehen im öffentlichen Dienst. Sie sollen ein Beispiel geben für beispielhaftes Verhalten.«
»Ich habe den Eindruck«, sagte ich, »daß Sie meine Meinungsfreiheit bedrohen und mir den Verlust meines Arbeitsplatzes in Aussicht stellen. Dafür dürfte sich die American Civil Liberties Union interessieren.«
»Es wäre uns trotzdem lieber, wenn Sie die Kolumne nicht schreiben würden.«
»Gentlemen, jeder kommt mal an den Punkt, wo er sich entscheiden muß, ob er hart bleiben oder davonlaufen will. Ich habe beschlossen, hart zu bleiben.«
Ihr Schweigen.
Warten.
Warten.
Das Rascheln der *Open Pussies.*
Dann Mr. Washington: »Mr. Bukowski?«
»Yeh?«
»Werden Sie noch weitere Kolumnen über das Postamt schreiben?«
Ich hatte eine über sie geschrieben, sie schien mir allerdings mehr humorvoll als abträglich – aber naja, vielleicht war *ich* es, der eine Macke hatte.

Diesmal ließ ich sie richtig warten. Dann sagte ich: »Nein – es sei denn, Sie zwingen mich dazu.«
Jetzt ließen sie *mich* warten. Das Verhör war wie eine Schachpartie, wo man darauf hoffte, daß der andere den falschen Zug machte, sich seine Bauern, Springer, Bischöfe, Könige und Königin, und seinen *Schneid* abnehmen ließ. (Und mittlerweile, während ihr das hier lest, bin ich meinen gottverdammten Job auch schon los. Groovy, baby. Also schickt Dollars für Bier und Kränze an den Charles Bukowski Rehabilitations-Fonds ...)
Mr. Washington stand auf.
Mr. Los Angeles stand auf.
Mr. Charles Bukowski stand auf.
Mr. Washington sagte: »Ich denke, die Unterhaltung ist beendet.«
Wir schüttelten einander die Hand wie Schlangen, die einen Sonnenstich abgekriegt hatten.
Mr. Washington sagte: »Springen Sie uns inzwischen nicht von irgend einer Brücke runter ...«
(Komisch: daran hatte ich gar nicht gedacht.)
»... so einen Fall haben wir seit zehn Jahren nicht mehr gehabt.«
(Seit zehn Jahren? Wer war denn der arme Schlucker?)
»Und jetzt?« fragte ich.
»Mr. Bukowski«, sagte Mr. Los Angeles, »melden Sie sich wieder an Ihrem Arbeitsplatz.«
Es war wirklich ein beunruhigender Trip, bis ich mich von da unten aus dem Kafka-Labyrinth wieder durchgefunden hatte bis zu dem Stockwerk, wo wir die Post sortierten; und als ich schließlich oben ankam, fingen meine beknackten Kollegen (alles brave Arschlöcher) prompt an, mich zu nerven:
»Hey, Baby, wo bist'n gewesen?«
»Was ham sie von dir gewollt, Daddy-o?«
»Hast du wieder ne schwarze Ische geschwängert, Big Daddy?«
Ich schwieg sie an. Man lernt schließlich was vom guten alten Uncle Sammy.
Sie nervten mich weiter und flippten rum und steckten sich die Finger in ihre geistigen Ärsche. Sie waren wirklich fickrig. Ich war Old Kool, und wenn man Old Kool kleinge-

kriegt hatte, dann kriegte man auch jeden von ihnen klein.
»Sie wollten mich zum Postmeister machen«, erzählte ich ihnen.
»Und was dann, Daddy-o?«
»Ich hab ihnen gesagt, sie sollen sich 'n Batzen heiße Scheiße in ihre vergrätzte Fotze schieben.«
Der Aufpasser kam vorbei, und sofort waren wieder alle an ihren Plätzen und malochten, aber ich, ich Bukowski, steckte mir gemütlich eine Zigarre an, schmiß das Streichholz auf den Boden und starrte zur Decke, als gingen mir große und erhabene Gedanken durch den Kopf. Das war nichts als Mache; mein Hirn war leer; ich wünschte mir lediglich einen halben Liter Grandad und sechs oder sieben große kühle Biere . . .

Die mistige Zeitung wurde größer, jedenfalls schien es so, und zog in die Melrose Avenue um. Aber ich haßte es immer, dort mit meinen Manuskripten reinzugehen, weil alle so beschissen, so echt beschissen und versnobt und irgendwie verkehrt waren, versteht ihr. Es änderte sich eben nichts. Der Mensch, das Raubtier, entwickelte sich ausgesprochen langsam. Sie waren genauso mickrig wie die Typen, mit denen ichs zu tun hatte, als ich zum ersten Mal in die Redaktion der Zeitung vom Los Angeles City College reinging, 1939 oder 1940 – all diese kleinen verschwiemelten Fatzkes, die ödes dämliches Zeug schrieben, mit kleinen Hüten aus Zeitungspapier auf den Köpfen. So entsetzlich wichtigtuerisch – nichtmal menschlich genug, um deine Anwesenheit zur Kenntnis zu nehmen. Zeitungsfritzen waren schon immer der Abschaum der Menschheit; der armseligste Wicht von der Putzkolonne, der in den Weiberklos die Damenbinden rauspult, hat mehr Seele als die. Klarer Fall.
Ich sah mir damals diese College-Freaks an, machte auf dem Absatz kehrt und ging nie wieder zurück.
Und jetzt *Open Pussy*. Achtundzwanzig Jahre später.
Meinen Artikel in der Hand. Da saß Cherry an einem Schreibtisch. Cherry war am Telefonieren. Sehr wichtig. Konnte nicht mit mir reden. Oder Cherry war nicht am Telefonieren, sondern schrieb irgendetwas auf ein Stück

Papier. Konnte nicht mit mir reden. Immer die gleiche alte Tour. Dreißig Jahre hatten nichts geändert. Und Joe Hyans rannte rum, machte große Sachen, rannte die Treppen rauf und runter. Oben hatte er ein kleines Office. Sehr exclusiv, versteht sich. Und irgendein armer Scheißer hockte im Nebenzimmer, wo Joe ihm zusehen konnte, wie er auf der IBM die Vorlagen für den Drucker tippte. Der arme Scheißer kriegte 35 die Woche, für eine 60-Stunden-Woche, und der arme Scheißer freute sich, ließ sich einen Bart wachsen und bekam einen überaus seelenvollen Blick in die Augen, während er dieses drittklassige jämmerliche Zeug runtertippte. Die Beatles dröhnten aus den Lautsprechern, ständig klingelte das Telefon, und der Herausgeber Joe Hyans war permanent am RENNEN, IRGENDWOHIN, IRGENDETWAS WICHTIGES. Aber wenn man in der Woche darauf das Blatt aufschlug, fragte man sich, wo er eigentlich hingerannt war. Es war jedenfalls nicht da drin.

Open Pussy machte in dieser Tour weiter. Meine Kolumnen waren nach wie vor gut, aber das Blatt selber war lapprig. Ich konnte schon die Fotze des Todes darin riechen . . .

Jeden zweiten Freitagabend war Redaktionsversammlung. Ein paarmal ging ich hin und machte Stunk. Ansonsten ließ ich mir erzählen, was dabei herausgekommen war, und danach blieb ich dann weg. Wenn das Blatt weiterleben wollte, laß es leben. Ich blieb weg, und mein Zeug steckte ich einfach in einem Umschlag unter der Tür durch.

Dann rief Hyans bei mir zuhause an: »Ich hab eine Idee. Ich möchte, daß du mir die besten Dichter und Prosaschreiber zusammenholst, die du kennst, und wir machen eine Literaturbeilage.«

Ich stellte ihm das Ding zusammen. Er druckte es. Und die Bullen ließen ihn hochgehen wegen »Obszönität«.

Aber, ich war ein netter Mensch. Ich rief ihn an.

»Hyans?«

»Yeh?«

»Nachdem man dich wegen der Sache verknackt hat, kriegst du in Zukunft meine Kolumne umsonst. Die zehn Dollar, die du mir bis jetzt gezahlt hast, kommen in den Verteidigungshaushalt von *Open Pussy*.«

»Dank dir vielmals«, sagte er.
So, jetzt hatte er also den besten Schreiber in Amerika für umsonst ...
Dann eines Nachts rief mich Cherry an.
»Warum kommst du denn nicht mehr zu unseren Redaktionsversammlungen? Wir vermissen dich alle ganz schrecklich.«
»Was? Was zum Teufel redest du da, Cherry? Bist du aufm Trip?«
»Nein, Hank, wir alle lieben dich, ehrlich. Komm doch zu unserer nächsten Redaktionsversammlung.«
»Ich werd mirs überlegen.«
»Es ist alles so tot ohne dich.«
»Und *mit* mir isses der Tod.«
»Wir wollen dich, old man.«
»Ich überleg mirs, Cherry.«

Also, ich ging hin. *Open Pussy* feierte sein einjähriges Bestehen, und Hyans selber hatte bei mir den Eindruck erweckt, als würden aus diesem Anlaß der Wein und die Mösen und das Leben und die Liebe in Strömen fließen.
Aber als ich hinkam, sehr besäuselt und in Erwartung von Fickszenen auf dem Fußboden und Liebe allenthalben, da sah ich all diese Liebeskreaturen statt dessen emsig am Malochen. Wie sie da so getreten und armselig rumhingen, erinnerten sie mich stark an die kleinen alten Heimarbeiterinnen, denen ich früher die Stoffe anlieferte; damals quälte ich mich mit hundertjährigen Aufzügen herum, handbetrieben per Seilzug, voller Ratten und Gestank; Heimarbeiterinnen, stolz und tot und neurotisch wie nur was, die arbeiteten und arbeiteten, um irgendeinen zum Millionär zu machen ... in New York, in Philadelphia, in St. Louis.
Und die hier, von *Open Pussy*, arbeiteten *ohne* Bezahlung; und hier war Joe Hyans, einigermaßen fett und brutal dreinschauend, der hinter ihnen auf und ab ging, die Hände auf dem Rücken, und darauf achtete, daß jeder freiwillige Helfer seine Arbeit anständig und exakt erledigte.
»Hyans! Hyans, du mieser Arschficker!« brüllte ich, als ich reinkam. »Du ziehst hier einen Sklavenmarkt auf, du bist ein lausiger, verschissener Simon Legree! Du schreist nach Gerechtigkeit von der Polizei und von Washington

D.C., und dabei bist du das größte verkommenste Schwein von allen! Du bist schlimmer als hundert Hitler, du Bastard, du Sklaventreiber! Du schreibst von Gemeinheiten, und dann übertriffst du sie dreifach! Was glaubst du wohl, wem du damit was vormachst, du Aasgeier! Für wen hältst du dich eigentlich?«

Zum Glück für Hyans waren seine Angestellten ziemlich an mich gewöhnt; für sie war alles, was ich sagte, reiner Schwachsinn, und Hyans war die personifizierte Wahrheit.

Hyans kam rüber und drückte mir eine Heftmaschine in die Hand.

»Setz dich hin«, sagte er. »Wir versuchen die Auflage zu steigern. Also setz dich hin und klammere an jedes Exemplar einen von diesen grünen Waschzetteln dran. Wir verschicken unsere Restexemplare an potentielle Abonnenten.«

Der gute alte Freedom Loveboy Hyans war zu Big-Business-Methoden übergegangen, um seinen Scheiß an den Mann zu bringen. Die vollendete Gehirnwäsche.

Schließlich kam er wieder her und nahm mir den Apparat weg.

»Du machst das nicht schnell genug.«

»Fuck you, mother. Ich hab gedacht, hier fließt der Champagner. Und jetzt soll ich Heftklammern fressen...«

»Hey, Eddie!«

Er rief sich einen anderen Sklaven heran – hohlwangig, dünnarmig, abgezehrt. Der arme Eddie war am Verhungern. Alle hungerten sie für die Große Sache. Alle außer Hyans und seiner Alten – die wohnten in einem zweistöckigen Haus, schickten eins ihrer Kinder auf eine Privatschule, und hinten in Cleveland war der alte Papa, der war einer der Bosse des *Cleveland Plain Dealer* und hatte mehr Geld als sonstwas.

Und dann bugsierte mich Hyans raus, und mit mir einen Typ mit einem kleinen Propeller auf seiner Schirmmütze, Lovable Doc Stanley hieß er, glaube ich, und ebenso die Alte von Lovable Doc; und als wir ganz friedlich durch die Hintertür rausgingen und uns zu dritt eine billige Flasche Wein teilten, ertönte hinter uns die Stimme von Joe Hyans: »Und macht, daß ihr rauskommt, und laßt euch hier *nie* mehr blicken!... Das gilt nicht für *dich*, Bukowski.«

Der arme Irre. Er wußte genau, was seine Zeitung am Laufen hielt ...
Dann gabs wieder eine Beschlagnahmung durch die Polizei. Diesmal wegen einer Großaufnahme von der Möse einer Frau. Hyans war mal wieder unschlüssig: entweder die Auflage mit allen Mitteln hochtreiben, oder das Blatt einstellen und den Laden dichtmachen. Es war eine Zwickmühle, mit der er nicht zurechtkam, und es setzte ihm immer mehr zu. Nur die Leute, die für 35 die Woche oder ganz umsonst arbeiteten, schienen ein Interesse an der Zeitung zu haben. Immerhin, Hyans gelang es, ein paar von den jüngeren weiblichen Freiwilligen ins Bett zu kriegen, so daß er also nicht bloß seine Zeit verplemperte.
»Warum hängst du deinen Scheißjob nicht an den Nagel und arbeitest für uns?« fragte mich Hyans.
»Wieviel?«
»45 Dollar die Woche. Einschließlich deiner Kolumne. Mittwoch abends wirst du auch die Exemplare ausfahren zu unseren Münzkästen. Mit deinem Auto. Benzinkosten übernehme ich. Ansonsten machst du Berichterstattung nach Auftrag. 11 Uhr morgens bis abends halb acht, Freitag und Samstag frei.«
»Ich werd mirs überlegen.«
Dann kam sein alter Herr aus Cleveland zu Besuch. Wir betranken uns zusammen in Hyans' Wohnung. Hyans und Cherry schienen mit Pops ziemlich unglücklich zu sein. Und Pops konnte Whisky vertragen. Pot war nicht seine Sache. Ich konnte den Whisky auch vertragen. Wir soffen die ganze Nacht.
»Also, wenn ihr die *Free Press* loswerden wollt, müßt ihr folgendes machen: schlagt ihre Verkaufsboxen kaputt, jagt ihre Straßenverkäufer davon, schlagt ein paar von ihnen zusammen. So haben wir es früher gemacht. Ich hab Geld. Ich kann euch ein paar Schläger anheuern, ein paar richtige knallharte Typen. Wir können Bukowski anheuern ...«
»Verdammt nochmal!« brüllte der junge Hyans, »ich will von deinem Scheiß nichts wissen, kapiert?«
Pops wandte sich an mich: »Was hältst du von meiner Idee, Bukowski?«

»Ich finde sie gut. Gib mir die Flasche rüber.«
»Bukowski ist wahnsinnig!« brüllte Joe Hyans.
»Du druckst aber seine Kolumne«, sagt Pops.
»Er ist der beste Schreiber in Kalifornien«, sagte der junge Hyans.
»Der beste wahnsinnige Schreiber in Kalifornien«, korrigierte ich ihn.
»Sohn«, sagte Pops, »ich hab all dieses Geld. Ich will aus deiner Zeitung was machen. Wir brauchen nichts weiter zu tun, als ein paar Schläger . . .«
»Nein, nein, nein!«, brüllte Joe Hyans. »Da mach ich nicht *mit*!« Dann rannte er aus dem Haus. Was war er doch für ein wundervoller Mensch, dieser Joe Hyans. Er rannte aus dem Haus. Ich griff nach einem neuen Drink und erklärte Cherry, ich würde sie im Stehen ficken, mit dem Rücken gegen die Bücherwand. Pops sagte, er wolle gleich nach mir ran. Cherry keifte uns an, während Joe Hyans mit seiner Seele die Straße runter rannte . . .

Irgendwie gings weiter mit der Zeitung, sie erschien jetzt sogar wöchentlich. Dann kam der Prozeß wegen dieses Fotos von der Möse.
Der Staatsanwalt fragte Hyans: »Würden Sie sich verwahren gegen orale Kopulation auf den Stufen des Rathauses?«
»Nein«, sagte Joe, »aber es würde wahrscheinlich eine Verkehrsstockung verursachen.«
Oh, Joe, dachte ich. *Das* ging dir daneben. Hättest sagen sollen: »Ich sähe orale Kopulation lieber *im* Rathaus, wo sie sowieso an der Tagesordnung ist.«
Dann wurde Hyans' Verteidiger vom Richter gefragt, was das Foto von dem weiblichen Geschlechtsorgan zu bedeuten habe, und der Verteidiger sagte: »Well, es zeigt einfach, wie es ist. So isses eben, Daddy.«
Natürlich verloren sie den Prozeß und gingen in die Berufung.
»Eine Polizeiaktion«, sagte Joe Hyans zu den paar Reportern, die erschienen waren, »nichts als eine Polizeiaktion.«
Was für ein brillanter Mensch, dieser Joe Hyans . . .

Das nächste, was von Joe Hyans kam, war ein Anruf:
»Bukowski, ich hab mir grad eine Knarre gekauft. 112 Dollar. Prima Waffe. Ich werde einen damit umlegen!«
»Wo bist du jetzt?«
»In der Bar, unten bei der Zeitung.«
»Bin sofort da.«
Als ich hinkam, ging er vor der Bar auf und ab.
»Komm«, sagte er, »ich zahl dir 'n Bier.«
Wir setzten uns. Die Bude war voll. Hyans redete ein bißchen sehr laut. Man konnte ihn bis rüber nach Santa Monica hören.
»*Ich werde sein Hirn über die ganze Wand schmieren – Ich werd die Drecksau umlegen!*«
»Wen denn, Kid? Warum willst du den Kerl umlegen, Kid?«
Er starrte vor sich hin.
»Groove, baby. Warum willst du den Drecksack umlegen, hm?«
»Er fickt meine Frau! Darum!«
»Oh.«
Er starrte weiter vor sich hin. Es war wie im Film. Es war nichtmal so gut wie im Film.
»Eine prima Waffe«, sagte Joe. »Man schiebt dieses kleine Magazin rein. Zehn Schuß. Hintereinander. Von dem Scheißtyp wird nichts mehr übrig sein!«
Joe Hyans.
Dieser edle Mensch mit dem großen roten Bart.
Groove, baby.
Naja, ich fragte ihn: »Was ist mit all den Artikeln gegen den Krieg, die du gedruckt hast? Und all dieses Gedöhns von wegen Love? Was ist passiert?«
»Oh also *komm*, Bukowski, du hast doch diesen Pazifismuskram nicht etwa ernst genommen?«
»Well, ich weiß nicht ... Naja, wahrscheinlich nicht.«
»Ich hab diesen Typ gewarnt, daß ich ihn umlege, wenn er nicht wegbleibt, und ich komm rein, und da hockt er auf der Couch, in *meinem* Haus! Was würdest *du* denn da machen?«
»Du machst daraus einen Angriff auf dein persönliches Eigentum, verstehst du das nicht? Scheiß doch einfach drauf. Vergiß es. Dreh dich um. Laß die beiden da hocken.«

»Hast du das immer gemacht?«
»Seit ich dreißig war, immer. Ab 40 wirds leichter. Als Twen dagegen hab ich noch durchgedreht. Die ersten Reinfälle sind die schlimmsten.«
»Well, ich werd den Drecksack umlegen! Ich werd ihm sein gottverdammtes Hirn rausblasen!«
Die ganze Bar hörte zu. Love, baby, love.
»Komm, gehn wir hier raus«, sagte ich.
Draußen vor der Bar ging Hyans in die Knie und ließ einen Vier-Minuten-Schrei los, bei dem im Umkreis von einer Meile die Milch sauer wurde. Man konnte ihn glatt bis Detroit hören. Dann zog ich ihn hoch und bugsierte ihn rüber zu meinem Wagen. Als er den Türgriff in der Hand hatte, ging er in die Knie und schickte einen weiteren Jodler in Richtung Detroit. Er kam von Cherry nicht los, der arme Hund. Ich zog ihn hoch, setzte ihn rein, stieg auf der anderen Seite ein, fuhr nach Norden zum Sunset, dann den Sunset runter nach Osten, und an der roten Ampel, Ecke Sunset und Vermont, ließ er nochmal einen los. Ich steckte mir eine Zigarre an. Die anderen Fahrer starrten den rotbärtigen Brüller an.
Der hört nicht mehr auf, dachte ich. Ich werd ihn k. o. schlagen müssen.
Aber dann, als es Grün wurde, machte er Schluß, und ich schob den Gang rein. Er hockte da und schluchzte. Ich wußte nicht, was ich sagen sollte. Es gab nichts zu sagen.
Ich werd mit ihm zu Mongo fahren, dachte ich. Mongo ist randvoll mit Shit. Vielleicht kann er ein bißchen davon auf Hyans abladen. Ich hatte seit vier Jahren nicht mehr mit einer Frau zusammengelebt. Ich war schon zu weit weg davon, um noch was daran zu finden.
Wenn er nochmal losbrüllt, dachte ich, muß ich ihn k. o. schlagen. Nochmal so einen halt ich nicht aus.
»Hey! Wo fahr'n wir hin?«
»Zu Mongo.«
»Oh nee! Nicht zu Mongo! Ich hasse den Kerl! Der macht sich nur lustig über mich! Er is'n gemeiner Hund!«
Das stimmte. Mongo war ein guter Kopf, aber gemein. Bei ihm vorbeizuschauen, war nicht das Richtige. Das würde ich nicht über die Runden bringen. Wir fuhren weiter.
»Hör zu«, sagte Hyans, »ich hab hier in der Nähe eine

Freundin. Ein paar Blocks weiter nach Norden. Setz mich dort ab. Die versteht mich.«
Ich drehte nach Norden ab.
»Hör mal«, sagte ich, »leg den Kerl nicht um.«
»Warum nicht?«
»Weil du der einzige bist, der meine Kolumne druckt.«
Ich fuhr ihn da hin, ließ ihn raus, wartete, bis die Haustür aufgemacht wurde; dann haute ich ab. Ein guter Fick brachte ihn vielleicht wieder auf die Beine. Ich hatte selber einen nötig . . .

Als ich wieder von Hyans hörte, war er zuhause ausgezogen.
»Ich habs nicht mehr ausgehalten. Neulich abends geh ich unter die Dusche, mach mich bereit, sie zu ficken, ihr ein bißchen Leben in die Knochen zu ficken, und weißt du, was dann?«
»Was?«
»Ich geh rein, und sie rennt aus dem Haus. So eine Zicke!«
»Hör zu, Hyans, ich kenn das Spiel. Ich kann gegen Cherry nichts sagen, denn eh man sichs versieht, seid ihr beiden wieder zusammen, und dann fallen dir all die dreckigen Sachen ein, die ich über sie gesagt habe.«
»Ich geh nie mehr zu ihr zurück.«
»Mhm.«
»Ich hab beschlossen, den Drecksack nicht umzulegen.«
»Gut.«
»Ich werd ihn zu einem Boxkampf herausfordern. Streng nach den Regeln. Schiedsrichter, Ring, Handschuhe und alles.«
»OK«, sagte ich.
Zwei Bullen, die um die Kuh kämpfen. Und eine knochige dazu. Aber in Amerika war es oft der Verlierer, der die Kuh bekam. Mutterinstinkt? Dickere Brieftasche? Längerer Schwanz? Gott weiß was . . .
Während Hyans verrückt spielte, heuerte er einen Typ mit Pfeife und Krawatte an, der die Zeitung weitermachen sollte. Aber es war offenkundig, daß *Open Pussy* auf dem letzten Loch blies. Und niemand scherte sich darum; außer den freiwilligen Helfern und denen mit 25 oder 35 Dollars

pro Woche. Denen machte die Zeitung Spaß. Nicht daß sie besonders gut war, aber sie war auch nicht ganz schlecht. Denn wie ihr wißt, gab es da diese Kolumne von mir: *Notes of a Dirty Old Man*.
Und der pfeifenrauchende Krawattenheini brachte die Zeitung heraus. Sie sah aus wie immer. Und währenddessen bekam ich ständig zu hören: »Joe und Cherry sind wieder zusammen. Joe und Cherry haben sich wieder verkracht. Joe und Cherry sind jetzt wieder zusammen. Joe und Cherry ...«
Dann, an einem kalten tristen Mittwochabend, ging ich an ein Kiosk, um mir die neueste *Open Pussy* zu kaufen. Ich hatte eine meiner besten Kolumnen geschrieben und wollte sehen, ob sie den Nerv gehabt hatten, sie zu drucken. Am Kiosk gabs nur die *Open Pussy* von der vergangenen Woche. Ich roch es in der toten blauen Luft; das Spiel war aus.
Ich kaufte zwei große Sechserpackungen Bier, ging zurück in meine Bude und goß mir das Requiem runter. Ich hatte immer mit dem Ende gerechnet, aber jetzt hatte es mich doch unvorbereitet getroffen. Ich ging zur Wand, nahm das Poster herunter und warf es in den Mülleimer: »OPEN PUSSY, EINE WOCHENZEITUNG DER LOS ANGELES RENAISSANCE.«
Die Regierung brauchte sich keine Sorgen mehr zu machen. Und ich war wieder ein fabelhafter Bürger.
Auflage: zwanzigtausend. Wenn wir sechzig geschafft hätten – ohne Familientrouble, ohne Polizeiaktion – dann wären wir überm Berg gewesen. Wir schafften es nicht.
Am nächsten Tag rief ich in der Redaktion an. Das Girl am Telefon war in Tränen aufgelöst. »Wir haben versucht, dich gestern abend zu erreichen, Bukowski; aber keiner wußte, wo du wohnst. Es ist schrecklich. Es ist aus. Es ist vorbei. Das Telefon klingelt in einer Tour. Ich bin die einzige hier. Dienstag abend machen wir eine Redaktionsversammlung; vielleicht können wir die Zeitung retten. Aber Hyans hat alles mitgenommen – die ganzen Artikel, die Adressenliste, die IBM-Maschine, die ihm gar nicht gehört hat. Alles ausgeräumt. Es ist nichts mehr da.«
Oh, hast du eine süße Stimme, Baby, so eine endlos traurige süße Stimme; dich würd ich gern ficken, dachte ich.

»Wir überlegen, ob wir eine Hippie-Zeitung machen. Der Underground ist tot. Wir treffen uns Dienstag abend bei Lonny. Bitte komm.«

»Ich werds versuchen«, sagte ich, obwohl ich wußte, daß ich nicht hingehen würde. Das wars also – beinahe zwei Jahre. Es war vorbei. Die Bullen hatten gewonnen, die Stadt hatte gewonnen, die Regierung hatte gewonnen. Die Straßen waren wieder sauber. Vielleicht würden die Bullen jetzt damit aufhören, mir jedesmal einen Strafzettel zu geben, wenn sie mein Auto sahen. Und Cleaver würde uns keine kleinen Mitteilungen mehr schicken aus seinem Versteck. Und die *L. A. Times* gabs überall zu kaufen. Lieber Herr Jesus und Mutter im Himmel, was für ein trauriges Leben.

Aber ich gab dem Girl meine Adresse und Telefonnummer. Vielleicht konnte ich sie auf die Matratze kriegen. (Harriet, du bist nie erschienen.)

Aber Barney Palmer erschien, unser politischer Schreiber. Ich ließ ihn rein und machte die Bierdosen auf.

»Hyans«, sagte er, »hat sich die Knarre in den Mund gesteckt und abgedrückt.«

»Und was passierte?«

»Ladehemmung. Da hat er die Knarre verkauft.«

»Er hätte es nochmal versuchen können.«

»Einmal abzudrücken kostet schon genug Mut.«

»Hast recht. Entschuldige. Hab einen entsetzlichen Kater.«

»Willst du wissen, wie's gekommen ist?«

»Klar. Ist ja auch mein Tod.«

»Also, es war Dienstag abend, wir versuchten die Ausgabe fertig zu kriegen. Wir hatten deine Kolumne, und gottseidank war sie lang, denn wir hatten nicht genug Text. Es sah so aus, als würden wir die Seiten nicht vollkriegen. Hyans tauchte auf, glasige Augen, zuviel Wein getrunken. Er und Cherry hatten sich wieder verkracht.«

»Oje.«

»Yeh. Jedenfalls, wir kriegten die Seiten nicht voll. Und Hyans murkste uns ständig dazwischen. Schließlich ging er nach oben, legte sich auf die Couch und sackte weg. Kaum war er weg, ging alles wie geschmiert. Wir schafften es und hatten 45 Minuten, um das Zeug zum Drucker zu

bringen. Ich sagte, ich würde runterfahren zur Druckerei. Und weißt du, was passierte?«
»Hyans kam wieder zu sich.«
»Wie hast du das gewußt?«
»So bin ich eben.«
»Na jedenfalls, er bestand darauf, das Zeug selber in die Druckerei zu bringen. Er schmiß es in seinen Wagen, aber in der Druckerei kam er nie an. Am nächsten Tag kamen wir rein und fanden seinen Zettel, und das Büro war ausgeräumt – die IBM-Maschine, die Adressenliste, alles...«
»Habs gehört. Naja, laß uns die Sache mal so sehen: er hat das gottverdammte Ding auf die Beine gestellt, also hatte er auch das Recht, es einzustellen.«
»Aber die IBM-Maschine, sie gehörte ihm nicht. Dafür könnte er in Schwierigkeiten kommen.«
»Hyans ist an Schwierigkeiten gewöhnt. Er braucht sie geradezu. Sie bringen ihn auf Touren. Solltest ihn mal brüllen hören.«
»Aber es sind all die kleinen Leute, Buk, die Jungs mit 25 Piepen pro Woche, die alles liegen ließen, um das Ding über die Runden zu bringen. Die Jungs mit Pappkarton in den Schuhen. Die Jungs, die auf dem Fußboden geschlafen haben.«
»Die Kleinen kriegen es immer in den Arsch, Palmer. Das ist eben der Lauf der Geschichte.«
»Du redest wie Mongo.«
»Mongo hat gewöhnlich recht; wenn er auch ein mieser Knochen ist.«
Wir redeten noch eine Weile, dann war auch das vorbei.

Während der Nachtschicht kam ein großer schwarzer Teddybär zu mir her. »Hey, Bruder, ich hab gehört, eure Zeitung ist eingegangen.«
»Stimmt, Bruder, aber wo hast du das her?«
»Steht in der *L. A. Times*, auf der ersten Seite vom Innenteil. Schätze, die jubeln jetzt.«
»Schätze ich auch.«
»Wir mochten deine Zeitung, Mann. Und deine Kolumne auch. Wirklich starkes Zeug.«
»Danke dir, Bruder.«

Während der Essenspause (22.45 Uhr) ging ich raus und kaufte die *L. A. Times*. Ich ging damit über die Straße in eine Bar, besorgte mir einen Krug Bier für einen Dollar und ging an einen Tisch, wo Licht war:

OPEN PUSSY TIEF IN DEN ROTEN ZAHLEN

Open Pussy, die zweitgrößte Untergrundzeitung in Los Angeles, hat ihr Erscheinen eingestellt, wie die Herausgeber am Donnerstag bekanntgaben. Das Blatt hätte in 10 Wochen sein zweijähriges Bestehen feiern können.
Hohe Schulden, Schwierigkeiten mit dem Vertrieb und eine 1000-Dollar-Strafe nach einer Verurteilung wegen Obszönität im Oktober haben nach Ansicht des stellvertretenden Redaktionsleiters Mike Engel zum Niedergang der Wochenzeitung beigetragen. Die letzte Auflage des Blattes gab er mit 20 000 an.
Engel und andere Redaktionsmitglieder sagten jedoch, sie seien überzeugt, daß Open Pussy weiter hätte erscheinen können, doch Herausgeber Joe Hyans, 35, habe die Einstellung des Blattes verfügt.
Als die Mitarbeiter der Zeitung am Mittwoch früh in die Redaktionsräume an der Melrose Avenue Nr. 4369 kamen, fanden sie eine Nachricht von Hyans, in der es auszugsweise hieß:
»Das Blatt hat seinen künstlerischen Zweck erfüllt. Politisch war es ohnehin nie besonders effektiv. Was in letzter Zeit darin zu lesen war, stellt keine Verbesserung dar gegenüber dem, was wir vor einem Jahr gedruckt haben.
Als Künstler muß ich mich abwenden von einem Werk, das nicht mehr wächst . . . auch wenn es ein Werk meiner eigenen Hände ist, und obwohl es Kies (Geld) bringt.«

Ich trank den Bierkrug leer und ging zurück zu meinem Regierungsjob.
Ein paar Tage später fand ich eine Nachricht in meinem Briefkasten:

10.45, Montag

Hank – – –
Habe heute früh in meinem Briefkasten eine Nachricht von Cherry Hyans gefunden. (Ich war den ganzen Sonntag weg.) Sie sagt, sie hat die Kinder bei sich und ist krank und

in großen Schwierigkeiten, bei – – – – in der Douglas Street. Ich kann die Douglas Street auf dem verdammten Stadtplan nicht finden, aber ich wollte dich das mit der Nachricht wissen lassen.
Barney

Einige Tage danach klingelte das Telefon. Es war keine Frau mit einer heißen Möse. Es war Barney.
»Hey, Joe Hyans ist in der Stadt.«
»Das sind wir beide auch«, sagte ich.
»Joe ist wieder bei Cherry.«
»Yeh?«
»Sie werden nach San Francisco ziehen.«
»Das würde ich ihnen auch empfehlen.«
»Das mit der Hippie-Zeitung hat nicht geklappt.«
»Yeh. Tut mir leid, daß ich nicht kommen konnte. War besoffen.«
»Das macht nichts. Aber hör zu, ich hab grad einen Artikel zu schreiben, aber sobald ich damit fertig bin, möchte ich mich mit dir treffen.«
»Weshalb?«
»Ich hab einen Geldgeber aufgetan. Fünfzigtausend.«
»Fünfzigtausend?«
»Yeh. Echtes Geld. Er will einsteigen. Er will ne neue Zeitung starten.«
»Halt mich auf dem laufenden, Barney. Ich hab dich immer gemocht. Erinnerst du dich noch, wie wir mal um vier Uhr nachmittags bei mir zuhause zu trinken anfingen und die ganze Nacht durch gequatscht haben und erst am nächsten Morgen um elf aufgesteckt haben?«
»Yeh. War ne irre Nacht. Du kannst noch jeden unter den Tisch trinken. Nicht schlecht für dein Alter.«
»Yeh.«
»Also, sobald ich mit diesem Artikel durch bin, geb ich dir Bescheid.«
»Yeh. Laß von dir hören, Barney.«
»Mach ich. Halt inzwischen die Ohren steif.«
»Klar.«
Ich ging aufs Klo und zog einen herrlichen Bierschiß ab. Dann stieg ich ins Bett, wichste mir einen runter und schlief.

Szenen aus der Großen Zeit

I

Die Neuen mußten immer die Taubenscheiße wegmachen, und während man sich mit der Taubenscheiße abmühte, kamen auch schon wieder die Tauben an und schissen einem in die Haare und ins Gesicht und auf die Kleider. Man bekam keine Seifenlauge, nur Wasser und eine Bürste, und die Scheiße ging schlecht wieder ab. Später kam man in die Werkstatt und arbeitete für 3 Cents die Stunde, aber als Neuer mußte man zunächst mal an die Taubenscheiße ran.
Ich war mit Blaine zusammen, als er die Idee hatte. Er sah eine Taube in der Ecke, der Vogel konnte nicht mehr fliegen. »Hör zu«, sagte Blaine, »ich weiß, daß diese Vögel miteinander reden können. Laß uns mal diesem Vogel was mitgeben, was er den anderen sagen kann. Wir nehmen uns den Kerl vor und schmeißen ihn da aufs Dach rauf, dann kann er den anderen erklären, was läuft.«
»OK«, sagte ich.
Blaine ging hin und hob den Vogel auf. Er hatte eine kleine braune Rasierklinge bei sich. Er sah sich um. Wir waren in einer schattigen Ecke des Gefängnishofes. Es war ein heißer Tag, und ziemlich viele Häftlinge hielten sich da in der Ecke auf.
»Möchte mir einer von den Gentlemen bei dieser Operation assistieren?« fragte Blaine.
Es meldete sich keiner.
Blaine fing an, dem Vogel ein Bein abzuschneiden. Starke Männer wandten sich ab. Ich sah, wie der eine oder andere die Hand an die Schläfe hob, um sich die Sicht zu verdecken.
»Was zum Teufel ist los mit euch Typen?« schrie ich sie an.
»Wir haben es satt, ständig Taubenscheiße ins Haar und in

die Augen zu kriegen! Wir verpassen diesem Vogel einen Denkzettel und schmeißen ihn aufs Dach rauf, damit er den anderen klarmachen kann: ›Das sind gemeine Motherfukker da unten! Kommt ihnen nicht zu nahe!‹ Das Vieh wird diesen anderen Tauben klarmachen, daß sie aufhören sollen, uns vollzukacken!«
Blaine warf den Vogel aufs Dach. Ich weiß nicht mehr, ob die Sache funktioniert hat. Aber eins weiß ich noch: während ich am Schrubben war, kamen mir diese beiden Taubenfüße vor die Bürste. Sie sahen sehr merkwürdig aus, ohne den Vogel dran. Ich fegte sie in die Scheiße.

II

Die meisten Zellen waren überbelegt, und es hatte mehrere Rassenkrawalle gegeben. Sie holten Blaine aus meiner Zelle und steckten ihn in eine Zelle mit Schwarzen. Als Blaine dort reinkam, hörte er, wie einer der Schwarzen sagte: »Da kommt meine Schwuchtel! Jawohl, Mann, den mach ich zu meiner Schwuchtel! Na, eigentlich könnten wir *alle* ran und uns ne Nummer genehmigen! Was ist, Baby: machst du 'n Strip, oder müssen wir dir helfen?!«
Blaine zog sich aus und legte sich flach auf den Bauch.
Er hörte, wie sie um ihn herumgingen.
»Mann Gottes! So'n HÄSSLICHES Loch hab ich selten gesehn!«
»Ich bring keinen hoch, Boyer, ich brings einfach nicht!«
»Meine Güte, sieht aus wie ne kranke Doughnut!«
Sie gingen alle weg, und Blaine stand auf und zog sich wieder an. Er erzählte mirs auf dem Hof. »Ich hatte Glück. Die hätten mich in Fetzen gerissen!«
»Bedank dich bei deinem häßlichen Loch«, sagte ich.

III

Dann war da noch Sears. Sie steckten Sears zu einer Meute von Schwarzen in die Zelle, und Sears sah sich um und legte sich mit dem größten von ihnen an. Der Große lag auf der Pritsche. Sears machte einen Satz und landete mit beiden Knien auf seiner Brust. Sie kämpften. Sears machte ihn fertig. Die anderen sahen einfach zu.

Diesem Sears schien alles egal zu sein. Draußen auf dem Hof ging er in die Hocke, schaukelte langsam hin und her und rauchte eine Kippe. Er sah einen Schwarzen an. Lächelte. Blies den Rauch durch die Nase.
»Weißt du, von wo ich bin?« fragte er den Schwarzen.
Der Schwarze gab keine Antwort.
»Ich bin aus Two Rivers in Mississippi.« Er inhalierte, hielt die Luft an, blies den Rauch durch die Nase, lächelte, schaukelte hin und her. »Da unten würde dirs gefallen.«
Dann flippte er die Kippe weg, stand auf, drehte sich um und ging über den Hof ...

IV

Sears hatte es auch auf weiße Jungs abgesehen. Sears hatte so komisches Haar, es sah wie angeklebt aus und stand nach allen Seiten ab, ein schmutziges Rot. Er hatte eine Messernarbe quer über die eine Backe, und seine Augen waren rund, sehr rund.
Ned Lincoln sah aus wie 19, war aber 22 – schiefes Maul, Buckel, und ein weißer Film ging halb über sein linkes Auge runter. Als der Junge am Tag seiner Einlieferung zum ersten Mal auf den Hof kam, kriegte ihn Sears sofort spitz.
»HEY, DU!« brüllte er hinter dem Jungen her.
Der Junge drehte sich um.
Sears zeigte auf ihn. »DU! ICH NEHM DICH IN DIE MANGEL, MANN! STELL DICH SCHON MAL DRAUF EIN, MORGEN BIST DU DRAN! ICH NEHM DICH IN DIE MANGEL, MANN!«
Ned Lincoln stand einfach da. Er begriff nicht recht. Sears fing mit einem anderen Häftling eine Unterhaltung an, als hätte er die ganze Sache schon wieder vergessen. Aber wir wußten, daß er sie nicht vergessen hatte. Es war einfach so seine Art. Er hatte seine Erklärung abgegeben, und das wars.
Abends in der Zelle nahm einer den Jungen beiseite.
»Sieh dich besser vor, Kid. Der meint es ernst. Besser, du besorgst dir was.«
»Was?«
»Na, du kannst dir 'n kleines Messer machen. Nimmst dir

den Griff vom Wasserhahn und schleifst ihn auf dem Zement bis er scharf ist. Für zwei Dollar kann ich dir auch ne richtige gute Klinge verkaufen.«
Der Junge kaufte die Klinge, aber am nächsten Tag blieb er in der Zelle, er kam nicht raus auf den Hof.
»Der kleine Scheißer hat Angst«, sagte Sears.
»Ich hätte auch Angst«, sagte ich.
»Du würdest rauskommen«, sagte er.
»Ich würde drinbleiben«, sagte ich.
»Du würdest rauskommen!« sagte Sears.
»OK, ich würde rauskommen.«
Sears ging ihm am nächsten Tag im Duschraum an den Kragen. Keiner sah etwas. Man sah nur das frische rote Blut, das mit dem Seifenschaum und dem Wasser in den Gully floß.

V

Manche Männer sind einfach nicht kleinzukriegen. Sogar das Loch bringt sie nicht zur Vernunft. Joe Statz war so einer. Er saß schon so lange im Loch, daß es wie eine Ewigkeit schien. Der Gefängnisdirektor hatte einen Narren an ihm gefressen. Wenn er Joe kleinkriegte, dann würde er die übrigen Männer besser an die Kandare bekommen.
Eines Tages kam der Direktor mit zwei von seinen Leuten an, sie hoben den Deckel ab, und der Direktor kniete sich hin und brüllte zu Joe runter:
»JOE! JOE, HAST DU GENUG? WILLST DU RAUSKOMMEN, JOE? WENN DU JETZT NICHT RAUS WILLST, JOE, DANN DAUERTS SEHR LANGE, BIS ICH WIEDERKOMME!«
Es kam keine Antwort.
»JOE! JOE! HÖRST DU MICH?«
»Yeah, ich hör schon.«
»ALSO, WAS IST DEINE ANTWORT, JOE?«
Joe packte seinen Kübel voll Scheiße und Pisse und kippte dem Direktor das Zeug ins Gesicht. Die beiden Leute des Direktors machten den Deckel wieder drauf. Soviel ich weiß, ist Joe noch immer da unten, tot oder lebendig. Es sprach sich herum, was er mit dem Direktor gemacht hatte. Wir dachten oft an Joe, vor allem nachts.

VI

Als ich rauskam, dachte ich: Ich warte eine Weile, und dann komm ich hier nochmal her; ich werd mirs von außen betrachten und werde dann ganz genau wissen, was da drin läuft, und ich werde diese Mauern anstarren und mir vornehmen, nie mehr dahinter zu landen.

Aber als ich draußen war, ging ich dann doch nicht mehr hin. Ich sah mirs nie von außen an. Es ist wie bei ner miesen Frau. Hat keinen Sinn, daß man nochmal hingeht. Nichtmal einen letzten Blick möchte man daran verschwenden. Aber man kann drüber reden. Das ist leicht. Und das hab ich heute ein bißchen getan. Machts gut, Freunde. Drinnen oder draußen.

Kaputt in Hollywood

Vicki war ganz in Ordnung. Aber wir hatten unsere Schwierigkeiten. Wir hingen an der Weinflasche. Port. Dieses Weib betrank sich und kam ins Reden, und dann warf sie mir die schauderhaftesten und verlogensten Sachen an den Kopf, die man sich vorstellen kann. Und diese Stimme! Verschlampt und heiser und lispelnd und irre. Jedem Mann würde das an den Nerv gehen. Mir jedenfalls ging es.
Einmal schrie sie mir dieses irre Zeug von dem Klappbett entgegen, das in unserer Wohnung steht. Ich flehte sie an, sie solle damit aufhören. Sie hörte nicht auf. Schließlich ging ich einfach hin, hob das Bett hoch, mit ihr drin, und klappte das ganze in die Wand.
Dann ging ich zu meinem Sessel, setzte mich rein und hörte zu, wie sie schrie.
Aber sie schrie immer weiter, und da ging ich wieder hin, klappte das Bett runter, und da lag sie und hielt sich den Arm und behauptete, er sei gebrochen.
»Dein Arm *kann* nicht gebrochen sein«, sagte ich.
»Er *is* aber, er *is* aber! Ohh, du mieser elender Wichser, du hast mir den Arm gebrochen!«
Ich genehmigte mir einige weitere Drinks, aber sie hielt sich einfach immer nur den Arm und wimmerte. Schließlich wurde es mir zuviel. Ich sagte ihr, ich sei gleich wieder da, und ich ging die Treppe runter und auf die Straße, und hinter einem Lebensmittelgeschäft fand ich ein paar alte Holzkisten. Ich suchte mir gute stabile Bretter aus, riß sie ab, zog die Nägel raus, ging zurück und fuhr mit dem Aufzug wieder hoch in unsere Wohnung.
Mit ungefähr vier Brettern kam ich aus. Ich riß von einem ihrer Kleider ein paar Streifen ab und band sie ihr damit an ihrem Arm fest. Die nächsten paar Stunden verhielt sie

sich ruhig. Dann fing sie wieder an. Ich konnte es nicht mehr ertragen. Ich rief ein Taxi. Wir fuhren ins städtische Krankenhaus. Nachdem ich das Taxi bezahlt hatte, machte ich ihr schnell die Bretter ab und warf sie auf die Straße.
Dann röntgten sie ihr die BRUST und legten ihren Arm in Gips. Das muß man sich mal vorstellen. Ich nehme an, wenn sie sich den Schädel gebrochen hätte, dann hätten sie ihren Arsch geröntgt.
Jedenfalls, danach saß sie dann in den Bars und sagte: »Ich bin die einzige Frau, die man mit nem Klappbett in die Wand geklappt hat.«
Da war ich mir noch nichtmal so sicher, aber ich ließ sie reden.
Naja. Ein anderes Mal, als sie mich wieder nervte, schlug ich ihr eine auf den Mund, und dabei ging ihr Gebiß in Stücke.
Ich war überrascht, daß ihr Gebiß nicht mehr aushielt. Ich ging los und besorgte mir so einen Super-Zementkleister und pappte ihr das Gebiß wieder zusammen. Es hielt einige Zeit ganz gut, und eines Abends, als sie dasaß und ihren Wein trank, hatte sie plötzlich lauter einzelne Zähne im Mund.
Dieser Wein war derart stark, daß er den Kleister aufgelöst hatte. Es war zum Kotzen. Wir mußten ihr ein neues Gebiß machen lassen. Wie wir das schafften, weiß ich nicht mehr so recht, aber sie behauptete, sie sehe damit wie ein Pferd aus.
Gewöhnlich kriegten wir uns in die Haare, nachdem wir einiges getrunken hatten, und Vicki behauptete, ich würde jedesmal unheimlich fies, wenn ich einen sitzen hatte, aber ich meine, daß sie diejenige war, die fies wurde. Na jedenfalls, während so einer Streiterei stand sie dann manchmal auf, schlug die Tür hinter sich zu und rannte in irgendeine Bar, »um sich 'n Freier aufzureißen«, wie die Girls zu sagen pflegten.
Ich fühlte mich immer schlecht, wenn sie weglief. Das muß ich zugeben. Manchmal blieb sie 2 oder 3 Tage weg. Und Nächte. Das war nicht sehr nett von ihr.
Einmal rannte sie raus, und ich saß da, trank meinen Wein und machte mir Gedanken. Dann stand ich auf, fand den

Fahrstuhl und begab mich ebenfalls hinunter auf die Straße. Ich fand sie in ihrer Stammkneipe. Sie saß da und hatte so einen purpurnen Schal um. Den hatte ich vorher noch nie gesehen. Den versteckte sie wohl vor mir. Ich ging zu ihr hin und sagte ziemlich laut:
»Ich hab versucht, aus dir ne Frau zu machen, aber du bist nichts als ne gottverdammte Nutte!«
Die Kneipe war voll. Kein einziger Platz mehr frei. Ich hob die Hand. Ich holte aus. Ich klatschte ihr eine, daß sie von ihrem gottverdammten Barhocker fiel. Sie fiel auf den Boden und kreischte.
Das war am hinteren Ende der Bar. Ich drehte mich um, sah gar nicht mehr hin und ging die ganze Bar entlang zum Ausgang. Dann machte ich kehrt und nahm die Kundschaft ins Visier. Es war sehr still geworden.
»Also«, sagte ich, »wenn hier jemand ist, dem es nicht PASST, was ich grad gemacht hab, dann braucht ers bloß zu SAGEN . . .«
Es war stiller als still.
Ich drehte mich um und ging durch die Tür. Sobald ich draußen war, konnte ich hören, wie drinnen das Schnattern und Labern losging. Schnattern und Labern.
Diese SCHEISSER! Kein einziger Mann in der ganzen Fuhre.
– – – aber, natürlich, sie kam wieder, und . . . naja, um die Sache kurz zu machen: neulich abends sitzen wir da und trinken Wein, und der alte Streit geht wieder los. Diesmal beschloß *ich*, mich rar zu machen.
»SCHEISSE NOCHMAL, ICH HAU AB AUS DIESEM LOCH!« brüllte ich Vicki an. »ICH KANN DEINE VERFLUCHTE ALTE LEIER NICHT MEHR HÖREN!«
Sie war mit einem Satz an der Tür.
»Nur über meine Leiche, anders kommst du mir nicht hier raus!«
»Na schön, wenns sein muß . . .«
Ich donnerte ihr eine vor den Latz, und sie ging vor der Tür zu Boden. Ich mußte sie wegziehen, um rauszukönnen.
Ich nahm den Fahrstuhl nach unten. Fühlte mich ziemlich gut. Eine nette schlingernde Fahrt, vier Stockwerke runter. Der Fahrstuhl war so ne Art Käfig und roch nach alten Socken, alten Handschuhen, alten Staubwedeln, aber er

gab mir ein Gefühl von Sicherheit und Power – irgendwie – und der Wein schwappte in mir rum.
Aber draußen auf der Straße überlegte ich mirs wieder anders. Ich ging in den Spirituosenladen. Ich kaufte vier neue Flaschen Wein, ging zurück und fuhr mit dem Fahrstuhl wieder rauf. Als ich in die Wohnung reinkam, saß Vicki auf einem Stuhl und heulte.
»Ich bin zu dir zurückgekommen, Darling. Bist 'n Glückspilz«, sagte ich zu ihr.
»Du Drecksack, du hast mich geschlagen, DU HAST MICH GESCHLAGEN!«
»Mhm«, sagte ich, »und wenn du nochmal pampig wirst, schlag ich dich wieder.«
»Yeah!« kreischte sie, »MICH KANNST DU SCHLAGEN, ABER 'N MANN ZU SCHLAGEN, DAS TRAUST DU DICH NICHT!«
»NA KLAR!« brüllte ich zurück, »KLAR, SCHLAG ICH KEINEN MANN! GLAUBST DU VIELLEICHT, ICH BIN BLÖD? WAS HAT DAS ÜBERHAUPT DAMIT ZU TUN?!«
Das reichte ihr für ne Weile, und wir saßen eine Weile rum und tranken unsere Wassergläser voll Wein runter. Port.
Dann zog sie wieder über mich her. Vor allem hackte sie darauf rum, ich würde immer onanieren, sobald sie eingeschlafen sei.
Na, ich sagte mir, selbst wenn das so wäre, dann wäre es immer noch meine Angelegenheit; und wenn nicht, dann war sie WIRKLICH ein klinischer Fall. Sie behauptete, ich würde in der Badewanne onanieren, in der Besenkammer, im Fahrstuhl, überall.
Immer wenn ich aus der Wanne stieg, kam sie ins Bad gerannt:
»DA! ICH SEH ES! SIEH DIRS AN!«
»Du verrücktes Luder, das ist nur 'n Dreckrand.«
»Nein, das ist SAFT! das ist SAFT!«
Oder sie kam reingerannt, während ich mich unter den Armen wusch, oder zwischen den Beinen:
»Siehst du, siehst du, SIEHST DU! Du MACHST ES!«
»WAS mach ich? Kann sich ein Mann nichtmal die Eier waschen? Das sind MEINE Eier, verdammt! Kann man sich nichtmal die eigenen Eier waschen?«

»Und was ist das Ding, was da hoch kommt?«
»Mein kleiner Zeigefinger, und jetzt mach daß du hier RAUSKOMMST!!!«
Oder im Bett, ich schlafe tief und fest, und plötzlich packt mich diese Hand an meinen Sachen, Mann ... im tiefsten Schlaf, mitten in der Nacht, diese FINGERNÄGEL!
»AH-HA! ICH HAB DICH ERWISCHT! ICH HAB DICH ERWISCHT!«
»Du beknacktes Luder, ich schwör dir, wenn du das nochmal machst, BRING ICH DICH UM!«
»ICH HAB DICH ERWISCHT, ICH HAB DICH ERWISCHT, ICH HAB DICH ERWISCHT!«
»Menschenskind, jetzt schlaf endlich ...«
Na, und an diesem bewußten Abend saß sie mir also gegenüber und keifte mal wieder rum von wegen Onanieren. Ich hockte einfach da, trank meinen Wein und stritt überhaupt nichts ab. Das machte sie wütender und wütender.
Und wütender.
Schließlich hielt sie es nicht mehr aus. Sie schwafelte von Onanieren – ich meine, daß ICH angeblich onaniere –, und ich hockte einfach da und grinste sie an. Sie sprang auf und rannte aus der Tür.
Ich ließ sie gehen. Ich saß da und trank Wein. Port.
Immer dasselbe.
Ich dachte drüber nach. Hmm, hmm, naja.
Dann stand ich in aller Ruhe auf und nahm den Fahrstuhl nach unten. Ich war nicht wütend. Ich war ganz ruhig. Es war einfach der alte Krieg, wie immer.
Ich ging die Straße runter, aber ich ging nicht in ihre Stammkneipe. Warum das gleiche Spiel wiederholen? Du bist eine Nutte, ich hab versucht eine Frau aus dir zu machen ... scheiß drauf. Damit konnte man sich nach ner Weile ganz schön lächerlich machen. Also ging ich in eine andere Kneipe und bestieg einen Barhocker in der Nähe der Tür. Ich bestellte einen Drink, nahm einen Schluck, stellte das Ding auf den Tresen, und da sah ich sie. Vicki. Sie saß am anderen Ende der Bar. Aus irgendeinem Grund sah sie aus, als hätte sie die Hosen voll.
Aber ich ging nicht zu ihr hin. Ich starrte sie einfach an, so als würde ich sie nicht kennen.

Dann spürte ich etwas neben mir. Es hatte so einen altmodischen Fuchspelz um. Der tote Fuchs ließ ihr seinen Kopf über den Busen hängen und sah mich an. Der Busen sah mich auch an.
»Dein Fuchs sieht aus als könnte er einen Drink gebrauchen, Sweetie«, sagte ich zu ihr.
»Der ist tot. Braucht keinen Drink. Aber ich brauch einen, oder ich sterbe.«
Na, ein netter Mensch wie ich – wie komme ich dazu, dem Tod unter die Arme zu greifen? Ich kaufte ihr einen Drink. Sie sagte mir ihren Namen. Margy. Ich erzählte ihr, ich sei Thomas Nightengale, Schuhverkäufer. Margy. All diese Frauen, die einen Namen haben, trinken, scheißen, menstruieren. Männer ficken. In die Wand geklappt werden. Es war nicht zu verkraften.
Wir tranken noch ein paar, und schon hatte sie die Handtasche offen und zeigte ein Foto von ihren Kindern vor – ein häßlicher behämmerter Junge und ein Mädchen ohne Haare, sie waren in irgendeinem langweiligen Ort in Ohio, bei ihrem Vater, der Vater war ein Tier, ein Großverdiener; keinen Sinn für Humor, kein Verständnis.
Ah, einer von DENEN . . .
Ja, und er brachte diese Flittchen mit nach Hause und fickte sie vor ihren Augen, bei voller Beleuchtung.
»Ah, verstehe, verstehe«, sagte ich. »Ja, sicher, die meisten Männer sind Tiere, sie begreifen einfach nichts. Und du bist SO ein süßer Fratz, Teufel nochmal, es ist einfach nicht gerecht.«
Ich schlug vor, in eine andere Bar zu gehen. Vicki's Arsch zuckte nervös, und sie war zur Hälfte Indianerin.
Wir ließen sie da hocken. Wir gingen um die Ecke und kippten noch einen.
Dann schlug ich vor, zu mir nach Hause zu gehen. Ein bißchen was zu essen. Ich meine, unterwegs was mitzunehmen zum Kochen, Backen, Braten.
Von Vicki sagte ich ihr natürlich nichts. Vicki bildete sich unheimlich was ein auf ihre gottverdammten Brathähnchen. Vielleicht, weil sie selber wie eins aussah. Ein Brathähnchen mit Pferdezähnen.
Also ich schlug vor, daß wir uns ein Hähnchen besorgen, es in Whisky baden und dann braten. Sie hatte nichts dagegen.

Also. Schnapsladen. Kleine Flasche Whisky. 5 oder 6 große Flaschen Bier.
Wir fanden einen durchgehend geöffneten Supermarkt. Der Laden hatte sogar einen Metzger.
»Wir wollen ein Hähnchen braten«, sagte ich.
»Ach herrjeh«, sagte er.
Ich ließ eine von den Bierflaschen fallen. Es gab eine richtige Explosion.
»Herrjeh«, sagte er.
Ich ließ noch eine fallen, um zu sehen, was er dazu sagt.
»Ach du meine Güte«, sagte er.
»Ich will DREI Brathähnchen«, sagte ich.
»DREI BRATHÄHNCHEN?«
»Du meine Güte, ja«, sagte ich.
Der Metzger langte rein und griff sich drei sehr gelblich-weiße Hähnchen mit etlichen langen schwarzen unausgerupften Haaren, die wie Menschenhaare aussahen, und er wickelte sie in dickes rosarotes Papier, ein einziges großes Bündel, und zurrte ein paar lange Klebestreifen drum herum. Ich zahlte und wir gingen da raus.
Auf dem Weg zum Ausgang ließ ich nochmal 2 Bierflaschen fallen.
Wir fuhren mit dem Fahrstuhl hoch, und ich spürte, wie mir der Saft in die Knochen stieg. Als wir durch meine Tür waren, hob ich Margy's Kleid hoch, um nachzusehen, was ihre Strümpfe oben hielt. Dann steckte ich ihr ganz kumpelhaft meinen rechten Mittelfinger unter den Schlüpfer und kitzelte sie mal so richtig. Sie kreischte und ließ das Bündel fallen. Es fiel auf den Teppich, und die drei Hähnchen kamen raus. Diese 3 Brathähnchen, gelblich-weiß, mit ihren 29 oder 30 schmierigen abstehenden umgeknickten gemordeten Menschenhaaren sahen sehr merkwürdig aus, wie sie da ihre klaffenden Löcher zeigten auf meinem abgelatschten Teppich mit seinen gelben und braunen Blumen und Bäumen und chinesischen Drachen unter einer elektrischen Lampe in Los Angeles am Ende der Welt in der Nähe von 6th Street und Union.
»Oooh, die Hähnchen.«
»Scheiß auf die Hähnchen.«
Ihr Strumpfgürtel war dreckig. Genau richtig. Ich kitzelte sie nochmal.

Well, shit, also ich setzte mich hin und pellte die Whiskyflasche aus dem Papier, goß zwei große Wassergläser voll, zog mir Schuhe Socken Hose und Hemd aus, nahm mir eine von ihren Zigaretten, hockte in Unterhosen da. Das mach ich immer als erstes. Ich habs gern bequem. Wenns dem Flittchen nicht paßt, leck mich, dann kann sie ja gehn. Aber sie bleiben immer da. Ich hab so ne Art an mir. Manche Weiber sagen, ich hätte ein König sein müssen. Andere sagen was anderes. Scheiß drauf.
Sie trank ihr Glas bis auf einen kleinen Rest und griff nach ihrer Handtasche. »Ich hab zwei Kinder in Ohio. Sind süße Kinder . . .«
»Vergiß es. Das hatten wir schon. Sag mal, tust du Schwanz lutschen?«
»Was meinst du damit?«
»OH KACKE!« Ich schmiß mein Glas an die Wand.
Ich holte mir ein neues, goß es voll, und wir tranken weiter.
Ich weiß nicht mehr, wie lange der Whisky hielt, aber er muß mich in Fahrt gebracht haben, jedenfalls weiß ich nur noch, daß ich plötzlich nackt auf dem Bett lag und zur Deckenlampe hinaufstarrte, und Margy stand nackt daneben und rubbelte mir den Penis mit ihrem Fuchsschwanz. Und während sie rubbelte, sagte sie in einer Tour: »Ich werd dich ficken, ich werd dich ficken . . .«
»Hör zu«, sagte ich, »ich weiß nicht, ob du mich ficken kannst. Ich hab nämlich heute abend schon im Fahrstuhl onaniert. Ungefähr um acht, glaube ich.«
»Ich fick dich trotzdem.«
Sie machte wirklich einen drauf mit ihrem Fuchspelz. Tat ganz gut. Vielleicht konnte ich mir selber so einen besorgen. Ich kannte mal einen Typ, der tat sich rohe Leber in ein Longdrink-Glas, und das hat er dann gepimpert. Also ich, ich würde mein Ding nicht in etwas reinstecken, was brechen oder splittern kann. Stell dir mal vor, du erscheinst mit einem blutenden Schwanz beim Arzt und sagst: Das ist passiert, als ich 'n Wasserglas gepimpert hab. Einmal, als ich mich in einer Kleinstadt in Texas rumdrückte, sah ich diese herrlich gebaute Fickliese; sie war verheiratet mit so nem kleinen verhutzelten alten Gnom, der ein mieses Temperament hatte und an einer Krankheit litt, die ihn ganz

tattrig machte. Sie sorgte für ihn und schob ihn in einem Rollstuhl durch die Gegend, und ich mußte immer dran denken, wie er all das saftige Fleisch rammelte. Ich sah es richtig vor mir, verstehst du. Und dann erfuhr ich auch die Story: Als junges Ding hatte sie sich ne Cola-Flasche in die Möse gesteckt, das Ding ging nicht mehr raus, und sie mußte damit zum Arzt. Der kriegte die Flasche raus, aber die Geschichte kam auch irgendwie raus. Danach war sie in der Stadt erledigt, aber sie war nicht schlau genug, abzuhauen. Keiner wollte sie haben. Nur der miese alte Zitterrochen. Dem wars scheißegal – er bekam das beste Stück Arsch in der ganzen Stadt.
Wo war ich stehengeblieben? Ah ja: also sie kam richtig in Fahrt mit ihrem Fuchsschwanz, und ich hatte gerade was Schönes stehen, da hörte ich, wie sich ein Schlüssel in der Wohnungstür drehte. Oh shit, wahrscheinlich war es Vicki!
Naja, ganz einfach, dachte ich. Ich schmeiß sie einfach raus und bring meine Nummer.
Die Tür ging auf, und da stand Vicki, und hinter ihr standen zwei Bullen.
»SCHAFFT MIR DIESES WEIBSTÜCK AUS MEINER WOHNUNG!« keifte sie.
BULLEN! Ich konnte es nicht fassen. Ich zog mir das Leintuch über mein zitterndes pulsierendes und riesiges Geschlechtsorgan und tat so, als schliefe ich. Es sah aus als hätte ich eine Salatgurke unter der Decke.
Margy brüllte zurück. »Ich kenn dich, Vicky, das is ja gar nicht deine gottverdammte Wohnung! Der Typ da hat sie sich VERDIENT! Er leckt dir die Härchen an deinem Arsch! Er macht dirs mit seiner langen Sandpapierzunge, bis du Morsezeichen zum Himmel jodelst! Und du bist nix als ne HURE, ne echte shitfressende Zwei-Dollar-Hure. Und DAS ist schon seit Franky D. aus der Mode, und DAMALS warst du schon ACHTUNDVIERZIG!«
Bei diesen Worten machte meine Salatgurke schlapp. Diese beiden Flittchen mußten 80 Jahre alt sein! Jede von ihnen. Zusammen wären sie alt genug, um Abe Lincoln noch einen zu blasen. Sowas in der Art. General Robert E. Lee. Patrick Henry. Mozart. Dr. Samuel Johnson. Robespierre. Napoleon. Machiavelli? Der Wein konserviert.

Gott überdauert alles. Die Nutten blasen in alle Ewigkeit.
Und Vicky brüllte zurück. »WER IS HIER NE HURE? WER IS NE HURE? HM? DU BIST HIER DIE HURE! DU VERKLOPPST DEIN VERGRÄTZTES LOCH SEIT 30 JAHREN DIE GANZE ALVARADO STREET RAUF UND RUNTER! NE BLINDE RATTE WÜRDE VIERMAL 'N RÜCKZIEHER MACHEN, EH SIE IN SOWAS REINKRIECHT! DU HASTS GERADE NÖTIG! WO DU VON GLÜCK SAGEN KANNST, WENN DU'S FERTIGBRINGST, DASS NEM TYP EINER ABGEHT! UND *DAS* IS SCHON AUS DER MODE, SEIT KONFUZIUS SEINE MUTTER GEFICKT HAT!«
»WAS?! DU BILLIGE FOTZE! DU HAST SCHON MEHR BLAUE EIER VERTEILT ALS MAN AN NEM SILBERNEN CHRISTBAUM IN DISNEYLAND UNTERBRINGEN KANN! ALSO WIRKLICH, DU . . .«
»Augenblick mal, Ladies«, sagte der eine Bulle. »Ich muß doch sehr bitten, diese Ausdrücke zu unterlassen und die Lautstärke zu reduzieren. Unser demokratischer Gedanke basiert schließlich auf Verständigung und Freundlichkeit. Oh, ich LIEBE es einfach, wie Bobby Kennedy seinen dicken kerligen lockigen Haarschopf so auf die eine Seite kämmt auf seinem süßen Kopf, Sie nicht auch?«
»Na, du miese Schwuchtel«, sagte Margy, »hast du deshalb so enge Hosen an, damit dein süßer Arsch besser rauskommt? Mein Gott, er sieht WIRKLICH lecker aus! Ich glaub, ich hätte selber Lust, dich mal zu stoßen. Ich seh euch Scheißer immer auf dem Freeway, wenn ihr euch in die Wagenfenster reinlehnt und Strafzettel austeilt, und da juckts mich jedesmal, euch in eure strammen kleinen Ärsche zu kneifen.«
Der Bulle kriegte plötzlich ein irres Glitzern in seine toten Augen. Er machte seinen Knüppel ab und patschte Margy damit hinters Ohr. Sie fiel auf den Boden.
Dann legte er ihr die Handschellen an. Ich hörte dieses Klicken, und die Scheißkerle machten die Dinger IMMER zu eng. Aber wenn man sie erst mal anhatte, war es beinahe ein gutes Gefühl – irgendwie STARK und bedient, und man fühlte sich wie Jesus oder sonstwas Dramatisches.

Ich hatte die Augen zu, konnte also nicht sehen, ob sie ihr einen Bademantel oder sowas anzogen.
Dann sagte der Bulle, der ihr die Handschellen verpaßt hatte, zum anderen Bullen: »Ich schaff sie mit dem Fahrstuhl runter. Wir nehmen den Fahrstuhl.«
Ich konnte nicht alles hören, aber ich horchte, als sie runter fuhren, und ich hörte Margy kreischen: »Ooooh, ooooooh, du Drecksack! Laß mich los, laß mich los!«
Und er sagte immer wieder: »Halts Maul, halts Maul, halts Maul! Du kriegst nur, was du verdient hast! Und du hast noch *garnichts* gesehn! Das ... ist erst der ... AN-FANG!«
Und dann kreischte sie richtig los.
Dann kam der andere Bulle zu mir rüber. Ich machte das eine Auge einen Spalt auf und sah, wie er seinen großen schwarzen polierten Schuh auf die Matratze stellte, auf das Bettlaken.
Er sah auf mich runter.
»Ist der Kerl hier schwul? Sieht mir weiß Gott wie'n Schwuler aus.«
»Ich glaub nicht, daß er einer ist. Könnte natürlich sein. 'n Weib kann er allerdings vögeln, da is alles dran.«
»Soll ich ihn einbuchten?« fragte er Vicki.
Ich hatte die Augen zu. Ihre Antwort ließ auf sich warten. Mein Gott, dauerte das lange. Dieser große Fuß da auf meinem Bettlaken. Die Glühbirne schien auf mich herunter. Dann sagte sie was. Endlich. »Nee, er ist ... in Ordnung. Laß ihn hier.«
Der Bulle nahm seinen Fuß runter. Ich hörte, wie er durchs Zimmer ging und an der Tür anhielt. Er sagte zu Vicki: »Für deine Protektion werd ich dir nächsten Monat 5 Dollar mehr berechnen müssen. Es wird langsam ein bißchen schwierig, auf dich aufzupassen.«
Dann war er weg. Ich meine, er war draußen im Flur. Ich wartete, bis er in den Fahrstuhl stieg. Ich hörte wie er runterfuhr in die erste Etage. Ich zählte bis 64. Dann SPRANG ICH MIT EINEM SATZ AUS DEM BETT.
Meine Nasenflügel bebten wie bei einem brünstigen Gregory Peck.
»DU LINKE FOTZE! WENN DU SOWAS NOCHMAL MACHST, BRING ICH DICH UM!«

»NEIN, NEIN, NEIN!!!«
Ich hob die Hand, um ihr in alter Frische eine zu donnern.
»ICH HAB IHM GESAGT, ER SOLL DICH NICHT HOPPS NEHMEN!« kreischte sie mich an.
»Hmm. Stimmt. Das muß man berücksichtigen.«
Ich ließ die Hand wieder sinken.
Es war noch etwas Whisky übrig, auch noch ein bißchen Wein. Ich stand auf und machte die Kette an die Tür.
Wir machten das Licht aus und saßen da und tranken und rauchten und unterhielten uns über dies und jenes, ganz easy und gemütlich. Dann, wie in alten Zeiten, sahen wir wieder dem roten Pferd zu, das in rotem Neon über eine Hauswand flog und flog, downtown, Richtung Osten. Es flog und flog über diese Hauswand, die ganze Nacht, egal was passierte. So ein rotes Pferd, versteht ihr, mit roten Flügeln aus Neon. Ein geflügeltes Pferd, sozusagen. Und wie immer zählten wir mit: eins, zwei, drei, vier, fünf, sechs, sieben. Es machte sieben Flügelschläge. Dann stand es wieder still. Pferd und alles. Und dann fing es wieder an. Die ganze Wohnung war in diesen roten Schimmer getaucht. Dann, wenn das Pferd aufhörte zu fliegen, wurde alles einen Augenblick lang weiß. Keine Ahnung, wieso. Wahrscheinlich ne Neonreklame unter dem roten geflügelten Pferd. Kaufen Sie dies oder kaufen Sie das, irgend ein Produkt. In diesem grellen WEISS. Naja.
Wir saßen da und redeten und tranken und rauchten.
Später gingen wir zusammen ins Bett. Ihre Küsse waren ganz gut. Sie hatte sowas Trauriges auf der Zunge, als wolle sie um Verzeihung bitten.
Dann fickten wir. Wir fickten unter den Flügelschlägen des roten Pferdes.
Siebenmal flappten die Flügel. Und mitten auf dem Teppich lagen nach wie vor die drei Brathähnchen. Und sahen uns zu. Sie färbten sich rot, sie färbten sich weiß, sie färbten sich rot. Siebenmal wurden sie rot. Dann wieder weiß. 14 Mal wurden sie rot. Und wieder weiß. 21 Mal wurden sie rot. Dann wieder weiß. 28 Mal . . .
Der Abend war besser ausgegangen als die meisten.

Love it or leave it

Ich latschte in der Sonne vor mich hin und fragte mich, was ich machen sollte. Ich latschte und latschte. Es schien so, als bewegte ich mich am äußersten Rand von irgendwas. Ich schaute auf, und da waren Eisenbahngleise, und neben den Eisenbahngleisen stand ein kleiner Schuppen aus rohen Brettern. Draußen hing ein Schild:
ARBEITSKRÄFTE GESUCHT.
Ich ging rein. Ein kleiner alter Mensch mit blaugrünen Hosenträgern saß da und kaute Tabak.
»Yeah?« fragte er.
»Ich äh, ich äh, ich . . .«
»Yeh, komm schon, Mann, spuck es aus! Was willst du?«
»Ich hab . . . euer Schild gesehn . . . Arbeitskräfte gesucht.«
»Willst du anheuern?«
»Anheuern? Als was?«
»Na, shit, vermutlich nicht als Bauchtänzerin!«
Er beugte sich rüber und spuckte in seinen verdreckten Spucknapf, dann bearbeitete er wieder seine Kautabakrolle, seine Backen wurden förmlich reingesaugt in seinen zahnlosen Mund.
»Was hab ich zu tun?« fragte ich.
»Man wird dir *sagen*, was du zu tun hast!«
»Ich meine, was für ne Arbeit?«
»Gleisreparatur, irgendwo westlich von Sacramento.«
»Sacramento?«
»Verdammt, hast du Dreck auf den Ohren? Komm schon, ich hab zu tun. Unterschreibst du jetzt oder nicht?«
»Ich unterschreibe, ich unterschreibe . . .«
Ich trug mich in die Liste ein, die er daliegen hatte. Ich war Nummer 27. Ich trug mich sogar mit meinem richtigen Namen ein.

Er gab mir ein Ticket. »Du meldest dich mit deinem Kram auf Bahnsteig 21. Wir ham einen Sonderzug für euch Jungs.«
Ich steckte das Ticket in meine leere Brieftasche.
Er spuckte wieder aus. »So. Also paß auf, Kid. Ich seh schon, daß du 'n leichten Schatten hast. Unsere Gesellschaft beschäftigt ne Menge Jungs wie dich. Wir helfen der Menschheit. Wir sind nette Menschen. Denk immer an die gute alte – – – – Eisenbahngesellschaft und laß da und dort 'n gutes Wort über uns fallen. Und wenn du draußen auf den Gleisen stehst, dann hör auf den Vorarbeiter. Er ist auf deiner Seite. Du kannst Geld sparen, draußen in der Wüste. Weiß Gott, da gibts keine Gelegenheit, wo man's ausgeben könnte. Aber Samstag abends, Kid, Samstag abends . . .«
Wieder die Drehung zum Spucknapf und zurück.
»Na, Mensch, Samstag abends gehst du in die Stadt, säufst dir einen an, läßt dir von so ner scharfen mexikanischen Senorita 'n Blowjob verpassen und kommst in bester Laune wieder zur Arbeit zurück. Nix besseres als 'n Blowjob. Saugt nem Mann das Elend richtig ausm Kopf. Ich hab selber bei ner Reparaturkolonne angefangen. Jetzt sitz ich hier. Alles Gute, Kid.«
»Danke, Sir.«
»Und jetzt raus hier! Ich hab zu tun! . . .«
Ich war zur befohlenen Zeit am Bahnsteig 21. Neben meinem Zug standen all diese zerlumpten Kerle rum, stanken, lachten und rauchten Selbstgedrehte. Ich ging hin und stellte mich hinten an. Sie hatten alle einen Haarschnitt und eine Rasur nötig, und sie gaben sich stark und waren gleichzeitig nervös.
Ein Mexikaner mit einer Messernarbe im Gesicht sagte uns schließlich, wir sollten einsteigen. Wir stiegen ein. Durch die Fenster konnte man nichts sehen.
Ich nahm den letzten Sitz am hinteren Ende unseres Waggons. Die anderen setzten sich alle vorne hin, lachten und quatschten. Einer zog ne kleine Whiskyflasche raus, und für 7 oder 8 von den Jungs gabs einen kurzen Schluck.
Dann fingen sie an, zu mir nach hinten zu sehen. Ich begann Stimmen zu hören, und durchaus nicht in meinem Kopf:

»Was ist los mit diesem Kaffer?«
»Glaubt der vielleicht, er ist was Besseres als wir?«
»Schließlich hat er mit uns zu arbeiten, Mann.«
»Für was hält der sich eigentlich?«
Ich sah aus dem Fenster, versuchte es jedenfalls – das Ding war seit 25 Jahren nicht mehr geputzt worden. Der Zug fuhr an, und da war ich nun mit ihnen.
Es waren ungefähr dreißig. Sie machten nicht lange rum. Ich streckte mich auf meinem Sitz aus und versuchte zu schlafen.
»SWOOSH!«
Eine Staubwolke blies mir ins Gesicht und in die Augen. Ich hörte jemand unter meinem Sitz. Dann blies es nochmal, und ein Schwall von 25 Jahre altem Staub stieg mir in die Nase, den Mund, die Augen. Ich wartete. Dann passierte es nochmal. Ein richtiger Tornado. Wer immer da unten saß – er brachte es verdammt gut.
Ich sprang auf. Ich hörte ein Geräusch unter meinem Sitz, und dann war er auch schon darunter vor und drückte sich vorne zwischen die anderen rein, warf sich in einen Sitz, tauchte unter. Aber ich hörte seine Stimme:
»Wenn er herkommt, müßt ihr mir aber helfen, Jungs! Versprecht mir, daß ihr mir helft, wenn er herkommt!«
Ich hörte keine Versprechungen, aber er war in Sicherheit: ich konnte die Typen nicht voneinander unterscheiden...
Kurz bevor wir aus Louisiana rauskamen, mußte ich nach vorne, um mir einen Becher Wasser zu holen. Sie beobachteten mich.
»Sieh ihn dir an. Sieh ihn dir an.«
»Was 'n häßlicher Knochen.«
»Für was hält der sich eigentlich?«
»Leck mich am Arsch, den knöpfen wir uns vor, wenn wir da draußen auf den Gleisen sind, den bringen wir zum Winseln, der muß uns den Schwanz lutschen!«
»Sieh dir das an! Er hat seinen Pappbecher *verkehrt rum*! Er trinkt aus dem *falschen* Ende! Sieh dir das an! Er trinkt aus dem *kleinen* Ende! Der Kerl hat 'n *Stich*!«
»Wart's nur ab, den kriegen wir dran, der muß uns den Schwanz lutschen!«
Ich trank den Pappbecher leer, füllte nach und leerte ihn

nochmal, verkehrt rum. Ich warf den Becher in den Abfallkasten und ging wieder nach hinten. Ich hörte sie hinter mir:
»Yeah, er benimmt sich komisch. Vielleicht hat er Krach gehabt mit seiner Freundin.«
»Wie kommt so einer zu nem Girl?«
»Was weiß ich. Hab schon verrücktere Sachen erlebt...«
In Texas kam der mexikanische Vorarbeiter mit den Konserven an. Er teilte die Dosen aus. Einige davon hatten keine Banderolen mehr und waren schwer verbeult.
Er kam zu mir nach hinten.
»Bist du Bukowski?«
»Ja.«
Er gab mir eine Dose *Spam* und schrieb »75« in die Spalte »V«. Ich sah, daß ich in Spalte »F« mit 45.90 Dollar in der Kreide stand. Dann gab er mir eine kleine Dose Bohnen. »45« schrieb er jetzt in die Spalte »V«.
Er ging wieder nach vorn.
»Hey! Wo is'n hier ein Dosenöffner, verdammt, wie soll man das Zeug fressen ohne 'n Dosenöffner?!« fragte ihn einer.
Der Vorarbeiter schwang sich durchs Vestibül und war verschwunden.

Die Lok nahm in Texas ein paarmal Wasser auf, in kleinen grünen Oasen. Bei jedem Aufenthalt setzten sich 2 oder 3 oder 4 von den Jungs ab. Als wir nach El Paso kamen, waren von 31 noch 23 übrig.
In El Paso hängten sie unseren Waggon ab, und der Zug fuhr weiter. Der mexikanische Vorarbeiter kam durch und sagte: »In El Paso wird übernachtet. Das hier is euer Hotel.«
Er verteilte Tickets. »Das sind eure Tickets fürs Hotel. Da werdet ihr pennen. Morgen früh nehmt ihr die Nummer 24 nach Los Angeles, und von da gehts weiter nach Sacramento. Das hier sind eure Hotel Tickets.«
Er kam wieder zu mir nach hinten.
»Bist du Bukowski?«
»Ja.«
»Hier is dein Hotel.«

Er gab mir das Ticket und schrieb »12.50« in meine Spalte »U«.
Keiner hatte es geschafft, seine Konservendose aufzukriegen. Die wurden dann später eingesammelt und der nächsten Fuhre angedreht.

Ich warf mein Ticket weg und schlief zwei Blocks vom Hotel entfernt in einem Park. Ich wurde von brüllenden Alligatoren aufgeweckt. Einer brüllte besonders laut. Ich sah 4 oder 5 Alligatoren im Teich. Vielleicht waren noch mehr da. Und dann waren da noch zwei Matrosen in ihrer weißen Kluft. Der eine stand im Teich, besoffen, und zog einen Alligator am Schwanz. Der Alligator war wütend, aber er war zu langsam und konnte seinen Schädel nicht weit genug herumdrehen, um den Matrosen zu erwischen. Der andere Matrose stand mit einem jungen Girl am Ufer und lachte. Dann, während sich der Matrose im Teich wieder mit seinem Alligator balgte, gingen der andere Matrose und das Girl weg. Ich drehte mich um und schlief.
Bei den Wasser-Stops unterwegs nach Los Angeles setzten sich noch mehr Jungs ab. Als wir Los Angeles erreichten, waren von den 31 nur noch 16 übrig.
Der mexikanische Vorarbeiter kam wieder durch den Zug.
»Wir ham in Los Angeles zwei Tage Aufenthalt. Ihr nehmt Mittwoch früh den 9.30 Uhr Zug, Bahnsteig 21, Wagen 42. Steht alles auf dem Umschlag, in dem eure Hotel Tickets sind. Außerdem kriegt ihr Essensmarken, die ihr in French's Cafe in der Main Street einlösen könnt.«
Er verteilte zwei Stapel Heftchen. Auf den einen stand UNTERKUNFT, auf den anderen VERPFLEGUNG.
»Bist du Bukowski?«, fragte er.
»Ja«, sagte ich.
Er gab mir meine Heftchen. Und schrieb »12.80« in meine Spalte »U« und »6.00« in meine Spalte »V«.
Als ich aus der Union Station rauskam und über den Platz ging, überholten mich zwei kleine Kerle, die mit mir im Zug gewesen waren. Sie kamen in einem kleinen Bogen vor mir rum und schwenkten nach rechts ab. Ich sah sie an.
Beide hatten ein breites Grinsen im Gesicht und sagten:
»Hi! Wie läufts denn so?«

»Kann nicht klagen.«
Die beiden legten einen Zahn zu und rannten in Richtung Main Street . . .
Im Cafe setzten die Jungs ihre Essensmarken in Bier um. Ich setzte meine auch in Bier um. Das Glas Bier kostete nur zehn Cents. Die meisten hatten ziemlich schnell einen sitzen. Ich stand am unteren Ende der Bar. Sie redeten jetzt nicht mehr über mich.
Ich vertrank meine ganzen Marken, und dann verkaufte ich einem Penner meine Übernachtungsgutscheine für 50 Cents. Ich trank noch 5 Biere und ging raus.

Ich latschte drauflos. Nach Norden. Dann nach Osten. Dann wieder nach Norden. Dann kam ich zu den Autofriedhöfen, wo sich all die kaputten Autos stapelten. Ein Typ hatte mir mal erzählt: »Ich penne jede Nacht in nem anderen Wagen. Letzte Nacht hab ich in nem Ford gepennt, die Nacht davor in nem Chevrolet. Heute nacht werd ich in nem Cadillac pennen.«
Ich fand einen Schrottplatz, der zwar eine Kette am Tor hatte, aber das Tor war verbogen, und ich war dünn genug, um mich durchzuwinden. Ich suchte, bis ich einen Cadillac fand. Das Baujahr konnte man nicht mehr erkennen. Ich legte mich auf den Rücksitz und pennte.
Es muß ungefähr sechs Uhr früh gewesen sein, als ich diesen Jungen brüllen hörte. Er war etwa 15 Jahre alt und hatte einen Baseballschläger in der Hand:
»Komm da raus! Komm aus unserem Wagen raus, dreckiger Penner!«
Der Junge sah verängstigt aus. Er hatte ein weißes T-Shirt und Tennisschuhe an, und vorne fehlte ihm ein Zahn.
Ich kletterte raus.
»Bleib stehn!« schrie er. »Bleib stehn, bleib stehn!« Er hielt mir den Baseballschläger entgegen.
Ich ging langsam auf das Tor zu, das jetzt einen Spalt offenstand.
Ein älterer Kerl, etwa 50, feist und verschlafen, kam jetzt aus einem Verschlag aus Teerpappe.
»Dad!« brüllte der Junge, »der Kerl hier war in einem von unseren Wagen! Ich hab ihn entdeckt, er hat auf dem Rücksitz gepennt!«

»Ist das wahr?«
»Yeah, es ist wahr, Dad! Ich hab ihn gefunden, wie er auf dem Rücksitz gepennt hat, in einem von unseren Wagen!«
»Was ham Sie in unserem Wagen zu suchen, Mister?«
Der alte Kerl war dem Tor näher als ich, aber ich ging trotzdem weiter darauf zu.
»Ich hab gefragt, was Sie in unserem Wagen zu suchen haben.«
Ich verdrückte mich weiter in Richtung Ausgang.
Der Alte nahm dem Jungen den Baseballschläger aus der Hand, rannte zu mir her und rammte mir das Ding mit voller Wucht in den Bauch.
»Uuf!« machte ich. »Meine Güte!«
Ich konnte mich nicht mehr aufrichten. Ich stolperte rückwärts. Der Junge bekam Mut, als er das sah.
»Ich gebs ihm, Dad! Ich gebs ihm!«
Der Junge schnappte sich den Baseballschläger und fing an, mich damit zu bearbeiten. Er schlug mich beinahe überall. Auf den Rücken, auf die Seiten, die Beine, die Knie, die Knöchel. Alles was ich tun konnte, war, meinen Kopf abzuschirmen. Ich nahm die Arme hoch und legte sie um meinen Kopf, und er drosch auf meine Arme und Ellbogen. Ich stolperte gegen den Drahtzaun.
»Ich gebs ihm, Dad! Ich gebs ihm!«
Der Junge hörte nicht mehr auf. Hin und wieder kam er mit seinem Schläger bis zu meinem Kopf durch.
Schließlich sagte der Alte: »OK, das reicht, Sohn.«
Der Junge drosch weiter.
»Sohn, ich hab gesagt, das reicht.«
Ich drehte mich um und hielt mich am Maschendraht fest. Einen Augenblick lang war ich unfähig, mich zu rühren. Dann ließ ich los und konnte immerhin stehen. Sie beobachteten mich. Ich humpelte auf den Ausgang zu.
»Laß mich nochmal, Dad!«
»Nein, Sohn.«
Ich schaffte es durchs Tor und ging Richtung Norden. Während ich ging, wurde alles in mir steif. Alles fing an zu schwellen. Meine Schritte wurden kürzer. Ich wußte, weit würde ich nicht mehr kommen. Ein Schrottplatz nach dem anderen. Zwischen zweien von ihnen sah ich endlich ein

Stück offenes Gelände. Ich ging hin, und prompt trat ich in ein Loch und verstauchte mir den Knöchel. Ich lachte. Der Boden war abschüssig. Dann fiel ich über einen Ast, der nicht nachgeben wollte. Als ich wieder hochkam, hatte ich mir die rechte Handfläche an einer grünen Glasscherbe aufgerissen. Weinflasche. Ich zog die Glasscherbe raus. Blut quoll durch den Dreck. Ich wischte den Dreck ab und saugte die Wunde aus. Als ich das nächste Mal umfiel, wälzte ich mich auf den Rücken, brüllte vor Schmerz auf, und dann sah ich in den Morgenhimmel rauf. Ich war zurück in meiner Heimatstadt. Los Angeles. Kleine Mükken tanzten vor meinem Gesicht herum. Ich machte die Augen zu.

Die Goldgräber von Los Angeles

Harry und Duke. Die Flasche saß zwischen ihnen in einem billigen Hotel in downtown Los Angeles. Es war Samstagabend in einer der grausamsten Städte der Welt. Harry's Gesicht war ziemlich rund und dämlich, als Nase hatte er nur eine winzige Beule, und seine Augen konnte man hassen; in der Tat, man haßte den ganzen Kerl, sobald man ihn nur ansah; deshalb sah man gar nicht erst hin. Duke war ein bißchen jünger, ein guter Zuhörer, er hatte gerade so einen leichten Hauch von einem Lächeln im Gesicht, wenn er zuhörte. Er hörte gerne zu; Menschen waren für ihn die größte Schau, und der Eintritt war frei. Harry war arbeitslos, und Duke war irgendwo Hausmeister. Beide hatten Knast hinter sich und würden auch wieder im Knast landen. Sie wußten es. Es war ihnen egal.
Das obere Drittel der Whiskyflasche enthielt nur noch Luft, und auf dem Fußboden lagen leere Bierdosen herum. Sie saßen da und drehten sich Zigaretten mit der unerschütterlichen Gelassenheit von Männern, die mit 35 bereits ein unmöglich hartes Leben hinter sich hatten und dennoch weiterlebten. Sie wußten, es war alles ein Eimer voll Scheiße, aber sie weigerten sich, das Handtuch zu werfen.
»Sieh mal«, sagte Harry und zog an seiner Zigarette, »ich hab mich für dich entschieden, Mann. Dir kann ich trauen. Du wirst nicht die Nerven verlieren. Deine Karre wirds auch schaffen, denke ich. Wir machen halbe-halbe.«
»Laß hören«, sagte Duke.
»Du wirst es nicht glauben.«
»Na sag schon.«
»Well, es gibt Gold da draußen. Liegt auf dem Boden rum. Echtes Gold. Brauchst bloß rauslatschen und es aufheben.

Ich weiß, es klingt verrückt, aber es ist da. Ich habs gesehen.«
»Was ist der Haken dabei?«
»Naja, es liegt auf nem Schießplatz von der Artillerie. Sie ballern den ganzen Tag, manchmal auch bei Nacht, das ist der Haken. Man braucht Mut. Aber das Gold ist da. Ist vielleicht durch die Granateinschläge rausgekommen, was weiß ich. Aber in der Regel wird nachts nicht geschossen.«
»Dann gehn wir bei Nacht raus.«
»Eben. Und sammeln das Zeug einfach auf. Wir werden reich sein. Und uns soviel Mösen leisten können, wie wir wollen. Stell dir das mal vor – jede Menge Mösen.«
»Klingt gut.«
»Falls sie mit dem Ballern wieder anfangen, hechten wir einfach ins nächste Granatloch. Sie treffen nie zweimal ins gleiche Loch. Wenn sie mal ein Ziel getroffen haben, sind sie zufrieden. Wenn nicht, dann setzen sie den nächsten Schuß woanders hin.«
»Das klingt logisch.«
Harry goß Whisky nach. »Aber es gibt noch einen Haken.«
»Yeah?«
»Da draußen gibts Schlangen. Deshalb müssen wir zu zweit sein. Ich weiß, du kannst gut mit ner Knarre umgehen. Während ich das Gold einsammle, behältst du die Schlangen im Auge und knallst sie ab. Klapperschlangen. Ich denke, du bist der richtige Mann dafür.«
»Hm, warum nicht. Scheiß drauf.«
Sie saßen da, rauchten und tranken, dachten darüber nach.
»All das Gold«, sagte Harry, »all die Mösen.«
»Weißt du«, sagte Duke, »könnte sein, daß sie mit ihren Granaten ne alte Schatzkiste getroffen haben.«
»Was es auch ist, jedenfalls ist Gold da draußen.«
Sie schwiegen und dachten wieder nach.
»Woher willst du wissen«, fragte Duke, »daß ich dich nicht umlege, wenn du mit dem Einsammeln fertig bist?«
»Well, das Risiko muß ich einfach in Kauf nehmen.«
»Traust du mir nicht?«
»Ich traue keinem.«

Duke machte eine Bierdose auf und schenkte die Gläser voll.
»Shit, ist wohl nicht nötig, daß ich Montag zur Arbeit gehe, was?«
»Jetzt nicht mehr.«
»Ich komm mir schon richtig reich vor.«
»Ich irgendwie auch.«
»Man braucht einfach irgend einen Break«, sagte Duke, »dann wird man als Gentleman behandelt.«
»Yeah.«
»Wo ist denn die Stelle?« fragte Duke.
»Das wirst du sehen, wenn wir dort sind.«
»Und wir machen halbe-halbe?«
»Wir machen halbe-halbe.«
»Du hast keine Angst, daß ich dich umlege?«
»Wieso fängst du immer wieder davon an, Duke? Vielleicht leg ich *dich* um.«
»Jessas, daran hab ich nie gedacht. Du legst doch keinen Kumpel um, oder?«
»Sind wir Freunde?«
»Na, ja, würd ich doch sagen, Harry.«
»Es wird genug Gold und Möse für uns beide geben. Bis an unser Lebensende. Keine Bewährungshelfer mehr. Keine Jobs als Tellerwäscher. Die Nutten von Beverly Hills werden uns die Tür einrennen. Wir haben ausgesorgt.«
»Meinst du wirklich, wir kriegen das hin?«
»Klar.«
»Und es ist wirklich Gold da draußen?«
»Na klar, Mann, ich hab dirs doch gesagt.«
»OK.«
Sie tranken und rauchten wieder eine Weile. Sie redeten nichts mehr. Sie dachten beide an die Zukunft. Es war eine schwüle Nacht. Manche Hotelbewohner hatten ihre Türen offen. Die meisten hatten eine Flasche Wein. Ein paar hatten sogar Frauen; nicht gerade Damen, aber sie konnten einigen Wein vertragen.
»Besser, wir besorgen uns noch ne Flasche«, sagte Duke, »bevor sie schließen.«
»Ich hab kein Geld.«
»Ich mach das schon.«
»OK.«

Sie standen auf und verließen das Zimmer. Sie gingen den Korridor runter und nach hinten raus. Zum Spirituosenladen gings die Gasse lang und dann links ab. Vor dem Hinterausgang lag ein Mann. Sein Anzug war zerknittert und hatte Flecken.

»Hey, das ist mein alter Kumpel Franky Cannon. Hat sich heute nacht ja schwer einen angesoffen. Schätze, ich werd ihn mal von der Tür wegziehen.«

Harry packte ihn an den Beinen und zog ihn zur Seite. Dann beugte er sich über ihn.

»Ob den schon einer gefilzt hat?«

»Keine Ahnung«, sagte Duke. »Sieh mal nach.«

Duke stülpte Franky sämtliche Taschen um. Checkte das Hemd. Machte ihm die Hose auf, tastete ihn um die Hüften herum ab. Alles, was er fand, war eine Streichholzschachtel, auf der stand:

LERNEN SIE ZEICHNEN
BEI SICH ZUHAUSE
*Gutbezahlte Jobs warten
zu Tausenden auf Sie*

»Schätze, es war schon einer vor uns da«, sagte Harry.

Sie gingen die Stufen runter in die Gasse.

»Bist du sicher, daß das Gold da ist?«, fragte Duke.

»Hör mal«, sagte Harry, »du gehst mir auf den Wecker! Glaubst du vielleicht, ich spinne?«

»Nee.«

»Also, dann hör auf mit der Fragerei!«

Sie gingen in den Spirituosenladen. Duke verlangte eine Flasche Whisky und eine Sechserpackung Malzbier, große Dosen. Harry klaute eine Schachtel Nüsse, gemischt. Duke bezahlte seinen Kram, und sie gingen raus. Als sie in die Gasse einbogen, lief ihnen eine junge Frau über den Weg; naja, jung für diese Gegend. Sie war ungefähr 30, hatte eine gute Figur, aber ihr Haar war zerzaust, und sie lallte ein bißchen.

»Was habt ihr denn in der Tüte, Jungs?«

»Katzenfutter«, sagte Duke.

Sie machte sich an Duke ran und rieb sich an der Einkaufstüte.

»Ich trink keinen Wein. Habt ihr Whisky da drin?«

»Klar, Baby, komm mit rauf.«

»Erst mal die Flasche sehn.«
Duke fand, daß sie gut aussah. Sie war schlank, und ihr Kleid saß so eng, daß es überall spannte. Besonders am Arsch, verdammt. Er zog die Flasche raus.
»OK«, sagte sie, »auf gehts.«
Sie gingen die Gasse rauf, das Girl zwischen sich. Beim Gehen streifte sie Harry mit dem Hintern. Harry packte sie und knutschte sie ab. Sie riß sich los.
»Geile Sau!«, schrie sie. »Laß mich in Ruh!«
»Harry, du ruinierst die ganze Stimmung!«, sagte Duke.
»Mach das nochmal und ich schlag dich k.o.!«
»Du kannst mich nicht k.o. schlagen.«
»Mach das bloß nicht nochmal!«
Sie gingen die Gasse rauf und die Stufen hoch. Das Girl sah Franky Cannon neben der Tür liegen, aber sie sagte nichts. Sie gingen hinauf ins Zimmer. Das Girl setzte sich hin und schlug die Beine übereinander. Sie hatte hübsche Beine.
»Ich heiße Ginny«, sagte sie.
Duke schenkte die Drinks ein.
»Ich bin Duke. Das is Harry.«
Ginny lächelte und nahm ihren Drink.
»Der Scheißtyp, mit dem ich zusammen bin, hat meine Klamotten weggeschlossen und mich gezwungen, nackt rumzulaufen. Ne ganze Woche war ich da drin. Hab gewartet, bis er mal besoffen war, dann hab ich ihm die Schlüssel abgenommen, hab mir dieses Kleid hier geklemmt und bin abgehauen.«
»Is'n hübsches Kleid.«
»Naja, ganz gut.«
»Siehst fabelhaft drin aus.«
»Danke. Hey, sagt mal, was macht ihr denn so?«
»Machen?«, fragte Duke.
»Yeah. Ich meine, wie kommt ihr über die Runden?«
»Wir schürfen nach Gold«, sagte Harry.
»Oh komm, erzähl bloß keinen Scheiß.«
»Doch, ehrlich«, sagte Duke, »wir schürfen nach Gold.«
»Wir ham ne Ader getroffen. In ner Woche sind wir steinreich«, sagte Harry.
Dann mußte Harry aufstehen und pissen gehn. Das Scheißhaus war am hinteren Ende des Korridors. Als

Harry draußen war, sagte Ginny: »Ich will dich zuerst ficken, Honey. Auf ihn bin ich nicht so scharf.«
»Mir recht«, sagte Duke.
Er goß drei neue Drinks ein. Als Harry wieder reinkam, gab er ihm die Reihenfolge bekannt.
»Sie macht mirs zuerst.«
»Wer sagt das?«
»Wir beide«, sagte Duke.
»Stimmt«, sagte Ginny.
»Ich finde, wir sollten sie mitnehmen«, sagte Duke.
»Erst mal sehn, wie sie fickt«, sagte Harry.
»Ich mach Männer wahnsinnig«, sagte Ginny. »Ich bring sie zum Jodeln. Ich hab die engste Fut in ganz Kalifornien!«
»Na schön«, sagte Duke, »laß jucken.«
»Gib mir erst noch 'n Drink«, sagte sie und machte ihr Glas leer.
Duke goß ihr nach. »Ich hab auch was, Baby. Schätze, danach kriegst du das Loch nicht mehr zu.«
»Da müßtest du ihr schon deinen Fuß reinstecken«, sagte Harry.
Ginny lächelte nur in sich hinein, während sie trank. Sie kippte das Glas vollends runter.
»Los, komm«, sagte sie zu Duke, »wir machen einen drauf.«
Ginny ging rüber ans Bett und zog sich das Kleid über den Kopf. Sie hatte blaue Schlüpfer an und einen rosaroten verwaschenen BH, der hinten von einer Sicherheitsnadel zusammengehalten wurde. Duke mußte ihr die Sicherheitsnadel aufmachen.
»Guckt der uns dabei zu?«, fragte sie Duke.
»Wenn er will, soll er ruhig«, sagte Duke. »Mir scheißegal.«
»OK«, sagte Ginny.
Sie stiegen zusammen ins Bett. Sie machten ein paar Minuten rum, um warm zu werden. Harry sah zu. Die Bettdecke lag auf dem Boden. Harry sah, wie sie sich unter einem ziemlich dreckigen Bettlaken bewegten.
Dann stieg Duke drüber. Harry sah, wie sich sein Arsch unter dem Bettlaken auf und ab bewegte.
Dann sagte Duke: »Oh shit!«

»Was'n los?«, fragte Ginny.
»Ich bin rausgerutscht! Ich dachte, du hast gesagt, du hättest 'n enges Loch!«
»Ich tu ihn dir rein! Ich glaub, du warst nicht mal drin!«
»Na irgendwo *war* ich aber drin!«, sagte Duke.
Dann ging Duke's Arsch wieder rauf und runter. Ich hätte diesem Kaffer nie was von dem Gold erzählen sollen, dachte Harry. Jetzt ham wir diese Zicke am Hals. Womöglich tun sie sich gegen mich zusammen. Natürlich, falls er dabei draufgeht, wird sie vielleicht mehr auf mir stehn.
Dann stöhnte Ginny und fing an zu labern. »Oh, honey, honey! Oh, Jessas, Honey, oh mein Gott!«
Was'n Haufen Bullshit, dachte Harry.
Er stand auf und ging ans Fenster. Die Rückfront des Hotels lag direkt an der Vermont-Ausfahrt vom Hollywood Freeway. Er sah den Scheinwerfern und Rücklichtern der Autos zu. Es erstaunte ihn immer wieder, daß es manche Leute so eilig hatten, in eine Richtung zu kommen, während andere es ebenso eilig hatten, in die entgegengesetzte Richtung zu kommen. Irgend jemand mußte da schief liegen, oder das ganze Spiel war beschissen. Dann hörte er wieder Ginny's Stimme:
»Mir KOMMTS gleich! Oh mein Gott, mir KOMMTS! Oh mein Gott! Mir . . .«
Bullshit, dachte er. Dann drehte er sich um und sah die beiden an. Duke war schwer am Arbeiten. Ginny schien glasige Augen zu haben, sie starrte kerzengerade rauf an die Decke, direkt in die nackte Glühbirne rein; mit glasigen Augen, so schien es, direkt an Duke's linkem Ohr vorbei . . .
Vielleicht muß ich ihn doch umlegen, da draußen auf dem Schießplatz, dachte Harry. Besonders wenn sie ne enge Fut hat.
Gold. All das Gold.

Die Große Zen-Hochzeit

Ich hockte auf dem Rücksitz, eingeklemmt zwischen den rumänischen Broten, Leberwürsten, Bier, Softdrinks; ich hatte eine grüne Krawatte um, die erste Krawatte seit dem Tod meines Vaters vor zehn Jahren. Jetzt sollte ich Trauzeuge sein bei einer Zen-Hochzeit. Hollis fuhr 130, und Roy's vier Fuß langer Bart wehte mir ins Gesicht. Es war mein 62er Comet, nur, ich konnte ihn nicht selber fahren – keine Haftpflicht, zwei Verurteilungen wegen Trunkenheit am Steuer, und schon wieder halb besoffen. Hollis und Roy hatten die letzten drei Jahre unverheiratet zusammengelebt, wobei sich Roy von Hollis aushalten ließ. Ich hockte also auf dem Rücksitz und lutschte an meinem Bier. Roy erläuterte mir die Zusammensetzung der Hollis-Familie, in allen Einzelheiten. Roy hatte mehr so den intellektuellen Scheiß drauf. Und die größere Zungenfertigkeit: die Wände ihrer Wohnung waren tapeziert mit Fotos von Typen, die sich mit den Gesichtern in Berge von Schamhaar reinwühlen und lutschen. Es gab auch einen Schnappschuß von Roy, auf dem zu sehen war, wie er sich gerade ne Portion Saft abwichste. Roy hatte die Aufnahme selber gemacht. Ich meine, die Kamera ausgelöst. Selber. Mit ner Schnur. Oder Kabel. Irgend sowas. Roy behauptete, er hätte sich sechs Mal einen runterwichsen müssen, bis die Aufnahme endlich klappte. Die Arbeit eines ganzen Tages. Und da hing es nun, eine milchige Ejakulation – ein Kunstwerk.
Hollis fuhr vom Freeway runter. Kurz danach waren wir da. Manche von den Reichen haben vor dem Haus eine Auffahrt, die eine ganze Meile lang ist. Die hier war eine Viertelmeile lang. Auch nicht schlecht. Wir stiegen aus. Tropischer Garten. Vier oder fünf Hunde. Große schwarze zottige stupide Biester, denen der Sabber aus dem Maul lief. Wir kamen gar nicht erst zur Tür rein – denn da stand

er, der Reiche, auf der Veranda, sah zu uns runter, Drink in der Hand. Und Roy brüllte: »Oh, Harvey! Du Bastard! Wie gut, dich zu sehn!«
Harvey lächelte sein kleines Lächeln. »Wie gut, *dich* zu sehn, Roy.«
Einer von den großen schwarzen Zotties nagte an meinem linken Bein. »Ruf deinen Hund zurück, Harvey, Bastard, gut dich zu sehn!«, brüllte ich.
»Aristoteles! Nun LASS das aber!«
Aristoteles ließ von mir ab, gerade noch rechtzeitig.
Und.
Wir latschten die Treppen rauf und runter und schleppten die Fressalien rein. Salami, Ungarische Katzenfische in saurer Marinade, Krabben, Langustenschwänze. Laugenhörnchen. Taubenärsche mit Pfefferminzgeschmack.
Schließlich hatten wir den ganzen Kram drin. Ich setzte mich und griff mir ein Bier. Ich war der einzige mit ner Krawatte. Ich war auch der einzige, der ein Hochzeitsgeschenk mitgebracht hatte. Ich ließ es zwischen der Wand und meinem von Aristoteles angenagten Bein unauffällig zu Boden gleiten.
»Charles Bukowski...«
Ich stand auf.
»Oh, Charles Bukowski!«
»Mhm.«
Dann:
»Das ist Marty.«
»Hallo, Marty.«
»Und das ist Elsie.«
»Hallo, Elsie.«
»Ist das *wahr*«, fragte sie, »daß Sie Möbel und Fenster zertrümmern, sich die Hände aufschneiden und all solche Sachen, wenn Sie betrunken sind?«
»Mhm.«
»Sie sind 'n bißchen alt für sowas.«
»Also hör mal, Elsie, komm mir hier nicht mit solchem Scheiß...!«
»Und das ist Tina.«
»Hallo, Tina.«
Namen! Mit meiner ersten Frau war ich zweieinhalb Jahre verheiratet gewesen. Eines Abends kamen ein paar Leute

zu Besuch. Die stellte ich meiner Frau damals so vor: »Das is Louie, der Schlappschwanz; und das is Marie, die kaut einen in 10 Sekunden ab; und das is Nick, der bringt jede Nummer nur halb, dann springt er ab.« Und dann mußte ich denen meine Frau vorstellen: »Das ist meine Frau ... das ist meine Frau ... das ist ...« Schließlich mußte ich ihr in die Augen sehen und sie fragen: »LECK MICH AM ARSCH, WIE *HEISST* DU EIGENTLICH?«
»Barbara.«
»Also das ist Barbara«, sagte ich dann ...

Der Zen-Meister war noch nicht da. Ich saß rum und lutschte an meinem Bier
Dann kamen *noch* mehr Leute rein. Eine ganze Prozession, die Treppe rauf. Die ganze Hollis-Familie. Roy schien keine Familie zu haben. Armer Roy. Nie auch nur einen Tag was gearbeitet, in seinem ganzen Leben. Ich holte mir noch ein Bier.
Sie kamen die Treppe rauf. Typen mit Vorstrafenregister, Spieler, Krüppel, Dealer aus diversen zwielichtigen Branchen. Familienmitglieder und Freunde. Zu Dutzenden. Keine Hochzeitsgeschenke. Keine Krawatten.
Ich drückte mich tiefer in meine Ecke rein.
Ein Typ war ziemlich übel zugerichtet. Er brauchte 25 Minuten, um die Treppe raufzukommen. Er ging an Krücken, Sonderanfertigung, sahen sehr stark aus, die Dinger. Runde Metallstützen für die Ellbogen. Spezialgriffe hier und da. Aluminium und Hartgummi. Kein Holz für dieses Baby. Ich konnte mirs denken: entweder er hatte verwässerten Stoff gedealt oder seine Lieferanten mit dem Geld reingelegt. Wahrscheinlich hatten sie ihn unter Beschuß genommen, als er beim Barbier auf dem Stuhl saß, mit den heißen feuchten Kompressen auf der Visage. Nur hatten sie dabei ein paar lebenswichtige Organe verfehlt.
Weitere kamen an. Einer unterrichtete in Los Angeles an der Universität. Ein anderer schmuggelte mit chinesischen Fischkuttern irgendwelchen Shit über den Hafen von San Pedro rein.
Man stellte mich den größten Killern und Dealern des Jahrhunderts vor.

Ich dagegen bezog gerade mal wieder Arbeitslosenunterstützung.
Dann kam Harvey zu mir her.
»Bukowski, wie wärs mit 'm bißchen Scotch and Water?«
»Klar, Harvey, klar.«
Wir marschierten in Richtung Küche.
»Wozu hast du ne Krawatte um?«
»Der Reißverschluß von meiner Hose ist futsch. Und meine Unterhosen sind zu eng. Das Ende vom Schlips muß mir notfalls die verstunkenen Schamhaare abdecken.«
»Für mich bist du der Meister der modernen Short-Story. Keiner kann dir das Wasser reichen.«
»Klar, Harvey. Wo ist der Scotch?«
Harvey zeigte mir die Flasche.
»Die Sorte trink ich jetzt immer, nachdem du sie in deinen Stories so oft erwähnt hast.«
»Aber ich hab inzwischen die Marke gewechselt, Harv. Hab 'n besseren Stoff entdeckt.«
»Wie heißt er?«
»Verdammt, fällt mir im Moment nicht ein.«
Ich fand ein großes Wasserglas und goß es mir voll, halb Scotch, halb Wasser.
»Für die Nerven«, sagte ich zu ihm, »verstehst du?«
»Klar, Bukowski.«
Ich trank es in einem Zug runter.
»Noch ne Füllung?«
»Klar.«
Ich nahm das Glas in die Hand, ging damit ins vordere Zimmer, hockte mich in meine Ecke. Mittlerweile gab es neue Aufregung: Der Zen-Meister war EINGETROFFEN!
Der Zen-Meister hatte sehr exotische Klamotten an und kniff die Augen zusammen. Oder vielleicht waren sie so von Natur aus. Der Zen-Meister brauchte Tische. Roy lief rum und suchte nach Tischen.
Währenddessen stand der Zen-Meister sehr relaxed rum. Er war die Ruhe selbst. Ich goß meinen Drink runter, ging rein und besorgte mir einen neuen, kam wieder zurück.
Ein Kind mit goldblonden Haaren rannte auf mich zu. Ungefähr elf Jahre alt.

»Bukowski, ich hab ein paar von deinen Stories gelesen. Also *ich* finde, du bist der größte Schriftsteller, den ich je gelesen habe!«
Lange blonde Locken. Brille. Schmächtiger Körper.
»Okay, Baby. Ich warte, bis du alt genug bist. Dann heiraten wir. Und leben von deinem Geld. Ich werd langsam müde. Du kannst mich dann rumzeigen in einem gläsernen Käfig mit kleinen Luftlöchern drin. Hab auch nichts dagegen, wenn die jungen Boys bei dir drübersteigen. Ich werd sogar zusehen.«
»Bukowski! Bloß weil ich lange Haare hab, denkst du, ich bin ein Mädchen?! Ich heiße *Paul*! Man hat uns vorgestellt! *Erinnerst* du dich nicht mehr?«
Pauls Vater, Harvey, sah zu mir herüber. Mit so einem Blick in den Augen. Da wußte ich, daß er beschlossen hatte, ich sei doch kein so guter Schriftsteller. Vielleicht sogar ein schlechter. Naja, die beste Tarnung kriegt mal Löcher.
Aber der kleine Boy war in Ordnung. »Das macht nichts, Bukowski! Du bist trotzdem der größte Schriftsteller, den ich je gelesen habe! Ein *paar* von deinen Stories hat mich Daddy lesen lassen...«
In diesem Augenblick gingen schlagartig die Lichter aus. Das hatte er nun von seinen großen Worten...
Aber überall kamen jetzt Kerzen zum Vorschein. Alles rannte rum, suchte Kerzen und steckte sie an.
»Shit, is bloß ne durchgebrannte Sicherung«, sagte ich. »Schraubt ne neue rein.«
Jemand sagte, es sei nicht die Sicherung, es sei was anderes. Da gab ich auf. Und während sie überall ihre Kerzen anmachten, ging ich in die Küche, um mir noch einen Scotch zu holen. Shit – da stand Harvey...
»Hast 'n fabelhaften Sohn, Harvey. Dein Boy, Peter...«
»Paul.«
»Sorry. 'n biblischer Versprecher.«
»Verstehe.«
(Die Reichen verstehen alles; bloß tun sie nichts dagegen.)
Harvey entkorkte eine neue Flasche. Wir unterhielten uns über Kafka. Dos Passos. Turgenjew. Gogol. 'n Haufen müde Scheiße. Dann flackerten schließlich überall die Kerzen. Der Zen-Meister wollte endlich anfangen. Roy hatte

mir die beiden Trauringe anvertraut. Ich checkte. Sie waren noch da. Alles wartete auf uns. Ich wartete darauf, daß Harvey aus den Latschen kippte. Nach all dem Scotch, den er intus hatte. Ich wartete vergeblich. Für jeden Drink, den ich kippte, hatte er sich zwei reingeschüttet, und er stand immer noch aufrecht. Sowas passiert mir nicht oft. In den zehn Minuten, die der Budenzauber mit den Kerzen gedauert hatte, war unsere Flasche halb leer geworden. Wir gingen hinaus zu den Gästen. Ich drückte Roy die Ringe in die Hand. Roy hatte dem Zen-Meister schon Tage zuvor beigebracht, daß ich ein Säufer war, unzuverlässig, jähzornig, schwaches Herz usw. – deshalb dürfe man den Trauzeugen Bukowski während der Zeremonie nicht nach den Ringen fragen, denn er sei möglicherweise nicht ganz da. Oder er würde anfangen zu kotzen, oder die Ringe verlieren, oder sich selber.
Jetzt gings also endlich los. Der Zen-Meister begann in seinem kleinen schwarzen Buch zu blättern. Es sah nicht allzu dick aus. Um die 150 Seiten würde ich sagen.
»Ich bitte darum«, sagte der Zen, »daß während der Zeremonie nicht getrunken und geraucht wird.«
Ich leerte mein Glas. Ich stand rechts neben Roy. Überall um mich herum wurden die Gläser geleert.
Dann leistete sich der Zen-Meister ein kleines beknacktes Lächeln.
Wie eine christliche Hochzeitszeremonie ablief, wußte ich aus eigener trauriger Erfahrung. Und die Zen-Zeremonie war eigentlich ziemlich das gleiche, nur kam noch eine Portion Tinnef dazu. Irgendwann wurden drei kleine Räucherstäbchen angezündet. Zen hatte eine ganze Schachtel von den Dingern – zwei- oder dreihundert. Eins der Stäbchen wurde in die Mitte eines mit Sand gefüllten Kruges gesteckt. Das war das Zen-Stäbchen. Dann mußte Roy sein brennendes Räucherstäbchen rechts davon einstecken, und Hollis ihres links davon.
Aber irgendwas stimmte daran nicht ganz. Der Zen-Meister, mit seinem kleinen Lächeln im Gesicht, mußte sich vorbeugen und die Dinger auf gleiche Höhe bringen.
Dann brachte er eine braune Perlenschnur zum Vorschein und überreichte sie Roy.
»Jetzt?« fragte Roy.

Verdammt, dachte ich, Roy bereitet sich doch sonst auf alles vor, warum nicht auch auf seine Hochzeit?
Zen langte nach vorn, legte Hollis' rechte Hand in Roy's linke und wickelte die Perlenschnur drum herum.
»Willst du . . .«
»Ich will . . .«
(Das soll Zen sein?, dachte ich.)
»Und willst du, Hollis . . .«
»Ich will . . .«
Mittlerweile war irgendein Arschloch trotz Kerzenlicht damit beschäftigt, hunderte von Fotos zu knipsen. Das machte mich nervös. Hätte ja vom F. B. I. sein können.
»*Plick! Plick! Plick!*«
Wir waren natürlich alle sauber. Aber es irritierte, weil es einfach leichtsinnig war.
Dann fielen mir im Kerzenschein die Ohren des Zen-Meisters auf. Das Kerzenlicht schien durch sie hindurch, als seien sie aus hauchdünnem Klopapier.
Der Zen-Meister hatte die durchsichtigsten Ohren, die ich je gesehen hatte. *Das* war es, was ihn heilig machte! Ich *mußte* diese Ohren haben! Für Geld, für meinen Kater oder für den Preis eines Gedächtnisschwunds. Oder für unters Kopfkissen.
Natürlich wußte ich, daß hier die vielen Scotch and Water mit mir durchgingen, und all das Bier, aber gleichzeitig wußte ichs auch wieder nicht.
Ich starrte die Ohren des Zen-Meisters an.
Inzwischen gabs weitere Worte:
». . . und du, Roy, gelobst du, keine Drogen zu nehmen während deiner Verbindung mit Hollis?«
Danach schien eine peinliche Pause einzutreten. Schließlich sagte Roy, dem buchstäblich die Hände gebunden waren:
»Ich gelobe, daß ich keine . . .«
Endlich war es vorbei. Jedenfalls sah es so aus. Der Zen-Meister erhob sich und lächelte wieder still in sich hinein.
Ich legte Roy meine Hand auf die Schulter. »Gratuliere.«
Dann beugte ich mich rüber und küßte Hollis auf ihre sagenhaften Lippen.
Die anderen blieben einfach hocken. Eine Nation von Bekloppten.

Niemand regte sich. Die Kerzen flackerten wie verrückt.
Ich ging zum Zen-Meister hin und schüttelte ihm die Hand.
»Vielen Dank. War ne prima Zeremonie.«
Er schien darüber sehr erfreut zu sein. Das half ein bißchen.
Die Gangster waren zu stolz und zu dämlich, um einem Orientalen die Hand zu geben.
Jetzt, wo die Hochzeit gelaufen war, kam es mir plötzlich sehr kalt vor. Alle saßen rum und starrten einander an. Die menschliche Rasse würde mir immer Rätsel aufgeben. Irgendjemand mußte jetzt mal die Sau abgeben und für Unterhaltung sorgen. Also riß ich mir die grüne Krawatte ab und schmiß sie in die Luft:
»HEY! IHR ARSCHFICKER! HAT DENN KEINER VON EUCH HUNGER?!«
Ich latschte rüber ans kalte Buffet und machte mich über den Käse her, die sauren Schweinsfüße, die Hühnerfotzen. Ein paar Gäste erhoben sich steifbeinig, kamen ran und stocherten in den Fressalien rum, da sie nichts anderes mit sich anzufangen wußten.
Na, wenigstens *dazu* konnte ich sie animieren. Ich drehte mich um und machte mich auf die Suche nach dem Scotch.
Als ich mir in der Küche das Glas einschenkte, hörte ich den Zen-Meister sagen: »Ich muß mich jetzt verabschieden.«
»Ooooh, gehen Sie noch nicht...«, sagte eine alte brüchige weibliche Stimme mitten in der größten Gangsterversammlung seit drei Jahren. Und nichtmal die Alte klang so, als ob sie's ehrlich meinte. Was hatte ich hier eigentlich verloren?
Sobald ich hörte, wie der Zen-Meister die Haustür hinter sich zumachte, kippte ich das Wasserglas voll Scotch runter. Dann rannte ich raus, zwängte mich durch die schnatternden Kacker durch, fand die Haustür (was nicht einfach war), machte sie auf, hinter mir zu, und da war ich nun – knapp 15 Schritte hinter dem Mr. Zen. Er hatte noch 45 oder 50 Meter bis zum Parkplatz.
Ich legte einen Zahn zu und brüllte hinter ihm her: »Hey, Meister!«
Zen blieb stehen und drehte sich um. »Ja, alter Mann?«
Alter Mann?

Wir sahen einander an, im Mondlicht, auf dieser riesigen Freitreppe, die zum tropischen Garten hinunterführte. Es schien mir an der Zeit, daß wir in nähere Beziehung zueinander traten. Deshalb eröffnete ich ihm:
»Ich will entweder deine beiden verschissenen Ohren oder deine verschissene Kluft – diesen Bademantel mit dem Neonlicht, den du anhast!«
»Alter Mann, du bist von Sinnen!«
»Ich hab immer gedacht, ein Zen-Mensch macht keine pampigen und unvorsichtigen Bemerkungen. Meister, du enttäuschst mich!«
Zen legte seine Handflächen zusammen und blickte gen Himmel.
Ich sagte nochmal: »Ich will entweder deine Scheißklamotten oder deine Scheiß-Ohren!«
Er blickte weiter mit betender Gebärde gen Himmel.
Ich machte zwei große Schritte auf ihn zu, verfehlte dabei ein paar Treppenstufen, und während ich auf ihn zuflog, versuchte ich auszuholen, um ihm eine reinzuwuchten, aber meine Fallgeschwindigkeit war zu groß. Zen fing mich auf und stellte mich wieder auf die Beine.
»Mein Sohn, mein Sohn . . .«
Naja, jetzt war ich nahe genug ran. Ich versetzte ihm einen Schwinger. Traf auch ganz gut. Ich hörte, wie er zischte. Er machte einen Schritt nach hinten. Ich versuchte, noch einen bei ihm zu landen, aber der Schlag ging ins Leere, und ich fiel in ein paar teure importierte Ziersträucher rein. Ich rappelte mich hoch. Ging wieder auf ihn los. Im Mondschein sah ich, daß meine Hosen vorne voller Blut, Kerzenwachs und Kotze waren.
»In mir hast du deinen Meister gefunden, du Arschloch!«, eröffnete ich ihm, während ich auf ihn lostorkelte. Er wartete auf mich. Zehn Jahre Maloche in der Fabrik hatten meine Muskeln nicht gerade schlaff werden lassen. Ich wuchtete ihm einen in die Eingeweide, mit meinen ganzen 230 Pfund dahinter.
Er schnappte kurz nach Luft, schickte wieder eine flehende Gebärde gen Himmel, sagte irgendwas Orientalisches, legte mich mit einem knappen aber gnädigen Karateschlag um und ließ mich liegen, eingepackt in mexikanische Kakteen und irgendwelches Zeug, das aus meiner Perspektive

wie menschenfressende Pflanzen aus dem tiefsten brasilianischen Urwald aussah. Ich machte mirs im Mondschein bequem, bis sich so eine purpurrote Blume lässig über meine Nase stülpte und sich anschickte, mich am Schnaufen zu hindern.
Shit, man brauchte mindestens 150 Jahre, um in Harvard als Klassiker eingestuft zu werden. Ich hatte also keine Wahl: ich befreite mich von dem Ding und kroch die Freitreppe rauf. Oben stellte ich mich auf die Beine, machte die Tür auf und ging rein. Niemand beachtete mich. Sie waren immer noch am Palavern. Ich fläzte mich wieder in meine Ecke. Der Karateschlag hatte mir die linke Augenbraue geöffnet. Ich holte mein Taschentuch raus.
»Shit! Ich brauch 'n Drink!«, brüllte ich.
Harvey brachte einen an. Scotch. Pur. Ich goß ihn runter.
Dann fiel mir auf, daß die Dame, die man mir als die Mutter der Braut vorgestellt hatte, eine ganze Menge Bein sehen ließ. Sah gar nicht schlecht aus. Diese langen Nylons mit den teuren hohen Absätzen unten dran, plus die kleinen juwelenbesetzten Schlaufen über den Zehen. Das konnte einen Idioten geil machen, und ich war bloß ein Halbidiot.
Ich stand auf, ging zur Brautmutter rüber, riß ihr den Rock bis über die Schenkel hoch, schmatzte an ihren hübschen Knien rum und arbeitete mich allmählich nach oben.
Das Kerzenlicht erwies sich jetzt als durchaus hilfreich. Und überhaupt.
»Hey!« Sie war plötzlich hellwach. »Was wird denn *das*, wenn es fertig ist?!«
»Ich fick dich um den Verstand, ich werd dich ficken, bis dir die Scheiße aus dem Arsch plumpst! Na, wie findest du das?«
Sie trat mich in den Bauch, und schon lag ich auf dem Teppich. Ich lag auf dem Rücken, schlug um mich, kam aber nicht mehr hoch.
»Verfluchte Amazone!«, brüllte ich.
Schließlich, nach drei oder vier Minuten, kam ich wieder auf die Beine. Jemand lachte. Als ich die Balance wiedergefunden hatte, setzte ich mich in die Küche ab. Goß mir

ein Glas voll, trank es aus, goß mir nochmal ein und ging damit raus.
Da standen sie rum. Die ganze gottverdammte Verwandtschaft.
»Roy? Hollis?«, fragte ich. »Warum packt ihr nicht euer Hochzeitsgeschenk aus?«
»Tja«, sagte Roy, »warum nicht?«
Das Geschenk war in 38 Meter Alufolie eingewickelt. Roy rollte und rollte die Folie aus. Schließlich hatte er das Ding freigelegt.
»Fröhlichen Ehestand!«, rief ich.
Alle sahen es. Es wurde sehr still im Raum.
Es war ein kleiner handgeschnitzter Sarg von einem der besten Kunsthandwerker in Spanien. Die Stellfläche war sogar mit einem rosaroten Filz bezogen. Es war die exakte Nachbildung eines echten Sarges, allerdings mit erheblich mehr Liebe und Sorgfalt hergestellt.
Roy sah mich an, als wolle er mich umbringen. Er riß den Coupon ab, auf dem zu lesen war, wie das Holz zu pflegen sei, schmiß ihn in den Sarg rein und machte den Deckel zu.
Es war sehr still. Das einzige Hochzeitsgeschenk hatte keinen Anklang gefunden. Aber sie fingen sich schnell wieder und setzten ihr Palaver fort.
Ich war vermufft. Ich war wirklich stolz gewesen auf meinen kleinen Sarg. Ich hatte stundenlang nach einem Geschenk gesucht. Ich hatte fast den Verstand verloren. Dann hatte ich ihn entdeckt. Er stand ganz allein auf einem Regal. Ich besah ihn von außen und innen, fummelte dran herum. Der Preis war happig, aber es handelte sich ja auch um eine handwerkliche Arbeit von höchster Vollendung. Das Holz. Die kleinen Scharniere. Überhaupt alles. Zufällig brauchte ich auch einen Spray zum Ameisen-Killen. Weiter hinten im Laden fand ich eine Dose »Black Flag«. Die Ameisen hatten angefangen, sich unter meiner Türschwelle breitzumachen. Ich ging mit dem Zeug zur Kasse. Ein junges Mädchen saß dahinter. Ich zeigte auf den Sarg.
»Wissen Sie, was das ist?«
»Was?«
»Das ist ein Sarg!«

Ich machte ihn auf und zeigte ihn ihr.
»Ich hab Ameisen zuhause, die machen mich wahnsinnig. Wissen Sie, was ich machen werde?«
»Was?«
»Ich werd diese Ameisen killen und sie alle in diesen Sarg reintun und verscharren!«
Sie lachte. »Damit ham Sie gerade den ganzen Tag für mich gerettet!«
Man muß es diesem Jungvolk lassen: sie sind ein ganz neuer Menschenschlag. Einsame Klasse. Ich zahlte und ging raus ...
Aber jetzt, bei der Hochzeit, lachte keiner. Ein Dampfkochtopf mit einer roten Schleife drum hätte sie wahrscheinlich in Entzücken versetzt. Oder vielleicht nichtmal das.
Harvey, der Reiche, war letzten Endes der einzige angenehme Mensch in der Runde. Vielleicht deshalb, weil er sichs leisten konnte ...
Ich trank jetzt gleich aus der Flasche. Mir war alles egal. Und dann war die Sache gelaufen, ich hockte wieder auf dem Rücksitz meines Wagens, Hollis wieder am Steuer, und Roy's Bart wehte mir wieder ins Gesicht. Ich setzte die Flasche an.
»Sagt mal, habt ihr etwa meinen kleinen Sarg weggeworfen? Ich liebe euch beide, das wißt ihr! Warum habt ihr meinen kleinen Sarg weggeworfen?«
»Schau her, Bukowski, hier ist dein Sarg!«
Roy hielt ihn hoch, damit ich ihn sehen konnte.
»Ah. Prima.«
»Willst du ihn wiederhaben?«
»Nein! Nein! Ist doch mein Geschenk an euch! Euer *einziges* Geschenk! Behaltet ihn! Bitte!«
»Na gut.«
Der Rest der Fahrt war ziemlich ereignislos. Ich hatte eine Wohnung zur Straße raus, in der Nähe von Hollywood Boulevard. Ziemliches Parkproblem. Sie fanden schließlich eine Lücke, einen halben Häuserblock von meiner Adresse entfernt. Sie parkten meinen Wagen und gaben mir die Schlüssel. Dann sah ich ihnen nach, wie sie über die Straße gingen – zu ihrem eigenen Wagen. Ich machte schon mal ein paar Schritte in Richtung auf meine Wohnung, sah aber dabei noch über die Schulter zu ihnen hinüber, mein Schuh

verfing sich in den Hosenaufschlägen, und ich ging zu Boden. Im Umfallen versuchte ich instinktiv, die Whiskyflasche zu schützen, ich versuchte mich auf den Rücken fallen zu lassen und sowohl Flasche als auch Kopf oben zu behalten. Die Flasche blieb heil, aber mein Kopf knallte voll aufs Pflaster.
Sie hatten mich beide fallen sehen. Ich war halb bewußtlos, aber irgendwie brachte ich es fertig, zu ihnen rüber zu rufen:
»Roy! Hollis! Helft mir bis zu meiner Tür, bitte, ich hab mich verletzt!«
Sie standen einen Augenblick da und sahen mich an. Dann stiegen sie in ihren Wagen, ließen den Motor an, lehnten sich bequem zurück und fuhren davon.
Das war wohl die Rache für irgendwas. Für den Sarg? Oder weil sie in meiner alten Karre fahren mußten? Oder weil ich als Trauzeuge über die Stränge geschlagen hatte? Was es auch war – sie hatten keine Verwendung mehr für mich.
Noch fünf Minuten, dachte ich. Wenn man mich nur noch fünf Minuten ungeschoren hier liegen ließ, würde ich aufstehen und es bis zu meiner Wohnung schaffen. Ich war der letzte Outlaw. Laßt mich nur zurück in mein Versteck kriechen. Billy the Kid hatte mir nichts voraus. Fünf Minuten. Ich würde mich wieder erholen. Wenn sie mich das nächste Mal zu einer ihrer Festlichkeiten baten, würde ich ihnen genau sagen, wo sie sichs hinstecken können. Fünf Minuten. Das ist alles, was ich brauche.
Zwei Frauen kamen vorbei. Sie blieben stehen und sahen mich an.
»Oh, sieh mal den hier. Was hat er?«
»Er ist betrunken.«
»Er ist doch nicht krank, oder?«
»Nein. Sieh mal, wie er die Flasche hält. Wie ein kleines Baby.«
Oh, shit. Ich brüllte zu ihnen rauf:
»ICH WERD EUCH BEIDEN DIE MÖSE LUTSCHEN! ICH WERD SIE EUCH LUTSCHEN, BIS SIE FURZTROKKEN IST, IHR FOTZEN!«
»Ooooooh!«
Sie rannten in das gläserne Apartment-Hochhaus rein.

Durch die Glastür. Ich lag draußen und kam nicht hoch. Ich brauchte es nur bis zu meiner Bude zu schaffen, aber die 30 Schritte bis dorthin sahen aus wie drei Millionen Lichtjahre. Dreißig Schritte bis zu einer gemieteten Haustür. Zwei Minuten, und ich würde aufstehen können. Bei jedem Versuch wurde ich besser. Ein alter Süffel kam immer wieder hoch, wenn man ihm genug Zeit ließ. Noch eine Minute . . .
Ich hätte es geschafft. Aber da kamen die Bullen an. Sie ließen ihr Blaulicht weiter rotieren, während sie anhielten und ausstiegen. Einer hatte eine Taschenlampe.
»Bukowski«, sagte der mit der Taschenlampe, »du kannst anscheinend ohne Schwulitäten überhaupt nicht mehr leben, was?«
Er kannte meinen Namen von irgendwo her, von einer früheren Sache.
»Schaut her«, sagte ich, »ich bin bloß gestolpert. Bin mit dem Kopf aufgeschlagen. Ich verliere nie den Überblick. Ich bin nicht gefährlich. Warum helft ihr mir nicht bis zu meiner Tür? Ist nur dreißig Schritte bis da hin. Laßt mich einfach aufs Bett fallen und pennen. Meint ihr nicht auch, daß das im Grunde das einzig Richtige wäre?«
»Sir, zwei Damen haben angegeben, Sie hätten versucht, sie zu vergewaltigen.«
»Gentlemen, ich würde *nie* versuchen, zwei Ladies gleichzeitig zu vergewaltigen.«
Der eine Bulle leuchtete mir ständig mit der Lampe ins Gesicht. Das gab ihm anscheinend ein unheimliches Gefühl der Überlegenheit.
»Nur dreißig Schritte zur Freiheit! Könnt ihr das nicht begreifen?«
»Du bist der witzigste Alleinunterhalter in der Stadt, Bukowski. Denk dir mal 'n besseres Alibi aus.«
»Naja, mal sehn – also das, was ihr da vor euch liegen seht, ist das Endprodukt einer Hochzeitsfeier, einer Zen-Hochzeit.«
»Soll das heißen, eine Frau hat tatsächlich versucht, dich zu *heiraten*?«
»Nicht *mich*, du Arschloch . . .«
Der Bulle mit der Taschenlampe schlug mir das Ding auf die Nase.

»Einem Hüter des Gesetzes hat man respektvoll zu antworten.«
»Sorry. Das war mir im Moment ganz entfallen.«
Das Blut lief mir am Hals runter und dann aufs Hemd. Ich hatte alles ziemlich satt.
»Bukowski«, sagte der mit der Taschenlampe, »warum mußt du eigentlich duernd Stunk machen?«
»Laß deinen Tinnef unter Verputz«, sagte ich. »Gehn wir lieber gleich in den Knast.«
Sie legten mir die Handschellen an und schmissen mich auf den Rücksitz. Wie gehabt.
Sie fuhren gemächlich mit mir durch die Gegend und unterhielten sich über diverse hirnrissige Sachen – eine Veranda war zu verbreitern, ein Swimmingpool anzulegen, ein Zimmer sollte angebaut werden für die Oma. Und wenn es um Sport ging – das hier waren schließlich *richtige* Männer – tja, also die Dodgers hatten immer noch eine Chance, wenn auch zwei oder drei andere Mannschaften schwer von der Spitze zu verdrängen waren.
Für diese beiden war die Menschheit noch eine große Familie – wenn die Dodgers siegten, dann siegten *sie* mit. Wenn jemand auf dem Mond landete, dann waren *sie* auf dem Mond mit dabei. Aber wenn ein verhungernder Mensch sie um einen Groschen bat – nix zu machen, fick dich ins Knie, du Kaffer. Das passierte natürlich nur, wenn sie in Zivil waren. Es hat noch nie einen verhungernden Menschen gegeben, der einen *Bullen* um einen Groschen bat. In der Beziehung sind wir sauber geblieben.
Dann schleuste man mich durch die Aufnahmeprozedur. Mich, der nur noch 30 Schritte bis zu seiner Haustür gehabt hatte; der in einem Haus mit 59 Leuten der einzige Mensch gewesen war.
Da stand ich nun wieder einmal, in der langen Reihe derer, die angeblich schuldig waren. Die jüngeren Typen wußten nicht, was sie erwartete. Sie machten sich noch Illusionen über DIE VERFASSUNG und ihre RECHTE. Die Anfänger unter den Bullen ließ man bei den Säufern im Stadtgefängnis und im Landesgefängnis ihre Grundausbildung absolvieren. Da mußte sich zeigen, ob etwas in ihnen steckte. Ich sah, wie sie einen Typ in den Fahrstuhl verfrachteten und mit ihm rauf und runter fuhren, immer rauf und runter, und

als er wieder rauskam, konnte man kaum noch erkennen, was er mal gewesen war – ein Schwarzer, der was von Menschenrechten brüllte. Dann schnappten sie sich einen weißen Jungen, der es mit seinen verfassungsmäßig garantierten Rechten hatte; vier oder fünf von ihnen ließen ihn Spießruten laufen, bis er nicht mehr konnte. Dann brachten sie ihn angeschleppt und stellten ihn an die Wand. Er zitterte am ganzen Körper, hatte überall rote Striemen, stand da und zitterte.
Ich machte wieder einmal die ganze erkennungsdienstliche Behandlung durch, Fotos fürs Album, Fingerabdrücke.
Sie schafften mich runter in die Säuferzelle, hielten die Tür auf. Jetzt ging es nur noch darum, auf dem Boden der Zelle zwischen 150 Männern einen Platz zu finden. Zum Scheißen gab es nur einen einzigen Eimer. Kotze und Pisse, wo man hinsah. Ich fand ein Plätzchen zwischen meinen Mitmenschen. Ich war Charles Bukowski, dessen Werke vom Literatur-Archiv der University of California in Santa Barbara gesammelt wurden. Dort gab es jemanden, der mich für ein Genie hielt. Ich machte mirs auf dem Zementboden bequem. Ich hörte eine junge Stimme. Die Stimme eines Jungen.
»Mister, für'n Vierteldollar lutsch ich Ihnen den Schwanz!«
Laut Vorschrift mußten sie einem bei der Einlieferung alles Geld abnehmen, den Personalausweis, Schlüssel, Messer usw., plus Zigaretten, und dafür bekam man dann eine Quittung ausgehändigt. Die verlor man, oder man versilberte sie, oder sie wurde einem geklaut. Trotzdem gabs immer Geld und Zigaretten in der Zelle.
»Tut mir leid, Junge«, sagte ich, »sie ham mir meinen letzten Penny abgenommen.«
Nach vier Stunden fand ich endlich Schlaf.
Tja.
Trauzeuge bei einer Zen-Hochzeit. Und ich könnte wetten, daß die beiden in der Nacht nicht einmal gefickt hatten. Aber einen jedenfalls hatte man in Grund und Boden gepimpert. Das stand fest.

Eine verregnete Weibergeschichte

Gestern, Freitag, war ein trüber und verregneter Tag, und ich sagte mir ständig: Bleib nüchtern, Mann, geh nicht aus dem Leim; und ich ging durch die Tür und hinaus auf den Rasen des Hausbesitzers und duckte mich gerade noch rechtzeitig unter einem Football weg, den ein zukünftiger linker Verteidiger von Southern California geworfen hatte. 1975 würde er vielleicht soweit sein. 1975?, dachte ich – da sind wir ja nicht mehr weit von 1984 entfernt. Ich erinnere mich, als ich das Buch las, da dachte ich: Naja, 1984, das ist 10 Millionen Meilen bis China . . . und jetzt war es schon beinahe da, und ich war beinahe tot, oder auf dem besten Weg dazu, ich kaute auf dem letzten Rest meines Lebens herum und machte mich bereit, das zermatschte Ding auszuspucken.
Trübe und verregnet – eine tote Besenkammer, eine dunkle stinkende tote Besenkammer: Los Angeles, Kalifornien, Spätnachmittag, Freitag, China ganze 8 Meilen entfernt, Reispudding mit Augen drin, traurige kotzende Hunde – trübe und verregnet, ah Scheiße! – und ich erinnerte mich, wie ich als Kind immer gedacht hatte: Ich möchte mal so alt werden, daß ich das Jahr 2000 erlebe. Das war die magische Zahl, und ich glaubte daran. Während mein Alter Tag für Tag die Scheiße aus mir rausschlug, wollte ich 80 Jahre alt werden und das Jahr 2000 erleben. Jetzt, wo alles die Scheiße aus mir rausschlägt, habe ich diesen Wunsch nicht mehr – jetzt ist es ein Überleben von einem Tag zum nächsten, KRIEG, trübe und verregnet – bleib nüchtern, Mann, geh nicht aus dem Leim, und ich stieg in mein Auto, gebraucht, so wie ich selber, und fuhr da rauf und machte die fünfte von insgesamt 12 Ratenzahlungen; dann fuhr ich den Hollywood Boulevard runter, Richtung Westen, die deprimierendste aller Straßen, ein verstopftes gläsernes

Nichts, es war die einzige Straße, bei der mir wirklich die kalte Wut hochkam; und dann fiel mir ein, daß ich eigentlich zum Sunset wollte – der war fast genau so schlimm – und ich drehte nach Süden ab, alles hatte die Scheibenwischer an, und die wischten und wischten, und dahinter diese VISAGEN! – äh – ich bog in den Sunset ein, fuhr einen Block nach Westen, parkte vor M. C. Slum's. Neben mir stand ein roter Chevy mit einer Silberblonden drin. Wir starrten einander an, die Silberblonde und ich, finster und haßerfüllt. Ich würde sie ficken, dachte ich, aber nur in einer Wüste, wo keiner zusieht. Und sie sah mich an und dachte, den würde ich höchstens in einem toten Vulkan ficken, wo keiner zusieht. Und ich sagte »SHIT!«, warf den Motor an, machte den Rückwärtsgang rein und fuhr da raus.
Trübe und verregnet, kein Service, da konnte man stundenlang sitzen und keiner erkundigte sich, was man wollte; nur ab und zu sah man einen Mechaniker, der kaugummikauend den Kopf aus dem Loch steckte, ah was für ein prächtiger Mensch! – aber wenn man was von ihm wollte, wurde er sauer – man hatte sich gefälligst an den Service Manager zu wenden, doch der versteckte sich immer irgendwo – hatte wohl Angst vor seinem eigenen Mechaniker und wollte ihm nicht zuviel Arbeit zumuten. Die ganze schauderhafte Wahrheit war im Grunde, DASS KEINER ETWAS TUN KONNTE – Dichter konnten keine Gedichte schreiben, Mechaniker keine Autos reparieren, Zahnärzte keine Zähne ziehen, Friseure keine Haare schneiden, Chirurgen bauten Mist mit dem Skalpell, Wäschereien ruinierten einem die Hemden und Bettlaken und ständig fehlte der eine oder andere Socken; Brot und eingemachte Bohnen hatten kleine Steinchen darin, an denen man sich die Zähne ausbiß; Football-Spieler waren feige Hunde; Handwerker von der Telefongesellschaft schändeten kleine Kinder; und Bürgermeister, Gouverneure, Generäle und Präsidenten hatten ungefähr soviel Verstand wie eine Schnecke, die sich in ein Spinnennetz verirrt. Undsoweiter, undsoweiter. Trübe und verregnet, bleib nüchtern, geh nicht aus dem Leim, ich fuhr auf den Parkplatz von Bier's Garage, und ein großer schwarzer Bastard mit einer Zigarre im Maul stürzte auf mich los: »HEY! SIE! SIE DA! SIE KÖNNEN HIER NICHT PARKEN!«

»Hör mal, ich weiß, daß ich hier nicht parken kann! Will ja auch bloß den Service Manager sprechen. Bist du vielleicht der Service Manager?«
»NEE! NEE, MANN! ICH BIN NICHT DER SERVICE MANAGER! MANN, DU KANNST HIER NICHT PARKEN!«
»Na, wo ist denn der Service Manager? Hockt er vielleicht auf dem Klo und spielt mit seinem Ding?«
»DU MUSST HIER RÜCKWÄRTS RAUSSETZEN UND DA DRÜBEN PARKEN!«
Ich setzte rückwärts raus und parkte da drüben. Ich stieg aus, ging zurück und stellte mich vor das kleine Pult, auf dem »Service Manager« stand. Eine Frau kam angefahren, ein bißchen benebelt, großer neuer Wagen, Tür halb offen, sie würgte den Motor ab, blickte wild in die Gegend, stieg aus. Der Wagen ruckelte noch ein bißchen nach. Sie trug einen kurzen Rock, sehr kurz, lange graue Strümpfe, ihr Rock rutschte bis an die Hüften hoch, als sie ausstieg, ich starrte diese Beine an, blöde Zicke, aber diese Beine, mmh, und sie stand da, stupid und benebelt, und da KAM er nun, der Service Manager, direkt aus dem Männerklo, »KANN ICH IHNEN HELFEN, MADAM? ÄH, WO FEHLTS DENN? DIE BATTERIE? BATTERIE LEER?«, und schon wetzte er los und kam mit einer Batterie auf Rädern wieder angeschossen, fragte sie, wie man die Motorhaube aufmacht, und ich stand da, während sie an der Motorhaube herummurksten, und sah mir ihre Beine an, ihren Arsch, und dachte: mit dieser stupiden Sorte fickt sichs am besten, weil man sie haßt – sie haben ein begnadetes Fleisch und das Hirn einer Fliege.
Schließlich kriegten sie die Motorhaube auf, und er hängte ihre Batterie an seine an und sagte zu ihr, sie solle den Motor anlassen. Beim dritten oder vierten Versuch schaffte sie es. Dann schob sie den Hebel auf FAHRT und versuchte ihn zu überfahren, während er noch mit den Kabeln beschäftigt war. Fast wäre es ihr gelungen, aber er war ein bißchen zu flink auf den Beinen. »ZIEHEN SIE DIE HANDBREMSE AN! LASSEN SIE DEN LEERLAUF DRIN!« Was für eine dämliche Ische, dachte ich, wieviele Männer mag sie wohl auf diese Tour schon gekillt haben? Riesige Ohr-

ringe. Und einen Mund, so knallrot wie eine Luftpostbriefmarke. Und die Eingeweide voll Scheiße.
»OK, JETZT SETZEN SIE RÜCKWÄRTS RAUS UND FAHREN DA DRÜBEN RAN! WIR LADEN IHNEN DIE BATTERIE AUF!«
Er rannte neben dem Wagen her, steckte den Kopf zum Fenster rein und starrte ihre Beine an, während sie rausfuhr. »GUT SO, GUT SO, ZURÜCK, ZURÜCK!«, und die Augen fielen ihm beinahe raus. Sie bog um die Ecke, und er stand da und sah ihr nach.
Wir hatten beide einen Steifen in der Hose, der Service Manager und ich. Ich stieß mich von der Mauer ab, an der ich gelehnt hatte. »HEY!«
»WAS IS?«, sagte er.
»ICH BRAUCH DRINGEND IHRE HILFE!« sagte ich und ging mit meinem Steifen auf ihn zu. Er warf mir einen eigenartigen Blick zu.
»BEI WAS DENN?«
»Auswuchten und Lenkung nachstellen.«
»HEY! HERITITO!«
Ein kleiner Japaner kam gerannt.
»Auswuchten und Lenkung nachstellen«, sagte er zu Heritito.
»Schlüssel her.«
Ich gab ihm die Schlüssel. Machte mir nichts aus. Ich hatte immer 2 oder 3 Paar Wagenschlüssel bei mir. Ich war neurotisch.
»62er Comet«, sagte ich zu ihm.
Heritito ging zu meinem 62er Comet, der Service Manager ging zurück ins Männerklo. Ich ging wieder an die Mauer und sah dem Verkehr zu; er schob sich stockend und fickrig und müde durch den diesigen Nieselregen von Los Angeles, 1984 war schon zwanzig Jahre her, die ganze kranke verwesende Gesellschaft so behämmert wie eine Geburtstagstorte, die man den Ameisen und Kakerlaken hinschmeißt; trüber Scheißregen; Heritito pumpte meinen blauen Comet, an dem erst 5 von 12 Raten abbezahlt waren, auf der Hebebühne hoch und mein Schwanz ging im gleichen Tempo runter.
Ich sah zu, wie er die Räder abmontierte; dann machte ich einen Spaziergang. Ich ging zweimal um den Block, begeg-

nete 200 Leuten und traf keinen, der aussah wie ein Mensch. Ich sah in die Schaufenster, und da war nichts dahinter, was mich auch nur im entferntesten gereizt hätte. Und alles hatte einen Preis. Eine Gitarre. Na was zum Teufel sollte ich wohl mit einer Gitarre. Ich konnte sie vielleicht verheizen. Ein Plattenspieler. Ein Fernseher. Ein Radio. Überflüssig. Gerümpel. Krempel, mit dem man sich die Hirnwindungen verstopfen konnte. Wie ein Schlag mit einem roten 6-Unzen-Handschuh. Plop, und man war bedient.
Heritito war ziemlich gut. Eine halbe Stunde später hatte er die Karre von der Hebebühne runter und geparkt.
»Hey, nicht schlecht. Und wo muß ich zahlen?«
»Oh, das war erst das Auswuchten. Die Karre muß noch in den Meßstand. Da ist aber noch einer vor Ihnen.«
»Oh.«
Abends gabs einige Pferderennen, und ich wollte gern beim ersten Rennen mit dabei sein, 19.30 Uhr. Ich brauchte die Piepen, war auch ganz gut drin, aber ich mußte jeweils eine Stunde vorher da sein, um mir meine Wetten auszutüfteln; also 18.30 Uhr. Regen, finsterer Regen, ein schlechtes Zeichen. Am 13. die Miete, am 14. die Alimente, am 15. die nächste Rate fürs Auto. Ich mußte dringend auf ein paar Pferde setzen, sonst konnte ich gleich das Handtuch werfen. Weiß der Teufel, wie es einer zu was bringen sollte unter diesen Umständen. Naja, scheiß drauf. Um mir die Wartezeit zu vertreiben, ging ich über die Straße in einen Laden und kaufte mir 4 Paar Unterhosen für 5 Dollar. Ich ging zurück in die Werkstatt, schmiß sie in den Kofferraum, und als ich den Kofferraum abschloß, fiel mir auf: Menschenskind, du hast ja nur EINEN Kofferraumschlüssel! Nix gut für einen Neurotiker. Ich ging rüber zum Schlüsseldienst! Eine Frau setzte rückwärts raus und fuhr mich beinahe um. Ich steckte den Kopf durch ihr Wagenfenster und besah mir ihre Beine, sie trug einen purpurroten Strumpfgürtel und hatte schneeweißes Fleisch: »Verdammt, passen Sie auf, wo Sie hinfahren«, sagte ich zu ihren Beinen, »fast hätten Sie mich überfahren!« Ihr Gesicht kriegte ich nicht mit. Ich zog den Kopf raus und ging in die Schlüsselbude. Ließ mir einen zweiten Schlüssel machen. Als ich bezahlte, kam ein altes Weib angerannt.

»Hey, vor mir hat sich ein Lastwagen hingestellt! Ich komm nicht raus!«
»Tja, das ist nicht mein Bier«, sagte der Schlüsselmann.
Sie war einfach zu alt. Flache Schuhe. Einen leeren idiotischen Blick in den Augen. Große plattgekaute falsche Zähne. Einen Rock bis halb auf die Knöchel runter. Tja, und nun verknall dich mal in die Warzen deiner Großmutter.
Sie sah mich an. »Was soll ich machen, Mister?«
»Versuchen Sie's mit'm Betäubungsmittel«, sagte ich und ließ sie stehen. Vor zwanzig Jahren wäre sie vielleicht nicht abgeblitzt. Naja, ich hatte meinen Schlüssel. Es regnete immer noch. Ich stand gerade da und versuchte, das Ding an den Schlüsselring zu machen, da kam eine mit Minirock und Schirm raus. Nun pflegen Miniröcke seit neuestem einherzugehen mit ausgesprochen sextötenden dicken Netzstrümpfen, oder mit Strumpfhosen, an denen irgendein lappriger Petticoat-Fummel rumbammelt. Doch die hier brachte noch das Original – hohe Absätze, Nylons, Mini kaum bis übern Arsch. Und gebaut war die, meine Güte, alles machte Stielaugen, sowas von SEX, heller Wahnsinn. Der Schlüsselring vibrierte in meiner Hand, ich starrte durch den Nieselregen, sie kam langsam auf mich zu und lächelte.
Ich rannte um die Ecke mit meinem Schlüsselring. Ich will sehen, wie dieser Arsch an mir vorbeigeht, dachte ich. Der Arsch kam um die Ecke und schlängelte sich langsam an mir vorbei, jung, einladend. Ein gut gekleideter Typ kam hinter ihr her und rief ihren Namen. »Oh, freut mich ja so, dich zu sehen!«, sagte er. Er redete und redete, und sie lächelte. »Na, ich hoffe, du amüsierst dich gut heute abend!« sagte sie. Was, der ließ sie einfach gehen? Der Typ mußte krank sein.
Irgendwie kriegte ich den Schlüssel an den Ring dran und ging ihr nach in einen Supermarkt. Ich sah zu, wie sie hüftschwenkend durch den Supermarkt ging und Männer sich die Köpfe verrenkten und sagten: »Jessas, guck dir das an!«
Ich ging in die Fleisch- und Wurstabteilung und ließ mir eine Nummer geben. Während ich Schlange stand, kam sie wieder an. Sie lehnte sich an die Wand und stand da, keine

fünf Schritte entfernt, und sah mich an und lächelte. Ich sah auf den Zettel runter, den ich in der Hand hielt. Ich war Nummer 92. Da war sie. Und *mich* sah sie an. Mann von Welt. Irgendwas schnallte in mir ab. Vielleicht hat sie ne ausgeleierte Pussy, dachte ich. Sie sah immer noch zu mir her und lächelte. Sie hatte ein gutes Gesicht, beinahe schön. Aber ich muß das erste Rennen schaffen, 19.30 Uhr. Miete am 13., Alimente am 14., Rate fürs Auto am 15., vier Paar Unterhosen für 5 Dollar, Räder auswuchten, erstes Rennen erstes Rennen, Nummer 92, DU HAST ANGST VOR IHR, DU WEISST NICHT WAS DU MACHEN SOLLST, WIE DU ES ANSTELLEN SOLLST, MANN VON WELT, DU HAST SCHISS, DU WEISST NICHT DIE RICHTIGEN WORTE, UND WARUM MUSS ES AUSGERECHNET IN EINEM METZGERLADEN SEIN? und außerdem würde es nur Schwulitäten geben. Es wird sich herausstellen, daß sie eine Macke hat, das weißt du genau. Sie wird bei dir einziehen wollen. Nachts wird sie schnarchen, sie wird das Klo mit Zeitungspapier verstopfen, sie wird acht Mal die Woche gefickt werden wollen. Gott, es ist einfach zuviel, nein nein nein nein nein, ich *muß* das erste Rennen schaffen.

Sie merkte es. Sie merkte, wie ich kniff. Plötzlich ging sie an mir vorbei. 68 Männer machten Stielaugen und träumten von großen Dingen. Ich paßte. Ich war alt. Ich war Ausschuß. Sie hatte mich gewollt. Geh mach deine Pferdewetten, alter Mann. Geh kauf dir dein Fleisch, Nummer 92.

»Nummer 92«, sagte der Metzger, und ich ließ mir ein Pfund Hackfleisch geben, ein kleines T-Bone und ein Lendensteak. Pack dir das um den Schwanz, alter Mann.

Ich ging hinaus in den Regen, zurück zu meinem Auto, schloß den Kofferraum auf, schmiß das Fleisch rein und lehnte mich an die Mauer, sah welterfahren drein, rauchte eine Zigarette, wartete, daß meine Karre an die Reihe kam, wartete auf das erste Rennen; aber ich wußte, daß ich versagt hatte, ich hatte mir eine leichte Nummer durch die Lappen gehen lassen, eine Klasse-Nummer, ein Geschenk des Himmels an einem verschissenen Regentag in Los Angeles; es war Freitag, es ging auf den Abend zu, die Autos fuhren vorüber, und ihre Scheibenwischer wischten und wischten, keine Gesichter zu erkennen hinter den

Scheiben, und ich, Bogart, ich, der mal gelebt hatte, drückte mich an die Mauer, Arschloch, hängende Schultern, die Benediktinermönche tranken ihren Wein und grölten, die Affen kratzten sich, die Rabbiner segneten saure Gurken und beschnittene Kinderpimmel; der Mann, der die Action liebte – Bogart, er lehnte bei Biers-Sobuck an der Wand, kein Fick, kein Mumm, es regnete es regnete es regnete, ich werd im ersten Rennen auf Lumber King setzen, und das kombiniere ich mit Wee Herb; und ein Mechaniker kam an und stieg ein und fuhr die Karre auf den Meßstand, und ich sah auf die Uhr – 17.30 Uhr, es würde knapp werden, aber irgendwie machte es jetzt nicht mehr so viel aus. Ich warf die Zigarette vor mir auf den Boden und starrte auf sie runter. Sie glühte und starrte zurück. Dann machte sie der Regen aus, und ich ging um die Ecke und suchte mir eine Bar.

Vergewaltigung!

Ich mußte mir beim Arzt irgend einen Test machen lassen. Dazu waren drei Blutentnahmen nötig – die zweite 10 Minuten nach der ersten, und die dritte 15 Minuten danach. Der Arzt hatte mir die ersten beiden Blutproben bereits abgezapft, und ich lief draußen auf der Straße herum, um die 15 Minuten bis zur dritten totzuschlagen. An der Bushaltestelle auf der anderen Straßenseite sah ich eine Frau. Unter all den Millionen Frauen findet man hin und wieder eine, bei der es einem so richtig durch und durch geht. Sie haben so eine bestimmte Ausstrahlung – entweder die Art, wie sie gebaut sind, oder eine gewisse Art von Kleid – irgendwas haben sie an sich, man kann sich einfach nicht dagegen wehren. Sie hatte die Beine übereinandergeschlagen und trug ein knallgelbes Kleid. Die Beine wirkten um die Knöchel herum ziemlich dünn und zierlich, aber die Waden waren ganz schön stramm, und was sich nach oben anschloß, sah ebenfalls hervorragend aus. Ihr Gesichtsausdruck hatte etwas Verspieltes, etwas von einem unterdrückten Lachen.
Ich ging runter zur Ampel und überquerte die Straße. Dann ging ich auf die Bank an der Bushaltestelle zu. Ich war in Trance. Ich hatte keine Kontrolle mehr über mich. Als ich noch ein paar Schritte von ihr entfernt war, stand sie auf und ging die Straße runter. Ihr Hintern brachte mich fast um den Verstand. Ich ging hinter ihr her, ich hörte auf das Klicken ihrer Absätze, ich verschlang ihren Körper mit meinen Augen.
Was ist mit mir los? dachte ich. Ich hab mich nicht mehr in der Gewalt.
Na und wenn schon? antwortete etwas in mir.
Sie ging in ein Postamt rein. Ich folgte ihr. Vier oder fünf Leute standen vor dem Schalter. Es war ein warmer ange-

nehmer Nachmittag. Jeder schien auf rosaroten Wolken zu schweben. Ich ganz bestimmt.
Ich bin nur eine Handbreit von ihr entfernt, dachte ich. Ich könnte sie berühren.
Sie gab eine Postanweisung über 7.85 Dollar auf. Ich hörte mir ihre Stimme an. Sogar ihre Stimme ließ einen an eine ganz außergewöhnliche Sexmaschine denken. Sie ging hinaus. Ich kaufte ein Dutzend Airmail-Postkarten, die ich überhaupt nicht brauchte. Dann rannte ich raus. Sie stand wieder an der Bushaltestelle, der Bus kam gerade an. Ich schaffte es gerade noch, mich hinter ihr durch die Tür zu zwängen. Ich setzte mich auf einen Platz direkt hinter ihr. Wir fuhren eine ziemliche Strecke. Sie spürt garantiert, daß du ihr nachgehst, dachte ich, aber das stört sie anscheinend überhaupt nicht. Sie hatte rotblondes Haar. Alles an ihr schien zu glühen.
Wir mußten schon 3 oder 4 Meilen gefahren sein. Plötzlich sprang sie auf und zog an der Klingelschnur. Ich sah, wie ihr enges Kleid an ihrem Körper hochrutschte, als sie an der Schnur zog.
Mein Gott, ich halte es nicht mehr aus, dachte ich.
Sie stieg vorne aus, ich hinten. An der nächsten Ecke bog sie rechts ab. Ich ging hinterher. Sie sah sich kein einziges Mal um. Es gab nur Apartmenthäuser in der Gegend. Sie gefiel mir besser denn je. So eine Frau sollte nie allein auf die Straße gehen.
Das Gebäude, in das sie reinging, nannte sich »Hudson Arms«. Ich blieb draußen stehen, während sie auf den Fahrstuhl wartete. Ich sah, wie sie einstieg und die Tür hinter ihr zuging. Dann ging ich rein und lauschte am Fahrstuhlschacht. Ich hörte den Aufzug nach oben fahren, die Tür ging auf und sie stieg aus. Ich drückte auf den Knopf. Sobald ich hörte, daß sich der Aufzug oben in Bewegung setzte, fing ich an, die Sekunden zu zählen.
Eins, zwei, drei, vier, fünf, sechs . . .
Als der Aufzug unten ankam, waren ungefähr 18 Sekunden vergangen.
Ich stieg ein und drückte auf den obersten Knopf, 4. Etage. Dann zählte ich. Als ich die 4. Etage erreichte, war ich bei 24 Sekunden. Also war sie in der dritten ausgestiegen. Ich drückte die 3. Sechs Sekunden. Aha. Ich stieg aus.

Es gab ziemlich viele Apartments da oben. Die erste Tür ließ ich aus, das wäre zu einfach gewesen. Ich klopfte mal an der zweiten an.
Ein kahlköpfiger Mensch in Unterhemd und Hosenträgern machte auf.
»Ich komme von der Concord Lebensversicherung. Sind Sie ausreichend versichert?«
»Gehn Sie mir bloß weg«, sagte der Glatzkopf und machte die Tür zu.
Ich versuchte es mit der nächsten Tür. Eine Frau von etwa 48 Jahren, ziemlich dick und runzelig, machte die Tür auf.
»Ich komme von der Concord Lebensversicherung. Sind Sie ausreichend versichert, Madam?«
»Bitte treten Sie ein, Sir«, sagte sie.
Ich ging rein.
»Hören Sie, mein Junge und ich sind am Verhungern. Mein Mann ist vor zwei Jahren tot auf der Straße umgefallen. Tot umgefallen, mitten auf der Straße. Ich kriege 90 Dollar im Monat, damit komm ich nicht durch. Mein Junge hat Hunger. Haben Sie nicht ein bißchen Geld für mich, damit ich meinem Jungen ein Ei kaufen kann?«
Ich sah sie mir an. Der Junge stand mitten im Zimmer und grinste. Ein ziemlich großer Bursche, etwa 12 Jahre alt und irgendwie zurückgeblieben. Er grinste in einer Tour.
Ich gab der Frau einen Dollar.
»Oh vielen Dank, Sir! Oh, vielen Dank!«
Sie warf mir ihre Arme um den Hals und küßte mich. Ihr Mund war naß, wäßrig, lapprig. Dann hängte sie mir ihre Zunge rein. Ich wäre beinahe dran erstickt. Es war eine dicke Zunge, mit sehr viel Speichel dran. Ihre Brüste waren groß und weich, wie Pfannkuchen. Ich riß mich los.
»Hören Sie, sind Sie nicht ab und zu mal einsam? Brauchen Sie nicht eine Frau? Ich bin eine gute Frau, sauber, wirklich wahr. Bei mir brauchen Sie sich wegen Krankheiten keine Sorge zu machen.«
»Nee«, sagte ich. »Muß wieder los.« Ich machte, daß ich rauskam.
Ich probierte die nächsten 3 Türen. Nichts.
Dann ging die vierte Tür auf: sie war es. Die Tür war vielleicht zehn Zentimeter weit offen. Ich lehnte mich dage-

gen und drückte mich rein, machte die Tür hinter mir zu. Sie stand da und sah mich an. Ich fragte mich, wie lange es wohl dauern würde, bis sie anfing zu schreien. Ich hatte ein Riesending stehen.

Ich ging zu ihr hin, packte sie an den Haaren und am Arsch und küßte sie. Sie wehrte sich, versuchte mich wegzustoßen. Sie hatte immer noch dieses knallgelbe Kleid an. Ich hielt sie von mir ab, holte aus und schlug ihr kräftig ein paar rein. Als ich sie wieder an mich riß, war ihr Widerstand schon nicht mehr so groß. Wir stolperten über den Fußboden. Ich packte ihr Kleid am Ausschnitt und riß es ihr bis an den Nabel auf. Dann riß ich ihr den BH runter. Immense, vulkanische Brüste. Ich saugte mich an ihren Titten fest, dann nahm ich mir ihren Mund vor. Mittlerweile hatte ich ihr das Kleid über die Schenkel hochgezogen und fummelte an ihren Schlüpfern. Schließlich hatte ich sie unten, und mein Ding drin. Ich nahm sie im Stehen. Als ich fertig war, schmiß ich sie rückwärts auf die Couch. Ihre Pussy sah mich an. Sie sah immer noch gut aus.

»Geh ins Bad«, sagte ich zu ihr. »Mach dich sauber.«

Ich ging an den Kühlschrank. Da stand ein guter Wein drin. Ich fand zwei Gläser und schenkte sie voll. Als sie wiederkam, gab ich ihr einen Drink und setzte mich neben sie auf die Couch.

»Wie heißt du?«

»Vera.«

»Hat es dir Spaß gemacht?«

»Ja. Ich hab es gern, wenn man mich vergewaltigt. Ich wußte, daß du mir nachgehst. Ich hab mirs sogar gewünscht. Als ich ohne dich in den Aufzug stieg, dachte ich, du hättest den Mut verloren. Ich bin erst einmal vergewaltigt worden. Eine schöne Frau hat es schwer, einen Mann zu kriegen. Alle denken, sie sei unnahbar. Es ist die Hölle.«

»Aber so wie du aussiehst und wie du dich anziehst – ist dir klar, daß das für die Männer auf der Straße die reine Folter ist?«

»Ja. Ich möchte, daß du mirs jetzt mit deinem Gürtel machst.«

»Mit meinem Gürtel?«

»Ja. Auf meinen Arsch, auf die Schenkel, auf die Beine. Tu

mir weh, und dann steck ihn rein. Sag mir, daß du mich vergewaltigen wirst!«
»OK, ich werd dich schlagen, und dann werd ich dich vergewaltigen.«
Ich packte sie an den Haaren, küßte sie heftig, biß sie in die Lippen.
»Fick mich!«, sagte sie. »Fick mich!«
»Langsam«, sagte ich, »ich muß mich erst erholen!«
Sie machte mir den Reißverschluß auf und holte meinen Penis raus.
»Ah ist der schön! Ganz rot und krumm!«
Sie nahm ihn in den Mund und fing an, ihn zu bearbeiten. Sie machte es ausgesprochen gut.
»Oh shit«, sagte ich, »oh shit!«
Sie hatte mich. Sie arbeitete gut 6 oder 7 Minuten daran, dann fing er an zu pulsieren. Sie nagte mit den Zähnen grad unterhalb meiner Eichel rum, und dann saugte sie mich leer.
»Hör zu«, sagte ich, »es sieht so aus, als ob ich die Nacht über bleiben werde. Wie wärs, wenn ich ein Bad nehme und du mir inzwischen was zu essen machst?«
»All right«, sagte sie.
Ich ging ins Badezimmer, machte die Tür zu, ließ heißes Wasser ein. Ich hängte meine Kleider an den Türhaken.
Ich aalte mich im heißen Wasser, dann marschierte ich raus, mit einem Handtuch um.
In diesem Augenblick kamen zwei Bullen durch die Tür.
»Dieses Schwein hat mich vergewaltigt!«, sagte sie zu den Bullen.
»Na, na, Augenblick mal!«, sagte ich.
»Zieh deine Klamotten an, Kumpel«, sagte der größere von den beiden.
»Schau her, Vera, das soll doch wohl ein Witz sein, oder?«
»Nein, Sie haben mich vergewaltigt! Sie haben mich vergewaltigt! Und dann haben Sie mich gezwungen, mit Ihnen oralen Verkehr zu haben!«
»Zieh deine Klamotten an, Kumpel!«, sagte der große Bulle. »Ich sags nicht nochmal!«
Ich ging ins Badezimmer und zog mich an. Als ich rauskam, legten sie mir die Handschellen an.

»Frauenschänder!« sagte Vera.
Wir fuhren im Fahrstuhl runter. Als wir durchs Foyer gingen, starrten mich etliche Leute an. Vera war in ihrem Apartment geblieben. Die Bullen stießen mich auf den Rücksitz.
»Was ist los, Kumpel?« sagte der eine. »Mußt du dir wegen ner Möse unbedingt das ganze Leben versauen? Ist doch unvernünftig.«
»Also ne Vergewaltigung wars eigentlich nicht«, sagte ich.
»Das sind die wenigsten.«
»Yeah«, sagte ich. »Schätze, Sie ham recht.«
Ich brachte den Papierkram hinter mich. Dann steckten sie mich in eine Zelle.
Ein Wort von einer Frau, dachte ich, und sie richten sich danach, ohne mit der Wimper zu zucken. Wo bleibt da die Gleichberechtigung?
Dann überlegte ich: Hast du sie nun vergewaltigt oder nicht?
Ich wußte es nicht.
Schließlich schlief ich ein. Am nächsten Morgen gabs Grapefruit, Eier mit Schinken und Kartoffeln, Kaffee und Brot. Grapefruit? Dieser Knast hatte Klasse. Yeah.
Eine Viertelstunde später ging die Zellentür auf.
»Glück gehabt, Bukowski. Die Lady hat die Anzeige zurückgezogen.«
»Großartig! Großartig!«
»Aber mach jetzt keine Dummheiten mehr.«
»Klar, klar.«
Ich bekam meine Sachen zurück und ging raus. Ich nahm den Bus und fuhr in die Gegend, wo die Apartmenthäuser waren. Dann stand ich wieder vor dem »Hudson Arms«. Ich überlegte hin und her. Muß wohl an die 25 Minuten da rumgestanden haben. Es war Samstag. Vermutlich war sie zuhause. Ich ging zum Fahrstuhl, stieg ein, drückte die 3. Etage. Stieg aus. Klopfte an die Tür. Sie war da. Ich schob mich rein.
»Ich hab noch einen Dollar für deinen Boy«, sagte ich.
Sie nahm ihn.
»Oh, vielen Dank! Vielen Dank!«
Sie drückte ihren Mund auf meinen. Fühlte sich an wie ein

hohles Stück Schaumgummi. Flapp, kam die dicke Zunge raus. Ich saugte dran. Dann hob ich ihr das Kleid hoch. Sie hatte einen schönen großen Arsch. 'ne Menge Arsch. Blaue ausgeleierte Schlüpfer mit einem Loch an der linken Seite. Wir standen vor einem mannshohen Spiegel. Ich packte den Arsch, dann hängte ich meine Zunge in dieses Schaumgummi-Vakuum. Unsere Zungen kreisten umeinander wie übergeschnappte Schlangen. Unten hatte ich was Riesiges stehen.

Der Mongolensohn stand mitten im Zimmer und grinste uns an.

Hundekuchen in der Suppe

Ich hatte einen langen Clinch mit dem Alkohol hinter mir, und während dieser Zeit hatte ich meinen miesen Job verloren, mein Zimmer und (vielleicht) meinen Verstand. Nachdem ich eine Nacht in der Gosse geschlafen hatte, übergab ich mich in den ersten Strahlen der Morgensonne, wartete fünf Minuten und kippte dann den Rest aus der Weinflasche runter, die ich in meiner Manteltasche fand. Ich begann ziellos durch die Stadt zu gehen. Solange ich in Bewegung war, hatte ich das Gefühl, als sei ich irgendwie noch in Einklang mit den Dingen um mich herum. Das war natürlich ein Irrtum. Aber in einer Seitengasse rumzustehen, half auch nicht gerade weiter.
Ich lief eine ganze Weile herum, ziemlich benommen. Ganz vage kam mir der Gedanke, wie faszinierend es wäre, den Hungertod zu sterben. Ich brauchte nichts weiter als einen Platz, wo ich vor mich hindösen und in Ruhe abwarten konnte. Gegenüber der Gesellschaft empfand ich keinerlei Haß. Ich hatte mich längst daran gewöhnt, ein Outsider zu sein.
Schließlich kam ich in die Außenbezirke. Die Häuser wurden spärlicher. Es gab Felder und kleine Farmen. Mir war so schlecht, daß ich nicht einmal Hunger verspürte. Es war heiß, ich zog den Mantel aus und hängte ihn über den Arm. Allmählich bekam ich Durst. Nirgends eine Spur von Wasser. Mein Gesicht war blutverkrustet, ich war in der Nacht auf die Fresse gefallen, mein Haar war schmierig und ungekämmt. Verdursten jedoch entsprach nicht gerade meiner Vorstellung von einem leichten Tod; deshalb beschloß ich, irgendwo um ein Glas Wasser zu bitten. Am ersten Haus ging ich vorbei; es wirkte ziemlich abweisend. Ich ging weiter die Straße runter und kam zu einem großen dreistöckigen Haus, das völlig von Efeu überwuchert war;

ringsherum jede Menge Sträucher und Bäume. Als ich die Stufen zur Veranda hinaufstieg, hörte ich drinnen merkwürdige Geräusche, und die Luft roch ein bißchen nach rohem Fleisch, Urin und Exkrementen. Trotzdem, das Haus machte einen freundlichen Eindruck. Ich läutete.
Eine Frau von etwa dreißig Jahren kam an die Tür. Sie hatte langes Haar, rötlich braun, sehr lang, und ein Paar braune Augen sahen mich an. Sie sah gut aus, trug enge Bluejeans, Stiefel, ein blaßrosa Hemd. Sie wirkte weder ungehalten noch verängstigt.
»Ja?« sagte sie, fast mit einem Lächeln.
»Ich hab Durst«, sagte ich. »Könnte ich ein Glas Wasser haben?«
»Kommen Sie rein«, sagte sie. Ich folgte ihr ins vordere Zimmer. »Setzen Sie sich.«
Ich ließ mich vorsichtig auf einen alten Stuhl nieder. Sie ging in die Küche, um das Wasser zu holen. Dann hörte ich, wie etwas den Gang heruntergerannt kam. Es kam ins Zimmer gesaust, blieb stehen und sah mich an. Es war ein Orang-Utan. Er sprang vor Begeisterung auf und ab, als er mich sah. Dann machte er einen Satz und landete auf meinem Schoß. Er brachte sein Gesicht ganz nah an meines heran, und einen Augenblick lang sahen wir uns in die Augen. Dann nahm er den Kopf zurück, schnappte sich meinen Mantel, sprang herunter und rannte mit meinem Mantel hinaus auf den Gang und stieß merkwürdige Laute aus.
Sie kam mit einem Glas Wasser herein und reichte es mir.
»Ich bin Carol«, sagte sie.
»Und ich Gordon«, sagte ich, »aber das spielt jetzt keine Rolle mehr.«
»Warum?«
»Naja, ich bin erledigt. Aus. Vorbei. Du weißt schon.«
»Was war es? Alkohol?«, fragte sie.
»Alkohol«, sagte ich; und dann, mit einer Handbewegung: ». . . und die da draußen.«
»Mit denen hab ich auch Trouble. Ich bin völlig allein.«
»Soll das heißen, du lebst ganz allein in diesem großen Haus?«
»Naja, das nun wieder nicht!« Sie lachte.

»Ach so, ja. Der große Affe hat übrigens meinen Mantel geklaut.«
»Oh, das ist Bilbo. Netter Kerl. Bißchen verrückt.«
»Ich werd den Mantel heute nacht brauchen. Die Nächte sind kalt.«
»Du bleibst heute nacht hier. Du siehst aus, als müßtest du dich erst mal ausruhen.«
»Wenn ich mich erst ausruhe, mach ich das Spiel vielleicht noch weiter.«
»Solltest du auch, finde ich. Ist kein schlechtes Spiel, wenn man richtig darauf einsteigt.«
»Ich bin mir da nicht so sicher. Außerdem, warum willst du ausgerechnet mir helfen?«
»Ich bin wie Bilbo«, sagte sie. »Ich bin verrückt. Behauptet man wenigstens. Ich war drei Monate in der Klapsmühle.«
»Ohne Flachs?«
»Ohne Flachs«, sagte sie. »Und jetzt mach ich dir erst mal 'n Teller Suppe.«
»Die Bezirksverwaltung«, sagte sie später, »möchte mich gerne rausekeln. Sie haben ein Verfahren gegen mich laufen. Glücklicherweise hat mir Daddy ziemlich viel Geld hinterlassen. Ich kann mich also wehren. Sie nennen mich Crazy Carol. Mein antiautoritärer Zoo ist ihnen ein Dorn im Auge.«
»Ich lese keine Zeitungen. Antiautoritärer Zoo?«
»Ja. Ich *liebe* Tiere. Mit Menschen hab ich nur Schwierigkeiten. Aber, Mann, zu Tieren finde ich einfach ein *dolles* Verhältnis. Vielleicht hab ich wirklich 'n Knall. Ich weiß nicht.«
»Ich finde dich ausgesprochen nett.«
»Ehrlich?«
»Ehrlich.«
»Ich hab immer den Eindruck, die Leute haben Angst vor mir. Freut mich, daß du keine Angst vor mir hast.«
Ihre braunen Augen wurden immer größer, dunkler, etwas Nachdenkliches lag darin, und während wir uns unterhielten, bröckelte die Mauer zwischen uns langsam ab.
»Hör zu«, sagte ich, »tut mir leid, aber ich muß mal aufs Klo.«
»Den Gang runter und die erste Tür links.«
»Okay.«

Ich trabte den Gang runter, dann links. Die Tür stand offen. Ich erstarrte. Auf der Handtuchstange über der Badewanne hockte ein Papagei. Und auf dem Frottierteppich hatte sich ein ausgewachsener Tiger häuslich niedergelassen. Der Papagei ignorierte mich, der Tiger starrte mich gleichgültig und gelangweilt an. Ich verdrückte mich rückwärts und begab mich schleunigst wieder ins vordere Zimmer.
»Carol! Mein Gott, da liegt ein *Tiger* im Badezimmer!«
»Oh, das ist Dopey Joe. Der tut dir nichts.«
»Naja, aber ich kann unmöglich scheißen, wenn mich dabei ein Tiger anstarrt.«
»Ah, so'n Quatsch. Komm mal mit!«
Ich schlich hinter ihr den Gang entlang. Sie ging ins Badezimmer rein und sagte zu dem Tiger: »Komm, Dopey, beweg dich. Der Gentleman hier kann nicht scheißen, wenn du ihn ansiehst. Er denkt, du willst ihn fressen.«
Der Tiger sah Carol völlig uninteressiert an.
»Dopey, du Bastard, ich sags nicht zweimal! Ich zähle jetzt bis *Drei!* Also: Eins ... Zwei ... Drei ...«
Der Tiger rührte sich nicht.
»Na gut! Selber schuld!«
Sie packte den Tiger am Ohr, zog ihn richtig am Ohr und brachte ihn tatsächlich aus seiner Ruhestellung. Die Katze fauchte und spuckte; ich konnte die Reißzähne sehen, die Zunge; aber Carol schien das überhaupt nichts auszumachen. Sie zog diesen Tiger am Ohr da raus und führte ihn den Gang entlang. Dann ließ sie das Ohr los und sagte: »All right, Dopey: auf dein Zimmer! Du gehst jetzt sofort auf dein Zimmer!«
Der Tiger machte ein paar Schritte den Gang runter, drehte sich einmal um die eigene Achse und fläzte sich auf den Boden.
»*Dopey!*«, sagte sie. »Geh auf dein Zimmer!«
Die Katze sah zu uns her und rührte sich nicht vom Fleck.
»Dieser Hundesohn wird immer unmöglicher«, sagte sie. »Ich werd ihn bestrafen müssen, so leid es mir tut. Ich liebe ihn nämlich.«
»Du liebst ihn?«
»Na sicher. Ich liebe alle meine Tiere. Sag mal, was ist mit dem Papagei? Stört der dich auch?«

»Nee, ich glaube, der macht mir nichts aus«, sagte ich.
»Also dann: guten Schiß.«
Sie machte die Tür zu. Der Papagei starrte mich an. Dann sagte er: »Also dann: guten Schiß« – und ließ einen fallen, platsch, in die Wanne ...
Wir unterhielten uns den ganzen Nachmittag und Abend, und ich verdrückte einige gute Mahlzeiten. Ich war nicht ganz sicher, ob das alles tatsächlich echt war oder ob ich Delirium tremens hatte. Oder vielleicht war ich tot oder hatte den Verstand verloren und sah Visionen.
Ich weiß nicht, wieviele verschiedene Tiersorten sich bei Carol herumtrieben. Die meisten waren sogar stubenrein. Es war eben ein richtiger antiautoritärer Zoo.
Die Tiere hatten regelmäßig Auslauf und absolvierten ein gemeinsames »Shit-Training«, wie Carol es nannte. Sie führte sie in Gruppen von fünf oder sechs aus dem Haus, hinaus ins Freie. Fuchs, Wolf, Affe, Tiger, Panther, Schlange – naja, was es eben so gibt in einem Zoo. Sie hatte fast alles. Aber das Eigenartige war, daß sich die Tiere gegenseitig nichts taten. Sie kriegten gutes Fressen, das half natürlich (die monatliche Rechnung für das Fressen war enorm; Papa mußte ne Menge Kies hinterlassen haben), aber ich hatte auch den Eindruck, daß die Tiere durch Carols liebevolle Zuwendung in einen Zustand friedlicher und beinahe augenzwinkernder Freundschaft versetzt wurden – in einen Zustand liebestrunkener Verklärung sozusagen. Die Tiere fühlten sich einfach *wohl*.
»Schau sie dir an, Gordon. Schau sie dir gut an. Man muß sie einfach gernhaben. Sieh doch, wie sie sich *bewegen*. Jedes auf seine Art, ganz unverwechselbar, ganz *es selbst*. Sie sind nicht wie die Menschen. Sie *ruhen* in sich, sie haben sich nie gegen die Natur versündigt, sie sind nie häßlich. Sie haben die Gabe, sie haben noch dieselbe Gabe, mit der sie geboren wurden ...«
»Ja, ich glaube ich verstehe, was du meinst ...«
In der Nacht fand ich keinen Schlaf. Ich zog mich wieder an, bis auf Schuhe und Strümpfe, und ging durch den Hausflur zum vorderen Zimmer. Durch einen Vorhang aus Perlenschnüren konnte ich hineinsehen, aber nicht gesehen werden. Ich stand da und sah rein.
Carol lag nackt auf dem Kaffeetisch auf dem Rücken, nur

ihre Beine baumelten herunter. Ihr Körper war aufregend weiß, als hätte er nie einen Sonnenstrahl gesehen; ihre Brüste waren nicht groß, aber ausgesprochen fest – sie schienen fast ein Eigenleben zu führen, sich in die Luft zu bohren, und die Brustwarzen waren nicht dunkel schattiert wie bei den meisten Frauen, sondern hatten so ein flammendes helles Rot, wie Feuer, nur mehr *pink*, beinahe wie Neon. Meine Güte, die Lady mit den Neon-Titten! Ihre Lippen hatten die gleiche Farbe, sie waren geöffnet, verträumt. Ihr Kopf hing leicht über die Tischkante, und diese langen rotbraunen Haare baumelten da runter und wehten leicht hin und her und kringelten sich auf dem Teppich. Ihr ganzer Körper wirkte, als sei er glattpoliert – nicht einmal die Ellbogen und Knie schienen hervorzustehen. Das einzige, was abstand, waren ihre spitzen Brüste.
Und *auf* ihrem Körper ringelte sich eine große Schlange. Ich weiß nicht, was für eine Sorte. Jedenfalls, sie züngelte und bewegte den Kopf leicht vor und zurück, direkt neben Carols Gesicht, mit langsamen geschmeidigen Bewegungen. Hin und wieder entrollte sich die Schlange und glitt auf Carols Körper hin und her, es sah aus wie eine Liebkosung, und dann zog sie sich wieder leicht zusammen, und man konnte sehen, wie ein Zittern durch Carols Körper ging, sie keuchte und erschauerte. Dann kitzelte die Schlange Carol am Ohr, richtete sich auf, sah sie an, verharrte abwartend, und dann tat sie es wieder. Ihr Züngeln wurde schneller, und dann öffnete sich Carols Möse, rot und herrlich anzusehen im Schein der Stehlampe, und ihre Mösenhaare kringelten sich einladend ...
Ich ging zurück auf mein Zimmer. Eine beneidenswerte Schlange, dachte ich. Ich hatte noch nie eine Frau mit so einem Körper gesehen. Das Einschlafen fiel mir jetzt noch schwerer.
Am nächsten Morgen beim Frühstück sagte ich zu Carol: » Du *liebst* deine Tiere wirklich, hm?«
»Ja, alle. Jedes einzelne«, sagte sie.
Carol sah noch besser aus als am Tag zuvor. Sie hatte geradezu eine Aura. Ihr Haar schien zu leben, es schien bei jeder ihrer Bewegungen zu tanzen, und die Sonnenstrahlen, die durchs Fenster kamen, ließen es feuerrot schim-

mern. Ihre großen Augen waren dunkel und tief und strahlten eine innere Ruhe aus, als hätten sie nie Angst und Zweifel gekannt. Sie war halb Tier, halb Mensch.
»Hör zu«, sagte ich, »vielleicht solltest du dem Affen sagen, er soll meinen Mantel wieder rausrücken. Ich mach mich dann auf die Socken.«
»Ich möchte nicht, daß du gehst«, sagte sie.
»Du möchtest mich in deinen Zoo aufnehmen, hm?«
»Ja.«
»Ich eigne mich nicht. Ich bin ein Mensch.«
»Aber du bist noch unverdorben. Du bist nicht wie die anderen. Du bist innerlich noch ungebunden, noch nicht festgelegt. Die anderen sind alle verhärtet. Du nicht. Du mußt nur noch zu deiner wahren Natur finden.«
»Aber ich bin vielleicht ein bißchen zu alt, um mich ... lieben zu lassen wie der Rest von deinem Zoo.«
»Hm, ich ... ich weiß nicht ... ich mag dich sehr gern. Kannst du nicht bleiben? Vielleicht finden wir für dich ...«
In der Nacht konnte ich wieder nicht schlafen. Ich ging wieder durch den Hausflur und stellte mich vor den Perlenvorhang und sah rein. Diesmal hatte Carol einen Tisch mitten ins Zimmer gerückt. Es war ein Eichentisch, fast schwarz, mit massiven Beinen. Carol lag auf der Tischplatte, den Hintern ganz am Rand, die Beine breit, die Zehen berührten gerade den Teppich. Die eine Hand lag über ihrer Möse. Dann nahm sie sie weg. Während sie die Hand wegnahm, schien ein hellrosa Schauer durch ihren ganzen Körper zu gehen. Eine fluoreszierende Welle durchflutete ihren Körper und verebbte. Das helle *pink* schien sich einen Augenblick lang in ihrer Kehle zu stauen, dann löste es sich auf, und ihre Möse öffnete sich langsam.
Der Tiger schlich gemächlich um den Tisch herum. Dann kam er langsam in Fahrt und schlug mit dem Schwanz. Carol gab ein tiefes Stöhnen von sich. Der Tiger war in diesem Augenblick gerade zwischen ihren Beinen angelangt. Er blieb stehen. Richtete sich auf. Legte seinen Tatzen links und rechts neben Carols Kopf. Sein Penis stand hervor; er war gigantisch. Der Penis sah ihre Möse an, suchte Einlaß. Carol faßte ihn an und versuchte ihn zu führen. Beide fieberten vor Hitze und konnten es kaum noch aushalten. Dann drang der Penis ein Stück weit ein.

Der Tiger zuckte plötzlich mit den Hinterbacken und stieß seinen Penis ganz rein ... Carol schrie auf. Dann klammerten sich ihre Hände um den Hals des Tigers, und der Tiger machte sich an die Arbeit. Ich drehte mich um und ging zurück auf mein Zimmer.
Am nächsten Tag aßen wir draußen mit den Tieren zu Mittag. Ein Picknick. Ich schob mir gerade eine Portion Kartoffelsalat rein, da gingen ein Luchs und ein Silberfuchs einträchtig an mir vorbei. Ich hatte mir eine ganz neue Welt der Erfahrung erschlossen.
Die Bezirksverwaltung hatte Carol gezwungen, einen hohen Zaun aus Maschendraht zu installieren, aber die Tiere hatten immer noch ein großes Stück freies Land, auf dem sie sich austoben konnten. Wir beendeten unser Picknick, und Carol streckte sich im Gras aus und sah in die Wolken. Mein Gott, wäre ich doch bloß ein paar Jahre jünger!
Carol sah mich an: »Na komm runter, alter Tiger!«
»*Tiger?*«
»›Tyger, Tyger, burning brigth ...‹ Wenn du tot bist, wird sichs herausstellen. Dann wird man sehen, daß du ein gestreiftes Fell hast.«
Ich streckte mich neben ihr aus. Sie drehte sich herum, legte ihren Kopf auf meinen Arm.
»Du siehst aus wie eine Mischung aus Randolph Scott und Humphrey Bogart«, sagte sie.
Ich lachte. »Sehr witzig.«
Wir sahen einander an. Ich hatte das Gefühl, als würde ich gleich in ihre Augen reinfallen.
Dann machte sich meine Hand selbständig und strich ihr über die Lippen. Wir küßten uns. Ich zog sie an mich heran. Meine andere Hand strich ihr durchs Haar. Es war ein langer Kuß. Es war die reine unschuldige Liebe. Aber einen Steifen hatte ich trotzdem. Ihr Körper drängte sich an mich, bewegte sich, schlangengleich. Ein Strauß stakte vorbei. »Meine Güte«, sagte ich, »meine Güte ...« Wir küßten uns wieder. Dann kam sie in Fahrt. »Du Scheißkerl«, sagte sie, »ah du Scheißkerl, was hast du mit mir vor?« Sie nahm meine Hand und steckte sie in ihre Bluejeans rein. Ich fühlte ihre Mösenhaare. Sie waren schon ein bißchen naß. Ich rieb sie und knetete sie da unten,

dann steckte ich ihr den Finger rein. Sie küßte mich wild.
»Du Scheißkerl! Du Scheißkerl!« Dann riß sie sich los.
»Nicht so schnell! Laß uns langsam tun, langsam...«
Wir setzten uns auf, sie nahm meine Hand und studierte meine Handfläche.
»Deine Lebenslinie...« sagte sie. »Du bist noch nicht lange auf der Erde. Sieh mal. Schau dir deine Handfläche an. Siehst du diese Linie hier?«
»Ja.«
»Das ist die Lebenslinie. Und jetzt sieh dir mal meine an. Siehst du das? Ich bin schon mehr als einmal auf der Erde gewesen.«
Es war ihr Ernst, und ich glaubte ihr. Man mußte Carol einfach glauben. Sie war das einzige, an das man glauben konnte. Der Tiger lag zwanzig Schritte von uns entfernt im Gras und sah herüber. Ein Windstoß blies Carol das rotbraune Haar über die Schulter zurück. Ich hielt es nicht mehr aus. Ich packte sie, und wir küßten uns wieder. Wir fielen rückwärts ins Gras. Sie riß sich los.
»Rammdösiger Tiger. Ich hab gesagt: *mach langsam!*«
Wir quatschten wieder eine Weile. Dann sagte sie plötzlich:
»Sieh mal – ich weiß nicht, wie ich es ausdrücken soll... aber ich hab solche Träume. Die Welt ist müde. Irgendwas nähert sich dem Ende. Die Menschen sind abgestorben, versteinert. Sie sind sich selber leid geworden. Sie beten um ihren Tod, und ihr Gebet wird erhört werden. Ich, ich... naja, ich versuche sowas wie eine neue Kreatur hervorzubringen, die einmal das bißchen Erde bewohnen soll, das noch übrig ist. Ich spüre, daß irgendwo auch noch andere solche neuen Wesen in sich tragen. Vielleicht an mehreren Orten. Diese neuen Kreaturen werden zusammenkommen und sich fortpflanzen und überleben, weißt du? Aber sie müssen von allen Lebewesen, den Menschen eingeschlossen, nur das *Beste* in sich vereinigen, wenn sie auf dieser kleingewordenen Welt überleben wollen... Lauter solche Träume... Findest du, ich bin verrückt?«
Sie sah mich an und lachte. »Denkst du auch, ich bin Crazy Carol?«
»Ich weiß nicht«, sagte ich. »Schwer zu sagen.«
Wieder konnte ich in der Nacht nicht schlafen. Ich ging hinunter und sah durch den Perlenvorhang ins vordere

Zimmer hinein. Carol lag auf der Couch. Allein. Eine kleine Stehlampe brannte. Sie war nackt und schien zu schlafen. Ich zog die Perlenschnur beiseite und ging hinein. Ich setzte mich ihr gegenüber auf einen Stuhl. Die Lampe beschien den oberen Teil ihres Körpers; der Rest lag im Schatten.
Ich zog mich aus und ging auf sie zu. Ich setzte mich auf den Rand der Couch und sah sie an. Sie öffnete die Augen. Es schien sie nicht zu überraschen, mich neben ihr sitzen zu sehen. Aber im ruhigen Blick ihrer braunen Augen lag etwas ganz Eigenartiges, etwas Fremdes; etwas, für das keiner von uns einen Namen hatte.
Ich beugte mich zu ihr hinunter und küßte sie hinters Ohr. Ihr Atem ging schneller. Ich glitt an ihr herunter, meine Knie rutschten über den Rand der Couch, ich züngelte an ihren Brustwarzen, rutschte tiefer, zum Bauchnabel, zurück zu den Brustwarzen, dann ganz hinunter, wo ihre Haare begannen, küßte sie dort, biß sie ein wenig, nuschelte an den Innenseiten ihrer Schenkel. Sie bewegte sich, gab schwache Laute von sich, »ah, ah . . .«, und dann öffneten sich ihre Schamlippen und ich war dran, ließ meine Zunge langsam auf ihnen kreisen, erst so herum, dann anders herum; ich biß leicht zu, steckte ihr zweimal die Zunge hinein, tief rein, wieder heraus, ließ wieder meine Zunge kreisen. Es wurde naß da unten, es begann leicht-salzig zu schmecken. Wieder ihre Laute, »ah, ah . . .«, und dann ging die Blume auf, ich sah die kleine Knospe und kitzelte und leckte sie mit meiner Zungenspitze, ganz leicht, nur einen Hauch. Sie kickte mit den Beinen, sie schlang sie mir um den Nacken, versuchte mich in sie hineinzupressen, ich arbeitete mich wieder an ihr hoch, leckend, beißend, bis zur Kehle, mein Penis drängelte und drängelte, sie nahm ihn in die Hand und dirigierte ihn in die Öffnung. Als ich ihn reinschob, fanden sich unsere Münder, wir hingen fest, aneinander, ineinander, ihr Mund war feucht und kühl, aber unten hatte sie einen kochenden Hochofen, und ich hielt meinen Penis ganz starr in ihr drin, während sie daran zappelte und bettelte . . .
»Du Scheißkerl, du Scheißkerl . . . mach schon! Beweg dich!«
Ich ließ sie zappeln. Ich stemmte die Zehen gegen das untere Ende der Couch und drückte ihn tiefer rein, dann ließ

ich ihn dreimal auf und ab schnalzen, ohne meinen Körper zu bewegen. Ihre Möse antwortete mit wilden Zuckungen, zog sich zusammen, saugte. Wir machten es noch einmal, und als ich es nicht mehr aushielt, zog ich ihn fast ganz heraus und rammte ihn rein, noch einmal, dann hielt ich ihn wieder still und ließ sie daran zappeln. In dieser Tour machte ich weiter, und schließlich geriet ich so außer mir, daß ich stieß und stieß, und spürte wie er größer wurde, wir steigerten uns zusammen in Ekstase und vergaßen alles um uns herum.

Wir kamen gemeinsam, und ich ließ ihn drin, er blieb hart, und als ich sie jetzt küßte, waren ihre Lippen so weich, daß sie zu schmelzen schienen. Wir blieben eine halbe Stunde so liegen, dann stand Carol auf und ging ins Bad. Ich ging nach ihr. In dieser Nacht gabs da drin keine verpennten Tiger. Es gab nur den alten Tyger, der Feuer gespuckt hatte.

Unser Verhältnis entwickelte sich, geistig wie sexuell; allerdings muß ich zugeben, daß Carol es während der ganzen Zeit auch weiter mit ihren Tieren trieb. Trotzdem, wir verlebten glückliche Monate miteinander. Dann stellte sich heraus, daß Carol schwanger war. Was sich doch aus so nem Glas Wasser alles entwickeln kann ...

Eines Tages fuhren wir mal wieder in die Stadt, um Vorräte zu kaufen. Wir schlossen die Haustür ab wie immer, trafen aber sonst keine weiteren Vorsichtsmaßnahmen. Von Einbrechern hatten wir nicht viel zu befürchten, schließlich liefen ja Panther und Tiger und diverse andere sogenannte gefährliche Bestien herum. Das Fressen für die Tiere wurde täglich angeliefert, aber für unsere eigene Verpflegung mußten wir ab und zu in die Stadt fahren. Carol war dort gut bekannt. Jeder kannte Crazy Carol, und es gab immer Leute, die sie in den Geschäften anstarrten – und jetzt auch mich, ihr neues Schoßtier, ihr neues *altes* Schoßtier ...

Wir gingen in einen Film, der uns nicht gefiel. Als wir rauskamen, hatte es leicht zu regnen begonnen. Carol kaufte ein paar Umstandskleider, dann gingen wir in den Supermarkt und besorgten uns die Fressalien. Wir fuhren gemächlich heimwärts, unterhielten uns, in bester Laune. Wir waren zufrieden mit dem, was wir hatten. Die anderen waren uns egal; wir hatten längst aufgehört, uns darum zu kümmern, was sie von uns dachten. Natürlich spürten wir

ihren Haß. Wir waren Außenseiter. Wir lebten mit wilden Tieren zusammen, und die Tiere waren für denen ihre Gesellschaft eine Bedrohung – das dachten die jedenfalls. Und wir waren eine Bedrohung für ihren Lebensstil. Wir liefen in alten Klamotten herum. Ich ließ mir einen Bart wachsen, ich hatte Haar am ganzen Schädel, und das Haar war trotz meiner fünfzig Jahre knallrot. Carols Haare gingen ihr bis runter an den Arsch. Und ständig entdeckten wir Dinge, die uns erheiterten. Echtes, befreiendes Gelächter. Das konnten sie nicht begreifen. Im Supermarkt z. B. hatte Carol gesagt: »Hey, Paps, hier kommt das Salz! Fang das Salz, Paps, du alter Kaffer!«
Sie stand unten am Gang, drei Leute standen zwischen uns, und sie warf mir das Pfund Salz über ihre Köpfe hinweg zu. Ich fing es auf. Wir brachen in schallendes Gelächter aus. Dann sah ich mir das Salz an.
»Nix zu machen, Tochter! Du Flittchen, willst wohl, daß ich Arterienverkalkung kriege, was?! Wir nehmen *jodhaltiges* Salz! Fang auf, Sweethart, und paß auf das Baby auf! Das arme Schwein wird später mal noch genug getreten werden!«
Carol fing das Salz auf und schmiß eine Packung jodhaltiges zurück. Die *Gesichter* von diesen Leuten . . .
Der Tag war angenehm verlaufen. Der Film war mies gewesen, aber ansonsten hatten wir uns gut amüsiert. Wir machten unsere eigenen Filme. Sogar der Regen tat gut. Wir kurbelten die Fenster herunter und ließen es reinregnen. Als ich in die Einfahrt einbog, stöhnte Carol auf. Es war ein herzzerreißendes Stöhnen. Sie sackte in sich zusammen und wurde kalkweiß.
»Carol! Was ist los? Hast du was?« Ich zog sie an mich. »Was ist los? Sag doch . . .«
»Ich hab nichts. Aber *die* haben was getan. Ich spüre es, ich weiß es, oh mein Gott, oh mein Gott – diese elenden Schweine, sie haben es getan, sie haben es getan, diese gottverfluchten Schweine.«
»Was denn?«
»Mord – das Haus – alles ermordet . . .«
»Warte hier.«
Als erstes entdeckte ich Bilbo, den Orang-Utan. Er lag im Wohnzimmer, mit einem Loch in der linken Schläfe. Sein

Kopf lag in einer Blutlache. Er war tot. Abgemurkst. Sein Gesicht war eine grinsende Fratze. Eine schmerzverzerrte Fratze, durch die ein Grinsen drang, als hätte er beim Anblick des Todes eine überraschende Entdeckung gemacht, die ihn trotz seiner Qualen grinsen ließ. Naja, er wußte darüber jetzt besser Bescheid als ich.
Dopey, den Tiger, hatten sie an seinem Lieblingsplatz erwischt – im Badezimmer. Die Mörder hatten ihn mit Kugeln vollgepumpt, offensichtlich aus Angst. Es gab eine Menge Blut. Ein Teil davon war schon geronnen. Seine Augen waren geschlossen, aber das Maul war in einem Zähnefletschen erstarrt, und die großen prächtigen Reißzähne standen hervor. Selbst im Tod war er noch majestätischer als jeder lebende Mensch.
Der Papagei lag in der Badewanne. Für ihn hatte eine einzige Kugel genügt. Er lag unten am Abfluß, Kopf und Hals abgeknickt unter seinem Körper, den einen Flügel unter sich begraben, den anderen weit gespreizt ... der Flügel wirkte wie ein lautloser Schrei.
Ich durchsuchte die übrigen Zimmer. Nichts war mehr am Leben. Alle tot. Der schwarze Bär. Der Kojote. Der Iltis. Alle. Totenstille im ganzen Haus. Nichts regte sich. Wir konnten nichts mehr tun. Die Tiere hatten für ihre Individualität bezahlt – und für unsere. Jetzt hatten wir ein großes Begräbnis am Hals.
Ich räumte die Leichen aus dem Wohnzimmer und aus dem Schlafzimmer; wischte das Blut auf, so gut es ging. Dann ließ ich Carol ins Haus. Ich setzte sie auf die Couch und hielt sie fest. Sie weinte nicht, aber sie zitterte am ganzen Körper. Ich streichelte sie, redete ihr gut zu ... Hin und wieder wurde sie von Krämpfen geschüttelt, und dann stöhnte sie »Ooooh, ooooh ... mein Gott ...« Nach gut zwei Stunden fing sie an zu weinen. Ich blieb bei ihr, hielt sie fest. Schließlich schlief sie ein. Ich trug sie zum Bett, zog sie aus, deckte sie zu. Dann ging ich hinaus und besah mir die Wiese hinter dem Haus. Gottseidank war es eine große Wiese. Von einem antiautoritären Zoo waren wir über Nacht zu einem Tierfriedhof geworden.
Es dauerte zwei Tage, bis wir sie alle begraben hatten. Carol spielte Trauermärsche auf ihrem Plattenspieler, und ich hob Gruben aus, hievte die Leichen rein und scharrte sie

zu. Es war unendlich traurig. Carol steckte Kreuze mit den Namen der Tiere auf die Gräber. Wir tranken Wein und sagten kein Wort. Leute fanden sich ein und linsten durch den Maschendrahtzaun; Erwachsene, Kinder, Reporter und Fotografen von den Tageszeitungen. Als ich am Ende des zweiten Tages das letzte Grab zugeschaufelt hatte, nahm mir Carol die Schaufel aus der Hand und ging damit zum Zaun. Die Leute wichen ängstlich zurück und murmelten was. Carol schleuderte die Schaufel gegen den Zaun. Die Leute duckten sich und hoben die Arme vors Gesicht, als fürchteten sie, die Schaufel werde ihnen durch den Zaun hindurch in die Fresse fliegen.

»All right, ihr Killer«, schrie Carol, »jetzt könnt ihr euch *freuen*!«

Wir gingen ins Haus. Draußen lagen 55 Gräber . . .

Nach ein paar Wochen machte ich Carol den Vorschlag, einen neuen Zoo zu gründen und diesmal einen Wächter einzustellen.

»Nein«, sagte sie. »Meine Träume . . . meine Träume haben mir gesagt, daß die Zeit gekommen ist. Alles nähert sich dem Ende. Wir beide haben es gerade noch rechtzeitig geschafft.«

Ich fragte sie nicht, was sie damit meinte. Sie hatte schon genug durchgemacht.

Als sie im 9. Monat war, bat sie mich, sie zu heiraten. Sie sagte, sie halte an sich nichts vom Heiraten, doch da sie keine Verwandten habe, sei es ihr Wunsch, daß ich einmal das Anwesen erbe. Für den Fall, daß sie die Geburt nicht überlebte und ihre Träume vom Ende der Welt sich als falsch erwiesen.

»Träume können sich als falsch herausstellen«, sagte sie. »Obwohl meine bisher immer gestimmt haben.«

Also hatten wir eine stille Hochzeit. Auf unserem Friedhof. Ich las einen alten Kumpel aus der Gosse auf, der fungierte als Trauzeuge, und wieder standen sie am Zaun und gafften. Es war rasch vorbei. Ich gab meinem Kumpel ein bißchen Geld und ein paar Flaschen Wein und fuhr ihn zurück in die Slums.

Unterwegs, zwischen zwei Schlucken aus der Flasche, fragte er mich: »Hast sie geschwängert, was?«

»Mhm. Kann sein.«

»Du meinst, sie hat noch andere gehabt?«
»Äh – ja.«
»Immer das gleiche mit diesen Weibern. Man kann nie wissen. Bei der Hälfte von uns Typen sind die Weiber schuld, daß wir in der Gosse gelandet sind.«
»Ich dachte immer, der Alkohol.«
»Die Weiber zuerst. Der Alkohol kommt erst dann.«
»Verstehe.«
»Man kann nie wissen, mit diesen Flittchen.«
»Oh, ich habs schon immer gewußt.«
Er warf mir einen eigenartigen Blick zu. Dann ließ ich ihn raus.
Ich wartete am Eingang des Hospitals. Was für eine merkwürdige Geschichte. Wie ich aus den Slums zu diesem Haus gelangt war, und was sich von da an alles ereignet hatte. Die Liebe und der Tod. Die Liebe hatte über den Tod gesiegt, trotz allem. Aber es war noch nicht ausgestanden. Ich versuchte die Baseball-Nachrichten zu lesen, die Ergebnisse vom Pferderennen. Das bedeutete jetzt kaum noch etwas. Und dann die Sache mit Carols Träumen. Ich glaubte ihr sonst alles, aber bei ihren Träumen war ich mir nicht so sicher. Was waren Träume eigentlich? Ich wußte es nicht. Dann sah ich Carols Arzt am Aufnahmeschalter stehen; er unterhielt sich mit der Krankenschwester. Ich ging rüber.
»Oh, Mr. Jennings«, sagte er. »Ihrer Frau gehts gut. Und das Baby ist, ah ... äh ... ja. Neun Pfund und 140 Gramm.«
»Danke, Doktor.«
Ich fuhr mit dem Fahrstuhl nach oben und stellte mich an die Glaswand. Es müssen mindestens hundert schreiende Säuglinge da drin gewesen sein. Ich hörte sie durch die Glasscheibe hindurch. Es ging wie am Fließband. Das mit der Geburt und dem Sterben. Wir kamen allein auf die Welt und machten uns allein wieder davon. Und für die meisten von uns war es ein einsames Leben, voll Angst und verpaßter Gelegenheiten. Es war entsetzlich deprimierend, all dieses Leben hier zu sehen, das einmal sterben mußte; all das Leben, das zu Haß werden würde, zu Wahnsinn, Neurose, Verblödung, Angst, Mord ... zu NICHTS. Nichts im Leben, und nichts im Tod.

Ich sagte der Säuglingsschwester meinen Namen. Sie ging hinein und suchte unser Kind. Als sie es hochhob, lächelte sie. Es war ein unglaublich tapferes, vergebendes Lächeln. Mußte es auch sein. Ich starrte das Kind an – unmöglich, medizinisch unmöglich: es war ein Tiger, ein Bär, eine Schlange, und ein Mensch. Es war ein Elch, ein Kojote, ein Luchs, und ein Mensch. Es schrie nicht. Es sah mich an und wußte, wer ich war. Und ich wußte, wer *es* war.

Es war unerträglich. Mensch und Übermensch. Superman und Superbestie. Es war völlig unmöglich, und es sah mich an, den Vater, einen der Väter, einen der vielen vielen Väter . . . und die Sonne rammte das Hospital, und das ganze Hospital begann zu wanken, die Säuglinge brüllten, Lichter gingen aus, ein knallroter Blitz zuckte über die Glasscheibe vor meinen Augen. Die Schwestern kreischten. Drei riesige Leuchtröhren fielen von der Decke und krachten auf die Babies herunter. Die Säuglingsschwester stand da, mein Kind auf den Armen, und lächelte, während die erste Wasserstoffbombe auf San Francisco fiel.

Bukowski-Interview

von Thomas Kettner

Da saß ich nun in dieser blödsinnig engen DC 10 auf einem Zehn-Stunden-Flug nach Los Angeles und las Charles Bukowski. Vor ein paar Tagen hatte ich einem Typ in Frankfurt erzählt, ich wolle an die Westküste fliegen und von dort einige Berichte und Interviews mitbringen. Er hatte mir den Kopf vollgequatscht, mir ein paar Bücher von Bukowski unter den Arm gesteckt und gemeint, ich solle unter allen Umständen ein Interview mit Bukowski machen. Seine Adresse wisse er nicht, aber die Auskunft in L.A. könne mir sicher weiterhelfen ...
Ich trieb mich in Los Angeles zwei Tage herum, schaute mir die Universal Studios und den amerikanischen Alptraum Disneyland an, und als ich das zweite Buch wie verrückt zu Ende gelesen hatte, rief ich Los Angeles 426–0614 an.
Eine tiefe Stimme meldete sich am anderen Ende mit »hallo«, und nachdem ich erzählt hatte, wer ich war und was ich wollte, verabredeten wir für den nächsten Tag ein Interview in seiner Wohnung.
Am nächsten Tag – es war Sonntag, der 2. November 1975 – setzte ich mich nachmittags in ein Taxi und gab dem Fahrer die Adresse an, worauf der mich etwas irritiert betrachtete. Nach rund einer Stunde Fahrt waren wir da. Der Fahrer hatte es plötzlich sehr eilig, seine 12 Dollar zu bekommen. Dann machte er mir hastig die Tür auf und raste so schnell davon, daß sein alter quietschender Buick beinahe auseinandergefallen wäre.
Ich befand mich in einer lausigen Gegend von North Hollywood, umgeben von Autowracks und Dreck. Hätte mir einer vorher gesagt, dies sei der Hurendistrikt von Los Angeles, so hätte ich mich nicht weiter gewundert. So aber stolperte ich nun mit meiner deutschen Vorstellung,

wie Poeten wohnen, in eine enge Gasse hinein, vorbei an halbnackten Mädchen und schwitzenden Typen mit offenen Hemden, dann gings in einen Innenhof, und dort klopfte ich an die Tür eines verwahrlosten ebenerdigen Ein-Zimmer-Apartments mit der Nummer 5437.
Der Klang der Stimme aus dem Inneren sagte mir, daß ich hier richtig war, und als ich ihn dann endlich vor mir sah, wußte ich: Das ist Charles Bukowski, wie er leibt und lebt.
Zwei Stunden saßen wir dann herum, tranken eiskaltes Bier, erzählten alles mögliche und begrüßten immer wieder Freunde, die nacheinander hereinrumpelten und zu denen Charles Bukowski jedesmal sagte: »Hey look, that's Thomas from Germany. He's gonna do an interview with me.«
Tja, und schließlich fingen wir dann auch tatsächlich mit dem Interview an.

Sie leben hier in North Hollywood in einer ziemlich heruntergekommenen Gegend – hat das für Sie einen besonderen Reiz? Ich meine, leben Sie hier, weil Sie sich hier wohler fühlen als anderswo?

BUKOWSKI: Oh, ich habe keine besondere Vorliebe für diese Nuttenviertel. Der Grund ist ganz einfach, daß ich gern parterre wohne, an einem Innenhof, so wie hier. Außerdem stört es hier auch keinen, wenn ich auf meiner Schreibmaschine rumhacke. In einem Apartmenthaus wird ständig mit dem Besenstiel von unten gegen die Decke gedonnert. Oder von oben. Und sowas – um einmal ein Klischee zu gebrauchen – ruiniert einem die Konzentration. Ich wohne also lieber parterre, mit einem kleinen Platz vor dem Haus, und das findet man in Los Angeles aus irgendeinem Grund nur in den ärmeren Vierteln. Drum bin ich also hier.

Hat es nicht auch damit zu tun, daß Sie hier Menschen um sich haben, die ein ehrlicheres Leben führen als die anderen?

BUKOWSKI: Würde ich nicht sagen. Hier gehts bestimmt

nicht ehrlicher zu als in Beverly Hills. Es ist eine andere Art von ›Ehrlichkeit‹, das ist alles.

Auf jeden Fall, es würde Ihnen nicht behagen, mit Leuten leben zu müssen, die eine Menge Geld machen, große Villen bewohnen, teure Autos fahren usw.

BUKOWSKI: Nein, und ich kann Ihnen auch sagen, warum. Als mein Vater starb, erbte ich ein Haus. Es war noch nicht ganz abbezahlt, aber ich hätte es halten können. Nur: die Vorstellung, in so einer Gegend zu wohnen, Nachbarn zu haben, verstehen Sie... der Typ von nebenan, man lernt ihn kennen, und er kommt an und sagt ›Guten Morgen! Schöner Tag heute, nicht?‹... Also die Vorstellung, mit so einem 20 oder 30 Jahre leben zu müssen – – nee. Da lebt sichs in einem Loch wie diesem hier viel ungestörter. *(Gelächter)*

Das bringt mich auf die Frage: wie haben Sie es eigentlich 11 Jahre lang im Postamt ausgehalten?

BUKOWSKI: Oh, das war einfach. Ich schob Nachtschichten. Und ich leide ohnehin an Schlaflosigkeit. Also sagte ich mir: naja, zum Teufel, schlafen kann ich eh nicht, da kann ich ja hier auch ein bißchen rumsitzen. So als wäre ich auf ner großen Party, ha-ha-ha. Verstehn Sie. Psychologisch war das eigentlich ganz gut. Ich reiße meine Nachtschicht ab, und morgens um 8 geh ich ins Bett und höre, wie sie ringsum ihre Autos anwerfen und zur Arbeit fahren. Das war psychologisch irgendwie sehr befriedigend. Mittags stand ich dann auf, trank einige Flaschen Bier und fing an zu schreiben. Wenn ich abends zur Arbeit erschien, hatte ich meistens einen sitzen. Aber das merkte keiner. ›Ah, da kommt Hank. Hi, Man.‹ Die merkten nicht, daß ich einen Schlag hatte. Die hatten bloß ihre Scheißbriefe im Kopf, die sie einsortieren mußten. Ich sagte mal: ›Wißt ihr, ich könnte den einen Arm verlieren und einarmig hier aufkreuzen, und es würde mindestens drei Stunden dauern, bis der erste was merkt und sagt, ›Hey, Hank, was ist denn mit deinem linken Arm passiert?‹... *(Gelächter)* So waren die eben.

Da gibt es so eine bezeichnende Geschichte aus der Zeit, als

*Sie im Postamt gearbeitet haben – könnten Sie die erzählen?
Die mit der Telefonnummer ...*

BUKOWSKI: Oh, ja. Also eines Tages verteilte man solche kleinen Broschüren an uns. Nur an die Postangestellten. Die Öffentlichkeit bekam von den Dingern nichts zu sehen. Und da stand zu lesen: ›Wie verhalte ich mich bei einem atomaren Angriff?‹ Na, ich nahm das Ding mit nach Hause und las mirs durch, und ich kann Ihnen sagen, mir war ziemlich flau, als ich mir das durchgelesen hatte ... Denn zunächst mal schilderten sie einem, was passiert, wenn so ein Ding vom Himmel fällt. Und daß da hinterher nicht mehr viel übrig ist. Aber für diejenigen von uns, die es überleben, gibts diese spezielle Telefonnummer – die Post kann total im Eimer sein, aber Sie melden sich auf jeden Fall bei Nummer 3467982, klar? Spezielle Leitung, direkt nach Washington. Und wenn wir einen neuen Postdienst aufbauen *(Gelächter)*, dann werden Sie als erster die Chance bekommen, wieder für uns arbeiten zu dürfen! Und ich glaube, es stand sogar was von Gehaltsnachzahlung dabei ... *(Gelächter)* Ahhh, also es war einfach Spitze! Man konnte sich so richtig vorstellen, all diese Postmenschen, nachdem die Bombe gefallen ist, wie sie rumkriechen, mit einem Arm ab, verstehn Sie, die Zunge hängt ihnen raus *(Gelächter)*, sie sind radioaktiv wie nur was, und sie versuchen verzweifelt irgendwo ne öffentliche TELEFONZELLE zu finden! ›Hey, Mann, ich hab überlebt! Ich bin noch prima in Schuß, Mann, wo darf ich mich wieder zur Arbeit melden?‹ Oh, es war wirklich der Irrsinn ... Zu dumm, daß ich vergessen habe, das in meinem Buch (POST OFFICE) unterzubringen. Ist mir erst eben wieder eingefallen ... too much! ... Natürlich, im Gegensatz zu euch in Deutschland, sind die hier nie bombardiert worden, deshalb geht ihnen schon die bloße Vorstellung davon ganz anders an die Nieren. Die Japaner schickten mal einen Ballon rüber und *(wendet sich an einige Freunde, die zu Besuch sind)* was war da? Der flog über Santa Monica weg, nicht? Na jedenfalls, die Alarmsirenen gingen los, ne kleine Bombe fiel runter *(Gelächter)*, eine Ölquelle flog in die Luft, und alle verließen fluchtartig die Stadt! hahaha! Gott, hatten die Schiß ... *(Gelächter)* Ein Schrebergarten ging zu Bruch, und die Karnickel waren tot ... *(Gelächter)* Das war unser großer Luftangriff.

Wann haben Sie eigentlich mit dem Schreiben angefangen?

BUKOWSKI: Mit 35. Das war 1955. Ich kam aus dem Krankenhaus und fing an, Gedichte zu schreiben. Keine Ahnung, warum. Hatte einen Magendurchbruch gehabt. Vielleicht hat es damit zu tun. Man kotzt seinen Magen aus, und plötzlich schreibt man Gedichte. *(lacht)* Jedenfalls, ich brauche das Schreiben. Es ist mein Psychiater, meine Mätresse, es ist alles mögliche. Ich brauche es einfach.

Wann schreiben Sie? Was für eine Atmosphäre brauchen Sie dazu?

BUKOWSKI: Gewöhnlich abends. Ich setze mich da drüben hin, stelle das Radio an, genehmige mir ein Bier, drehe mir eine Zigarette und ... naja, es ist eine Stimmung, die tagsüber einfach nicht da ist. Oder fast nie. Die richtige Stimmung kommt gewöhnlich um Viertel vor Acht und hält an bis halb Elf ... *(Gelächter)*

Welches Buch hat Sie am meisten beeindruckt?

BUKOWSKI: Celine. ›Reise ans Ende der Nacht‹. Ich schlug das Buch auf und mußte lachen, daß mir die Tränen kamen. Das passiert mir nicht oft bei einem Buch. Ich lag im Bett, und ich las das Ding an einem Stück durch. Und ich sagte mir: Ich hab mich eigentlich immer für einen ziemlich guten Schreiber gehalten, aber DIESER Kerl hier, der ist SO gut, dagegen bin ich ein Nichts! ... Tja. Dann las ich sein nächstes Buch: oh nee ... Und das nächste: nee ... Aber ›Reise ans Ende der Nacht‹, das war einfach ein einziges Vergnügen. Wirklich enorm.

Und wie stehen Sie zur amerikanischen Literatur von heute?

BUKOWSKI: Abgesehen von J. D. Salinger finde ich kaum einen, der mir was gibt. Es tut sich so gut wie nichts. Ich nehme mir ein Buch, fange an zu lesen und stelle fest, daß ich es nicht lesen kann. Es ist langweilig, die Schreibe ist mies, kein einziger Lichtblick. Jon Webb, mein erster Verleger, sagte mir schon vor 15 Jahren: ›Junge, die Zeiten für Literatur sind beschissen.‹ Daran hat sich bis heute nichts geändert.

Wenn Sie das Wort ›Deutschland‹ hören – was empfinden Sie dabei?

BUKOWSKI: Also eigentlich bin ich ein ziemlicher Romantiker. Deshalb komme ich auch von meiner Abstammung nicht so recht los. Ich meine, von der Tatsache, daß ich in Deutschland geboren wurde, usw. Es ist irgendwie ein komisches Gefühl, irgendwas klickt in mir, wenn ich das Wort ›Deutschland‹ höre. Ich meine, das passiert mir nicht, wenn jemand das Wort ›Pittsburgh‹ sagt, das steht fest ... *(Gelächter)* Also ich nehme an, Nationalismus ist eine Krankheit, die keiner von uns vollständig los wird. Vermutlich eine ganz natürliche Sache. Ich erinnere mich, eine der ersten Stories, die ich geschrieben habe, handelten von einem deutschen Kampfflieger, der äh ... oh, der Junge hatte einfach was los, er knallte all diese feindlichen Flugzeuge ab, und schließlich verlor er eine Hand, und da flog er mit einer eisernen Prothese weiter. *(Gelächter)* Dann wurde er abgeschossen und gefangen genommen, brach aus, kletterte ins nächste Flugzeug und schoß noch ein paar Amerikaner ab ... und auf diese Tour ging das weiter ... schließlich, glaube ich, hab ich ihn dann draufgehen lassen, oder er hätte keinen einzigen Yankee übriggelassen! Verstehen Sie ... Naja, und die Story zeigte ich dann meinem Freund – – muß überhaupt meine erste Geschichte gewesen sein, ich war damals 13 oder so – – also der las das und sagte: »Wieso läßt du diesen Deutschen all die Amerikaner abknallen?!« »Na, einfach weil mir das ein gutes Gefühl gibt«, sagte ich. *(Gelächter)* Dazu muß man wissen, daß damals (1933), als ich hier in Los Angeles die Grundschule besuchte, der Erste Weltkrieg noch in frischer Erinnerung war. Und es kam immer mal wieder vor, daß einer von den Jungs auf mich zeigte und sagte: »Hey! Seht euch mal den da an! Das is 'n Deutscher! Er is in Deutschland geboren!« Und ich sagte: »Nanu, was soll der Scheiß ...«, nicht? Aber irgendwas hatte da abgefärbt. ›Deutschland‹ war einfach ein Schimpfwort, etwas Unanständiges ...

In einer Ihrer Stories erzählen Sie von einer Party in Pasadena, und an einer Stelle gehen Sie auf die Toilette, da sind bereits zwei Homos drin, der eine schäumt dem anderen den Schwanz mit Rasiercreme ein usw., und Sie beschreiben das in allen Einzelheiten, sehr witzig, aber auch in einer ziemlich unverblümten Sprache – glauben Sie nicht, daß das viele Leser abschreckt?

BUKOWSKI: Naja, das mit den Homos war nicht die Hauptsache dieser Story. Auf der Party ist noch manches andere passiert. Ich glaube, irgendwann habe ich unters Klavier gekotzt ... und was weiß ich, was sonst noch. Ähm ... das mit den Homos ist übrigens gar nicht wirklich passiert. Das habe ich einfach erfunden. Sehen Sie, in meinen Stories schreibe ich nicht nur von Dingen, die tatsächlich vorgefallen sind. Ich dichte noch einiges dazu. Um das Leben ein bißchen interessanter zu machen. Also diese Party war lange nicht so interessant wie die Story, die ich hinterher darüber schrieb.

Aber was Sie in Ihrem Buch über die Zeit bei der Post geschrieben haben, das ist alles authentisch, oder?

BUKOWSKI: Ja, da brauchte ich kaum etwas dazu zu erfinden. Das war schon ganz OK, so wie es gelaufen ist. Ich schrieb das Buch in 21 Nächten. Machte eine Flasche Whisky auf, rauchte Zigarren, und im Radio liefen Symphonien. Ich nahm mir für jede Nacht eine bestimmte Anzahl von Seiten vor. ›Heute muß ich 10 Seiten schreiben!‹ Naja, und wenn mir dann die Augen zufielen, hatte ich das längst wieder vergessen. Am nächsten Morgen stellte sich dann heraus: 21 Seiten ... 29 Seiten ... Ich war einfach voll drauf. Und in 3 Wochen war das Ding gelaufen. Für meinen zweiten Roman, der jetzt gerade herauskommt (FACTOTUM), habe ich dagegen 4 Jahre gebraucht. Da sah die Arbeit also wieder ganz anders aus.

Hätten Sie es gern, wenn Ihre Bücher Millionenauflagen erreichten?

BUKOWSKI: Ich fürchte, das würde schlecht für mich ausgehen. Zu viele junge Mädchen würden mir die Tür einrennen, es wäre zuviel Wirbel, und das würde mir an die

Substanz gehen. Im Augenblick bin ich in der besten Situation, in der ich überhaupt sein kann: ein kleiner Erfolg..., ich bin ein **großer** Underground-Erfolg, aber ein **kleiner** kommerzieller Erfolg. Und das ist, glaube ich, genau das Richtige für mich – genau zwischendrin.

Welche Vorstellungen verbinden Sie mit dem Schlagwort vom »American Way of Life«?

BUKOWSKI: Das was so ziemlich alle tun – außer mir. Neue Autos kaufen; eine schöne Frau heiraten wollen; Gehaltserhöhung beantragen; einen Farbfernseher haben; im Oktober schon anfangen, an Weihnachten zu denken – – all diese mickrigen kleinen Sachen, die nicht viel bedeuten. Das ist der American Way of Life. Zelluloid.

Sie schwimmen gern gegen den Strom?

BUKOWSKI: Nicht so sehr das: ich möchte erst gar nicht drin sein! Ich meine, ich will denen ihren Way of Life nicht wegnehmen. Sie können ihn ruhig behalten. Nur sollen sie mir nicht damit kommen, daß ich so werden soll wie sie. Das ist alles.

Die Literaturzeitschrift THE OUTSIDER hat Sie 1962 zum »Outsider des Jahres« erklärt – hat Sie das damals mit Stolz erfüllt?

BUKOWSKI: Oh, Sie haben also das Ding da drüben im Regal gesehen... Nein, was solls. Ich war höchstens stolz darauf, daß die danach jahrelang gesucht und keinen mehr gefunden haben. Das war ganz witzig.

Letzte Frage: Wie sehen Sie sich selbst als Schriftsteller? Als was würden Sie sich bezeichnen?

BUKOWSKI: Well, ich würde mich auf jeden Fall als eine merkwürdige Type bezeichnen, als eine seltsame Kreatur, die plötzlich auftaucht und eigenartige Töne von sich gibt, wie man sie bis dahin eigentlich noch nicht so gehört hat. Nichts Außergewöhnliches, aber irgendwie interessant, auf eine merkwürdig kaputte musikalische verrückte Art. Ich glaube, ich habe so ein bißchen etwas, was die meisten Schriftsteller einfach nicht haben. Ich bin eine störende Mißbildung. Ich meine, ich hänge am Ast wie alle anderen, aber es ist ein besonderer Dreh dabei. Das wird es wohl sein, was die Leute neugierig macht auf mich, auf das was ich schreibe – und warum ich es schreibe. Ich finde es auch richtig, daß sie das neugierig macht. Wäre ich ein anderer, dann wäre auch ich neugierig auf so einen Typ wie mich . . . hm! Tja, das wäre so ziemlich alles, was ich dazu sagen kann.

Fuck Machine

Aus dem Amerikanischen von Wulf Teichmann

Inhalt

Kid Stardust im Schlachthof 7
Wohnen in einem texanischen Hurenhaus 15
Fünfzehn Zentimeter 27
Die Fickmaschine 42
Die Couragemangel 58
Zwölf fliegende Affen,
die nicht richtig kopulieren wollen 72
Die kopulierende Nixe von Venice, Kalifornien . . . 80
Meine dickarschige Mutter 90
Die Ermordung des Ramon Vasquez 97
Ein Saufkumpel 110
Der weiße Bart 120

Kid Stardust im Schlachthof

Ich war wieder am Ende mit meinem Glück und zu nervös diesmal vom maßlosen Weintrinken; wilde Augen und schwach; zu niedergedrückt, um meinen üblichen Einspring- und Ausruhjob als Lager- oder Packjunge kriegen zu können, und so ging ich runter zum Verladewerk des Schlachthofs. Ich kam ins Büro, und der Mann sagte: »Hab ich dich nicht schon mal gesehn?«
»Nein«, log ich.
Ich war vor 2 oder 3 Jahren schon mal dagewesen, hatte den ganzen Papierkram hinter mich gebracht, die ärztliche Untersuchung und so weiter, und sie hatten mich Treppen hinuntergeführt, 4 Stockwerke abwärts, und es war kälter und kälter geworden, und die Fußböden waren bedeckt gewesen mit einem schimmernden Blutfilm, grüne Fußböden, grüne Wände. Er hatte mir meine Arbeit erklärt – die darin bestand, auf einen Knopf zu drücken, und dann dröhnte durch dieses Loch in der Wand ein Geräusch, als würden Fußballer zusammenkrachen oder wie von Elefanten, die zum Geschlechtsverkehr übergehen, und dann kam es – etwas Totes, eine Masse Totes, blutig, und er zeigte mir, du nimmst das da und wirfst es auf den Laster und dann drückst du auf den Knopf, und das nächste kommt raus. Dann ging er weg. Als er das tat, zog ich den Kittel aus, nahm den Blechdeckel vom Kopf, zog die Stiefel aus (die man mir 3 Nummern zu klein gegeben hatte) und ging die Treppe wieder hoch und raus aus dem Laden. Jetzt war ich wieder da, wieder am Boden.
»Du siehst ein bißchen alt aus für die Arbeit.«
»Ich will wieder in Form kommen. Was ich brauche, ist schwere Arbeit, gute schwere Arbeit«, log ich.

»Meinst du, du schaffst das?«
»Ich bin ein zäher Hund. Hab früher im Ring gestanden. Gegen die Besten gekämpft.«
»Oh ja?«
»Ja.«
»Hm, kann ich an deinem Gesicht sehn. Mußt ganz schön was eingesteckt haben.«
»Mein Gesicht ist Nebensache. Schnelle Hände hab ich gehabt. Hab ich immer noch. Mußte'n paarmal auf die Bretter, weil das besser aussah für manche.«
»Bin eigentlich auf'm Laufenden beim Boxen. Aber an deinen Namen kann ich mich nicht erinnern.«
»Gekämpft hab ich unter einem anderen Namen, Kid Stardust.«
»Kid Stardust? Kann mich an keinen Kid Stardust erinnern.«
»Ich hab in Südamerika gekämpft, in Afrika, Europa, auf den Inseln. Ich hab in Kleinstädten gekämpft. Deswegen die ganzen Lücken in meinem Arbeitsbuch – ich schreib da nicht gern Boxer hin, weil die Leute denken, ich mach Blödsinn oder lüge. Ich laß da einfach die Stellen frei, und damit hat sich's.«
»Na schön, dann tanz mal morgen früh halb 10 hier an für die ärztliche Untersuchung, und dann werden wir dir 'ne Arbeit geben. Du willst schwere Arbeit, sagst du?«
»Na ja, wenn Sie was anderes haben . . .«
»Nein, momentan grade nicht. Sag mal, du siehst schon fast aus wie 50. Ich frage mich, ob ich da keinen Fehler mache mit dir. Mit so Leuten wie euch wollen wir unsere Zeit nämlich nicht verplempern.«
»Ich bin keine Leute – ich bin Kid Stardust.«
»Na schön, Junge«, lachte er, »du sollst sie haben, deine ARBEIT!«
Mir gefiel nicht, wie er das sagte.
2 Tage später wanderte ich durchs Werkstor zu der Holzbude, wo ich einem alten Mann den Wisch mit meinem Namen drauf gab: Henry Charles Bukowski, jun., und er

schickte mich weiter zur Laderampe – bei einem Thurman sollte ich mich melden. Ich ging also da hin. Da saß eine Reihe Männer auf einer Holzbank, und sie sahen mich an wie einen Homosexuellen oder Beinamputierten.
Ich schaute sie an mit einem Blick, der leichte Geringschätzung ausdrücken sollte, und sagte in meinem besten Hinterhofton, breit und gedehnt:
»Wo's'n Thurman. Ich soll mich melden bei dem Kerl.«
Einer machte eine Bewegung mit dem Daumen.
»Thurman?«
»Ja?«
»Ich arbeite für dich.«
»Ja?«
»Ja.«
Er sah mich an. – »Wo sind deine Stiefel?«
»Stiefel? Hab keine«, sagte ich.
Er griff unter die Bank und gab mir ein Paar. Ein altes, hart gewordenes, steifes Paar Stiefel. Ich zog sie an. Dasselbe alte Lied: 3 Nummern zu klein. Meine Zehen wurden zusammengequetscht und gestaucht.
Dann gab er mir einen blutigen Kittel und einen Blechhelm. Ich stand da, während er sich eine Zigarette anmachte oder, wie der Engländer vielleicht sagen würde: während er seine Zigarette anzündete. Mit ruhigem und männlichem Armschwung warf er das Streichholz weg.
»Komm her.«
Es waren alles Neger, und als ich näherkam, sahen sie mich an, als wären sie Black Muslims. Ich bin 1,83 groß, aber sie waren alle größer als ich, und wenn nicht größer, dann 2 bis 3 mal so breit.
»Charley!« brüllte Thurman.
Charley, dachte ich. Charley, wie ich. Das ist schön.
Ich schwitzte bereits unter dem Blechhelm.
»Gib ihm ARBEIT!!«
Lieber Gott, o lieber Gott, wo sind sie hin, die süßen und leichten Nächte? Warum kann dies nicht Walter Winchell

passieren, der an den American Way glaubt? War ich nicht einer der besten Anthropologiestudenten? Was ist nur passiert?

Charley nahm mich mit und stellte mich vor einen leeren Lastwagen, der so lang wie ein halber Häuserblock an der Laderampe stand.

»Warte hier.«

Dann kamen einige von den Black Muslims mit Schubkarren angerannt, die in einem grindigen, klumpigen Weiß angestrichen waren, einem Weiß wie mit Hühnerscheiße vermischt. Und jeder Karren war beladen mit Bergen von Hinterschenkeln, die in dünnem, wäßrigem Blut schwammen. Nein, sie schwammen nicht in dem Blut, sie hockten darin; wie Blei, wie Kanonenkugeln, wie der Tod.

Einer der Jungen sprang in den Laster hinter mir, und der andere fing an, mir Hinterschenkel zuzuwerfen, und ich fing sie auf und warf sie dem Kerl hinter mir zu, der sich umdrehte und den Schenkel hinten in den Laster warf. Die Schenkel kamen schnell SCHNELL und waren schwer und wurden schwerer. Kaum hatte ich einen Schenkel geworfen, war schon ein anderer durch die Luft unterwegs zu mir. Ich wußte, daß sie mich fertigmachen wollten. Bald schwitzte ich, schwitzte, als wären Wasserhähne aufgedreht worden, und mein Rücken tat weh, und meine Handgelenke taten weh, meine Arme schmerzten, alles schmerzte und war fertig bis auf das letzte unmögliche Quentchen lahmer Energie. Ich konnte kaum mehr sehen, kaum mehr die Kraft aufbringen, noch einen Schenkel zu fangen und zu werfen, zu fangen und zu werfen. Ich schwamm in Blut, und immer wieder kriegte ich den weichen, toten, schweren PLUMPS in die Hände, den Hinterschenkel, der ein wenig nachgibt wie die Arschbacke einer Frau, und ich bin zu schwach, um zu sprechen und zu sagen, Hey, was zum HENKER ist los mit euch Kerlen? Die Schenkel kommen, und ich bin am Rotieren, festgenagelt, wie ein Toter an einem Kreuz, mit

einem Blechhelm auf, und sie kommen mit immer mehr Schubkarren voll von Schenkeln, Schenkeln, Schenkeln angerannt, und schließlich sind alle leer, und da stand ich, schwankend, und atmete das gelbe elektrische Licht. Es war Nacht in der Hölle. Na, Nachtarbeit hab ich ja schon immer gemocht.
»Komm her!«
Sie brachten mich in einen anderen Raum. In der Luft hängend, kommt durch die große Öffnung hoch oben in der hinteren Wand ein halber Mastochse – oder vielleicht ist es ein ganzer gewesen, ja, es waren ganze Ochsen, ich weiß es jetzt, alle vier Beine waren noch dran, und einer kam an einem Haken aus dem Loch, eben war er ermordet worden, und direkt über mir blieb der Ochse stehen, hing da direkt über mir an diesem Haken.
Sie haben ihn gerade umgebracht, dachte ich, sie haben das verdammte Ding umgebracht. Wie können sie einen Mann von einem Ochsen unterscheiden? Wie wollen sie wissen, daß ich kein Ochse bin?
»GUT SO – BRING IHN IN SCHWUNG!«
»In Schwung?«
»Ganz recht – TANZ MIT IHM!«
»Was?«
»Oh, lieber Gott! GEORGE komm her!«
George trat unter den toten Ochsen. Er packte ihn. EINS. Er lief vorwärts. ZWEI. Er lief rückwärts. DREI. Er lief vorwärts. Der Ochse war fast parallel zum Fußboden. Jemand drückte auf einen Knopf, und George hatte ihn. Er hatte ihn für die Fleischmärkte der Welt. Er hatte ihn für die schwatzenden, schlechtgelaunten, wohlausgeruhten, blöden Hausfrauen der Welt, die um 2 Uhr nachmittags in ihren Hauskitteln an rotverschmierten Zigaretten ziehen und fast nichts fühlen.
Sie stellten mich unter den nächsten Ochsen.
EINS.
ZWEI.
DREI.

Ich hatte ihn. Seine toten Knochen auf meinen lebendigen Knochen, sein totes Fleisch auf meinem lebendigen Fleisch, und Knochen und Gewicht drückten sich ein, ich dachte an Opern von Wagner, ich dachte an kaltes Bier, ich dachte an eine Sexmieze, die mir gegenüber auf einem Sofa sitzt, die Beine hoch übereinandergeschlagen, und ich habe einen Drink in der Hand, und langsam und sicher sprechend taste ich mich vor in die leere Seele ihres Leibes, und Charley brüllte: »HÄNG SIE IN DEN LASTER!«
Ich ging zu dem Laster. Als Junge war mir auf amerikanischen Schulhöfen beigebracht worden, daß Niederlagen eine Schande sind, und so wußte ich, daß ich den Ochsen nicht fallen lassen durfte, denn das würde bedeuten, daß ich kein Mann war, sondern ein Feigling, und ich folglich außer Hohn und Spott und Schlägen nicht viel verdiente. Man mußte ein Sieger sein in Amerika, daran gab es nichts zu rütteln, und man mußte lernen, für nichts zu kämpfen, keine Fragen zu stellen – und außerdem würde ich den Ochsen wahrscheinlich wieder aufheben müssen, wenn ich ihn fallen ließe; und dreckig würde er werden. Ich will nicht, daß er dreckig wird; oder vielmehr – sie wollen nicht, daß er dreckig wird.

Ich ging in den Laster.
»HÄNG IHN AUF!«
Der Haken, der von der Decke hing, war stumpf wie ein Männerdaumen ohne Fingernagel. Man ließ das untere Ende des Ochsen zurückrutschen und ging mit dem vorderen Ende hoch, man stieß damit nach dem Haken, wieder und wieder, aber der Haken wollte nicht durchgehen. Das HURENSTÜCK!!! – es war alles nur Knorpel und Fett, zäh, zäh.
»WIRD'S BALD! WIRD'S BALD!«
Mit letzter Kraft machte ich noch einen Versuch, und der Haken ging durch, es war ein schöner Anblick, ein Wunder, wie dieser Haken durchging, wie dieser Ochse da hing, ganz von selber, ganz runter von meiner

Schulter hing er da für Hauskleider und Fleischerladenschwatz.

»LOS, WEITER!«

Ein Zweieinhalbzentnerneger kam herein, hochmütig, scharf, kühl, mörderisch, kam herein, hängte sein Fleisch mit einem Schnapp hin, blickte herab auf mich.

»Wir bleibm inner Reihe hier!«

»Okay, Kumpel.«

Ich ging raus, vor ihm her. Ein anderer Ochse wartete auf mich. Jedesmal, wenn ich mir einen auflud, war ich sicher, daß dies der letzte war, den ich schaffen würde, aber immer wieder sagte ich mir:

»Noch einer,

nur noch einer,

dann hör ich

auf,

scheiß der Hund

drauf.«

Sie warteten darauf, daß ich aufgeben würde, ich konnte die Augen sehen, das Lächeln, wenn sie dachten, ich würde nicht hinschauen. Diesen Sieg gönnte ich ihnen nicht. Ich ging den nächsten Ochsen holen. Der große Spieler, der vor dem Bankrott noch einen letzten Einsatz wagt, so ging ich zum Fleisch.

2 Stunden gingen hin, dann brüllte jemand: »PAUSE.«

Ich hatte es geschafft. Eine Zehnminutenpause, etwas Kaffee, und nie mehr würden sie mich zum Aufgeben zwingen können. Hinter ihnen her ging ich hinaus zu einem Imbißwagen, der vorgefahren war. Ich konnte sehen, wie in der Nacht der Dampf von dem Kaffee aufstieg; ich konnte Krapfen sehen im elektrischen Licht; und Zigaretten und Gebäckstücke und belegte Brote.

»HEY, DU!« – Es war Charley, Charley wie ich.

»Ja, Charley?«

»Bevor du Pause machst, steig in den Laster da und fahr ihn rüber auf Platz 18.«

Es war der Laster, den wir gerade beladen hatten; der

einen halben Häuserblock lang war. Parkplatz 18 war auf der anderen Seite des Hofes.

Es gelang mir, die Tür aufzumachen und ins Führerhaus zu klettern. Da war ein weicher Ledersitz, und man hatte ein so gutes Gefühl auf dem Sitz, daß ich wußte, ich würde bald einschlafen, wenn ich nicht dagegen ankämpfte. Ich war kein LKW-Fahrer. Ich blickte nach unten, und es sah aus wie ein halbes Dutzend Ganghebel, Bremsen, Pedale und so weiter. Ich drehte den Schlüssel, und es gelang mir, den Motor anspringen zu lassen. Ich spielte mit den Pedalen und Ganghebeln, bis der Laster anfing zu rollen, und dann fuhr ich ihn über den Hof auf Platz 18, und dabei dachte ich die ganze Zeit – wenn ich zurückkomme, wird der Imbißwagen weg sein. Das war eine Tragödie für mich, eine echte Tragödie. Ich parkte den Laster, schaltete den Motor ab und saß einen Augenblick da und genoß das Sanftweiche auf diesem Ledersitz. Dann machte ich die Tür auf und stieg aus. Ich verfehlte den Tritt oder was es auch war, was da hätte sein sollen, und fiel mit meinem blutigen Kittel und dem Christusblechhelm auf die Erde wie erschossen. Es tat nicht weh, ich habe nichts gespürt. Ich stand gerade noch rechtzeitig auf, um zu sehen, wie der Imbißwagen durch das Tor und die Straße runterfuhr. Ich sah, wie sie wieder zur Laderampe gingen, lachend und sich Zigaretten anzündend.

Ich zog die Stiefel aus, ich zog den Kittel aus, ich nahm den Blechhelm ab und ging zu der Bude am Werkstor. Ich warf den Kittel, den Helm und die Stiefel über das Pult. Der alte Mann sah mich an:

»Was? So 'ne GUTE Arbeit schmeißt du hin?«

»Sag ihnen, sie sollen mir meinen Lohn für 2 Stunden mit der Post schicken; oder sag ihnen, sie sollen ihn sich in den Arsch stecken, ich scheiß drauf!«

Ich ging hinaus. Ging über die Straße in eine mexikanische Kneipe und trank ein Bier, dann fuhr ich mit dem Bus nach Hause. Wieder hatte der amerikanische Schulhof mich geschlagen.

Wohnen in einem texanischen Hurenhaus

Ich stieg in diesem Ort in Texas aus dem Bus, und es war kalt, und ich hatte Verstopfung, und man weiß das ja nie, es war ein sehr großes Zimmer für nur 5 Dollar die Woche, und es hatte einen Kamin, und eben war ich aus meinen Sachen gestiegen, da kam ein alter schwarzer Kerl ins Zimmer marschiert und fing an, mit einem langen Stocherhaken im Kamin herumzustochern. Es war überhaupt kein Holz im Kamin, und ich fragte mich, was er da mit diesem Stocherhaken im Kamin herumstocherte. Dann hat er mich angeguckt, sich an den Schwanz gefaßt und ein Geräusch von sich gegeben, so ähnlich wie »issssss, issssss!« Und ich dachte, na ja, aus irgendeinem Grund hält er dich für einen Strichjungen. Da ich aber keiner war, konnte ich ihm nicht dienen. Na ja, dachte ich, so ist die Welt nun mal, so geht's halt zu in der Welt. Mit dem Stocherhaken in der Hand ist er dann noch ein paarmal um mich herumgestrichen, dann ist er aus dem Zimmer gegangen.
Darauf bin ich dann ins Bett geklettert. Wenn ich mit dem Bus reise, kriege ich immer Verstopfung; und schlafen kann ich dann auch nicht; aber unter Schlaflosigkeit leide ich sowieso immer. – Der schwarze Kerl mit dem Stocherhaken ist also aus dem Zimmer marschiert, und ich habe mich im Bett ausgestreckt und gedacht, na ja, in ein paar Tagen werde ich vielleicht scheißen können.
Da ging die Tür wieder auf, und diesmal kam herein ein ganz schön verbotenes Geschöpf, ein weibliches, und das kniete sich hin und fing an, den Holzfußboden zu schrubben, und ihr Arsch ging immer hin und her, wie sie da den Holzfußboden schrubbte.
»Wie wär's mit 'nem netten Mädchen?« fragte sie mich.

»Nein. Bin viel zu müde. Grade aus'm Bus gestiegen. Ich will nur noch schlafen, sonst nix.«
»'n gutes Stück Arsch, und du würdest noch besser schlafen, wirklich. Auch nur 5 Dollar.«
»Ich bin zu müde.«
»'s ist 'n nettes, sauberes Mädchen.«
»Und wo ist es?«
»Ich bin das Mädchen.«
Sie stand auf und drehte sich zu mir um.
»Tut mir leid, ich bin einfach zu müde; wirklich.«
»Nur zwei Dollar.«
»Nein, tut mir leid.«
Sie ging hinaus. Kurz darauf hörte ich eine Männerstimme.
»Sag ma', willst du mir etwa erzählen, du konntest ihm nix von dei'm Arsch verkaufen? Wir haben ihm unser bestes Zimmer für nur 5 Dollar gegeben. Und du willst mir erzählen, du konntest ihm nix von dei'm Arsch verkaufen?«
»Bruno, ich hab's versucht! Ehrlich, ich schwör's dir bei Jesus, ich hab's versucht!«
»Du Drecksnutte, du!«
Ich kannte das Geräusch. Es war keine Ohrfeige. Die meisten guten Zuhälter hüten sich, das Gesicht zu verunstalten. Sie schlagen auf die Backe, unten am Unterkiefer; Auge und Mund vermeiden sie. Bruno muß einen großen Stall gehabt haben. Es war eindeutig das Geräusch von Fäusten, die auf den Kopf treffen. Sie schrie und flog gegen die Wand, und als sie von der Wand wegkam, verpaßte Bruder Bruno ihr den nächsten. Sie flog hin und her zwischen Fäusten und Wand, und ich streckte mich im Bett und dachte, na ja, das Leben wird ja manchmal recht interessant, aber *ganz* so scharf darauf, das alles zu hören, bin ich nun doch nicht. Wenn ich gewußt hätte, daß sowas passieren würde, hätte ich sie ein bißchen drangelassen.
Dann bin ich eingeschlafen.
Am nächsten Morgen bin ich aufgestanden und habe

mich angezogen. Natürlich habe ich mich angezogen. Aber scheißen konnte ich immer noch nicht. Also bin ich rausgegangen auf die Straße und habe angefangen, mich nach Foto-Ateliers umzusehen. In das erste bin ich reingegangen.
»Ja, Sir? Sie möchten sich fotografieren lassen?«
Es war eine gutaussehende Rothaarige, die zu mir auflächelte.
»Warum soll ich mich mit so einem Gesicht wie meinem fotografieren lassen? Ich suche Gloria Westhaven.«
»Ich bin Gloria Westhaven«, sagte sie, schlug die Beine übereinander und zog ihren Rock zurück. Und ich hatte gedacht, man müsse erst sterben, um in den Himmel zu kommen.
»Was ist los mit Ihnen?« fragte ich sie. »Sie sind nicht Gloria Westhaven. Ich habe Gloria Westhaven auf der Fahrt von Los Angeles in einem Bus kennengelernt.«
»Und was hat *die* denn?«
»Nun, ich hab gehört, ihre Mutter besitzt ein Foto-Atelier. Ich bin auf der Suche nach ihr. Im Bus war was gewesen zwischen uns.«
»Sie meinen, nichts war gewesen im Bus.«
»Wir haben uns im Bus kennengelernt. Als sie ausstieg, hatte sie Tränen in den Augen. Ich bin bis New Orleans runtergefahren und dann mit dem Bus zurückgekommen. Das ist 'ne ganze Ecke. Noch nie hat eine Frau geweint wegen mir.«
»Vielleicht hat sie ja wegen was anderm geweint.«
»Das hab ich zuerst auch gedacht, aber dann haben die anderen Fahrgäste alle angefangen, mich aufzuziehn.«
»Und alles, was Sie wissen, ist, daß ihre Mutter ein Foto-Atelier besitzt?«
»Das ist alles, was ich weiß.«
»Na schön, also hören Sie zu, ich kenne den Herausgeber der führenden Zeitung in dieser Stadt.«
»Das wundert mich nicht«, sagte ich mit einem Blick auf ihre Beine.

»Okay, lassen Sie mir Ihren Namen da und wo Sie abgestiegen sind. Ich werde ihn anrufen und ihm die Geschichte erzählen, nur müssen wir sie ein bißchen ändern. Sie haben sich in einem Flugzeug kennengelernt, Sie verstehn? Liebe in der Luft. Jetzt sind sie voneinander getrennt und haben sich verloren, Sie verstehn? Und Sie sind den weiten Weg von New Orleans hochgekommen, und alles, was Sie wissen, ist, daß ihre Mutter ein Foto-Atelier besitzt. Klar? Und das haben wir dann morgen in M . . . K . . .s Spalte in der Morgenzeitung. Okay?«
»Okay«, sagte ich. Ich warf einen letzten Blick auf die Beine und ging hinaus, als sie den Hörer abnahm. Da war ich nun im zweit- oder drittgrößten Ort von Texas, und die Stadt gehörte mir. Ich ging ein Stück weiter und in die nächste Kneipe . . . Der Laden war ziemlich voll für diese Tageszeit. Ich setzte mich auf den einzigen leeren Barhokker. Das heißt, nein, da waren zwei leere Barhocker, auf jeder Seite von diesem großen Kerl einer. Der Kerl war vielleicht 25, eins dreiundneunzig und sicher niedliche 135 Kilo. Ich nahm einen von den Hockern und bestellte ein Bier; ließ das Bier runterzischen und bestellte noch eins.
»Seh ich gern, wenn einer so trinkt«, sagte der große Kerl. »Diese Tunten, die hier rumsitzen, nuckeln stundenlang an einem Bier rum. Seh ich gern, wie Sie sich benehmen, Fremder. Was machen Sie so und wo sind Sie her?«
»Ich mache gar nix«, sagte ich, »und bin aus Kalifornien.«
»Schon irgendwas vor?«
»Nein, noch nix. Schau erst mal so rum.«
Ich leerte mein zweites Bier zur Hälfte.
»Sie gefallen mir, Fremder«, sagte der große Kerl, »drum will ich Ihnen was anvertrauen. Aber ich werd's ganz leise sagen, denn ich bin zwar 'n großer Kerl, aber die anderen sind wohl doch 'n bißchen in der Überzahl.«
»Schießen Sie los«, sagte ich und leerte mein zweites Bier.
Der große Kerl lehnte sich dicht an mein Ohr: »Texaner stinken«, flüsterte er. – Ich sah mich um und nickte dann

ruhig, ja. Als er mit seinem Schwinger fertig war, lag ich unter einem der Tische, an denen abends das Barmädchen bediente. Ich kroch drunter hervor, wischte mir den Mund mit einem Taschentuch, sah die ganze Kneipe lachen und ging hinaus ...

Als ich wieder am Hotel war, konnte ich nicht hineinkommen. Eine Zeitung verklemmte die Tür, die nur einen Spalt auf war.
»Hey, lassen Sie mich rein«, sagte ich.
»Wer sind Sie?« fragte der Bursche.
»Ich wohne in 102. Ich habe eine Woche im voraus bezahlt. Bukowski ist mein Name.«
»Sie tragen doch keine Stiefel, was?« – »Stiefel? Was soll das?«
»Kommandotruppe.«
»Kommandotruppe? Was soll das?«
»Na, kommen Sie rein«, sagte er.

Nach kaum zehn Minuten in meinem Zimmer lag ich schon im Bett und hatte ringsum das Netz dichtgezogen. Das ganze Bett – und es war ein großes Bett mit einer Art Dach drüber – hatte rundherum jede Menge von diesem Musselinzeug. Ich zog es also rund um mich herum dicht und legte mich da drinnen hin, rings umgeben von diesem Netzgehänge. Ich kam mir ziemlich schwul vor, sowas zu machen, aber wie die Dinge lagen, dachte ich, na ja, ob du dir nun wie 'n Schwuler vorkommst oder wie irgendwas anderes, spielt auch keine Rolle mehr. Und als wäre das nicht schon schlimm genug gewesen, wurde ein Schlüssel in die Tür gesteckt, und die Tür ging auf. Diesmal war es eine kleine, dicke Negerin mit einem recht freundlich dreinblickenden Gesicht und einem ungeheuer dicken Arsch.
Da war also dieses dicke, freundliche schwarze Mädchen und es zog mein Schwulennetz zurück und sagte: »Schatz, 's ist Zeit für neue Bettwäsche.« – Und ich sagte:

»Aber ich bin doch erst gestern eingezogen.«
»Schatz, unser Wäschewechseln richtet sich doch nicht nach deinem Plan. Also heb deinen kleinen rosa Arsch mal da raus und laß mich meine Arbeit machen.«
»Ah-hm«, sagte ich und sprang aus dem Bett, splitternackt. Das schien keinen großen Eindruck auf sie zu machen.
»Du hast hier ja 'n prima großes Bett, Schatz«, tat sie mir kund. »Du hast das beste Zimmer und Bett in diesem Hotel.«
»Wahrscheinlich hab ich Glück gehabt.«
Sie breitete das Bettlaken aus und zeigte mir immer ihren Riesenarsch. Sie zeigte mir ihren Riesenarsch und dann drehte sie sich um: »Okay, Schatz, dein Bett ist fertig bezogen. Sonst noch was?«
»Na ja, so 12 bis 15 Flaschen Bier könnt ich brauchen.«
»Ich besorg sie dir. Muß nur erst das Geld haben.«
Ich gab ihr das Geld und dachte mir, na ja, das ist ja jetzt futsch. Schwul zog ich das Netz um mich zu und beschloß, die Sache wegzuschlafen. Aber das dicke schwarze Zimmermädchen kam wieder, und ich zog das Netz zurück, und da saßen wir und redeten und tranken Bier.
»Erzähl mir was von dir«, sagte ich.
Sie lachte und tat es. Ein leichtes Leben hatte sie natürlich nicht gehabt. Ich weiß nicht, wie lange wir tranken. Schließlich kletterte sie auf dieses Bett und schenkte mir einen der besten Ficks, den ich je hatte ...

Am nächsten Morgen stand ich auf, ging die Straße runter und holte mir die Zeitung, und da stand es in der Klatschspalte. Mein Name war genannt. Charles Bukowski, Romanautor, Journalist, Reisender. Wir hatten uns im Flugzeug kennengelernt, die reizende junge Dame und ich. Und sie war in Texas ausgestiegen, und ich war nach New Orleans weitergeflogen, um etwas Geschäftliches zu erledigen. Aber die reizende junge Dame war mir

nicht aus dem Sinn gegangen, und so war ich zurückgeflogen. Und alles, was ich von ihr wußte, war, daß ihre Mutter ein Foto-Atelier besaß.
Ich ging zurück zum Hotel, besorgte mir eine Flasche Whisky und 5 oder 6 Flaschen Bier und konnte endlich *scheißen* – was für eine herrliche Sache! Vielleicht hat es an dem Zeitungsartikel gelegen.
Ich kletterte wieder hinter das Netz. Da klingelte das Telefon. Es war das Haustelefon. Ich langte hinaus und nahm ab.
»Sie werden verlangt, Mr. Bukowski; vom Herausgeber des . . . Wollen Sie das Gespräch annehmen?«
»Na schön«, sagte ich. »Hallo?«
»Sind Sie Charles Bukowski?«
»Ja.«
»Was machen Sie denn in so einem Haus?«
»Wie meinen Sie das? Ich hab die Leute hier ganz nett gefunden.«
»Das ist doch das schlimmste Hurenhaus in der Stadt. Wir versuchen schon seit 15 Jahren, diesen Puff aus der Stadt zu kriegen. Wie sind Sie da bloß hingeraten?«
»Es war kalt. Ich bin einfach in das erstbeste Hotel gegangen. Ich war grade mit dem Bus angekommen, und es war kalt.«
»Sie sind mit dem Flugzeug angekommen. Wissen Sie nicht mehr?«
»Ach ja richtig.«
»Also gut, ich habe die Adresse der Dame. Wollen Sie sie haben?«
»Na schön, wenn's Ihnen nix ausmacht. Aber wenn Sie irgendwelche Vorbehalte haben, vergessen Sie's lieber.«
»Ich verstehe einfach nicht, wie Sie in so einem Haus absteigen können.«
»Also bitte, Sie sind Herausgeber der größten Zeitung in der Stadt und Sie telefonieren mit mir, und ich bin in einem texanischen Hurenhaus. Und nun mal folgendes –

vergessen Sie's einfach. Die Dame hat geweint oder sowas. Das hat mir keine Ruhe gelassen. Ich werde einfach den nächsten Bus nehmen und aus der Stadt verschwinden.«
»Warten Sie!« – »Warten, wieso?«
»Ich gebe Ihnen ihre Adresse. Sie hat den Artikel gelesen. Sie hat zwischen den Zeilen gelesen. Sie hat mich angerufen. Sie möchte sich mit Ihnen treffen. Ich hab ihr nicht gesagt, wo Sie wohnen. Wir sind gastfreundliche Leute hier in Texas.«
»Ja, das hab ich gemerkt gestern; in einer von euern Kneipen.«
»Trinken tun Sie auch?«
»Ich trinke nicht nur, ich bin ein Säufer.«
»Ich glaube, ich sollte Ihnen die Adresse der Dame lieber doch nicht geben.«
»Dann vergessen Sie eben den ganzen Scheißkram«, sagte ich und legte auf . . .

Wieder klingelte das Telefon.
»Sie werden verlangt, Mr. Bukowski; vom Herausgeber des . . .«
»Stellen Sie ihn durch.«
»Hören Sie, Mr. Bukowski, wir brauchen eine Fortsetzung für die Story. Eine Menge Leute interessieren sich dafür.«
»Sagen Sie Ihrem Spaltenschreiber, er soll seine Phantasie ein bißchen spielen lassen.«
»Sagen Sie – eine Frage – was tun Sie eigentlich so, um Ihren Lebensunterhalt zu verdienen?«
»Ich tue gar nix.«
»Sie fahren einfach so in Bussen herum und bringen junge Damen zum Weinen?«
»Das kann schließlich nicht jeder.«
»Hörn Sie, ich riskier's halt. Ich gebe Ihnen ihre Adresse. Sie fahren hin und treffen sich mit ihr.«
»Vielleicht bin ich dabei derjenige, der was riskiert.«

Er gab mir die Adresse. »Soll ich Ihnen sagen, wie Sie da hinkommen?«
»Ach, lassen Sie nur. Wenn ich ein Hurenhaus finden kann, kann ich auch ihr Haus finden.«
»Sie haben etwas, was mir nicht gefällt an Ihnen«, sagte er.
»Vergessen Sie's. Wenn sie'n gutes Stück Arsch ist, ruf ich zurück.«
Ich legte auf . . .

Es war ein kleines braunes Haus. Eine alte Frau kam an die Tür.
»Ich suche Charles Bukowski«, sagte ich zu ihr. »Nein, Verzeihung«, verbesserte ich mich, »ich suche Gloria Westhaven.«
»Ich bin ihre Mutter«, sagte sie. »Sind Sie der Bursche aus dem Flugzeug?«
»Ich bin der Bursche aus dem Bus.«
»Gloria hat den Artikel gelesen. Sie hat sofort gewußt, daß Sie das sind.«
»Fein. Und was machen wir jetzt?«
»Oh, treten Sie doch ein.«
Ich trat ein.
»Gloria!« rief die alte Frau.
Gloria kam heraus. Sie sah nach wie vor gut aus. Eben auch eine von diesen gesunden rothaarigen Texanerinnen.
»Bitte, kommen Sie hier herein«, sagte sie. »Entschuldige uns, Mutter.«
Sie führte mich in ihr Schlafzimmer, ließ aber die Tür auf. Wir setzten uns, weit voneinander entfernt.
»Was machen Sie so?« fragte sie.
»Ich bin Schriftsteller.«
»Oh, wie schön! Und wo sind Sie veröffentlicht?«
»Ich bin nirgendwo veröffentlicht.«
»Dann sind Sie gewissermaßen gar kein richtiger Schriftsteller.«

»Das ist richtig. Und ich wohne in einem Hurenhaus.«
»Was?«
»Ich sagte, Sie haben recht, ich bin kein richtiger Schriftsteller.«
»Nein, ich meine das andere.«
»Ich wohne in einem Hurenhaus.«
»Wohnen Sie immer in Hurenhäusern?«
»Nein.«
»Wie kommt es, daß Sie nicht in der Armee sind?«
»Ich bin nicht durch die Musterung gekommen.«
»Sie machen Witze.«
»Nein, gottseidank mach ich keine.«
»Sie wollen nicht kämpfen?«
»Nein.«
»Pearl Harbor ist bombardiert worden.«
»Hab ich gehört, ja.«
»Und Sie wollen nicht gegen Adolf Hitler kämpfen?«
»Eigentlich nicht. Mir ist lieber, andere tun das.«
»Sie sind ein Feigling.«
»Ja, bin ich, und zwar nicht, weil es mir viel ausmachen würde, jemanden zu töten, sondern einfach weil ich nicht gern mit einem Haufen von schnarchenden Kerlen in einer Kaserne schlafe, um mich dann von irgendeinem geilen Schwachkopf mit dem Signalhorn wecken zu lassen. Außerdem trage ich dieses kratzige olivgrüne Khakizeug nicht gern. Meine Haut ist sehr empfindlich.«
»Na wenigstens etwas, was empfindlich ist an Ihnen.«
»Ich selber bin's auch. Aber ich wünschte, es wär nicht meine Haut.«
»Vielleicht sollten Sie mit Ihrer Haut schreiben.«
»Vielleicht sollten Sie mit Ihrer Muschi schreiben.«
»Sie sind ekelhaft. Und feige. Jemand muß doch die faschistischen Horden zurückwerfen. Ich bin verlobt mit einem Oberleutnant zur See, und wenn der jetzt hier wäre, würde er Sie anständig verdreschen.«
»Würde er wohl; und mich würde das nur noch ekelhafter machen.«

»Jedenfalls würde es Sie lehren, in Anwesenheit von Damen ein Gentleman zu sein.«
»Wahrscheinlich haben Sie recht. Wenn ich Mussolini töten würde, wäre ich dann ein Gentleman?«
»Natürlich.«
»Ich werde mich sofort rekrutieren lassen.«
»Man hat Sie doch nicht gewollt. Wissen Sie nicht mehr?«
»Ach ja richtig.«
Lange saßen wir da und sagten nichts. Dann sagte ich: »Hören Sie, darf ich Sie etwas fragen?«
»Nur zu!« sagte sie.
»Warum haben Sie mich gebeten, mit Ihnen aus dem Bus zu steigen? Und warum haben Sie geweint, als ich es nicht tat?«
»Nun, das liegt an Ihrem Gesicht. Sie sind ein klein wenig häßlich, wissen Sie?«
»Ja, ich weiß.«
»Nun, es ist häßlich und auch tragisch. Dieses ›tragisch‹ wollte ich einfach nicht wahrhaben. Sie haben mir leid getan, und deswegen hab ich geweint. Wie ist Ihr Gesicht nur so tragisch geworden?«
»Ach du lieber Vater im Himmel«, sagte ich und dann stand ich auf und ging hinaus.
Ich ging den ganzen Weg bis zum Hurenhaus zurück. Der Bursche an der Tür kannte mich inzwischen.
»Hey, Champ, wo haben S'n die dicke Lippe her?«
»Was wegen Texas.«
»Texas? War'nse für oder gegen Texas?«
»Für Texas natürlich.«
»Sie lernen ja, Champ.«
»Ja, ich weiß.«
Ich ging nach oben und ans Telefon und ließ mich von dem Burschen unten mit dem Herausgeber der Zeitung verbinden.
»Hier ist Bukowski, mein Freund.«
»Sie haben die Dame angetroffen?«

»Ja, ich habe sie angetroffen.«
»Und wie ist die Sache gelaufen?«
»Prima. Wirklich prima. Ich muß 'ne Stunde auf ihr rumgejuckelt haben. Erzählen Sie das Ihrem Schreiber.«
Ich legte auf.
Ich ging nach unten und hinaus und fand dieselbe Kneipe wieder. Nichts hatte sich verändert. Der große Kerl war immer noch da, auf jeder Seite von ihm ein leerer Barhokker. Ich setzte mich und bestellte zwei Biere. Das erste ließ ich ohne abzusetzen runterzischen. Dann leerte ich das andere zur Hälfte.
»Ich erinnere mich an Sie«, sagte der große Kerl. »Was war das doch mit Ihnen?«
»Haut. Empfindlich.«
»Sie erinnern sich an mich?« fragte er.
»Ja, ich erinner mich an Sie.«
»Hätte nicht gedacht, daß Sie noch mal wiederkommen.«
»Ich bin aber wiedergekommen. Spielen wir das kleine Spiel?«
»Wir spielen hier keine Spiele in Texas, Fremder.«
»Ja?«
»Finden Sie immer noch, daß Texaner stinken?«
»Manche schon.«
Und wieder landete ich unterm Tisch. Ich kroch hervor, stand auf und ging hinaus. Ich ging zurück zu dem Hurenhaus.
Am nächsten Tag stand in der Zeitung, daß aus der Romanze nichts geworden sei. Ich sei abgeflogen nach New Orleans. Ich packte meinen Kram zusammen und ging runter zur Busstation. Ich fuhr nach New Orleans, besorgte mir ein Zimmer in einem anständigen Haus und saß da herum. Zwei Wochen hob ich die Zeitungsausschnitte noch auf, dann warf ich sie weg. Hätten Sie's nicht auch getan?

Fünfzehn Zentimeter

Die ersten drei Monate meiner Ehe mit Sarah waren annehmbar, aber ich würde sagen, kurz darauf fingen unsere Schwierigkeiten an. Sie war eine gute Köchin, und zum erstenmal seit Jahren aß ich gut. Ich fing an zuzunehmen. Und Sarah fing an, Bemerkungen zu machen.
»Ah, Henry, du siehst schon bald aus wie'n Puter, den sie fürs Erntedankfest mästen.«
»Stimmt, Baby«, sagte ich zur ihr.
Ich arbeitete als Packer in einem Warenlager für Autoersatzteile, und die Bezahlung war kaum ausreichend. Meine einzigen Freuden waren Essen, Biertrinken und mit Sarah ins Bett zu gehen. Nicht gerade ein erfülltes Leben, aber man mußte nehmen, was man kriegen konnte. Sarah war schon viel. Alles an ihr schrieb sich S-E-X. Kennengelernt hatte ich sie bei einer Weihnachtsparty für die Beschäftigten des Lagerhauses. Sarah war da Sekretärin. Mir fiel auf, daß sich keiner von den Burschen auf der Party an sie ranmachte, und das konnte ich mir nicht erklären. Noch nie hatte ich eine Frau gesehen, die mehr Sex ausströmte, und sie spielte auch nicht die Spröde. Ich machte mich also ran an sie, und wir tranken und redeten. Sie war schön. Aber mit ihren Augen war irgendwas komisch. Die guckten einfach in einen hinein, ohne daß die Augenlider sich zu bewegen schienen. Als sie mal auf der Toilette war, ging ich zu Harry, dem Lkw-Fahrer.
»Sag ma' Harry«, fragte ich ihn, »wie kommt es eigentlich, daß keiner von den Jungens sich mal an Sarah dranmacht?«
»Das 'ne Hexe, Mensch, 'ne richtige Hexe. Laß die Finger da weg.«

»Es gibt keine Hexen, Harry. Das hat sich doch alles als Humbug erwiesen. Die ganzen Frauen, die sie früher auf'm Scheiterhaufen verbrannt haben, das war grausam und ein furchtbarer Irrtum. Sowas wie Hexen gibt's nich'.«
»Na ja, vielleicht haben se wirklich 'ne Menge Frauen irrtümlich verbrannt, das kann ich nich' sagen. Aber hier die Schickse is'ne Hexe, glaub mir das.«
»Alles, was sie braucht, Harry, ist Verständnis.«
»Alles, was sie braucht«, sagte Harry, »ist ein Opfer.«
»Woher willst du das wissen?«
»Tatsachen«, sagte Harry. »Zwei Burschen hier, Manny, ein Verkäufer. Und Lincoln, einer vom Büro.«
»Und was war mit denen?«
»Sie sind einfach irgendwie verschwunden, vor unsern Augen, ganz langsam – man konnte zusehn, wie sie weniger wurden; bis sie weg waren . . .«
»Wie meinst du das?«
»Ich will nich' darüber sprechen. Du würdest mich für verrückt halten.«
Harry ging weg. Dann kam Sarah von der Toilette zurück. Sie sah schön aus.
»Was hat Harry dir erzählt über mich?« fragte sie.
»Wie kannst du wissen, daß ich mit Harry geredet habe?«
»Ich weiß es eben«, sagte sie.
»Viel hat er nicht gesagt.«
»Was er auch gesagt hat, vergiß es. Es ist Mist. Ich wollte ihn nicht ranlassen bei mir, und jetzt ist er eifersüchtig. Er redet gerne schlecht über andere Leute.«
»Harrys Ansichten kümmern mich nicht«, versicherte ich ihr.
»Du und ich, wir werden's schaffen, Henry«, sagte sie.
Nach der Party ist sie mit in mein Apartment gekommen, und ich kann euch sagen, so hat noch keine mit mir gevögelt. Sie war die Frau der Frauen. Ungefähr einen Monat später haben wir dann geheiratet. Sie hat sofort

ihren Job aufgegeben, aber ich habe nichts gesagt, weil ich so froh war, daß ich sie hatte. Und sie hat sich ihre Kleider selber geschneidert und ihre Haare selber gemacht. Sie war eine erstaunliche Frau; eine sehr erstaunliche.
Aber wie gesagt, nach ungefähr 3 Monaten fing sie an, diese Bemerkungen über mein Gewicht zu machen. Zuerst waren es einfach nur nette kleine Spitzen, aber dann begann sie, einen verächtlichen Ton anzuschlagen. Eines Abends kam ich nach Hause, und sie sagte: »Zieh deine verdammten Klamotten aus!«
»Wie bitte, Liebling?«
»Du hast mich genau verstanden, du Saukerl! Runter mit den Klamotten!«
So hatte ich Sarah noch nie erlebt. Ich zog meine Sachen aus, auch die Unterwäsche, und warf sie auf das Sofa. Sie starrte mich an.
»Gräßlich«, sagte sie, »was für 'ne Menge Scheiße!«
»Was, Liebes?«
»Ich sagte, du siehst aus wie 'n großer Kübel Scheiße!«
»Hör mal Schatz, was paßt dir nicht? Hast du deine Tage, oder was?«
»Schnauze! Guck dir mal dieses Zeug an, das da an deinen Seiten runterhängt!«
Sie hatte recht. Da schien an jeder Seite ein kleiner Fettwulst zu hängen, direkt über den Hüften. Dann ballte sie ihre Hände zu Fäusten und boxte mich mehrmals auf die Wülste.
»Wir müssen diese Scheiße zusammenboxen! Das Fettgewebe aufbrechen, die Zellen...«
Sie boxte mich wieder, mehrmals auf jede Seite.
»Au! Baby, das tut doch weh!!«
»Gut! So, nun schlag dich selber!«
»Ich soll mich selber schlagen?«
»Nu los schon, verdammt noch mal!«
Ich schlug mich ein paarmal selber, ziemlich fest. Als ich fertig war, waren die Dinger immer noch da, sahen jetzt allerdings ganz schön rot aus.

»Wir werden dir diese Scheiße runterholen«, verriet sie mir. Ich hielt das für Liebe und beschloß mitzumachen ...

Sarah fing an, meine Kalorien zu zählen. Sie nahm mir alles Gebratene weg, Brot, Kartoffeln, Salatsaucen, aber mein Bier behielt ich. Schließlich mußte ich ihr zeigen, wer bei uns im Haus die Hosen anhatte.
»Nein, verdammt nochmal«, sagte ich, »mein Bier geb ich nicht auf. Ich liebe dich sehr, aber das Bier bleibt!«
»Na schön«, sagte Sarah, »wir werden's trotzdem schaffen.«
»Was werden wir schaffen?«
»Ich meine, wir werden diese Scheiße abkriegen von dir, dich auf 'ne wünschenswerte Größe runterbringen.«
»Und was ist 'ne wünschenswerte Größe?« fragte ich.
»Das wirst du schon noch sehn.«

Jeden Abend, wenn ich nach Hause kam, stellte sie mir dieselbe Frage.
»Hast du dir heute in die Seiten geboxt?«
»Oh, und wie!«
»Wie oft?«
»400 Schläge auf jede Seite; feste Schläge.«
Wenn ich auf der Straße ging, schlug ich mir auf die Seiten. Die Leute drehten sich um nach mir, aber das machte mir nichts aus, ich wußte ja, daß ich etwas erreichte und sie nicht ...

Es funktionierte, wunderbar sogar. Von 112,5 Kilo kam ich runter auf 98,5. Dann von 98,5 auf 92. Ich fühlte mich um zehn Jahre jünger. Die Leute machten Bemerkungen, wie gut ich aussähe. Alle außer Harry, dem Lkw-Fahrer. Natürlich, der war bloß eifersüchtig, weil er nie in Sarahs Höschen reingekommen ist. Aber das war *sein* Bier.
Als ich mich eines Abends wog, war ich runter auf 89,5.
Ich sagte zu Sarah: »Meinst du nicht, daß wir genug runtergekommen sind? Guck mich an!«

Die Dinger an meinen Seiten waren längst nicht mehr da. Mein Bauch war eingefallen. Meine Backen sahen aus, als würde ich sie nach innen saugen.
»Nach den Tabellen«, sagte Sarah, »nach meinen Tabellen hast du eine wünschenswerte Größe noch nicht erreicht.«
»Hör mal«, sagte ich zu ihr, »ich bin einsdreiundachtzig groß. Was ist da das wünschenswerte Gewicht?«
Und darauf anwortete Sarah reichlich sonderbar:
»Ich habe nicht gesagt ›wünschenswertes Gewicht‹, ich habe gesagt ›wünschenswerte Größe‹. Das ist das Neue Zeitalter, das Atomzeitalter, das Weltraumzeitalter und vor allem das Zeitalter der Überbevölkerung. Ich bin die Retterin der Welt. Ich habe die Antwort auf die Bevölkerungsexplosion. Mit der Umweltverschmutzung mögen sich andere beschäftigen. Die Beseitigung der Überbevölkerung, das ist die Wurzel; damit wird auch die Umweltverschmutzung beseitigt und vieles andere mehr.«
»Wovon, zum Teufel, redest du überhaupt?« fragte ich und riß den Deckel von einer Bierflasche.
»Sei unbesorgt«, antwortete sie, »du wirst es schon noch rauskriegen.«

Beim regelmäßigen Wiegen merkte ich dann langsam, daß ich, obwohl ich weiterhin abnahm, nicht mehr dünner zu werden schien. Das war seltsam. Und dann merkte ich, daß mir die Hosenaufschläge etwas zu tief über die Schuhe hingen – ein Ideechen nur; und daß mir die Hemdsärmel etwas zu tief über die Handgelenke gingen. Als ich zur Arbeit fuhr, merkte ich, daß das Lenkrad weiter weg zu sein schien. Ich mußte den Autositz ein Loch nach vorn ziehen.
Eines Abends wog ich mich wieder.
77,5.
»Guck ma' her, Sarah.«
»Ja, Liebling?«
»Ich versteh hier was nicht.«

»Was denn?«
»Ich scheine zu *schrumpfen*.«
»Zu schrumpfen?«
»Ja, zu schrumpfen.«
»Ach, du Dummkopf! Das gibt's doch gar nicht. Wie kann man denn schrumpfen? Glaubst du wirklich, daß dir durch deine Diät die Knochen schrumpfen? Knochen schmilzen doch nicht einfach zusammen! Weniger Kalorien, das führt doch lediglich zu Fettabbau. Fang nicht an zu spinnen! Schrumpfen? Unmöglich!«
Dann lachte sie.
»Na schön«, sagte ich, »komm her. Hier ist ein Bleistift. Ich stell mich jetzt an die Wand da. Meine Mutter hat das mit mir gemacht, als ich ein kleiner Junge war und noch wuchs. Jetzt machst du genau da einen Strich an die Wand, wo der Bleistift die Wand trifft, wenn du ihn mir grade auf den Kopf legst.«
»Na schön, du Dummchen«, sagte sie.
Sie machte den Strich.

Eine Woche später war ich runter auf 65,5. Es ging schneller und schneller.
»Komm her, Sarah.«
»Ja, mein Dummerchen.«
»Hier, mach mal den Strich.«
Sie machte den Strich. Ich drehte mich um.
»Jetzt sieh ma' her. Ich hab in der letzten Woche 12 Kilo und gut 20 Zentimeter verloren. Ich schmilze weg! Ich bin jetzt eins siebenundfünfzig groß. Das ist doch Wahnsinn! Wahnsinn! Mir reicht's. Ich hab dich dabei ertappt, wie du meine Hosen und Hemdsärmel kürzer gemacht hast. So geht das nicht weiter. Ich werde wieder zu essen anfangen. Ich glaube, du bist *wirklich* 'ne Art Hexe!«
»Ach, du Dummchen . . .«

Nicht lange danach ließ der Chef mich ins Büro kommen. Ich kletterte auf den Stuhl vor seinem Schreibtisch.

»Henry Markson Jones II?«
»Ja, Sir?«
»Sie *sind* doch Henry Markson Jones II?«
»Natürlich, Sir.«
»Nun, Jones, wir haben Sie sorgfältig beobachtet. Ich fürchte, Sie sind dieser Arbeit einfach nicht mehr gewachsen. Wir lassen Sie natürlich nur sehr ungern so gehen... ich meine, wir sehen es nicht gern, daß Sie so gehen, aber...«
»Hören Sie, Sir, ich tue immer mein Bestes.«
»Wir wissen, daß Sie das tun, Jones, aber Sie leisten da hinten einfach nicht mehr die Arbeit eines Mannes.«
Er entließ mich. Ich wußte natürlich, daß ich mein Arbeitslosengeld kriegen würde. Aber ich fand es kleinlich von ihm, mich einfach so zu entlassen...

Ich blieb zu Hause bei Sarah. Und was es schlimmer machte – sie ernährte mich. Es kam so weit, daß ich nicht mehr an den Griff der Kühlschranktür kam. Und dann legte sie mich an eine kleine Silberkette.
Bald war ich nur noch 60 Zentimeter groß. Zum Scheißen mußte ich auf einen Töpfchenstuhl klettern. Aber mein Bier ließ sie mich weiterhin trinken, sie hatte es ja versprochen.
»Ah, mein Schnuggelchen«, sagte sie, »wie süß du bist und niedlich!«
Auch mit unserem Liebesleben war nun Schluß. Alles war in der Proportion geschrumpft. Ich bestieg sie, aber nach einer Weile hob sie mich einfach weg und lachte.
»Ah, du hast's versucht, du süßer Racker du!«
»Ich bin kein Racker, ich bin ein *Mann*!«
»Oh, mein süßer kleiner Mannomann!«
Sie hob mich hoch und küßte mich mit ihren roten Lippen...

Sarah kriegte mich runter auf 15 Zentimeter. Wenn sie einkaufen ging, steckte sie mich in ihre Handtasche.

Durch die kleinen Luftlöcher, die sie in die Tasche gestochen hatte, konnte ich auf die Leute hinaussehen. Eins muß ich der Frau zugute halten – sie bewilligte mir immer noch mein Bier. Ich trank es aus dem Fingerhut. Eine Maß hätte mir einen Monat gereicht. Früher war sie in 45 Minuten weggewesen. Ich hatte resigniert. Ich wußte, daß sie mich gänzlich hätte verschwinden lassen können, wenn sie gewollt hätte. Besser 15 Zentimeter als gar nichts. Auch ein kleines Leben wird einem sehr lieb, wenn es dem Ende zugeht. Und so tat ich alles, um Sarah zu amüsieren. Mehr konnte ich nicht tun. Sie machte mir kleine Kleider und Schuhe und stellte mich aufs Radio und schaltete Musik ein und sagte dann: »Tanz, mein Kleiner! Tanz, mein Feiner! Tanz, mein Dummerjan!«
Nun, mein Arbeitslosengeld konnte ich nicht mehr holen, also tanzte ich auf dem Radio, während sie in die Hände klatschte und lachte.

Versteht sich, daß ich schreckliche Angst vor Spinnen hatte, und Fliegen waren groß wie riesige Adler, und wenn mich mal eine Katze erwischte, dann quälte sie mich wie eine Maus. Doch das Leben war mir immer noch lieb. Ich tanzte und sang und hielt durch. Wie wenig der Mensch auch haben mag, immer wird er merken, daß er sich mit noch weniger begnügen kann. Wenn ich auf den Teppich schiß, wurde ich versohlt. Sarah verteilte kleine Stücke Papier in der Wohnung, und auf diese schiß ich dann. Und von dem Papier riß ich mir kleine Stückchen ab, um mir den Hintern damit zu wischen. Wie Pappe fühlte sich das an. Ich bekam Hämorrhoiden. Konnte nachts nicht schlafen. Gefühle der Minderwertigkeit, des Eingesperrtseins. Paranoia? Aber wenn ich sang und tanzte und Sarah mich mein Bier trinken ließ, fühlte ich mich wohl. Sie hielt mich auf genau 15 Zentimetern. Warum sie das tat, war mir schleierhaft. Wie mir auch sonst fast alles schleierhaft war.

Ich ersann Lieder für Sarah, und so nannte ich sie auch:
Lieder für Sarah:

»Ich bin halt nur ein kleiner Tropf
Und recht zufrieden, wie ihr seht.

Doch wenn mein Minischwänzchen steht,
Bleibt nur das Loch vom Nadelkopf!«

Sarah klatschte dann in die Hände und lachte.

»Willst Konteradmiral du sein
In der Königin Flottille,
Steig beim verfickten Spitzel ein
Und schrumpf zur Klopastille.
Dann wird die Königin pissen gehn,
Und du kannst'ne tröpfelnde Muschi sehn . . .«
Und Sarah klatschte dann in die Hände und lachte. Na ja,
das war in Ordnung; mußte in Ordnung sein . . .

Aber eines Abends passierte etwas sehr Ekelhaftes. Ich
war am Singen und Tanzen, und Sarah lag auf dem Bett,
nackt, klatschte in die Hände, trank Wein und lachte. Ich
gab eine gute Vorstellung, eine meiner besten. Aber wie
immer wurde das Radio oben heiß, und ich fing an, mir die
Füße zu verbrennen. Ich konnte es nicht mehr aushalten.
»Hör mal, Baby«, sagte ich, »mir reicht's. Hol mich runter.
Gib mir'n Bier. Keinen Wein. Du trinkst ja immer diese
billige Pansche. Gib mir'n Fingerhut vom guten Bier.«
»Aber na sicher, Süßer«, sagte sie. »Deine Vorstellung
heute abend war wunderschön. Wenn Manny und Lincoln sich so nett aufgeführt hätten wie du, würden sie
heute abend hier sein. Aber sie haben nicht gesungen und
nicht getanzt, sondern vor sich hingebrütet. Ihr größter
Fehler war, daß sie was gegen den Schlußakt hatten.«
»Und was war das für 'n Schlußakt?« fragte ich.
»Komm, Süßer, trink jetzt erst ma' dein Bier und ruh dich
aus. Ich möchte, daß du ihn auch genießen kannst, den

Schlußakt. Soweit ich sehe, bist du viel begabter als Manny oder Lincoln. Ich glaube, wir werden tatsächlich die Kulmination der Gegensätze erreichen.«
»Aber na klar«, sagte ich, mein Bier leerend. »So, nun gieß mir erst ma' nach. Und was soll das sein, die Kulmination der Gegensätze?«
»Genieß dein Bier, Schatzilein, du wirst es schon noch früh genug erfahren.«
Ich trank mein Bier aus, und dann geschah das Ekelhafte, das *über*aus Ekelhafte. Sarah hob mich auf und stellte mich unten zwischen ihre Beine, die sie ein klein wenig gespreizt hatte. Da blickte ich in einen Wald von Haaren. Ich machte meinen Rücken steif und spannte die Nackenmuskeln, denn ich ahnte, was kommen würde. Ich wurde in Dunkelheit und Gestank gestoßen. Ich hörte Sarah stöhnen. Dann fing Sarah an, mich langsam vor- und zurückzubewegen. Wie gesagt, der Gestank war unerträglich, das Atmen schwierig, aber irgendwie gab es Luft da drinnen – verschiedene Seitentaschen und Sauerstoffventilation. Ab und zu bumste mein Kopf – die obere Schädeldecke – an den Mann-im-Boot, und dann stöhnte Sarah jedesmal besonders verzückt.
Sarah fing an, mich schneller und schneller zu bewegen. Meine Haut fing an zu brennen, das Atmen wurde schwieriger, der Gestank schlimmer. Ich konnte sie keuchen hören. Mir kam der Gedanke, daß ich um so weniger leiden würde, je schneller ich die Sache beendete. Und so krümmte ich jedesmal, wenn ich hineingerammt wurde, Rücken und Nacken, bog mich in meiner ganzen Länge zu dieser Hakenkurve zusammen und rempelte dabei den Mann-im-Boot so rüpelhaft wie nur möglich.
Plötzlich wurde ich aus diesem grauenvollen Tunnel herausgerissen. Sarah hob mich an ihr Gesicht.
»Komm, du verdammtes Teufelsding! Komm!« forderte sie mich auf.
Wein und Leidenschaft hatten sie völlig betrunken gemacht.

Ich merkte, daß ich wieder in den Tunnel zurückgestoßen wurde. Schnell schob sie mich vor und zurück. Da holte ich plötzlich tief Luft, um mich größer zu machen, sammelte Speichel in meinen Backen und spuckte ihn aus, einmal, zweimal, 3 mal, 4, 5, sechsmal, dann hörte ich auf ... der Gestank wurde unvorstellbar, und dann, endlich, wurde ich herausgeholt und in die Luft gehoben.
Sarah hob mich ins Lampenlicht und fing an, mir Kopf und Schultern abzuküssen.
»Oh, mein Liebster! Oh, mein allerliebster Schwanz! Ich liebe dich!«
Dann küßte sie mich mit diesen gräßlich roten und angemalten Lippen. Ich übergab mich. Dann, erschöpft von Wein und Leidenschaft, legte sie mich zwischen ihre Brüste und verlor das Bewußtsein. Dort ruhte ich aus und horchte auf ihren Herzschlag. Die verdammte Leine, diese Silberkette, hatte sie mir abgenommen, aber das machte keinen großen Unterschied. Frei war ich noch lange nicht. Eine von ihren massigen Brüsten war zur Seite gefallen, und anscheinend befand ich mich direkt über dem Herzen; dem Herzen der Hexe. Wenn ich die Antwort auf die Bevölkerungsexplosion sein sollte, warum hatte sie mich dann nicht zu mehr als nur zu ihrer Unterhaltung benutzt? Warum war ich dann nur ein Ding, ein sexuelles Spielzeug für sie gewesen? Ich streckte mich dort aus und horchte auf dieses Herz. Ich kam zu der Überzeugung, daß sie eine Hexe war. Dann blickte ich nach oben. Wißt ihr, was ich da sah? Etwas sehr Erstaunliches. Oben in einer kleinen Ritze im Kopfbrett. Eine Hutnadel. Ja, da steckte eine Hutnadel, lang und mit so einem runden purpurnen Glasding am Ende. Ich ging zwischen ihren Brüsten hoch, stieg über ihren Hals, kletterte auf ihr Kinn (was mich einige Mühe kostete), trat dann leise über ihre Lippen, und da regte sie sich ein wenig, so daß ich fast gestürzt wäre und mich an einem Nasenloch festhalten mußte. Ganz sachte ging ich am rechten Auge vorbei nach oben – ihr Kopf war leicht nach links gedreht – und dann

war ich auf der Stirn, hatte die Schläfe hinter mir, und hinein ging es ins Haar, und es war verdammt nicht leicht, da durchzukommen. Dann richtete ich mich auf und reckte mich und langte hinauf und ganz knapp kriegte ich diese Nadel zu fassen. Der Abstieg ging schneller, war aber verräterischer. Da ich diese Hutnadel schleppen mußte, hätte ich ein paarmal fast das Gleichgewicht verloren. Ein Sturz, und es wäre aus gewesen. Mehrmals lachte ich, weil es so lächerlich war. Das Endergebnis einer Büroparty für die ganze Bande, Fröhliche Weihnachten.
Dann war ich wieder unten unter dieser massigen Brust. Ich legte die Hutnadel hin und horchte wieder. Ich horchte, von wo genau der Herzton herkam. Ich gelangte zu dem Schluß, daß das Herz an einer Stelle genau unterhalb eines kleinen braunen Muttermals liegen mußte. Dann stand ich auf. Ich hob die Hutnadel auf, an deren Ende die purpurne Glaskugel wunderschön im Lampenlicht leuchtete. Wird es klappen? dachte ich. Ich war 15 Zentimeter groß und schätzte, daß die Hutnadel um die Hälfte länger war als ich, also 22,5 Zentimeter. So tief würde das Herz wohl nicht liegen.
Ich hob die Nadel und senkte sie hinein, direkt unterhalb des Muttermals.
Sarah wälzte sich zur Seite und wand sich in Krämpfen. Ich hielt mich an der Hutnadel fest. Fast hätte sie mich auf den Fußboden geschleudert – was mich umgebracht hätte, denn im Verhältnis zu meiner Größe lag er mindestens 35 Meter unter mir. Ich hielt mich fest. Ihre Lippen brachten einen sonderbaren Laut hervor.
Ich langte hinauf und stieß ihr die restlichen 7,5 Zentimeter in die Brust, bis der schöne purpurne Glaskopf der Nadel an ihrer Haut war.
Dann regte Sarah sich nicht mehr. Ich horchte.
Ich hörte das Herz, eins-zwei, eins-zwei, eins-zwei, eins-zwei, eins ...
Es blieb stehen.
Und dann schnappte und packte ich mir mit meinen klei-

nen Killerhänden das Bettlaken und ließ mich daran auf den Fußboden hinab. Ich war 15 Zentimeter groß und lebend und verängstigt und hungrig. In einem der Fliegenfenster des Schlafzimmers, die nach Osten gingen und von der Decke bis zum Fußboden reichten, fand ich ein Loch. Ich griff nach dem Ast eines Busches, hangelte mich daran weiter und verschwand in dem Busch. Außer mir wußte niemand, daß Sarah tot war. Doch davon hatte ich keinen wirklichen Nutzen. Wenn ich weitermachen wollte, mußte ich etwas zu essen haben. Trotzdem drängte sich mir immer wieder die Frage auf, wie man meinen Fall vor Gericht beurteilen würde. War ich schuldig? Ich riß ein Blatt ab und versuchte es zu essen. Nicht gut. Wirklich nicht. Dann sah ich, daß die Hausfrau in dem Hof auf der Südseite ihrer Katze einen Napf mit Katzenfutter hinstellte. Ich krabbelte aus dem Busch und schlich mich zu dem Katzenfutter, wobei ich sorgfältig auf etwaige Tiere oder Bewegungen achtete. Es schmeckte schlechter als alles, was ich je gegessen hatte, aber es blieb mir keine Wahl. Ich aß von dem Katzenfutter so viel ich konnte – der Tod schmeckte noch schlechter. Dann ging ich zu dem Busch zurück und kletterte wieder in ihn hinein.

Da war ich also, 15 Zentimeter groß, die Antwort auf die Bevölkerungsexplosion, und hing mit einem Bauch voll Katzenfutter in einem Busch.

Es gibt noch ein paar Einzelheiten, mit denen ich euch aber nicht langweilen will. Knappe Fluchten vor Katzen, Hunden und Ratten. Das Gefühl, größer zu werden. Wie ich den Abtransport von Sarahs Leiche beobachtete; und wie ich dann da hineingegangen bin und feststellen mußte, daß ich immer noch zu klein war, um die Kühlschranktür aufzukriegen.

Der Tag, an dem die Katze mich fast geschnappt hätte, als ich aus ihrem Napf aß. Ich mußte mich losreißen.

Ich war da schon 20 bis 25 Zentimeter groß. Ich wuchs. Ich konnte sogar schon Tauben erschrecken. Wenn man

Tauben erschrecken kann, weiß man, daß man vorwärtskommt. Eines Tages lief ich einfach die Straße entlang, immer in Häuserschatten, unter Hecken und dergleichen geduckt. So gelangte ich vor einen Supermarkt und versteckte mich dort unter einem Zeitungsstand direkt vor dem Eingang. Dann, als eine große Frau herankam und die elektrische Tür aufging, bin ich hinter ihr mit hineingehuscht. Einer der Angestellten an einem Packtisch blickte auf, als ich hinter der Frau hereinmarschiert kam.
»Hey, was'n das da?«
»Was?« fragte ihn ein Kunde.
»Ich dachte, ich hätte was gesehn«, sagte der Angestellte, »na ja, vielleicht auch nicht; hoffen wir's.«
Irgendwie konnte ich mich nach hinten in den Lagerraum schleichen, ohne entdeckt zu werden. Ich versteckte mich hinter ein paar Kartons Fertigbohnen. Nach Feierabend bin ich dann herausgekommen und habe anständig gefuttert. Kartoffelsalat, saure Gurken, Schinken mit Vollkornbrot, Kartoffelchips und Bier, viel Bier. So ähnlich ging's jeden Tag. Tagsüber hielt ich mich im Lagerraum versteckt und nachts kam ich dann heraus und lebte aus dem vollen. Aber ich wurde größer, und es war nicht mehr so einfach, sich zu verstecken. Ich begann den Geschäftsführer dabei zu beobachten, wie er jeden Abend das Geld in den Safe tat. Er ging als letzter. Ich zählte die Pausen, wenn er allabendlich den Safe öffnete. Anscheinend eine 7 rechts, 6 links, 4 rechts, 6 links, 3 rechts: auf. Jeden Abend ging ich zu dem Safe und probierte die Zahlen. Ich mußte mir aus leeren Kartons eine Art Treppe bauen, um an den Zahlenkranz heranzukommen. Es wollte und wollte nicht klappen, aber ich versuchte es immer wieder; jede Nacht, meine ich. Inzwischen wurde ich schnell größer. Ich war vielleicht so 90 Zentimeter groß. Der Supermarkt hatte eine kleine Konfektionsabteilung, und immer wieder mußte ich zur nächst größeren Nummer greifen. Das Bevölkerungsproblem tauchte wieder auf. Dann ging ei-

nes Nachts der Safe auf. Ich hatte 23 Tausend Dollar in bar. Wahrscheinlich hatte ich genau den richtigen Zeitpunkt getroffen. Einen Tag später, und sie hätten das Geld auf die Bank gebracht. Ich nahm den Schlüssel, den der Geschäftsführer benutzte, um hinauszukommen, ohne daß die Alarmanlage losklingelte. Dann ging ich die Straße hinunter und mietete mich erst mal für eine Woche im Sunset Motel ein. Der Empfangsdame sagte ich, ich würde als Zwerg arbeiten, beim Film. Es schien sie nur zu langweilen.
»Kein Fernsehn oder Krach nach 22 Uhr. Das ist hier Hausordnung.«
Sie nahm mein Geld, gab mir eine Quittung und schloß die Tür hinter sich.
Laut Schlüssel hatte ich Zimmer 103. Ich hatte mir das Zimmer nicht einmal angesehen. Auf den Türen stand 98, 99, 100, 101, und ich ging nach Norden in Richtung der Hollywood Hills und der Berge dahinter, das goldene Licht des Herrn leuchtend und groß auf mir, der ich wuchs.

Die Fickmaschine

Es war ein heißer Abend im Tony's. An Ficken dachte man nicht mal, nur an kühles Bier. Tony ließ zwei runterschliddern für Indianer-Mike und mich, und Mike hatte das Geld schon in der Hand. Ich ließ ihn die erste Runde zahlen. Tony ließ die Kasse klingeln, gelangweilt, sah sich um – noch 5 oder sechs andere, die in ihr Bier starrten. Schwachköpfe. Also kam Tony zu uns runter.
»Was gibt's Neues, Tony?« fragte ich.
»Ach, Scheiße«, sagte Tony.
»Das is' ja nu nix Neues.«
»Scheiße«, sagte Tony.
»Ach Scheiße«, sagte Indianer-Mike.
Wir tranken unser Bier.
»Was hältst du vom Mond?« fragte ich Tony.
»Scheiße«, sagte Tony.
»Ja«, sagte Indianer-Mike, »wenn einer hier auf der Erde 'n Arschloch ist, ist er auch auf'm Mond 'n Arschloch. Kommt aufs gleiche raus.«
»Auf'm Mars soll's kein Leben geben, heißt es«, sagte ich.
»Na und?« sagte Tony.
»Oh Scheiße«, sagte ich. »Noch 2 Bier.«
Tony ließ sie runterschliddern und kam dann nach, um sein Geld zu holen. Ließ es in die Kasse klimpern. Kam zurück. »Scheiße, ist das heiß. Ich wünschte, ich wär toter als das Genexol von gestern.«
»Wo kommt der Mensch hin, wenn er stirbt, Tony?«
»Scheiße. Wen kümmert das?«
»Glaubst du nicht an den unsterblichen Geist des Menschen?«
»Gequirlte Kacke!«

»Was ist mit Che? Johanna von Orleans? Billy the Kid und all denen?«
»Gequirlte Kacke!«
Wir tranken unser Bier und dachten darüber nach.
»Tja«, sagte ich, »ich muß ma' pissen.«
Ich ging nach hinten zur Toilette, und wie üblich war da Petey-die-Eule.
Ich holte ihn raus und fing an zu pissen.
»Du hast bestimmt 'n kleinen Pimmel«, frotzelte er mich an.
»Wenn ich pisse oder meditiere, ja. Aber ich bin 'n sogenannter Super-stretch-Typ. Wenn ich abfahre, kommen auf jeden Zentimeter, den ich jetzt habe, sechs.«
»Das is' ja dann ganz gut; falls du mir nix vormachst. Denn jetzt seh ich schon 5 Zentimeter.«
»Ich laß aber nur den Kopf sehn.«
»Du kriegst 'n Dollar, wenn du mich deinen Schwanz lutschen läßt.«
»Das is' nich' viel.«
»Du läßt mehr sehn als den Kopf. Du zeigst jedes Fitzelchen her von dei'm Schwengel.«
»Ach, fick dich selber, Pete.«
»Wenn dein Biergeld alle is', wirst du schon wiederkommen.«
Ich ging zurück an die Theke.
»Noch zwei Bier«, bestellte ich.
Tony machte seine Routinehandgriffe. Kam zurück.
»Die Hitze ist zum Verrücktwerden«, sagte er.
»Die Hitze läßt dich nur dein wahres Selbst erkennen«, verriet ich Tony.
»Mal sachte! Willst du sagen, ich bin verrückt?«
»Sind wir doch fast alle. Aber das wird geheimgehalten.«
»Na schön, du sagst deine gequirlte Kacke wenigstens ehrlich. Und wieviel Normale gibt's dann auf der Erde? Gibt's überhaupt welche?«
»Ein paar wenige.«

»Wieviel?«
»Von den Milliarden?«
»Ja, ja.«
»Na, so 5 oder sechs, würd ich sagen.«
»5 oder 6?« sagte Indianer-Mike. »Na, dann lutsch meinen Schwanz!«
»Aber«, sagte Tony, »woher will man *wissen*, daß ich verrückt bin? Und wieso läßt man uns dann frei rumlaufen?«
»Na wir sind eben alle verrückt, und deswegen gibt es nur wenige, die uns kontrollieren können, viel zu wenige, und folglich lassen sie uns einfach verrückt rumlaufen. Mehr können sie momentan nicht machen. 'ne Weile hab ich gedacht, sie suchen sich vielleicht irgendwo im Weltraum 'ne Stelle, wo sie leben können, während sie uns vernichten. Aber ich weiß jetzt, daß die Verrückten auch den Weltraum kontrollieren.«
»Und woher weißt du das?«
»Na haben se nich' auf'm Mond die amerikanische Fahne aufgestellt?«
»Und angenommen, die Russen hätten ihre Fahne auf'm Mond aufgestellt?«
»Das wär dasselbe.«
»Dann bis du unparteiisch?« fragte Tony.
»Ich bin unparteiisch bis zum Wahnsinn jeden Grades.«
Wir wurden still. Tranken weiter. Und auch Tony begann sich einzugießen, Scotch mit Wasser. Er *konnte* das. Es war *sein* Laden.
»Gott, ist das heiß«, sagte Tony.
»Scheiße, ja«, sagte Indianer-Mike.
Dann begann Tony zu sprechen. »Wahnsinn«, sagte er, »wißt ihr, daß sich jetzt in *diesem* Augenblick etwas sehr Wahnsinniges abspielt?«
»'türlich«, sagte ich.
»Nein, nein, nein ... ich meine HIER, in diesem Haus!«
»Ja?«

»Ja. Es ist so irre, daß ich manchmal Angst kriege.«
»Das mußt du mir erzählen, Tony, ausführlich«, sagte ich, immer aufgeschlossen für anderer Leute Schwachsinn.
Tony beugte sich nahe zu uns. »Ich kenn da einen, der hat 'ne Fickmaschine. Kein so'n blöder Scheiß wie in diesen Annoncen von den Nackedeiheften. Wärmflaschen mit ersetzbaren Cornedbeefmösen und so'n Quatsch. Der Typ hat wirklich was Tolles zusammengebastelt. 'n deutscher Wissenschaftler, wir haben ihn gekascht, das heißt, unsere Regierung hat das gemacht, bevor die Russen sich ihn schnappen konnten. Und jetzt müßt ihr dichthalten . . .«
»Na klar, Tony, bestimmt.«
»Von Braschlitz. Unsere Regierung hat versucht, ihn für den WELTRAUM zu gewinnen. Nix zu machen. Ein hervorragender alter Knacker, aber er hat nur diese FICKMASCHINE im Kopf. Außerdem hält er sich für 'ne Art Künstler, manchmal nennt er sich Michelangelo . . . Sie haben ihm also 'ne Pension bewilligt, 500 Dollar im Monat, damit er sich so weit über Wasser halten kann, daß er nicht in irgendwelche Klapsmühlen kommt. 'ne Zeitlang haben sie ihn noch beobachtet, dann ist ihnen das zu blöd geworden oder sie haben ihn vergessen, aber die Schecks hat er regelmäßig weiter gekriegt, und ab und zu, vielleicht zehn oder zwanzig Minuten im Monat, hat ein Agent mit ihm geredet und in seinen Bericht geschrieben, er sei immer noch verrückt, und dann ist er wieder verschwunden. Von Braschlitz ist also einfach von Stadt zu Stadt gegondelt, immer diesen großen roten Koffer mit sich rumschleppend. Eines Abends schließlich kommt er hier rein und fängt an zu trinken. Erzählt mir, daß er nichts weiter ist als ein müder alter Mann, der ein wirklich stilles Plätzchen braucht, um seinen Forschungen nachgehen zu können. Ich hab immer wieder versucht, ihn abzuwimmeln. Ihr wißt ja, was hier alles so auftaucht an Spinnern.«

»Ja«, sagte ich.

»Ja, Mann, und der Bursche wird langsam so richtig schön besoffen und fängt an zu plaudern. Er hätte 'ne mechanische Frau konstruiert, die einem Mann einen besseren Fick geben könne als jede andere im Laufe der Jahrhunderte erschaffene Frau! Und ganz ohne Genexol und so'n Scheiß, ohne Streitereien!«

»So 'ne Frau«, sagte ich, »hab ich schon mein ganzes Leben gesucht.«

Tony lachte. »Das hat wohl jeder Mann. Ich dachte natürlich, der spinnt doch, bis ich eines Tages nach Feierabend mit ihm in seine Pension gegangen bin und er die FICKMASCHINE aus dem roten Koffer geholt hat.«

»Und?«

»Es war wie in den Himmel kommen, bevor man stirbt.«

»Den Rest laß mich raten«, bat ich Tony.

»Na, dann rate.«

»Von Braschlitz und seine FICKMASCHINE sind in diesem Augenblick bei dir oben.«

»Ah-hm«, machte Tony.

»Wieviel?«

»20 Piepen die Nummer.«

»20 Piepen, um 'ne Maschine zu ficken?«

»Er hat übertroffen, was uns erschuf. Du wirst sehn.«

»Petey-die-Eule bläst mir einen für'n Dollar.«

»Petey-die-Eule ist ja ganz gut, aber er is' noch lange keine Erfindung, die die Götter schlägt.«

Ich schob meinen Zwanziger hin.

»Also das versprech ich dir, Tony, wenn das jetzt wieder irgend so'n verrückter Heißwetterwitz wird, dann hast du deinen besten Gast verloren!«

»Wie du ja selber schon gesagt hast – wir sind sowieso alle verrückt. Es liegt ganz bei dir.«

»Richtig«, sagte ich.

»Richtig«, sagte Indianer-Mike, »und hier sind meine 20.«

»Damit ihr nix Falsches denkt, ich krieg nur 50 Prozent. Der Rest geht an von Braschlitz. 500 Eier Pension sind nicht viel bei der Inflation und den Steuern, und von B. säuft Schnaps wie verrückt.«
»Na also los dann«, sagte ich. »Die Kohle hast du gekriegt. Wo ist jetzt diese unsterbliche FICKMASCHINE?«
Tony klappte ein Stück von der Bar hoch und sagte: »Kommt hier durch. Nehmt die Treppe, die nach hinten geht. Die geht ihr einfach hoch, klopft an und sagt, ›Wir kommen von Tony‹.«
»Irgend 'ne Türnummer?«
»Tür Nummer 69.«
»Ach du Scheiße, ja«, sagte ich, »was noch?«
»Ach du Scheiße, ja«, sagte Tony, »vergeßt eure Eier nicht.«
Wir fanden die Treppe. Gingen hinauf. »Für'n blöden Witz ist Tony zu allem fähig«, sagte ich.
Wir gingen an Türen vorbei. Da war sie: Tür Nr. 69.
Ich klopfte an: »Wir kommen von Tony.«
»Ah, nur herein, die Herren!«
Da war sie also, diese alte Mißgeburt von geilem Bock, in der Hand ein Glas Schnaps, auf der Nase eine Bifokalbrille. Genau wie in den Filmen der guten alten Zeit. Er schien Besuch zu haben, ein junges Ding, ein bißchen sehr jung sah es aus, zart und kräftig zugleich.
Sie schlug die Beine übereinander und ließ die Sächelchen aufblitzen: Nylonknie, Nylonoberschenkel und ganz knapp dieses winzige Stück, wo die langen Strümpfe enden und ein Streifchen nacktes Fleisch beginnt. *Alles* an ihr war Arsch und Busen, Nylonbeine, klarblaue Augen . . .
»Meine Herren – meine Tochter Tanja . . .«
»Was?«
»Ah ja, ich weiß, ich bin so . . . alt . . . aber wie es das Märchen von den Negern gibt, die ständig einen riesigen Riemen haben, so gibt es auch das Märchen von den dirty

old Germans, die nie aufhören zu ficken. Denken Sie, was Sie wollen, dies ist jedenfalls meine Tochter Tanja ...«
»Hallo, Jungs«, lachte sie.
Dann blickten wir alle auf die Tür, auf der geschrieben stand: FICKMASCHINENRAUM.
Er kippte seinen Schnaps.
»So, Jungs – ihr wollt also den besten FICK aller Zeiten erleben, ja?«
»Papa!« sagte Tanja. »Mußt du immer so *plump* sein?«
Tanja wechselte die übereinandergeschlagenen Beine, höher diesmal, und fast wär's mir gekommen.
Der Professor kippte den nächsten Schnaps hinunter, stand dann auf und ging zu der Tür, auf der FICKMASCHINENRAUM stand. Er drehte sich um, lächelte uns an und öffnete dann sehr langsam die Tür. Er ging hinein und schob, als er herauskam, dieses Ding vor sich her, das aussah wie ein Krankenhausbett auf Rädern.
Es war NACKT, ein Metallklumpen.
Der Professor rollte das verdammte Ding vor uns hin und fing dann an, irgendein schmutziges Lied zu singen, wahrscheinlich etwas Deutsches.
Ein Metallklumpen mit diesem Loch in der Mitte. Der Professor hatte ein Ölkännchen in der Hand und steckte es in das Loch, und fing an, eine ganze Menge Öl in das Loch zu drücken, wobei er dieses kaputte deutsche Lied vor sich hinsummte.
Immer weiter drückte er Öl hinein, dann blickte er über die Schulter zurück und sagte: »Hübsch, was?«, um sich dann erneut ans Werk zu machen und Öl hineinzuspritzen.
Indianer-Mike sah mich an, versuchte zu lachen und sagte: »Gottverdammich ... wir sind wieder geleimt worden!«
»Ja«, sagte ich. »Ich glaube, es sind 5 Jahre vergangen seit meinem letzten Stoß, aber verflucht soll ich sein, wenn ich meinen Schwanz in diesen harten Klumpen Blei stecke!«

Von Braschlitz lachte. Er ging zu seinem Schnapsschrank, fand eine weitere Flasche Schnaps, goß sich einen ein, nicht zu knapp, und setzte sich hin, um uns zu betrachten.
»Als uns in Deutschland langsam klar wurde, daß der Krieg verloren war und daß das Netz sich immer enger zusammenzog – bis zum Endkampf in Berlin –, begriffen wir, daß der Krieg ein völlig anderes Gesicht angenommen hatte – der Krieg ging jetzt im Grunde nur noch darum, wer sich die meisten deutschen Wissenschaftler schnappen würde. Rußland oder Amerika – wer die meisten deutschen Wissenschaftler hatte, der würde zuerst auf dem Mond sein, zuerst auf dem Mars sein, der würde *überall* zuerst sein. Nun, ich weiß nicht, wie das dann ausging . . . zahlenmäßig oder in Begriffen von Cerebralpotential, ich weiß nur, daß zu *mir* zuerst die Amerikaner kamen, mich festnahmen, mich mit einem Auto irgendwo hinbrachten, mir Schnaps gaben, mir Pistolen an den Kopf setzten, mir Versprechungen machten und wahnsinnig auf mich einredeten. Ich unterschrieb alles . . .«
»Na schön«, sagte ich, »soviel zur Geschichte. Aber meinen Schwanz, meinen armen kleinen Pimmel werd ich trotzdem nicht in den Eisenbrocken da stecken, oder was das ist! Hitler muß wirklich ein Wahnsinniger gewesen sein, daß er Sie großgepäppelt hat. Ich wünschte, zuerst hätten die Russen Sie an den Arsch gekriegt! Ich will meine Kohlen zurück!«
Von Braschlitz lachte: »Hiiihiiihiiihi . . . is' doch alles nur 'n kleiner Scherz von mir, woll? Hiiihiiihiiihiii!«
Er schob diesen Bleiklumpen zurück ins Nebenzimmer. Knallte die Tür zu. »Oh, hihihii!« Kippte den nächsten Schnaps. – Von B. goß sich erneut ein. Er schüttete den Schnaps so richtig runter. »Meine Herren, ich bin Erfinder *und* Künstler! Meine FICKMASCHINE ist in Wirklichkeit meine Tochter Tanja . . .‹
»Noch mehr kleine Scherze, Herr Von?« fragte ich.

»Scherze? Von wegen! Tanja! Geh und setz dich dem Herrn da auf den Schoß!«
Tanja lachte, stand auf, kam zu mir und setzte sich auf meinen Schoß. FICKMASCHINE? Ich konnte das nicht glauben. Ihre Haut war Haut, oder so schien es wenigstens, und ihre Zunge war durchaus nicht mechanisch, als sie sich beim Küssen in meinen Mund schob – jede Bewegung war anders, war eine Antwort auf meine Zunge.
Ich ging fleißig ran, riß ihr die Bluse von den Brüsten, arbeitete an ihrem Höschen – so scharf war ich seit Jahren nicht mehr gewesen –, und dann waren wir zusammengekuppelt. Irgendwie brachten wir es fertig aufzustehen – und beim Aufstehen nahm ich sie richtig, meine Hände zogen an ihrem langen blonden Haar, den Kopf riß ich ihr zurück, dann griff ich nach unten, zog ihr das Arschloch auseinander beim Pumpen, sie kam – ich konnte das Zucken fühlen, und dann kam auch ich.
Es war der beste Fick, den ich *je* hatte!
Tanja ging ins Badezimmer, wusch sich und duschte und zog sich wieder an. Für Indianer-Mike. Dachte ich.
»Die größte Erfindung des Menschen«, sagte von Braschlitz einigermaßen ernst.
Er hatte völlig recht.
Dann kam Tanja heraus und setzte sich auf MEINEN Schoß.
»NEIN! NEIN! TANJA! DER ANDERE IST JETZT DRAN! DEN DA *HAST* DU DOCH GRADE GEFICKT!«
Sie schien nicht zu hören. Und das war merkwürdig, sogar für eine FICKMASCHINE, denn ein besonders guter Liebhaber war ich eigentlich nie gewesen.
»Liebst du mich?« fragte sie.
»Ja.«
»Ich liebe dich. Und ich bin so glücklich. Und . . . eigentlich soll ich gar nicht lebendig sein. Das weißt du doch, nicht?«
»Ich liebe dich, Tanja, das ist alles, was ich weiß.«

»Himmelsakrakruzitürken!« schrie der alte Mann. »Diese VERFICKTE MASCHINE!« Er ging zu einem lackierten Kasten, auf dessen Seite in Druckschrift das Wort TANJA stand. Und kleine Drähte sprießten daraus hervor, und Skalen und zitternde Nadeln und viele Farben gab es, Lämpchen blinkten, Zähler tickten ... von B. war der verrückteste Zuhälter, der mir je begegnet war. Er drehte und drehte an Knöpfen und Schaltern und sah dann Tanja an:
»25 JAHRE! Fast eine ganze Generation hab ich an dir gebaut! Sogar vor HITLER mußte ich dich verstecken! Und jetzt ... jetzt versuchst du dich einfach in eine ganz gewöhnliche ordinäre Nutte zu verwandeln!«
»Ich bin nicht 25«, sagte Tanja, »ich bin 24.«
»Siehst du? Siehst du? Genau wie eine ganz gewöhnliche Nutte!«
Er ging zurück zu seinen Skalen und Knöpfen.
»Du hast jetzt einen anderen Lippenstift drauf«, sagte ich zu Tanja.
»Gefällt er dir?«
»Oh, ja!«
Sie beugte sich vor und küßte mich.
Von B. spielte weiter mit seinen Knöpfen. Ich hatte das Gefühl, daß er gewinnen würde.
Von Braschlitz wandte sich an Indianer-Mike: »'s ist nur'n kleiner Defekt in der Maschine. Haben Sie Vertrauen zu mir. In einer Minute hab ich das behoben, ja?«
»Hoffentlich«, sagte Indianer-Mike. »Ich hab hier nämlich 35 Zentimeter, die warten, und außerdem bin ich noch 20 Piepen losgeworden.«
»Ich liebe dich«, ließ Tanja mich wissen, »und nie werd ich mit einem andern Mann ficken. Wenn ich dich nicht haben kann, will ich auch keinen andern haben.«
»Tanja, schon jetzt vergebe ich dir alles, was du tust.«
Der Professor fing an besoffen zu werden. Verzweifelt fummelte er an seinen Knöpfen herum, aber nichts ge-

schah. »TANJA! Es wird Zeit, daß du den ANDERN FICKST! Langsam werd ich ... müde ... muß'n bißchen Schnaps haben ... schlafen gehn ... Tanja ...«
»Ach, du mieser alter Ficker!« sagte Tanja. »Du und dein Schnaps, und dann die ganze Nacht an meinen Titten rumnibbeln, daß ich kein Auge zukriege! Und dabei kriegst du noch nicht mal 'n anständigen Steifen! Du bist ekelerregend!«
»WAS?«
»ICH SAGTE, ›DU KRIEGST NOCH NICHT MAL'N ANSTÄNDIGEN STEIFEN!‹«
»Dafür, Tanja, wirst du mir büßen. Du bist *meine* Schöpfung, ich bin nicht deine!«
Und weiter drehte er an seinen magischen Knöpfen. An denen der Maschine, meine ich. Er war ganz schön wütend, und irgendwie, das konnte man sehen, verlieh die Wut ihm so etwas wie sprühende Vitalität, er wuchs über sich selber hinaus. »'n Augenblick noch, Mike. Ich muß bloß die Elektronik auf Vordermann bringen! Halt! Ein *Kurzer!* Ich *sehe* ihn!«
Dann sprang er auf. Und *den* Burschen hatten sie vor den Russen gerettet.
Er sah Indianer-Mike an. »Fertig! Die Maschine ist in Ordnung! Viel Vergnügen!«
Dann ging er zu seiner Schnapsflasche, goß sich kräftig ein und setzte sich hin, um zuzuschauen.
Tanja stand von meinem Schoß auf und ging zu Indianer-Mike. Ich sah zu, wie Tanja und Indianer-Mike einander umarmten.
Tanja zuppelte Mikes Reißverschluß runter, holte seinen Schwanz raus, und Mann, der *hatte* vielleicht einen Schwanz! 35 Zentimeter hatte er gesagt, aber er sah glatt aus wie 'n halber Meter.
Tanja umfaßte Mikes Schwanz mit beiden Händen.
Er ächzte vor Wonne.
Dann riß sie ihm den ganzen Schwanz aus seinem Körper raus. Warf ihn beiseite.

Ich sah das Ding wie eine verrücktgewordene Wurst über den Teppich rollen, eine traurige kleine Blutspur hinter sich lassend. Er rollte gegen die Wand. Blieb dann da liegen wie etwas mit Kopf und ohne Beine, das nicht wußte, wohin . . . was ja nur allzusehr stimmte.
Als nächstes kamen die EIER durch die Luft geflogen. Schwer in einem sich überschlagenden Sack. Sie landeten einfach auf der Mitte des Teppichs und wußten nicht, was sie anderes tun sollten als bluten.
Und so bluteten sie.
Von Braschlitz, der Held des amerikanisch-russischen Einmarsches, warf einen prüfenden Blick auf das, was noch übrig war von Indianer-Mike, meinem alten Zechkumpan, der auf dem Fußboden lag und sehr rot in der Mitte auslief. Dann verduftete von Braschlitz über die Treppe nach unten . . .
Zimmer 69 hatte schon viel gesehen, aber sowas noch nicht.
Und darauf fragte ich sie: »Tanja, viel Zeit haben wir nicht mehr, bis die Bullen hier sind. Wollen wir die Zimmernummer unserer Liebe weihen?«
»Aber natürlich, Liebster!«
Kaum waren wir fertig, platzten die dämlichen Bullen rein. Einer von ihren Studierten verkündete schließlich, Indianer-Mike sei tot.
Und da von Braschlitz eine Art Produkt der amerikanischen Regierung war, waren jede Menge Leute da – diverse hochstehende Schleimscheißer – Feuerwehrleute, Reporter, die Bullen, der Erfinder, das CIA., das FBI. und noch einige andere Vertreter des menschlichen Scheißhaufens.
Tanja kam zu mir und setzte sich auf meinen Schoß. »Sie werden mich jetzt töten. Versuch bitte, nicht so traurig zu sein.«
Ich gab keine Antwort darauf.
Dann, auf Tanja zeigend, fing von Braschlitz an zu schreien: »ICH SAGE IHNEN, MEINE HERREN, SIE

HAT KEIN GEFÜHL! ICH HABE DAS VERDAMMTE DING VOR HITLER GERETTET! Ich sage Ihnen, es ist nichts als eine MASCHINE!«
Alle standen sie bloß da. Keiner glaubte von B.
Es war einfach die schönste Maschine und Pseudofrau, die sie je gesehen hatten.
»Oh Scheiße! Ihr Idioten! Seht ihr denn nicht, daß jede Frau eine Fickmaschine ist? Sie setzen auf den, der am meisten bietet! SOWAS WIE LIEBE GIBT ES NICHT! DAS IST FAULER ZAUBER! GENAU WIE WEIHNACHTEN!«
Sie wollten ihm immer noch nicht glauben.
»Das da ist nur eine MASCHINE! Habt keine *Angst!* SEHT HER!«
Von Braschlitz packte einen von Tanjas Armen.
Riß ihn glatt von ihrem Körper ab.
Und im Innern – in dem Loch in der Schulter – konnte man es sehen – nichts als Drähte und Röhren – aufgewickelte und verkabelte Dinge – sowie irgendeine unbedeutendere Substanz, die schwach an Blut erinnerte.
Ich sah Tanja da stehen, und wo vorher der Arm gewesen war, hing jetzt eine Kabelspirale aus ihrer Schulter. Sie sah mich an:
»Bitte, auch für *mich* etwas! Ich hab dich doch gebeten, nicht allzu traurig zu sein.«
Ich sah zu, wie sie über sie herfielen, sie aufschlitzten und schändeten und in Stücke rissen.
Ich konnte nichts machen. Ich nahm den Kopf zwischen die Beine und weinte . . .
Und Indianer-Mike ist nie auf seine Kosten gekommen.

Einige Monate vergingen. Die Kneipe habe ich nie wieder betreten. Es gab ein Gerichtsverfahren, aber die Regierung hat von B. und seine Maschine gedeckt. Ich zog in eine andere Stadt. Weit weg. Und eines Tages – ich saß gerade beim Frisör – kam mir dieses Sex-Heft in die Hand. Darin fand ich folgende Annonce: »Blasen Sie sich

Ihre *eigene* kleine Puppe auf! $ 29,95. Strapazierfähiges Gummi, für höchste Ansprüche. Im Preis inbegriffen sind Ketten und Peitsche. Außerdem wird mitgeliefert: 1 Bikini, 1 BH, 1 Höschen, 2 Perücken, 1 Lippenstift sowie ein Fläschchen Liebeselixier. Von Braschlitz & Co.«
Ich bestellte per Postanweisung. Irgendeine Postfachnummer in Massachusetts. Sehr peinlich. Ich hatte keine Fahrradpumpe. Als ich das Paket aufmachte, packte mich plötzlich die Geilheit. Ich mußte runter zur Tankstelle an der Ecke und deren Luftschlauch benutzen.
Als Luft reinkam, sah es schon etwas besser aus. Große Titten, großer Arsch.
»Was hast 'n da, Alter?« fragte mich der Tankwart.
»Na Mensch, ich borg mir halt mal 'n bißchen Luft. Kauf ich etwa nicht genug Benzin hier, ha?»
»Okay, das geht ja in Ordnung, kannst die Luft ja haben. Aber leider kann ich mir trotzdem nich' verkneifen zu fragen, was du da hast . . .«
»Vergiß es einfach!« sagte ich.
»JESUS! Guck dir ma' die TITTEN an!«
»Ich guck ja doch, Blödmann!«
Ich ließ ihn da stehen mit seiner heraushängenden Zunge, lud mir die Puppe auf die Schulter und machte mich auf den Heimweg. Ich trug sie ins Schlafzimmer.
Die große Frage war noch offen.
Ich machte ihr die Beine breit und sah nach, ob es da irgendeine Öffnung gab.
Von B. schien doch noch nicht völlig übergeschnappt zu sein.
Ich krabbelte rauf und fing an, diesen Gummimund zu küssen. Hin und wieder griff ich mir eine von den riesigen Gummititten und saugte daran. Ich hatte ihr eine gelbe Perücke aufgesetzt, und mit dem Liebeselixier rieb ich mir von oben bis unten den Schwanz ein. Viel brauchte ich nicht von dem Zeug. Vielleicht war das, was er da mitgeschickt hatte, die Menge für ein Jahr.
Ich küßte sie leidenschaftlich hinter die Ohren, steckte ihr

den Finger in den Arsch und pumpte fleißig vor mich hin. Dann sprang ich runter, fesselte ihr die Arme mit der Kette auf den Rücken – dafür gab es ein kleines Schloß mit Schlüssel –, und dann peitschte ich ihr kräftig den Arsch mit den Lederriemen durch.
Gott, ich spinne doch! dachte ich.
Dann drehte ich sie um und steckte ihn wieder rein. Rackerte und ackerte. Ehrlich, es war ziemlich langweilig. Ich stellte mir Hundemännchen vor, die Katzenweibchen vögeln. Ich stellte mir ein Pärchen vor, das vom Empire State Building springt und beim Fallen vögelt. Ich stellte mir eine Möse vor, so groß wie ein Tintenfisch, die auf mich zugekrochen kommt, naß und stinkend und nach einem Orgasmus lechzend. Ich dachte an all die Höschen, Knie, Beine, Titten, Mösen, die ich je gesehen hatte. Das Gummi schwitzte; ich schwitzte.
»Ich liebe dich, Liebling!« flüsterte ich in eins ihrer Gummiohren.
Ich gebe es nur sehr ungern zu, aber ich zwang mich tatsächlich, in diesen widerlichen Gummibalg zu spritzen. Mit Tanja hatte das verdammt wenig zu tun.
Ich nahm eine Rasierklinge und schnitt das Ding in Fetzen. Zusammen mit den leeren Bierdosen kippte ich es weg.
Wieviel Männer in Amerika haben solche schwachsinnigen Dinger gekauft?
Andererseits kann man innerhalb von 10 Minuten an einem halben Hundert Fickmaschinen vorbeikommen, wenn man über irgendeinen belebteren Bürgersteig Amerikas geht – der einzige Unterschied ist nur, daß sie so *tun*, als wären sie Menschen.
Armer Indianer-Mike. Mit seinem toten 50-Zentimeter-Schwanz.
All die armen Indianer-Mikes. All die Weltraumstürmer. All die Huren von Vietnam und Washington.
Arme Tanja, ihr Bauch war ein Schweinebauch gewesen. Ihre Adern die Adern eines Hundes. Sie hat kaum ge-

schissen oder gepißt, sie hat einfach nur gefickt – Herz, Stimme und Zunge von andern geborgt. Damals sollen nur 17 Organtransplantationen möglich gewesen sein. Von B. ist seiner Zeit weit voraus gewesen.
Arme Tanja, die nur ganz wenig gegessen hatte – meistens billigen Käse und Rosinen. Sie hat kein Verlangen gehabt nach Geld und Gut oder großen neuen Autos oder überteuerten Wohnungen. Nie hatte sie die Abendzeitung gelesen. Nie hatte es sie gelüstet nach einem Farbfernseher, nach neuen Hüten, Regenstiefeln, Gartenzauntratsch mit idiotischen Hausfrauen. Und nie hatte sie einen Mann gewollt, der Arzt war, Börsenmakler, Kongreßabgeordneter oder Polizeiobermeister.
Und immer wieder fragt mich der Kerl von der Tankstelle: »Hey, was is'n aus dem Ding geworden, das du damals hier angeschleppt und mit dem Luftschlauch aufgeblasen hast?«
Aber jetzt ist Schluß mit der Fragerei. Ich tanke woanders. Ich laß mir nicht mehr die Haare dort schneiden, wo ich dieses Sexheft mit der Von-Braschlitz-Gummipuppensex-Anzeige gesehen hatte. Ich versuche alles zu vergessen.
Was würdest du tun?

Die Couragemangel

Danforth hängte die Körper einen nach dem andern auf, nachdem sie durch die Mangel gedreht worden waren. Bagley saß an den Telefonen. »Wieviele haben wir?«
»19. Sieht ganz gut aus, der Tag heute.«
»Scheiße, ja ja. Scheint 'n wirklich guter Tag zu werden. Wieviele haben wir gestern untergebracht?«
»14.«
»Nicht schlecht, nicht schlecht. Wir werden 'n schönen Schnitt machen, wenn's weiter so aufwärts geht. Aber ich mach mir dauernd schon Sorgen, ob nicht bald Schluß is' mit dieser Sache in Vietnam«, sagte Bagley von den Telefonen her.
»Ach, sein Sie doch kein Narr – von diesem Krieg hängen viel zu viele ab und profitieren davon.«
»Aber die Pariser Friedenskonferenz...«
»Ich kenn Sie gar nich' wieder heute, Bag. Sie wissen doch ganz genau, daß die da den ganzen Tag bloß rumsitzen und lachen, ihr Geld einsacken und dann jeden Abend durch die Pariser Nachtclubs ziehn. Diese Jungs leben nich' schlecht. Und genausowenig wie *wir* wollen, daß der Krieg aufhört, wollen *die*, daß die Friedenskonferenz aufhört. Wir werden alle fett dabei, daran gibt's nix zu rütteln. Es is' herrlich. Und falls sie die Sache durch irgendeinen Zufall beilegen, gibt's wieder andere, da können Sie Gift drauf nehmen. Auf dem ganzen Globus sind sie am Feuerschüren.«
»Ja, ich glaube, ich mach mir da unnötige Sorgen.« Auf dem Schreibtisch klingelte eins von den drei Telefonen. Bagley nahm ab. »AGENTUR FÜR ZUFRIEDENSTELLENDE DIENSTLEISTUNGEN. Hier Bagley.«
Er hörte zu. »Ja, ja. Einen guten Kalkulator. Haben wir.

Gehalt? 300 Dollar die ersten zwei Wochen, ich meine 300 die Woche. Die ersten zwei Wochengehälter kriegen wir. Dann kürzen sie ihn runter auf 50 die Woche oder feuern ihn. Wenn Sie ihn nach den ersten zwei Wochen feuern, geben wir IHNEN 100 Dollar. Warum? Na Menschenskind, verstehn Sie denn nicht, es dreht sich doch bei der ganzen Sache nur darum, die Dinge in Bewegung zu halten. Alles Psychologie, wie zu Nikolaus. Wann? Ja, wir schicken ihn gleich rüber. Wie ist die Adresse? Schön, schön, er wird sofort da sein. Pronto. Beachten sie unsere Bedingungen. Wir schicken ihn mit einem Vertrag. Wiederhörn.«

Bagley legte auf. Summte vor sich hin, unterstrich die Adresse. »Nehmen Sie einen runter, Danforth. Einen Müden und Dünnen. Hat keinen Zweck, gleich die Besten zu verpulvern.«

Danforth ging zu der Drahtwäscheleine und nahm die Klammern von den Fingern eines Müden und Dünnen.

»Führn Sie'n her. Wie heißt er?«

»Hermann. Hermann Tellemann.«

»Scheiße, besonders gut sieht er ja nicht aus; als hätte er immer noch 'n bißchen Blut in sich. Und etwas Farbe kann ich sehn in seinen Augen ... kommt mir wenigstens so vor. Sagen Sie mal, Danforth, haben Sie die Walzen auch schön stramm laufen? Ich möchte, daß sämtliche Courage rausgequetscht wird, nicht mehr der geringste Widerstand, ist das klar? Sie machen Ihre Arbeit, und ich mache meine.«

»Ein paar von diesen Burschen sind ziemlich zäh hier eingetroffen. Manche Männer haben eben mehr Courage als andere, das wissen Sie doch. Nach'm Aussehn kann man nich' immer gehn.«

»Na schön, testen wir ihn mal. Hermann. Hey, unser Sonnenschein!«

»Was ist, Papachen?«

»Wie wär's denn mit 'ner hübschen kleinen Arbeit?«

»Um Gottes willen, nein!«

»Was, du willst keine hübsche kleine Arbeit?«
»Wozu denn, zum Henker? Mein Alter, der war von Jersey und hat gearbeitet sein ganzes Leben lang, und wissen Sie, was er hinterlassen hat, nachdem wir ihn mit seinem eigenen Geld beerdigt hatten?«
»Na was?«
»15 Cents, und das war das Ende eines stumpfsinnigen, tristen Lebens.«
»Aber willst du denn nicht eine Frau, eine Familie, ein Zuhause, Ansehen? Ein neues Auto alle drei Jahre?«
»Nein, in diese Mühle will ich nicht, Alterchen. Stecken Sie mich nicht in irgend so'n Ausflipkäfig. Ich will einfach nur faul rumhängen, was soll der Scheiß?«
»Danforth, drehn Sie diese Mißgeburt durch die Mangel! Aber ziehn Sie die Schrauben an!«
Danforth packte das Subjekt, doch vorher konnte Tellemann noch brüllen: »Arschficker deiner alten Mutter....«
»Und quetschen Sie SÄMTLICHE COURAGE AUS IHM RAUS, SÄMTLICHE! Haben Sie mich verstanden?«
»Schon gut, schon gut!« antwortete Danforth. »Scheiße. Manchmal finde ich, sie machen sich's 'n bißchen allzu leicht.«
»Leicht hin, leicht her! Sie sollen die Courage aus ihm rausquetschen. Nixon könnte den Krieg beenden...«
»Jetzt reden Sie schon wieder diesen Quatsch. Ich glaube, Sie haben schlecht geschlafen, Bagley. Irgendwas is' nich' in Ordnung mit Ihnen.«
»Ja ja, Sie haben recht. Schlaflosigkeit. Dauernd geht mir im Kopf rum, daß wir Soldaten herstellen sollten! Die ganze Nacht wälz ich mich von einer Seite auf die andre! Das wär vielleicht 'n Geschäft!«
»Bag, wir machen das beste aus dem, was wir können, und damit hat sich's.«
»Na schön, na schön, haben Sie ihn durch die Mangel gedreht?«

»Schon ZWEIMAL! Ich habe *jegliche* Courage aus ihm raus. Sie werden sehn.«
»Na schön, führ'n Sie ihn vor. Testen wir ihn.«
Danforth brachte Hermann Tellemann zurück. Der sah jetzt ein bißchen anders aus. Alle Farbe war aus seinen Augen geschwunden, und er hatte dieses abgefeimt falsche Lächeln aufgesetzt. Es war schön.
»Hermann?« fragte Bagley.
»Ja, Sir?«
»Was fühlst du? Oder wie fühlst du dich?«
»Ich fühle gar nichts, Sir.«

»Magst du die Bullen?«
»Nicht Bullen, Sir – Polizisten. Sie sind die Opfer unserer Bösartigkeit, auch wenn sie uns zuweilen dadurch beschützen, daß sie uns erschießen, uns einsperren, uns schlagen und uns Geldstrafen auferlegen. So etwas wie einen bösen Bullen gibt es nicht; Polizisten, Pardon. Ist Ihnen klar, daß wir das Gesetz selber in die Hand nehmen müßten, wenn es keine Polizisten gäbe?«
»Und was würde dann geschehn?«
»Darüber hab ich noch nicht nachgedacht, Sir.«
»Ausgezeichnet. Glaubst du an Gott?«
»Oh ja, Sir, an Gott und Familie und Staat und Vaterland und an ehrliche Arbeit.«

»Jesus Christus!«
»Wie bitte, Sir?«
»Ach, nichts. So, und nun – machst du bei der Arbeit gerne Überstunden?«
»Oh ja, Sir! Wenn's nach mir ginge, würd ich 7 Tage die Woche arbeiten und 2 Jobs machen, wenn möglich.«
»Warum?«
»Geld, Sir. Geld für Farbfernsehn, neue Autos, Bausparvertrag, seidene Schlafanzüge, 2 Hunde, elektrischen Rasierapparat, Lebensversicherung, Krankenversicherung, oh, alle möglichen Versicherungen, und Hochschulbil-

dung für meine Kinder, falls ich welche habe, und automatische Garagentüren und feine Anzüge und 45-Dollar-Schuhe und Fotoapparate, Armbanduhren, Ringe, Waschmaschinen, Kühlschränke, neue Sessel, neue Betten, Spannteppiche, Spenden für die Kirche, thermostatische Heizung und ...«
»Schön. Halt mal. Und wann willst du dieses ganze Zeug benutzen?«
»Ich verstehe nicht, Sir.«
»Ich meine, wann willst du diesen ganzen Luxus genießen, wo du doch Tag und Nacht arbeitest und Überstunden machst?«
»Oh, der Tag wird schon kommen, Sir, der Tag wird schon kommen!«
»Und du meinst nicht, daß deine Kinder, wenn sie mal groß sind, dich eines Tages für'n komplettes Arschloch halten?«
»Nachdem ich mir für sie die Haut von den Knochen geschunden habe, Sir? Natürlich nicht!«
»Ausgezeichnet. Nun noch ein paar abschließende Fragen.«
»Ja, Sir.«
»Meinst du nicht, daß diese ständige Plackerei schädlich für Gesundheit und Geist, für die Seele, wenn du so willst ...?«
»Ach, du liebe Güte, wenn ich nicht ständig arbeiten würde, würd ich doch bloß rumsitzen und saufen oder Ölbilder malen oder ficken oder in den Zirkus gehn oder im Park sitzen und den Enten zugucken; irgendsowas halt.«
»Und meinst du nicht, daß es ganz angenehm ist, im Park zu sitzen und den Enten zuzugucken?«
»Aber damit kann ich kein Geld verdienen, Sir.«
»Okay, verpiß dich.«
»Sir?«
»Ich meine, unser Gespräch ist beendet.«
Und zu Danforth: »Okay, der ist soweit, Dan. Saubere

Arbeit. Geben Sie ihm den Vertrag, er soll ihn unterschreiben, das Kleingedruckte wird er schon nicht lesen. Er hält uns für anständig. Traben Sie ab mit ihm zu der Adresse. Die werden ihn nehmen, mit Handkuß sogar. Einen besseren Kalkulator hab ich seit Monaten nicht mehr rausgeschickt.«
Danforth ließ Hermann den Vertrag unterschreiben, prüfte noch einmal seine Augen, um sich zu vergewissern, daß sie auch wirklich tot waren, drückte ihm den Vertrag und die Adresse in die Hand, brachte ihn zur Tür und gab ihm einen leichten Schubs in Richtung Treppe.
Bagley lehnte sich bloß mit dem ungezwungenen Lächeln des Erfolgs zurück und sah zu, wie Danforth die andern 18 durch die Mangel drehte. Wo deren Courage hinkam, war schlecht auszumachen, aber irgendwo im Verlaufe des Prozesses verloren so gut wie alle Männer ihre Courage. Diejenigen mit dem Schildchen ›Familienvater‹ oder ›Über 40‹ verloren sie am schnellsten. Bagley lehnte sich zurück, als Danforth sie durch die Mangel drehte, und hörte sie reden:
»Für einen Mann, der so alt ist wie ich, ist es verdammt schwer, Arbeit zu kriegen, verdammt schwer!«
Ein anderer sagte:
»Oh, Mann, es ist kalt draußen.«
Ein anderer:
»Ich hab's satt mit dem Wetten und der Zuhälterei und dem ewigen Geschnapptwerden. Was ich brauche, ist was Sicheres, Sicheres, Sicheres . . .«
Ein anderer:
»Na schön, ich hab meinen Spaß gehabt. Jetzt . . .«
Ein anderer:
»Ich habe keinen Beruf. Jeder Mensch sollte einen Beruf haben. Ich habe keinen Beruf. Was soll ich nur machen?«
Ein anderer:
»Ich bin überall gewesen in der Welt – in der Armee – ich weiß Bescheid.«

Ein anderer:
»Wenn ich noch mal von vorn anzufangen hätte, würd ich Zahnarzt werden oder Frisör.«
Ein anderer:
»Immer kommen meine Romane und Kurzgeschichten und Gedichte zurück. Scheiße, ich kann nicht nach New York fahren und den Verlegern da die Hände schütteln! Ich habe mehr Talent als sonst einer, aber man muß eben erst drin sein in dem Klüngel. Ich nehme jeden Job an, aber ich bin mehr wert als jeder Job, den ich annehme, denn ich bin ein Genie.«
Ein anderer:
»Seht ihr, wie hübsch ich bin? Seht ihr meine Nase? Seht ihr meine Ohren? Seht ihr mein Haar? Meine Haut? Wie ich mich bewege? Seht ihr, wie hübsch ich bin? Seht ihr, wie hübsch ich bin? Seht ihr, wie hübsch ich bin? Warum haben mich nicht alle gern? Weil ich so hübsch bin. Sie sind eifersüchtig, eifersüchtig, eifersüchtig ...«
Wieder klingelte das Telefon.
»AGENTUR FÜR ZUFRIEDENSTELLENDE DIENSTLEISTUNGEN. Hier Bagley. Sie brauchen *was*? Einen Tiefseetaucher? Geile Scheiße! Was? Oh, Pardon. Aber natürlich, selbstverständlich, wir haben Dutzende von arbeitslosen Tiefseetauchern. Seine ersten zwei Wochenlöhne gehn an uns. 500 die Woche. Gefährlich, verstehn Sie, wirklich gefährlich – Entenmuscheln, Taschenkrebse, all das ... Seetang, Meerjungfrauen auf Felsen. Tintenfische. Tiefdruckkrankheit. Schnupfen. Ja, verficktnochmal. Die ersten zwei Wochenlöhne an uns. Wenn Sie ihn nach zwei Wochen feuern, geben wir *Ihnen* 200 Dollar. Warum? *Warum?* Angenommen, ein Rotkehlchen legt Ihnen ein goldenes Ei auf den Sessel in Ihrer guten Stube, würden Sie da auch fragen WARUM? Würden Sie das tun? Wir schicken Ihnen einen Tiefseetaucher, in 45 Minuten haben Sie ihn! Die Adresse? Schön, schön, ah ja, sehr schön, das ist ja gleich beim Richfield Building. Ja, ich weiß. In 45 Minuten. Danke. Wiederhörn.«

Bagley legte auf. Er war schon müde, und der Tag fing gerade erst an. – »Dan?«
»Ja, Mama?«
»Bringen Sie mir einen Tiefseetauchertyp. Bißchen fett um den Bauch rum. Blaue Augen, mittelstarker Brusthaarwuchs, vorzeitiges Kahlwerden des Kopfes, leicht stoisch, leicht gebeugt, schlechtes Sehvermögen und unerkanntes Frühstadium von Kehlkopfkrebs. Das ist ein Tiefseetaucher. Weiß doch jeder, was ein Tiefseetaucher ist. Und nun bringen Sie mir einen, Mama.«
»Okay, Scheißkopp.«
Bagley gähnte. Danforth nahm einen von der Leine. Brachte ihn an, stellte ihn vor den Schreibtisch. Auf seiner Erkennungsmarke stand ›Barney Anderson‹.
»Hallo, Barney«, sagte Bag.
»Wo bin ich?« fragte Barney.
»AGENTUR FÜR ZUFRIEDENSTELLENDE DIENSTLEISTUNGEN.«
»Junge, Junge, wenn ihr nich'n Paar randlose Arschlöcher seid, dann weiß ich nich'.«
»Verdammte Hurerei, Dan!«
»Ich hab ihn 4mal durchgedreht.«
»Ich hab Ihnen gesagt, Sie sollen die Schrauben anziehn!«
»Und ich hab Ihnen gesagt, daß manche Männer mehr Courage haben als andere!«
»Das is' doch'n Märchen, Sie Vollidiot!«
»Wer is'n Vollidiot?«
»Beide seid ihr Vollidioten«, sagte Barney Anderson.
»Ich möchte, daß Sie ihm den Arsch dreimal durch die Mangel drehn«, sagte Bagley.
»Okay, okay, aber erst mal müssen wir uns im klaren sein.«
»Na schön, von mir aus . . . dann fragen Sie diesen Barney beispielsweise mal nach seinen Helden.«
»Barney, was haste'n für Helden?«
»Nu, wolln ma' sehn – Cleaver, Dillinger, Che, Malcolm

X., Gandhi, Jersey Joe Walcott, Oma Barker, Castro, van Gogh, Villon, Hemingway.«

»Sehn Sie, er identifiziert sich nur mit VERLIERERN. Bei denen fühlt er sich wohl. Er macht sich bereit, zu verlieren. Na, wir werden ihm helfen dabei. Er ist auf diese Seelenscheiße reingefallen, und damit kriegen wir sie an'n Arsch. Es gibt keine Seele. Alles Schwindel. Es gibt keine Helden. Alles Schwindel. Es gibt keine Gewinner – alles Schwindel und gequirlte Kacke. Es gibt keine Heiligen, es gibt kein Genie – das ist alles Schwindel und fauler Zauber, damit das Spiel weitergeht. Der Mensch versucht einfach nur weiterzumachen und glücklich zu sein – falls er kann. Alles andere ist Blödsinn.«

»Na schön, na schön, ich steh ja auf euern Verlierern! Aber was ist mit Castro? Der schien doch ganz gut im Futter zu sein auf dem letzten Foto, das ich von ihm sah.«

»Der kann nur existieren, weil Amerika und Rußland sich geeinigt haben, ihn in der Mitte zu lassen. Aber angenommen, sie würden wirklich die Karten auf'n Tisch legen – an was kann er sich da noch halten? Mensch, der hat doch noch nich' ma' genug auf der Hand, um in'n vergammelten ägyptischen Puff zu gehn.«

»Ach, leckt mich am Arsch, ihr zwei! Ich mag, wen ich mag!« sagte Barney Anderson.

»Barney, wenn ein Mann erst mal alt genug und eingesperrt genug und hungrig genug und müde genug ist, dann wird er Schwanz und Titte lutschen und Scheiße fressen, um am Leben zu bleiben. Entweder das oder Selbstmord. Die menschliche Rasse hat's nun mal nich', Mann. Sie ist ein übler Haufen.«

»Dann werden wir sie eben ändern, Mensch. Das ist der Trick. Wenn wir auf'n Mond fliegen können, können wir auch die Scheiße aus'm Scheißbecken spülen. Wir haben uns einfach immer nur auf die falschen Dinge konzentriert.«

»Du bist krank, Jungchen. Und'n bißchen fett um den

Bauch. Und 'ne Glatze haste auch bald. Dan, bring ihn auf Vordermann.«

Danforth nahm Barney Anderson, drehte ihn, der Zeter und Mordio schrie, dreimal durch die Mangel und brachte ihn dann zurück.

»Barney?« fragte Bagley.

»Jawoll, Sir!«

»Wer sind deine Helden?«

»George Washington, Bob Hope, Mae West. Richard Nixon, die Gebeine von Clark Gable und all die netten Leute, die ich in Disneyland gesehn habe. Joe Louis, Dinah Shore, Frank Sinatra, Babe Ruth, die Green Berets, na ja, und verdammt die ganze U.S.-Army und Kriegsmarine und besonders die Marine-Infantrie und sogar das Finanzministerium, der CIA, das FBI, die United Fruit, die Highway-Streife, die gesamte gottverdammte Polizei von Los Angeles einschließlich der County-Bullen. Und ich meine nicht ›Bullen‹, ich meine ›Polizisten‹. Dazu kommt dann noch Marlene Dietrich – fast 70 muß sie jetzt sein, was? – mit diesem Seitenschlitz im Kleid, daß ich 'n Steifen gekriegt habe, als sie in Vegas tanzte, was für 'ne wunderbare Frau. Das gute amerikanische Leben und das gute amerikanische Geld kann uns für immer jung erhalten, liegt das nicht klar auf der Hand?«

»Dan?«

»Ja, Bag?«

»Der hier ist jetzt wirklich so weit! Viel Gefühl hab ich ja nicht mehr, aber der macht sogar mich krank. Lassen Sie ihn diesen kleinen Vertrag unterschreiben und schicken Sie ihn los. Die werden ihn lieben. Gott, was man alles tun muß, bloß um am Leben zu bleiben. Manchmal ist mir sogar meine eigene Arbeit verhaßt. Das ist doch schlimm, nicht, oder Dan?«

»Ja, Bag, schlimm. Und sobald ich dies Arschloch hier auf'n Weg geschickt habe, hab ich 'ne tolle kleine Sache für Sie – 'n Schuß von unserm guten alten Stärkungsmittel.«

»Ah, prima, prima . . . was is' es denn?«
»Nur 'ne kleine Vierteldrehung durch die Mangel.«
»WAS?«
»Oh, das is' prima für den Blues oder für wildes Denken und dergleichen.«
»Und das hilft?«
»Besser als Aspirin.«
»Okay, schaffen Sie uns das Arschloch vom Hals.«
Barney wurde die Treppe hinuntergeschickt. Bagley stand auf und ging zur nächsten Mangel. »Diese alten Miezen – die West und die Dietrich –, die immer noch ihre Titten und Beine schwenken, irgendwie kapier ich das nich', die haben das doch schon gemacht, als ich sechs Jahre alt war. Was steckt da wohl hinter?«
»Nix. Korsetts und Hüfthalter, Puder, Beleuchtung, Überzüge aus falschem Fleisch, Pölsterchen und Wülsterchen, Stroh, Pferdemist. Die könnten Ihre Großmutter wie 'ne Sechzehnjährige aussehen lassen.«
»Meine Großmutter ist tot.«
»Sie könnten's trotzdem.«
»Ja, ja, wahrscheinlich haben Sie recht.« Bagley trat zu der Mangel. – »Aber wirklich nur 'ne Vierteldrehung. Kann ich Ihnen vertraun?«
»Sie sind doch mein Partner, nicht, Bag?«
»Na klar, Dan.«
»Wie lange sind wir jetzt schon zusammen im Geschäft?«
»25 Jahre.«
»Also bitte. Und wenn ich sage, 'ne VIERTELDREHUNG, dann meine ich auch 'ne VIERTELDREHUNG.«
»Was soll ich tun?«
»Schieben Sie einfach Ihre Hände zwischen die Walzen, es is' wie 'ne Waschmaschine.«
»Da hinein?«
»Ja. Und los geht's! Juchhuh!«
»Hey, Mensch, aber denken Sie dran, nur 'ne Vierteldrehung.«

»Na klar, Bag, haben Sie denn kein Vertrauen zu mir?«
»Muß ich ja jetzt haben.»
»Wissen Sie *was*? Ich hab heimlich Ihre Frau gefickt.«
»Sie elender Hurensohn! Ich bringe Sie um.«
Danforth ließ die Maschine laufen, setzte sich hinter Bagleys Schreibtisch und zündete sich eine Zigarette an. Er summte ein Liedchen vor sich hin: *Lucky lucky me, I can live in luxury, because I've got a pocket full of dreams . . . I got an empty purse, but I own the universe, because I've got a pocketful of dreams . . .*
Er stand auf und ging zu der Maschine und Bagley.
»Sie haben gesagt, 'ne Vierteldrehung«, sagte Bagley, »und anderthalb Umdrehungen sind's gewesen.«
»Haben Sie denn kein Vertrauen zu mir?«
»Mehr als je, komischerweise.«
»Ich hab Ihre Frau aber trotzdem heimlich gefickt.«
»Na ja, das is' wahrscheinlich in Ordnung so. Ich werd's langsam leid, sie zu ficken. Jeder Mann wird's ma' leid, die eigene Frau zu ficken.«
»Ich möchte aber, daß Sie möchten, daß ich Ihre Frau ficke.«
»Na ja, mir is' es ja egal, aber ich weiß nich', ob ich das geradezu *möchte*.«
»In etwa 5 Minuten bin ich wieder da.«
Danforth ging zurück, setzte sich auf Bagleys Drehstuhl, legte die Füße auf den Schreibtisch und wartete ab. Er sang gerne. Er sang Lieder: *I got plenty of nuthin' and nuthin's plenty for me. I got the stars, I got the sun, I got the shining sea . . .*
Danforth rauchte zwei Zigaretten und ging zurück zu der Maschine.
»Bag, ich hab heimlich Ihre Frau gefickt.«
»Oh, das möcht ich ja, Mensch! Das möcht ich ja! Und wissen Sie *was*?«
»Was?«
»Ich würd ganz gern ma' zugucken.«
»Klar, das läßt sich machen.«

Danforth ging zum Telefon und wählte eine Nummer.
»Minnie? Ja, Dan. Ich komm rüber, um dich ma' wieder zu ficken. Bag? Oh, der kommt auch mit. Er möchte zugukken. Nein, wir sind nich' betrunken. Ich hab mir bloß gedacht, ich mach den Laden dicht für heute. Wir haben bereits genug Abschlüsse. Bei der israelisch-arabischen Sache und den ganzen afrikanischen Kriegen braucht man sich keine Sorge zu machen. Biafra ist ein schönes Wort. Na, wir kommen jedenfalls rüber. Ich möcht dich ma' wieder von hinten stoßen. Mein Gott, du hast so herrlich dicke Backen. Sogar Bag könnt ich von hinten stoßen. Ich glaube, der hat noch dickere Backen als du. Halt dich schön eng, Süße, wir sind schon unterwegs!«
Dan legte auf. Ein anderes Telefon klingelte. Er nahm ab. »Fick deine Mutter, altes Arschloch, sogar deine Nippel stinken wie Hundedünnschiß bei Westwind.« Er legte auf und lächelte. Ging hinüber und holte Bagley aus der Maschine. Sie schlossen die Bürotür ab und gingen zusammen die Treppe hinunter. Als sie nach draußen kamen, stand die Sonne hoch und sah gut aus. Man konnte durch die dünnen Röcke der Frauen sehen. Fast ihre Gebeine konnte man sehen. Überall Tod und Verwesung. Es war Los Angeles, unweit der Ecke Siebter und Broadway, der Kreuzung, wo die Toten die Toten anmotzen und nicht mal wissen, warum. Es ist ein Spiel, das man gelernt haben muß – wie Seilspringen, Frösche zerschnippeln, in den Briefkasten pissen oder seinem Hund einen holen.
We got plenty a nuthin', sangen sie, *and nuthin's plenty for we* . . .
Arm in Arm tauchten sie in die unterirdische Garage, fanden Bags 69er Caddy, stiegen ein, jeder zündete sich eine Dollarzigarre an, und mit Dan am Steuer fuhren sie hinaus, rammten fast einen vom Pershing Square kommenden Penner, bogen ab nach Westen zum Freeway in Richtung Freiheit, Vietnam, Armee, Ficken, weiter Grasflächen, nackter Statuen, französischen Weins, Beverly Hills . . .

Bagley beugte sich hinüber und machte Danforth, der unverdrossen weiterfuhr, den Reißverschluß am Hosenlatz auf.
Hoffentlich läßt er noch was für seine Frau übrig, dachte Danforth.
Es war ein warmer Vormittag in Los Angeles, oder vielleicht war es schon Nachmittag, er sah auf die Uhr im Armaturenbrett – genau 11 Uhr 37 vormittags war es, als er kam. Er beschleunigte den Caddy auf 80 mph. Der Asphalt glitt unter ihnen weg wie die Gräber der Toten. Er machte den Fernseher im Armaturenbrett an, dann griff er nach dem Telefon, dann fiel ihm ein, daß es besser wäre, den Hosenlatz zuzumachen. »Minnie, ich liebe dich.«
»Ich liebe dich auch«, antwortete sie. »Ist dieser Schlappschwanz bei dir?«
»Direkt neben mir. Er hat grade 'n Mundvoll abgekriegt.«
»Oh, Dan, *verschleuder* es doch nicht so!«
Er lachte und legte auf. Fast rammten sie einen Nigger in einem Lieferwagen. Er war überhaupt nicht schwarz, er war ein Nigger, sonst nichts. Es gab keine freundlichere Stadt auf der Welt, wenn man's geschafft hatte, und nur eine, die schlimmer war, wenn man's nicht geschafft hatte – das Große A. Danforth beschleunigte auf 85. Ein Motorradbulle lächelte ihn an, als er an ihm vorbeizog. Vielleicht würde er später am Abend Bob noch anrufen. Bob war immer so witzig. Seine 12 Schriftsteller lieferten ihm die Pointen. Und dabei blieb Bob so natürlich wie Pferdemist. Es war herrlich.
Er warf die Dollarzigarre hinaus, zündete sich eine neue an, brachte den Caddy auf 90, wie ein Pfeil genau auf die Sonne zu, das Geschäft florierte, das Leben ging gut, und die Reifen brausten dahin über die Toten und die Sterbenden und die bald Sterbenden.
SIIIAAAAAUUUUM!

Zwölf fliegende Affen, die nicht richtig kopulieren wollen

Es klingelt, und ich mache das Fenster neben der Tür auf. Es ist Nacht. »Wer ist da?« frage ich.
Schritte nähern sich dem Fenster, aber ich kann kein Gesicht sehen. Ich habe zwei Lampen über der Schreibmaschine. Ich knalle das Fenster zu, aber da draußen wird gesprochen. Ich setze mich an die Schreibmaschine, aber da draußen wird immer noch gesprochen. Ich fahre hoch und reiße die Tür auf und brülle:
»ICH HAB EUCH SCHWANZLUTSCHERN DOCH GESAGT, IHR SOLLT MICH IN RUHE LASSEN!«
Ich sehe mich um, und da steht ein Kerl unten an der Treppe, und ein anderer Kerl steht auf der Veranda und ist am Pissen. Er pißt in einen Busch links von der Veranda, steht da an der Kante der Veranda, und sein Pißstrahl geht nach oben, und dann im Bogen mit dickem Schwall hinunter in den Busch.
»Hey, der Kerl da pißt in meinen Busch«, sage ich.
Der Kerl lacht und pißt weiter. Ich packe ihn an der Hose, hebe ihn hoch und werfe ihn, der immer noch pißt, über den Busch hinaus in die Nacht. Er kommt nicht wieder.
Der andere Kerl sagt: »Warum hast'n das gemacht?«
»Mir war halt danach.«
»Du bist betrunken.«
»Betrunken?« frage ich.
Er geht um die Ecke und ist verschwunden. Ich mache die Tür zu und setze mich wieder an die Maschine. Also schön, ich habe diesen wahnsinnigen Wissenschaftler, er hat Affen beigebracht zu fliegen, er hat elf Affen mit diesen Flügeln. Die Affen sind sehr gut. Der Wissenschaftler hat ihnen sogar beigebracht, um die Wette zu fliegen; um diese Wendemarken rum, ja. Nun wolln wir

mal sehn. Muß das gut machen. Um eine Geschichte loszuwerden, muß man was vom Ficken bringen, wenn möglich viel davon. Besser, ich mach zwölf Affen, sechs Männchen und sechs von der andern Sorte. Also schön. Da haben wir sie. Das Wettfliegen hat begonnen. Da fliegen sie um die erste Wendemarke. Wie soll ich sie zum Ficken bringen? Seit zwei Monaten hab ich keine Geschichte mehr verkauft. Hätte in dem gottverdammten Postamt bleiben sollen. Na schön. Da fliegen sie also. Um die erste Wendemarke. Vielleicht fliegen sie einfach davon. Ganz plötzlich? Wie wär das? Sie fliegen nach Washington, D. C., hängen am Capitol rum, lassen Scheiße auf die Leute fallen, pissen auf sie runter, schmieren ihre Scheiße ans Weiße Haus. Kann ich einen Scheißhaufen auf den Präsidenten fallen lassen? Nein, das ist zuviel verlangt. Okay, sagen wir, einen Scheißhaufen auf den Außenminister. Es werden Befehle erteilt, sie vom Himmel zu schießen. Das ist tragisch, nicht? Aber was ist mit dem Ficken? Na schön. Bitte sehr. Das muß noch rein. Mal sehn. Okay, also zehn von den armen kleinen Dingern werden vom Himmel geschossen. Nur noch zwei sind übrig. Ein Männchen und eins von der andern Sorte. Aber wo stecken sie nur? Sie scheinen unauffindbar. Bis eines Nachts ein Polizist die Runde durch den Park macht, und da sind sie, die letzten zwei, mit angeschnallten Flügeln, und ficken was das Zeug hält. Der Polizist kommt heran. Das Männchen hört es, dreht den Kopf, blickt auf, zeigt ein blödes Affengrinsen, kein Stößchen auslassend dabei, dreht den Kopf wieder weg und bumst unbeirrt weiter. Der Polizist knallt seinen Kopf ab. Den Kopf des Affen, heißt das. Das Weibchen schüttelt das Männchen angewidert ab und steht auf. Für eine Äffin ist sie ein hübsches kleines Ding. Einen Moment denkt der Polizist daran, denkt daran – aber nein, das würde zu eng sein, und womöglich beißt sie, wer weiß. Während er das denkt, dreht sie sich um und fängt an wegzufliegen. Als sie aufsteigt, zielt der Polizist auf sie, trifft sie mit einer

Kugel, sie fällt. Er läuft hin. Sie ist verwundet, aber nicht tot. Der Polizist blickt sich um, hebt sie auf, holt ihn raus, versucht ihn reinzudrücken.
Es geht nicht. Nur der Kopf geht rein.
Scheiße. Er läßt sie auf die Erde fallen, setzt ihr die Pistole an den Schädel, und BÄM! vorbei ist es.

Es klingelt wieder.
Ich mache die Tür auf.
Drei Kerle kommen rein. Immer diese Kerle. Eine Frau pißt nie auf meiner Veranda, eine Frau kommt kaum mal vorbei. Wie sollen mir da Gedanken an Sex kommen? Ich habe fast verlernt, wie man das macht. Aber es soll so sein wie Fahrradfahren, man verlernt es nie. Es ist besser als Fahrradfahren.
Es ist Crazy Jack mit zwei Kerlen, die ich nicht kenne.
»Hör mal, Jack«, sage ich, »ich dachte, ich wär dich endlich los.«
Jack setzt sich einfach. Die zwei andern Kerle setzen sich auch. Jack hat mir versprochen, nie wieder vorbeizukommen, aber meistens ist er voll Wein, und da sind Versprechungen nicht viel wert. Er wohnt bei seiner Mutter und gibt vor, Maler zu sein. Ich kenne vier oder fünf Kerle, die bei ihrer Mutter wohnen oder von ihrer Mutter unterstützt werden, und die Kerle geben alle vor, Genies zu sein. Und alle Mütter sind genauso: »Oh, Nelson hat man noch nie ein Werk abgenommen. Er ist seiner Zeit zu weit voraus.« Aber angenommen, Nelson ist ein Maler, der etwas in eine Ausstellung gekriegt hat: »Oh, Nelson hat diese Woche ein Bild bei Warner Finch in der Galerie hängen. Endlich wird sein Genie anerkannt! Er verlangt 4000 Dollar für das Werk. Meinen Sie, das ist zuviel?« Nelson, Jack, Biddy, Norman, Jimmy und Ketya. Ärsche.
Jack hat Blue jeans an, ist barfuß, ohne Hemd, Unterhemd, hat nur einen braunen Schal übergeworfen. Der eine Kerl hat einen Bart und grinst und wird dauernd rot. Der andere Kerl ist bloß dick. Irgendein Blutegel.

»Hast du Borst in letzter Zeit mal gesehn?« fragt Jack.
»Nein.« – »Gib mir eins von deinen Bieren.«
»Nein. Ihr Kerle kommt hier vorbei, sauft mir alles weg, und dann haut ihr ab, und ich sitz auf dem Trockenen.«
»Na schön.«
Er springt auf, rennt raus und holt sich seine Weinflasche, die er auf dem Verandastuhl unter einem Kissen versteckt hat. Er kommt zurück, schraubt den Deckel ab und sukkelt dran. »Ich bin unten in Venice gewesen, mit dem Zahn und hundert Rainbows. Ich dachte, ich hätte Bullen gesehn, und da bin ich mit dem Zahn und den hundert Rainbows zu Borst hochgerannt. Ich hab angeklopft und ihm gesagt: ›Schnell, laß mich rein! Ich hab hundert Rainbows, und die Bullen sind hinter mir her!‹ Borst hat die Tür wieder zugemacht. Ich hab sie eingetreten und bin mit dem Zahn reingestürzt. Borst lag auf dem Fußboden und war grade dabei, irgendeinem Kerl einen zu holen. Ich bin mit dem Zahn ins Badezimmer gerannt und hab die Tür abgeschlossen. Borst hat angeklopft. Ich hab gesagt: ›Wag's bloß nicht, hier reinzukommen!‹ Ich bin mit dem Zahn ungefähr 'ne Stunde da dringeblieben. Wir haben zwei Nummern geschoben, um uns zu amüsieren. Dann sind wir wieder rausgekommen.«
»Hast du die Rainbows ins Klo geschmissen?«
»Ach Quatsch, es war falscher Alarm. Aber Borst war ganz schön sauer.«
»Scheiße«, sage ich, »Borst hat seit 1955 kein anständiges Gedicht mehr geschrieben. Seine Mutter unterstützt ihn. Verzeih. Aber ich meine, außer Fernsehn, diesen köstlichen kleinen Sellerie und Grünzeug essen und in seiner dreckigen Unterwäsche übern Strand latschen, tut er doch nichts. Früher, als er noch bei diesen jungen Burschen in Arabien lebte, war er mal ein guter Dichter. Aber ich kann da kein Mitgefühl haben. Als Gewinner muß man ein bißchen auf Draht sein. Es ist, wie Huxley sagte, Aldous, das heißt: ›Jeder Mensch kann ein . . .‹«
»Wie kommst du so zurecht?« fragt Jack.

»Nichts als Ablehnungen«, sage ich.
Der eine Kerl fängt an, auf seiner Flöte zu spielen. Der Blutegel sitzt bloß da. Jack hebt seine Weinflasche. Es ist eine schöne Nacht in Hollywood, Kalifornien. Dann fällt der Kerl, der in dem Hof hinter mir wohnt, aus dem Bett; betrunken. Es macht einen ganz schönen Bums. Ich bin das gewöhnt. Ich bin den ganzen Hinterhof gewöhnt. Alle sitzen in ihren Buden, die Jalousien runter. Mittags stehn sie auf. Ihre Autos hocken staubbedeckt vorne, die Reifen sind langsam platt, die Batterien schwach geworden. Sie mischen Drogen in ihre Drinks, und man weiß nicht, wovon sie leben. Ich mag sie. Sie lassen mich in Ruhe.
Der Kerl steigt ins Bett zurück, fällt wieder raus.
»Blöder Hund«, höre ich ihn sagen, »mach daß du wieder in dein Bett kommst.«
»Was ist denn das für'n Krach?« fragt Jack.
»Der Kerl hinter mir. Er ist sehr einsam. Trinkt ab und zu mal'n Bier. Voriges Jahr ist seine Mutter gestorben und hat ihm zwanzig Riesen hinterlassen. Er sitzt rum und wichst und guckt sich im Fernsehn Baseball und Cowboyschießereien an. Früher ist er Tankwart gewesen.«
»Wir müssen jetzt los«, sagt Jack. »Willst du mitkommen?«
»Nein«, sage ich.
Sie erklären mir, daß es was mit dem House of Seven Gables zu tun hat. Sie wollen wen treffen, der mal was mit dem House of Seven Gables zu tun gehabt hat. Es ist nicht der Autor, nicht der Produzent, nicht die Schauspieler, es ist jemand anderes.
»Ach nein«, sage ich, und alle rennen sie raus. Es ist ein schöner Anblick.
Dann setze ich mich wieder an die Affen. Vielleicht kann ich diese Affen irgendwie aufpeppen. Wenn ich sie alle zwölf auf einmal zum Ficken kriegte! Das ist es! Aber wie? Und warum? Ich werde noch verrückt. Nimm das Royal Ballet of London. Aber warum? Also okay, das Royal Ballet of London hat diese Idee. Zwölf fliegende Affen,

während sie tanzen. Nur daß ihnen irgendwer vor der Aufführung die Spanische Fliege gibt. Nicht dem Ballett, den Affen. Aber die Spanische Fliege ist ein Märchen, nicht? Okay, dann bring noch einen wahnsinnigen Wissenschaftler rein, mit einer echten Spanischen Fliege! Nein, nein, oh mein Gott, ich krieg's einfach nicht hin!
Das Telefon klingelt. Ich nehme ab. Es ist Borst:
»Hallo, Hank?«
»Ja?«
»Ich muß es kurz machen. Bin pleite.«
»Ja, Jerry.«
»Also, ich habe meine zwei Geldgeber verloren. Die Effektenbörse und den letzten Dollar.«
»Ah hah.«
»Na, ich hab ja schon immer gewußt, daß das mal kommen würde. Ich hau also jetzt ab aus Venice. Ich kann's hier nicht schaffen. Ich geh nach New York City.«
»Was?«
»New York City.«
»Ich dachte, das wolltest du sowieso.«
»Ja, aber ich bin pleite, verstehst du, und ich glaube, da kann ich's wirklich schaffen.«
»Bestimmt, Jerry.«
»Daß ich meine Geldgeber verloren habe, ist das beste, was mir passieren konnte.«
»Tatsächlich?«
»Jetzt fühl ich wieder ein bißchen Kampfgeist in mir. Du hast ja wohl schon von Leuten gehört, die am Strand vergammeln. Ja, und das ist es, was ich hier unten gemacht habe: vergammeln. Ich muß hier raus. Und ich mach mir gar keine Sorgen. Bis auf die Koffer.«
»Was für Koffer?«
»Scheint so, als schaff ich's nicht, sie zu packen. Meine Mutter kommt also zurück aus Arizona und wohnt hier, solange ich weg bin, und irgendwann werd ich wohl wieder hier sein.«
»Na schön, Jerry.«

»Aber bevor ich nach New York gehe, mach ich noch einen Abstecher nach der Schweiz und vielleicht nach Griechenland.«
»Schön, Jerry, bleib in Kontakt. Ist immer schön, was zu hören.«
Dann sitze ich wieder an den Affen. Zwölf Affen, die fliegen können und dabei ficken. Wie kann man das drehn? Zwölf Flaschen Bier sind weg. Im Kühlschrank finde ich meine Reserveflasche Scotch. Kaum ein Viertelliter. Ich mixe mir ein Glas mit einem Drittel Scotch und zwei Dritteln Wasser. Ich hätte in dem gottverdammten Postamt bleiben sollen. Aber selbst hier, wie jetzt, hast du noch 'ne kleine Chance. Bring einfach diese zwölf Affen zum Ficken. Wärst du als Kameljunge in Arabien geboren, würdest du nicht mal diese Chance haben. Also reiß dich zusammen und bring diese Affen in Schwung. Du bist mit ein bißchen Talent gesegnet worden und du bist nicht in Indien, wo dich wahrscheinlich zwei Dutzend Jungen unter den Tisch schreiben könnten – wenn sie schreiben könnten. Na, vielleicht nicht zwei Dutzend. Vielleicht bloß ein rundes Dutzend.
Ich mache den Scotch alle, trinke eine halbe Flasche Wein, gehe ins Bett, vergesse die ganze Geschichte.
Am nächsten Morgen um neun klingelt es. Da steht ein junges schwarzes Mädchen mit einem dumm dreinschauenden weißen Kerl mit randloser Brille. Sie erzählen mir, daß ich vorvorgestern abend auf einer Party versprochen hätte, mit ihnen zum Bootfahren zu gehen. Ich ziehe mich an und steige mit ihnen ins Auto. Sie fahren zu einem Apartment, und ein schwarzhaariger Jüngling kommt heraus. »Hallo, Hank«, sagt er. Ich kenne ihn nicht. Anscheinend bin ich ihm auf der Party begegnet. Er verteilt kleine orangefarbene Rettungsringe. Als nächstes weiß ich, daß wir unten an der Pier sind. Ich kann die Pier nicht vom Wasser unterscheiden. Sie helfen mir über ein schwingendes Holzding zu einer schwimmenden Anlegestelle hinunter. Das untere Ende von dem Holzding und

die Anlegestelle sind ungefähr drei Fuß auseinander. Sie helfen mir hinunter.
»Was zum Henker soll das denn?« frage ich. »Hat irgendwer einen Drink?« Ich bin bei den falschen Leuten. Keiner hat einen Drink. Dann bin ich in einem kleinen Ruderboot, geliehen, und irgendwer hat da einen 0,5 PS Motor angebracht. Der Boden des Boots ist voll Wasser, in dem zwei tote Fische schwimmen. Ich kenne die Leute nicht. Aber sie kennen mich. Na, prima. Wir fahren hinaus aufs Meer. Ich kotze. Wir kommen an einem Suckelfisch vorbei, der dicht unter der Wasseroberfläche schwimmt. Ein Suckelfisch, denke ich, ein Suckelfisch, der um einen fliegenden Affen gewickelt ist. Nein, das ist schrecklich. Ich kotze wieder.
»Na, wie geht's dem großen Schriftsteller?« fragt der dumm dreinschauende Kerl im Bug des Bootes, der Kerl mit der randlosen Brille.
»Welchem großen Schriftsteller?« frage ich und denke, er meint Rimbaud, obwohl ich Rimbaud noch nie für einen großen Schriftsteller gehalten habe.
»Na dir«, sagt er.
»Mir?« sage ich. »Oh, prima. Ich glaube, nächstes Jahr geh ich nach Griechenland.«
»Siechenschmand?*« sagt er. »Du meinst für deinen Arsch?«
»Nein«, sage ich, »für deinen.«
Wir fahren hinaus aufs Meer, wo Conrad es geschafft hat. Scheiß der Hund auf Conrad. Ich werde Coca mit Bourbon trinken, in einem dunklen Schlafzimmer in Hollywood im Jahre 1970 oder in welchem Jahr du das hier lesen wirst. Im Jahr der Affen-Orgie, die niemals stattgefunden hat. Der Motor schnurrt und frißt sich ins Meer. Wir stampfen dahin nach Irland. Nein, es ist der Pazifik. Wir stampfen dahin nach Japan. Scheiß der Hund drauf.

---

* (Anm.: Im Original ein auf den nächsten Satz zielendes Lautspiel mit Greece und »grease« = Fett, Schmiere)

Die kopulierende Nixe
von Venice, Kalifornien

Die Kneipe hatte zugemacht, und bis zu ihrer Pension hatten sie noch ein paar Schritte zu gehen, und da war er: Auf der anderen Straßenseite, wo die Klinik für Unterleibsleiden stand, war der Leichenwagen vorgefahren.
»Ich glaube, heute is' DIE NACHT«, sagte Tony, »ich kann's im Blut spüren, wirklich!«
»Die Nacht für was?« fragte Bill.
»Paß auf«, sagte Tony, »wir wissen jetz' ziemlich genau, wie sie das machen. Wir holen uns eine! Wär doch irre! Hast du Mut?«
»Was'n los mit dir? Denkste etwa, bloß weil mir dieser Matrosenknilch den Arsch verdroschen hat, wär ich'n Feigling?«
»Das hab ich nich' gesagt, Bill.«
»*Du* bist'n Feigling! Ich kann dich verdreschen, leicht . . .«
»Ja. Ich weiß. *Da*von red ich doch gar nich'. Ich sage, komm, laß uns bloß ma' so zum Spaß 'ne Leiche klaun.«
»Scheiße! Laß uns ZEHN Leichen klaun!«
»Warte. Du bist jetzt betrunken. Laß uns warten. Wir wissen, wie sie das machen, wie sie vorgehn. Wir haben jede Nacht zugeguckt.«
»Und du bist nich' betrunken, eh? Sonst hätt'ste überhaupt nich' den MUT!«
»Still jetzt! Guck! Da kommen sie. Sie haben 'ne Leiche. Irgend so'n armer Kerl. Siehst du, wie sie ihm das Laken übern Kopf gezogen haben? Es ist traurig.«
»Ja, ich *seh's*. Und es *ist* traurig . . .«
»Okay, wir wissen, wie sie vorgehn: Wenn's nur eine Leiche is', werfen sie sie rein, zünden sich 'ne Zigarette an und fahren weg. Wenn's aber zwei Leichen sind,

machen sie sich nich' die Mühe, den Wagen zweimal abzuschließen. Ganz kühle Typen. Für die is' das reine Routinesache. Wenn's zwei Leichen sind, lassen sie den ersten Kameraden einfach hinter dem Wagen auf der Rollbahre liegen, gehn wieder rein, holen die andere Leiche und werfen sie dann zusammen in den Wagen. Wie viele Nächte haben wir das jetzt schon mit angesehn?«

»Weiß nich'«, sagte Bill, »mindestens sechzig.«

»Okay, da is' also jetzt die eine Leiche. Wenn sie wieder reingehn, um noch eine zu holen – gehört die Leiche da uns. *Machst du mit, wenn sie wieder reingehn?*«

»Klar mach ich mit! Ich bin doppelt so mutig wie du!«

»Also okay dann, paß auf. Gleich wissen wir Bescheid ... Ups, da gehn sie schon. *Sie gehn wieder rein, um noch 'ne Leiche zu holen!*« sagte Tony. »Machst du jetzt mit?«

»Klar.«

Sie rannten über die Straße und schnappten sich die Leiche beim Kopf und bei den Füßen. Tony hatte den Kopf, diesen traurigen, so fest in das Laken gewickelten Kopf, während Bill sich die Füße schnappte.

Dann liefen sie über die Straße zurück, das reine weiße Leichentuch kam ins Flattern dabei, für Augenblicke war ein Fußgelenk zu sehen, ein Ellbogen, ein Stück Oberschenkelfleisch, und dann liefen sie die Eingangstreppen der Pension hinauf, kamen an die Tür, und Bill sagte: »Lieber Gott, wer hat den Schlüssel? Guck, wie ich Angst habe!«

»Viel Zeit haben wir nich'. Gleich kommen diese Scheißkerle mit der andern Leiche raus! Wir werfen ihn in die Hängematte! Schnell! Den gottverdammten Schlüssel müssen wir finden!«

Sie warfen die Leiche in die Hängematte. Im Mondlicht schaukelte sie hin und her.

»Können wir die Leiche nich' wieder *zurück*bringen?« fragte Bill. »Guter Gott, oh Mutter, oh Mächtiger, können wir die Leiche nich' zurückbringen?«

81

»Keine Zeit mehr! Zu spät! Sie würden uns sehn. HEY! WARTE!« rief Tony. »Ich *hab* den Schlüssel!«
»GOTTSEIDANK!«
Sie schlossen die Tür auf, schnappten sich das Ding in der Hängematte und liefen damit die Treppe hinauf. Tonys Zimmer kam zuerst. Erste Etage. Auf der Treppe bumsten sie mit der Leiche ganz schön laut an Wand und Geländer.
Dann hatten sie sie vor Tonys Tür und legten sie hin, derweil Tony nach seinem Türschlüssel suchte. Sie kriegten die Tür auf, ließen die Leiche aufs Bett plumpsen und gingen zum Kühlschrank; holten sich Tonys billige Gallone Muskateller, leerten jeder ein halbes Wasserglas, füllten dann nach, kamen zurück ins Schlafzimmer, setzten sich hin und blickten auf die Leiche.
»Meinst du, irgendwer hat uns gesehn?« fragte Bill.
»Dann würden die Bullen wohl schon hier sein.«
»Ob sie die Gegend hier durchsuchen werden?«
»Das geht doch nich'. Die können doch nich' mitten in der Nacht rumlaufen, an Türen klopfen und fragen: ›Haben Sie einen Toten?‹«
»Ah ja Scheiße, wahrscheinlich hast du recht.«
»Klar hab ich recht«, sagte Tony. »Trotzdem, ich würd ums Verrecken gern wissen, wie die zwei Typen sich gefühlt haben, als sie zurückkamen und gesehn haben, daß die Leiche weg war. Muß irgendwie ganz schön komisch gewesen sein.«
»Ja«, sagte Bill, »bestimmt.«
»Na ja, komisch oder nich', wir haben die Leiche. Da *ist* sie, vor uns auf dem Bett.« Sie blickten auf das Ding unter dem Laken und leerten die Gläser.
»Möchte wissen, wie lange der Bursche schon tot is'.«
»Nicht sehr lange, bestimmt nicht.«
»Wann fangen die wohl an, steif zu werden? Und wann fangen sie an zu stinken?«
»Bis die Totenstarre einsetzt, dauert's wohl schon'n Weilchen, glaub ich«, sagte Tony. »Aber zu stinken wird er

wahrscheinlich bald anfangen. Is' genau wie Küchendreck, der in der Spüle bleibt. Das Blut lassen sie, glaub ich, erst im Leichenschauhaus ab.«
Und so tranken die zwei Betrunkenen weiter den Muskateller; zeitweilig vergaßen sie die Leiche sogar und sprachen auf ihre recht unklare Weise von jenen unbestimmten und wichtigen Dingen, die es sonst noch gibt. Dann kamen sie wieder auf die Leiche zurück.
Die Leiche war immer noch da.
»Was wollen wir damit machen?« fragte Bill.
»Ins Klo stellen, wenn er steif geworden is'. Is' mir noch ziemlich schlâff vorgekommen, als wir'n getragen haben. Wahrscheinlich war er erst vor 'ner halben Stunde gestorben oder so.«
»Na gut, stelln wir'n ins Klo. Und was machen wir, wenn er anfängt zu stinken?«
»Darüber hab ich noch nich' nachgedacht«, sagte Tony.
»Dann denk ma' drüber nach«, sagte Bill und goß sich kräftig ein.
Tony versuchte, darüber nachzudenken. »Du weißt ja, daß wir dafür in'n Knast wandern können – *falls* sie uns je schnappen, heißt das.«
»Na sicher. Und?«
»Und! 'n Fehler haben wir gemacht. Aber jetz' is' es zu spät.«
»Zu spät«, wiederholte Bill.
»Also«, sagte Tony und füllte sein Glas aufs neue, »wenn wir schon mit diesem Toten festsitzen, dann können wir'n uns auch ruhig ma' angucken.«
»Ihn angucken?«
»Ja, ihn angucken.«
»Du traust dich das?« fragte Bill.
»Ich weiß nich'.«
»Haste Angst?«
»Na klar. Hab keine Übung in sowas«, sagte Tony.
»Na gut. Aber *du* ziehst das Laken zurück«, sagte Bill,

»nur gieß mir erst noch ma' ein. Gieß mir ein, dann zieh das Laken zurück.«

»Okay«, sagte Tony.

Er füllte Bills Glas. Dann ging er zum Bett.

»Also schön«, sagte Tony, »hier KOMMT er!«

Tony zog das Laken glatt von dem Toten herunter. Er hielt die Augen geschlossen.

»Guter GOTT!« sagte Bill. »Es is 'ne Frau! 'ne *junge* Frau!«

Tony machte die Augen auf. »Ja. *War* mal jung. Mensch, guck dir ma' dies lange blonde Haar an, das geht ja weiter runter als ihr Arschloch. Aber sie is' TOT! Schrecklich und endgültig tot, für immer. Eine Schande is' das! Ich begreif es nich'.«

»Was glaubst du, wie alt sie war?«

»Tot *aussehn* tut sie mir nich«, sagte Bill.

»Is' sie aber.«

»Aber guck dir diese *Brüste* an! Diese *Schenkel!* Diese *Muschi!* Diese Muschi: die sieht doch noch immer lebendig aus!«

»Ja«, sagte Tony, »die Muschi, heißt es, ist das erste, das kommt, und das letzte, das geht.«

Tony trat an die Muschi, berührte sie. Dann hob er eine Brust an und küßte das mausetote Ding. »Es is' so traurig, alles is' so traurig – daß wir unser ganzes Leben lang wie Idioten leben und dann schließlich sterben.«

»Du solltest die Leiche aber nicht anfassen«, sagte Bill.

»Sie is' schön«, sagte Tony, »sogar tot is' sie schön.«

»Ja, aber wenn sie lebendig wäre, würde sie so'n Penner wie dich nich' zweima' angucken. Das weißt du ja, nich'?«

»Na sicher! Und das is' grade der Punkt! Jetz' kann sie nich' sagen, ›NEIN!‹«

»Wovon redest du, zum Henker?«

»Ich meine«, sagte Tony, »mir steht der Schwanz. Und WIE ER MIR STEHT!«

Tony kam herüber und goß sich sein Glas aus der Gallonenkanne voll. Leerte es mit einem Zug.

Dann ging er wieder zum Bett und fing an, die Brüste zu küssen, strich mit den Fingern durch ihr langes Haar und *küßte* dann schließlich diesen toten Mund mit einem Kuß von den Lebenden zu den Toten. Und dann bestieg er sie.
Es war GUT. Tony rackerte und ackerte. Nie in all seinen Jahren hatte er einen solchen Fick gehabt! Er kam. Dann rollte er herunter, trocknete sich ab mit dem Laken.
Bill, der bei der ganzen Sache zugesehn hatte, hob im trüben Licht der Lampe die Kanne Muskateller.
»Mensch, Bill, es war schön, schön!«
»Du bist wahnsinnig! Du hast grade 'ne tote Frau gefickt!«
»Und *du* hast dein ganzes Leben lang tote Frauen gefickt – tote Frauen mit toten Seelen und toten Mösen – nur daß du's nich' gewußt hast! Tut mir leid, Bill, der Fick mit ihr war schön. Ich schäme mich kein bißchen.«
»War sie *so* gut?« fragte Bill.
»Unglaublich gut.«
Tony ging zum Badezimmer, um zu pissen. Als er zurückkam, hatte Bill die Leiche bestiegen. Bill war recht munter bei der Sache. Stöhnte und ächzte ein bißchen. Dann griff er nach oben, küßte diesen toten Mund und kam.
Bill rollte herunter, fiel auf den Rand des Lakens, wischte sich ab.
»Du hast recht, der beste Fick, den ich *je* hatte.«
Dann saßen sie beide in ihren Sesseln und sahen sie an.
»Möchte wissen, wie sie geheißen hat«, sagte Tony. »Ich hab mich verliebt.«
Bill lachte. »Jetzt *weiß* ich aber, daß du betrunken bist! Nur ein Vollidiot verliebt sich in eine lebende Frau; und dich hat jetzt 'ne tote geleimt.«
»Na bitte, bin ich eben geleimt«, sagte Tony.
»Schön, du bist geleimt«, sagte Bill, »und was machen wir jetzt?«
»Sie schleunigst hier rausschaffen!« sagte Tony.
»Und wie?«

»Genauso wie wir sie reingebracht haben – die Treppe runter.«
»Und dann?«
»Dann in dein Auto. Wir fahren sie runter zum Venice Beach und werfen sie ins Meer.«
»Das is' aber kalt.«
»Sie wird's genauso wenig spüren wie sie deinen Schwanz gespürt hat.«
»Und was war mit deinem Schwanz?« fragte Bill.
»Den hat sie auch nich' gespürt«, sagte Tony.
Da lag sie auf dem Bettzeug, doppelt gefickt, zu Tode beglückt.
»Los, Baby, faß an!« schrie Tony.
Tony packte die Füße und wartete. Bill packte den Kopf. Als sie aus Tonys Zimmer hasteten, blieb die Tür offen stehn. Tony trat sie mit dem linken Fuß zu, dann eilten sie weiter zur Treppe. Das Laken war nicht mehr um die Leiche gewickelt, sondern mehr oder weniger nur darübergeworfen. Wie ein nasser Geschirrlappen über einen Wasserhahn in der Küche. Und wieder bumsten sie laut mit ihrem Kopf, ihren Schenkeln und ihrem dicken Arsch gegen Stiegenwand und Geländer.
Sie warfen sie auf den Rücksitz von Bills Wagen.
»Warte, warte, Baby!« schrie Tony.
»Worauf?«
»Der Muskateller, Arschloch!«
»Ach ja, natürlich.«
Bill saß da und wartete, mit der toten Fotze auf dem Rücksitz.
Tony war ein Mann, der sein Wort hielt. Mit der Muskatellerkanne kam er aus dem Haus gerannt.
Sie erreichten den Freeway, die Kanne hin- und herreichend, immer kräftige Schlucke nehmend. Es war eine warme und schöne Nacht, und natürlich war der Mond voll. Aber Nacht war es eigentlich nicht mehr, inzwischen war es 4 Uhr 15 in der Früh. Eine gute Zeit jedenfalls.

Sie parkten. Dann nahmen sie noch einen Schluck von dem guten Muskateller, zogen die Leiche heraus und trugen sie auf einem langen und sandigen, sehr sandigen Weg zum Meer. Sie kamen hinunter auf jenen Teil des Sandes, den das Meer hin und wieder überspülte, jenen Teil, der naß war, durchtränkt, voll von kleinen Sandkrebsen und Luftlöchern. Sie legten die Leiche nieder und tranken aus der Kanne. Hin und wieder wälzte sich eine ausschweifende Woge ein wenig über sie alle hinweg; Bill, Tony und die tote Fotze.
Bill mußte aufstehen, um zu pissen, und da man ihm Moralbegriffe des 19. Jahrhunderts eingetrichtert hatte, entfernte er sich dazu ein Stück auf dem Strand. Als sein Freund dies tat, zog Tony das Laken zurück und blickte auf das tote Gesicht im Geschling und Gestrudel des Seetangs, in der salzigen Morgenluft. Tony blickte auf das Gesicht, und ein Stück weiter weg pißte Bill auf den Strand. Ein liebes, freundliches Gesicht, die Nase etwas zu spitz, aber ein sehr guter Mund, und dann – ihr Leib erstarrte bereits – beugte er sich über sie und küßte sie sehr zart auf den Mund und sagte: »Ich liebe dich, tote Fickse.«
Dann deckte er sie mit dem Laken zu.
Bill war fertig mit Pissen und kam zurück. »Ich brauch noch'n Schluck.«
»Na mach. Ich nehm auch einen.«
Dann sagte Tony: »Ich werd sie rausschwimmen.«
»Kannst du gut schwimmen?«
»Besonders gut nich'.«
»Ich bin'n guter Schwimmer. Ich schwimm sie raus.«
»NEIN! NEIN!« schrie Tony.
»Verdammtnochmal, hör auf zu brüllen!«
»Ich werd sie rausschwimmen!«
»Na gut! Na gut!«
Tony nahm noch einen Schluck, zog das Laken beiseite, hob sie auf und trug sie, Schritt für Schritt, zu den Brechern. Er war betrunkener als er gedacht hatte. Ein paar-

mal warfen die großen Wellen sie beide um, rissen sie ihm aus den Armen, und er mußte rennen, schwimmen, kämpfen, um die Leiche zu finden. Dann sah er sie – dieses lange, lange Haar. Sie war genau wie eine *Nixe*. Vielleicht *war* sie eine Nixe. Endlich hatte Tony sie hinter die Brecher bugsiert. Es war ruhig dort. In der Mitte zwischen Mond und Sonnenaufgang. Ein Weilchen trieb er so mit ihr. Es war ruhig. Eine Zeit in der Zeit, und eine Zeit außerhalb der Zeit.
Endlich gab er der Leiche einen kleinen Schubs. Sie trieb davon, halb unter Wasser, umflossen von Strähnen langen Haars. Sie war noch immer schön, tot oder was immer sie war.
Langsam trieb sie fort von ihm, erfaßt von irgendeiner Gezeit. Die See hatte sie.
Dann wandte er sich plötzlich ab von ihr, versuchte zum Strand zurückzuschwimmen. Der schien sehr weit weg zu sein. Mit der letzten Kraftanstrengung schaffte er es, hereingewälzt vom Schub des letzten Brechers. Er rappelte sich auf, fiel, stand wieder auf, ging vorwärts, setzte sich neben Bill.
»Sie is' also weg«, sagte Bill.
»Ja. Haifraß.«
»Meinst du, ob sie uns je schnappen?«
»Nein. Gib mir'n Schluck.«
»Mach langsam. Wir sind bald auf Grund.«
»Ja.«
Sie kamen zurück zum Wagen. Bill fuhr. Auf der Heimfahrt stritten sie sich wegen der letzten Schlucke, dann dachte Tony an die Nixe. Er senkte den Kopf und fing an zu weinen. »Du warst schon immer so'n Jammerlappen«, sagte Bill, »schon immer.«
Sie schafften es zurück bis zu der Pension. Bill ging in sein Zimmer, Tony in seines. Die Sonne kam hoch. Die Welt erwachte. Manche erwachten mit Katzenjammer. Manche erwachten mit Gedanken an die Kirche. Die meisten schliefen noch. Ein Sonntagmorgen. Und die Nixe, die

Nixe mit diesem toten süßen Schwanz, die schwamm weit draußen im Meer. Während irgendwo ein Pelikan tauchte und mit einem glitzernden gitarrenförmigen Fisch wieder hochkam.

Meine dickarschige Mutter

Sie waren zwei liebe Mädchen, Tito und Baby. Beide sahen sie aus wie fast 60, waren aber eher 40. All der Wein und die Sorgen. Ich war 29 und sah eher aus wie 50. All der Wein und die Sorgen. Ich hatte das Apartment zuerst gekriegt, und dann waren sie mit eingezogen. Daran störte sich der Hausmeister, der uns jedesmal die Bullen hochschickte, wenn wir auch nur das kleinste bißchen Krach machten. Ganz nervös machte einen das. Ich traute mich schon nicht mehr, in die Mitte vom Scheißbecken zu pissen.
Die beste Nummer war der SPIEGEL, wie ich mir selber zuguckte, aufgeschwemmter Bauch, mit Tito und Baby, tage- und nächtelang besoffen und kaputt, wir alle drei, das billige Radio dudelte mit völlig abgefackten Röhren auf dem abgelatschten Teppich, ah caramba, der SPIEGEL, und ich, wie ich mir zugucke und sage:
»Tito, er steckt dir im Arsch. Fühlst du's?«
»Oh ja, oh jaah – stoß ZU! Hey! Wo willst'n HIN?«
»Und jetzt du, Baby, du hast'n jetzt da vorne drin, hm? Fühlst'n? Den dicken blauroten Kopf wie 'ne Schlange, die Arien singt? *Fühlst* du mich, Süße?«
»Oooh Liebling, ich glaub, ich werd wahns . . . HEY! Wo willst'n HIN?«
»Tito, ich bin wieder in deinem Donnerkrater. Ich reiß dich jetzt auf. Du hast keine Chance mehr!«
»Oooh Gott ooooh, HEY, wo willst'n HIN? Komm wieder rein da!«
»Ich weiß nich'.« – »Was weißte nich'?«
»Ich weiß nich', wem ich's geben soll. Was soll ich machen? Ich will euch beide, kann euch aber nich' beide ZUGLEICH haben! Und während ich zu einem Entschluß

zu kommen suche, mach ich alle Qualen der Hölle durch, weil ich mich dauernd zurückhalten muß. Versteht denn keiner, was ich leide?«
»Nein, gib's doch einfach mir!«
»Nein, mir, mir!«
DANN DIE GEWALTIGE FAUST DES GESETZES.
Bum! BuM! BUM!
»Hey, was geht vor da drin?«
»Nix.«
»Nichts? Was soll denn dies dauernde Stöhnen und Rufen und Schreien? Es ist halb vier in der Früh. Unter Ihnen sind in 3 Etagen die Leute wach und wundern sich . . .«
»Es is' nix. Ich spiel mit meiner Mutter und Schwester Schach. Bitte gehn Sie weg. Meine Mutter ist herzleidend. Sie machen ihr Angst. Und sie ist fertig bis auf den letzten Bauern.«
»Und SIE auch, Freundchen! Falls Sie's nicht wissen, hier ist zufällig die Polizei von Los Angeles . . .«
»Mein Gott, da wär ich nie drauf gekommen . . .«
»Jetzt sind Sie drauf gekommen. Also machen Sie auf, oder wir treten die Tür ein!«
Tito und Baby huschten in die entfernteste Ecke des Eßzimmers, wo sie sich hinhockten, einander bibbernd in den Armen hielten und ihre gealterten, verschrumpelten und kaputten Säuferkörper aneinanderschmiegten. Ein irrwitzig schönes Bild.
»Aufmachen, Freundchen, wir sind jetzt das fünfte Mal hier oben in den letzten 10 Tagen. Immer ist wegen derselben Sache angerufen worden. Denken Sie etwa, es macht uns Spaß, rumzulaufen und Leute zu verhaften?«
»Ja.«
»Obermeister Bradley sagt, es ist ihm egal, ob Sie schwarz sind oder weiß.«
»Sagen Sie Obermeister Bradley, ich empfinde da genauso.«
Ich blieb still. In der Ecke die zwei Huren, die unter der Stehlampe bibbernd ihre verschrumpelten Körper anein-

anderkuschelten. Die angenehme und lastende Stille von Weidenlaub in einem unfreundlichen Matschwinter.
Sie hatten vom Hausmeister den Schlüssel gekriegt, und die Tür stand einen Spalt offen, wurde aber gehalten von der Kette, die ich vorgelegt hatte. Der eine Bulle redete auf mich ein, während der andere mit einem Schraubenzieher versuchte, die Kette aus ihrer Schlitzhalterung zu fummeln. Ich ließ ihn machen, bis er sie fast draußen hatte, dann schob ich das Kettenende wieder hinein. Und die ganze Zeit steh ich da nackt und mit 'nem Steifen.
»Sie verletzen meine Rechte. Sie brauchen einen Durchsuchungsbefehl, um hier reinzukommen. Sie können nicht einfach nach eigenem Gutdünken gewaltsam hier eindringen. Was zum Teufel ist los mit euch Kerlen?«
»Welche von den beiden soll Ihre Mutter sein?«
»Die mit dem dicksten Arsch.«
Der andere Bulle hatte die Kette wieder fast draußen. Ich schob sie mit dem Finger zurück.
»Nun los, lassen Sie uns rein. Wir wollen uns nur mit Ihnen unterhalten.«
»Worüber? Über die Wunder von Disneyland?«
»Nein, nein, aber Sie scheinen ein interessanter Mann zu sein. Wir wollen bloß reinkommen und miteinander reden.«
»Sie halten mich wohl für'n Trottel. Wenn ich mal so schwul werden sollte, daß ich scharf bin auf Armreifen, dann kauf ich sie mir bei Thrifty's. Ich habe mir nichts zuschulden kommen lassen als'n steifen Schwanz und'n lautes Radio, und bis jetzt haben Sie mich noch nicht darum gebeten, eins davon abzustellen.«
»Nun lassen Sie uns doch schon rein. Wir wollen ja bloß'n bißchen mit Ihnen reden.«
»Hörn Sie, Sie versuchen hier unbefugt einzudringen. Das ist Hausfriedensbruch. Ich habe den besten Anwalt der Stadt, und wenn . . .«
»Einen Anwalt? Wozu brauchen Sie denn'n Anwalt?«
»Der hilft mir schon seit Jahren – Mißachtung des Einbe-

rufungsbefehls, Exhibitionismus, Notzucht, Trunkenheit am Steuer, Ruhestörung, schwere tätliche Beleidigung, Brandstiftung – lauter so üble Anklagen.«
»Und die ganzen Fälle hat er gewonnen?«
»Er is' der beste. Also passen Sie auf, ich geb Ihnen jetzt drei Minuten. Entweder Sie hören auf, gewaltsam die Tür aufkriegen zu wollen und lassen mich in Ruhe, oder ich hol ihn ans Telefon. Er wird nicht sehr erfreut sein, um diese nachtschlafene Zeit geweckt zu werden. Er wird sich Ihre Dienstnummern geben lassen.«
Die Bullen traten zurück und entfernten sich ein kleines Stück auf dem Gang. Ich horchte.
»Meinst du, der weiß, wovon er redet?«
»Ja, ich glaube schon.«
Sie kamen zurück.
»Ihre Mutter hat wirklich 'n dicken Arsch.«
»Zu schade, daß SIE'n nich' haben können, was?«
»Also schön, wir gehn jetzt, aber Sie halten Ruhe da drin. Machen Sie gefälligst das Radio aus und sorgen Sie dafür, daß dies Gestöhn und Geschrei aufhört.«
»In Ordnung, wir machen das Radio aus.«
Sie gingen weg. Was für eine Freude, sie weggehen zu hören! Was für eine Freude, einen guten Anwalt zu haben! Was für eine Freude, nicht ins Gefängnis zu kommen!
Ich machte die Tür zu.
»Alles okay, Mädchen, sie sind weg. Zwei nette junge Burschen auf'm Holzweg. Und jetzt guckt euch *das* an!«
Ich blickte nach unten. »Er ist weg, futsch.«
»Ja, futsch und weg«, sagte Baby. »Wo ist er nur hin? So traurig sieht er aus.«
»Scheiße«, sagte Tito, »wie'n totes Wiener Würstchen sieht er aus.«
Ich setzte mich in einen Sessel, goß mir Wein ein. Baby drehte uns drei Zigaretten.
»Wie steht's mit dem Wein?« fragte ich.
»Nur noch 4 Flaschen.«

»Große oder kleine?«
»Kleine.«
»Lieber Gott, wird Zeit, daß wir Glück haben.«
Ich nahm eine 4 Tage alte Zeitung zur Hand. Las die Witze; dann den Sportteil. Während ich las, kam Tito und sank vor mir auf den Teppich. Ich merkte, wie sie sich zu schaffen machte. Sie hatte einen Mund wie so ein Gummisaugnapf, mit dem man verstopfte Abflüsse freikriegt. Ich trank meinen Wein und paffte meine Zigarette.
Sie würden einem das Hirn aus dem Schädel suckeln, wenn man sie ließe. Ich glaube, wenn ich nicht da war, trieben sie's auch miteinander.
Ich kam zur Rennseite. »Nu sieh dir das an«, sagte ich zu Tito, »dies Pferd hat Zwischenzeiten von 22 zwölf auf die Viertelmeile, 44 achtundvierzig auf die halbe, dann 1 null-neun auf die ³/₄ Meile, es muß gedacht haben, das Rennen ginge nur über ³/₄ Meilen . . .«

wörp wörp sluum
wissaaa uup
wop bop wop bop wop

». . . doch es geht über ⁵/₄ Meilen, es versucht das Feld der andern abzuschlagen, mit 6 Längen Vorsprung geht es in die letzte Kurve, fällt zurück, das Pferd ist am Ende, es möchte wieder im Stall sein . . .«

sllllörrp
sllörrrrr wip wop wop
wip wop wop

»Jetzt prüf den Jockey – wenn's Blum ist, wird er mit 'ner Nasenlänge gewinnen. Es ist Volske. Er gewinnt mit ³/₄ Längen. Der Gewinn geht runter von 12 auf 8. Alles Stallgeld, Volske ist dem Publikum verhaßt. Volske und Harmatz. Und so setzen die Ställe die beiden zwei- oder dreimal pro Treffen auf die Guten, um das Publikum fernzuhalten. Wenn's diese beiden großen Reiter nicht gäbe, zur rechten Zeit, würd ich unten sein an der East 5th Street . . .«
»Ooooh, du Schweinehund!« Tito hob den Kopf und schrie,

schlug mir die Zeitung aus der Hand. Dann ging sie wieder ans Werk. Ich wußte nicht, was ich machen sollte. Sie war echt wütend. Dann kam Baby herüber. Baby hatte sehr gute Beine, und ich hob ihren lila Rock hoch und sah auf die Nylons. Baby beugte sich herab und küßte mich, schob mir ihre Zunge in den Hals, und ich legte die Hand auf ihr Hinterviertel. Ich saß in der Falle. Ich wußte nicht, was ich machen sollte. Ich brauchte einen Schluck. 3 miteinander eingesperrte Idioten. Oh Stöhnen und Flug der letzten Blaumeise ins Auge der Sonne, es war ein Spiel für Kinder, ein blödes Spiel.
Erstes Viertel in 22 fünfzehn, die Hälfte in 44 zwölf, sie hat's aufgeraucht, Sieg um Kopfeslänge, kalifornischer Regen auf meinem Körper. Lecker aufgebrochene Feigen wie große rote rausgesaugte Innereien in der Sonne, als deine Mutter dich haßte und dein Vater dich am liebsten umgebracht hätte und der Hinterhofzaun grün war und der Bank von Amerika gehörte, und Tito rauchte es auf, während ich Baby befingerte.
Dann trennten wir uns, jeder wartete, daß er ins Badezimmer konnte, um sich den Rotz von seiner Geschlechtsnase zu waschen. Ich war immer der letzte. Ich kam heraus und nahm eine von den Weinflaschen und ging zum Fenster und sah hinaus. – »Baby, dreh mir noch eine.«
Wir waren in der obersten Etage, der vierten, hoch oben auf einem Berg. Aber man kann Los Angeles unter sich liegen sehn und nichts mitkriegen, gar nichts. All diese schlafenden Menschen da unten, die darauf warten aufzustehn und an die Arbeit zu gehn. Es war idiotisch. Idiotisch, idiotisch und schrecklich. Bei uns stimmte es: Auge, sagen wir blau auf grün, tief durch Bohnenbeete starrend, eins ins andere, komm. – Baby brachte mir die Zigarette. Ich inhalierte und sah hinab auf die schlafende Stadt. Wir saßen da und warteten auf die Sonne oder auf was sonst da kommen würde. Ich mochte die Welt nicht, aber in ruhigen und beschaulichen Augenblicken konnte man sie fast verstehen.

Ich weiß nicht, wo Tito und Baby jetzt sind, ob sie tot sind oder was mit ihnen ist, aber diese Nächte damals waren gut, dies Zwacken in hochhackige Beine und Küssen von Nylonknien. All diese knalligen Kleider und bunten Höschen und das Neidischmachen der Polizei von L. A. Frühling oder Blumen oder Sommer werden so nie wieder sein.

Die Ermordung
des Ramon Vasquez

Sie klingelten an der Tür. Zwei Brüder, Lincoln, 23, und Andrew, 17.
Er kam selber aufmachen.
Da war er nun. Ramon Vasquez, der alte Star des Stummfilms und der ersten Tonfilme. Er war jetzt in den Sechzigern, hatte aber noch immer dasselbe feine Äußere. Früher, auf der Leinwand und auch sonst, hatte er das Haar dick mit Vaseline beschmiert und glatt zurückgekämmt, sehr streng. Und mit der langen schmalen Nase und dem dünnen Oberlippenbärtchen und der Art, wie er den Damen tief in die Augen blickte – nun, das war einfach zu viel. »Der Große Liebhaber« wurde er genannt. Die Damen schmolzen, wenn sie ihn auf der Leinwand erblickten. »Schmolzen«, das war das Wort der Filmkritiker. Aber in Wirklichkeit war Ramon Vasquez ein Homosexueller. Jetzt war sein Haar von stattlichem Weiß, und das Oberlippenbärtchen war nicht mehr ganz so dünn.
Es war eine kühle kalifornische Nacht, und Ramons Haus stand einsam in einer Berglandschaft. Die Jungens hatten Armee-Hosen an und weiße T-shirts. Beide waren sie athletisch gebaut und hatten recht freundliche Gesichter, freundliche und wie um Entschuldigung bittende Gesichter.

---

* Diese Geschichte ist Fiktion, und alle Begebenheiten oder auch nur annähernd ähnliche Begebenheiten, die sich im Leben ereignet haben, haben den Autor nicht für oder gegen irgendwelche beteiligten oder unbeteiligten Personen eingenommen; mit andern Worten, Geist, Phantasie, Schöpferdrang durften sich frei entfalten, und das bedeutet erdichten – was hier bedingt ist durch ein Zusammenleben mit der Gattung Mensch, das in einem Jahr ein halbes Jahrhundert währen wird . . .; was nicht mit beschränkter Sicht einen bestimmten Fall im Auge hat oder bestimmte Fälle, Zeitungsberichte und dergleichen; und was nicht beabsichtigt, irgendeinem meiner Mitgeschöpfe, das vielleicht in Umstände verwickelt ist, die denen der folgenden Geschichte gleichen, wehzutun, zu nahe zu treten oder Unrecht zu tun.

Lincoln war der Wortführer. »Wir haben viel über Sie gelesen, Mr. Vasquez. Entschuldigen Sie die Störung, aber wir interessieren uns ernsthaft für Hollywood-Idole und haben herausgefunden, wo Sie wohnen, und da wir grade vorbeifuhren, konnten wir nicht widerstehn, bei Ihnen zu klingeln.«
»Ist es nicht kalt da draußen, Jungens?«
»Oh ja, das ist es.«
»Wollt ihr nicht für ein Weilchen hereinkommen?«
»Wir möchten Sie nicht stören; nicht, daß wir Sie irgendwie aufhalten.«
»Nein, keine Sorge. So tretet doch ein. Ich bin alleine.«
Die Jungens gingen hinein. Standen mitten im Zimmer und sahen sich ziemlich unbeholfen und verwirrt um.
»Ah, *bitte*, setzt euch doch!« sagte Ramon. Er wies auf ein Sofa. Die Jungens gingen hin und setzten sich, ziemlich steif. Im Kamin brannte ein kleines Feuer. »Ich hol euch was, damit ihr warm werdet. Momentchen bitte.«
Ramon kam mit irgendeinem guten französischen Wein zurück, öffnete die Flasche, entfernte sich wieder und brachte 3 gekühlte Gläser. Er goß ein.
»Trinkt ein Schlückchen. Sehr guter Tropfen.«
Lincoln leerte sein Glas ziemlich schnell. Andrew, der zusah, tat es ihm nach. Ramon goß aufs neue ein.
»Ihr seid Brüder?«
»Ja.«
»Dacht ich mir.«
»Ich bin Lincoln. Er ist mein jüngerer Bruder, Andrew.«
»Ah ja. Andrew hat ein sehr feines und faszinierendes Gesicht. Ein tiefsinniges Gesicht. Er hat auch ein bißchen was Grausames. Vielleicht gerade das richtige *Quentchen* Grausamkeit. Hmmm, könnte ihn beim Film unterbringen. Ich habe da immer noch 'n bißchen Einfluß, wißt ihr.«
»Und was ist mit meinem Gesicht, Mr. Vasquez?« fragte Lincoln.
»Nicht so fein, und grausamer. So grausam, daß es von

fast animalischer Schönheit ist; das, und mit deinem Körper ... verzeih, aber du siehst aus wie so ein riesiger Affe, der sich den größten Teil seiner Haare abrasieren ließ. Aber ... ihr gefallt mir sehr – ihr *strahlt* etwas aus ... irgend etwas.«
»Vielleicht is' es Hunger«, sagte Andrew, der zum erstenmal sprach. »Wir sind grade erst wieder in der Stadt. Von Kansas runtergekommen. Zwei Platte. Dann is' uns auch noch einer von den gottverdammten Zylindern ausgefallen. Das hat unser ganzes Geld aufgefressen – die Reifen und Reparaturkosten. Jetzt sitzen wir blöde da – 'n 56er Plymouth – keinen Zehner bringt uns der auf'm Schrottplatz.«
»Ihr habt Hunger?«
»Und wie!«
»Na um Himmels willen, wartet, da läßt sich ja Abhilfe schaffen, ich hol euch was, ich mach euch was. Trinkt aus inzwischen!«
Ramon ging in die Küche. Lincoln hob die Flasche und trank daraus. Lange Zeit. Dann gab er sie Andrew: »Mach sie leer.«
Andrew hatte gerade die Flasche geleert, als Ramon mit einer großen Platte zurückkam – entkernte und gefüllte Oliven; Käse, Salami, Pastrami, Knäckebrot, Perlzwiebeln, Schinken und lecker bereitete harte Eier.
»Oh, der Wein! Ihr habt ihn alle! Schön!«
Ramon ging fort, kam zurück mit zwei gekühlten Flaschen. Öffnete beide.
Die Jungens fielen über das Essen her. Im Nu hatten sie es weggeputzt. Die Platte war leer.
Dann nahmen sie den Wein in Angriff.
»Haben Sie Bogart gekannt?«
»Ah, nur flüchtig.«
»Und die Garbo?«
»Natürlich, seid nicht albern.«
»Und Gable?«
»Nur flüchtig.«

»Cagney?«
»Nein, Cagney überhaupt nicht. Wißt ihr, die meisten, die ihr da genannt habt, kamen aus ganz verschiedenen Epochen. Manchmal glaube ich, daß einige der späteren Stars es mir verübelten, *noch* verübeln, daß ich den größten Teil meines Geldes verdient habe, bevor der Zahn der Steuer allzu tief zubiß. Aber dabei vergessen sie, daß ich – mal rein zahlenmäßig gesehn – nie deren inflationäre Summen verdient habe; die sie jetzt mit Hilfe von Steuerberatern zu schützen lernen, die ihnen alle Steuertricks zeigen – Re-Investierung und so weiter. Trotzdem, auf Partys schafft das alles gemischte Gefühle. Sie halten *mich* für reich, ich halte *sie* für reich; und alle machen wir uns zu viel Sorgen um Geld und Ruhm und Macht. Ich, ich hab grad nur so viel übrig, daß ich bequem leben kann, bis ich sterbe.«
»Wir haben über Sie nachgelesen, Ramon«, sagte Lincoln. »Ein Autor, nein, zwei Autoren behaupten, Sie hätten immer 5 Riesen in bar in Ihrem Haus versteckt. 'ne Art Taschengeld. Und daß Sie kein großes Vertrauen zu Banken und dem Banksystem haben.«
»Ich weiß nicht, wo ihr das her habt. Es ist nicht wahr.«
»SCREEN«, sagte Lincoln, »Septembernummer 1968. THE HOLLYWOOD STAR, YOUNG AND OLD, Januarnummer 1969. Wir haben die Zeitschriften sogar draußen im Auto.«
»Es ist nicht wahr. Das einzige Geld, das ich im Haus habe, ist in meiner Brieftasche, 20 oder 30 Dollar, und das ist alles.«
»Lassen Sie sehn.«
»Aber bitte.«
Ramon zog seine Brieftasche. Ein Zwanziger war drin und drei Einer.
Lincoln schnappte sich die Brieftasche. »Die gehört mir!«
»Was ist denn in dich gefahren, Lincoln? Wenn du das Geld willst, nimm's dir. Aber gib mir meine Brieftasche

zurück. Da sind meine Papiere drin – Führerschein, alles was man so braucht.«
»Fick dich!«
»Was?«
»Ich sagte, ›FICK DICH!‹«
»Tja, Jungens, wenn das *so* ist, werd ich euch wohl bitten müssen, das Haus zu verlassen. Ihr werdet mir ein bißchen frech!«
»Is' noch Wein da?«
»Aber ja, Wein ist noch da! Könnt ihr haben, alles, zehn oder zwölf Flaschen beste französische Weine. Bitte nehmt sie und geht! Ich bitte euch!«
»Angst um deine 5 Riesen?«
»Ich sag's euch doch, ehrlich, hier sind keine 5 Riesen versteckt. Wirklich, so wahr ich hier sitze, hier gibt's keine 5 Riesen!«
»Du verlogener Schwanzlutscher!«
»Warum müßt ihr so unflätig sein?«
»Schwanzlutscher! SCHWANZLUTSCHER!«
»Ich habe euch gastlich bewirtet und bin freundlich zu euch gewesen, und ihr werdet jetzt brutal und unverschämt.«
»Gastlich bewirtet! Mit diesem Scheißfraß? Nennst du *sowas* Essen?«
»Was war denn nicht in Ordnung damit?«
»SCHWULENFRASS!«
»Wie soll ich das verstehn?«
»Kleine eingelegte Oliven . . . gefüllte Eier. *Männer* essen so'n Scheiß nich'!«
»Ihr habt ihn gegessen.«
»Oh, auch noch 'ne Lippe riskieren, SCHWANZLUTSCHER?«
Lincoln stand vom Sofa auf, ging zu Roman, der in seinem Sessel saß, und schlug ihn ins Gesicht, fest, mit offener Hand. Dreimal. Lincoln hatte große Hände.
Ramon senkte den Kopf, begann zu weinen. »Es tut mir leid. Ich wollt es nur so schön machen, wie ich konnte.«

Lincoln sah seinen Bruder an. »Siehst du ihn? Den verfickten Süßen? HEULT WIE'N BABY! MENSCH, WERD ICH DEN ZUM HEULEN BRINGEN! *RICHTIG* ZUM HEULEN BRINGEN! ES SEI DENN, ER SPUCKT DIESE 5 RIESEN AUS!«
Lincoln nahm eine Weinflasche und ließ es lange in sich hineinlaufen.
»Trink aus«, sagte er zu Andrew. »Es gibt Arbeit für uns.« Andrew trank aus seiner Flasche, ebenso lange.
Dann, während Roman weinte, saßen sie da, tranken Wein, blickten einander an und dachten nach.
»Weißt du, was ich machen werde?« fragte Lincoln seinen Bruder.
»Was?«
»Ich werd ihn meinen Schwanz lutschen lassen!«
»Warum?«
»Warum? Na, einfach zum Spaß, *darum!*«
Lincoln nahm wieder einen Schluck, ging dann zu Ramon, faßte ihn unters Kinn und hob ihm den Kopf.
»Hey, Mutter . . .«
»Was? Oh bitte, BITTE LASST MICH IN RUHE!«
»Du wirst jetzt meinen Schwanz lutschen, SCHWANZLUTSCHER!«
»Oh nein, bitte!«
»Wir wissen, daß du'n Warmer bist! Mach dich fertig, Mutter!«
»NEIN! BITTE! BITTE!«
Lincoln zog den Reißverschluß runter.
»MACH DEN MUND AUF!«
»Oh, nein, bitte!«
Als Lincoln Ramon diesmal schlug, war seine Hand geschlossen.
»Ich liebe dich, Ramon: LUTSCH!«
Ramon machte den Mund auf. Lincoln schob ihm seine Schwanzspitze zwischen die Lippen.
»Wenn du mich beißt, Mutter, BRING ICH DICH UM!«

Unter Tränen begann Ramon zu saugen.
Lincoln schlug ihm auf die Stirn.
»Bißchen mehr BEWEGUNG! Bring ma 'n bißchen Leben da rein!«
Ramon bewegte sich schneller vor und zurück, setzte die Zunge ein. Dann, als Lincoln merkte, daß er kam, packte er Ramons Hinterkopf und stieß tief hinein. Ramon würgte, röchelte. Lincoln ließ ihn drin, bis er sich entleert hatte.
»So! Jetzt lutsch ihn meinem Bruder!«
Andrew sagte: »Linc, ich möchte lieber nicht.«
»Hast du Schiß?«
»Nein, das ist es nicht.«
»Keinen Mumm?«
»Nein, nein . . .«
»Nimm noch 'n kräftigen Schluck.«
Andrew trank. Überlegte einen Augenblick. »Na gut, er kann meinen Schwanz lutschen.«
»DANN BRING IHN DAZU!«
Andrew stand auf, zog den Reißverschluß runter.
»Fertigmachen zum Blasen, Mutter.«
Ramon saß nur da und weinte.
»Heb ihm den Kopf an. Er hat das echt gern.«
Andrew hob Ramon den Kopf. »Ich möchte dich nich' schlagen, Alter. Komm, mach den Mund auf. Es dauert nich' lange.«
Ramon öffnete die Lippen.
»Da«, sagte Lincoln, »siehst du, er tut's. Überhaupt keine Schwierigkeit.«
Ramon bewegte den Kopf vor und zurück, ließ die Zunge spielen, und Andrew kam. – Ramon spuckte es auf den Teppich. »Sauhund!« sagte Lincoln. »Du sollst es doch schlucken!«
Er ging hinüber und schlug Ramon, der aufgehört hatte zu weinen und aussah, als wäre er in irgendeiner Trance.
Die Brüder setzten sich wieder, leerten ihre Weinflaschen, fanden in der Küche noch mehr. Brachten sie mit heraus, entkorkten sie und tranken noch etwas weiter.

Ramon Vasquez sah bereits aus wie die Wachsfigur eines toten Stars im Hollywoodmuseum.
»Wir nehmen uns die 5 Riesen und dann haun wir ab«, sagte Lincoln.
»Er hat doch gesagt, hier is' kein Geld.«
»Schwule sind von Natur aus Lügner. Ich hol das schon raus aus ihm. Du bleibst einfach hier sitzen und vergnügst dich mit deinem Wein. Ich werd mich um diesen Anfänger mal kümmern.«
Lincoln hob Ramon auf, lud ihn sich auf die Schulter und trug ihn ins Schlafzimmer.
Andrew saß da und trank den Wein. Er hörte, daß im Schlafzimmer gesprochen und gebrüllt wurde. Dann sah er das Telefon. Er wählte eine New Yorker Nummer. Dort lebte sein Mädchen. Sie hatte Kansas City verlassen, um groß herauszukommen. Aber sie schrieb ihm noch. Es waren lange Briefe. Sie wurschtelte noch immer herum.
»Wer?«
»Andrew.«
»Oh, Andrew, ist irgendetwas passiert?«
»Hast du schon geschlafen?«
»Ich wollte grade ins Bett.«
»Allein?«
»Natürlich.«
»Nein, es is' nix passiert. Hier will mich so'n Knabe beim Film unterbringen. Er sagt, ich hätt'n feines Gesicht.«
»Na wunderbar, Andrew! Du hast auch 'n schönes Gesicht, und ich liebe dich, das weißt du.«
»Na klar. Wie geht's 'n dir so, Kätzchen?«
»Nicht so besonders. Andy. New York ist 'ne kalte Stadt. Alle wollen sie einem ins Höschen, das ist das einzige. Ich arbeite als Kellnerin, es ist schrecklich, aber ich glaube, ich krieg 'ne Rolle in 'nem Off-Broadway-Stück.«
»Und was is' das für'n Stück?«
»Och, ich weiß nich'. Scheint'n bißchen zickig zu sein. Von 'nem Nigger geschrieben.«
»Trau diesen Niggern nich', Baby.«

»Tu ich auch nich'. Es ist nur, weil so 'ne Erfahrung ja nich' schaden kann. Und sie haben 'ne Schauspielerin mit irgend 'nem großen Namen, die spielt für umsonst.«
»Na, das is' ja in Ordnung. Aber trau diesen Niggern nich'!«
»Ich bin doch nich' blöd, Andy. Ich trau keinem. Es is' nur wegen der Erfahrung.«
»Wer is' denn der Nigger?«
»Ich weiß nich'. Irgend so'n Stückeschreiber. Alles, was er tut, is' rumsitzen und Gras rauchen und über Revolution quatschen. Das is' jetzt *die* Sache. Wir müssen da mitmachen, bis sich das totgelaufen hat.«
»Dieser Stückeschreiber, der fickt nicht mit dir?«
»Sei kein Blödmann, Andrew. Ich bin nett zu ihm, aber er is' eben ein Heide, ein Tier ... Und ich hab's so satt, Kellnerin zu sein. Alle diese Klugscheißer, die einen in'n Arsch kneifen, weil sie'n paar Cents Trinkgeld liegenlassen. Es ist schrecklich.«
»Ich denke immerzu an dich, Baby.«
»Und ich denk an dich, altes pretty face, alter Dickpimmel-Andy. Und ich liebe dich.«
»Lustig, wie du manchmal redest, lustig und echt, und deswegen lieb ich dich, Baby.«
»Hey! Was is' denn das für'n GESCHREI, das ich da dauernd höre?«
»Nix, als Unsinn, Baby. 'ne große wüste Party hier in Beverly Hills. Du kennst ja diese Schauspieler.«
»Hört sich ja an, wie wenn wer umgebracht wird.«
»Mach dir keine Gedanken, Baby. Es ist nur Unsinn. Alle sind betrunken. Irgendwer übt seinen Text. Ich liebe dich. Ich ruf bald wieder an oder schreibe.«
»Ja bitte, Andrew, tu das, ich liebe dich.«
»Nacht, Süße.«
»Gutnacht, Andrew.«
Andrew legte auf und ging ins Schlafzimmer. Da lag Ramon auf dem großen Doppelbett. Ramon war sehr blutig. Das Bettzeug war sehr blutig.

Lincoln hatte diesen Rohrstock in der Hand. Es war der berühmte Stock, den Der Große Liebhaber in den Filmen benutzt hatte. Der Stock war von oben bis unten voll Blut.
»Der Hurensohn will nich' auspacken«, sagte Lincoln. »Hol mir noch 'ne Flasche Wein.«
Andrew kam mit dem Wein zurück, entkorkte die Flasche, und Lincoln nahm einen langen Zug.
»Vielleicht sind keine 5 Riesen hier«, sagte Andrew.
»Die sind hier. Und wir brauchen sie. Schwule sind schlimmer als Juden. Ich meine, Juden würden lieber sterben, als einen Penny aufzugeben. Und Schwule LÜGEN! Kapiert?«
Lincoln blickte wieder auf den Körper auf dem Bett.
»Wo hast du die 5 Riesen versteckt, Ramon?«
»Ich schwöre . . . ich schwöre . . . aus tiefster Seele, hier sind keine 5 Riesen, ich schwöre! Ich schwöre!«
Wieder ließ Lincoln den Stock auf das Gesicht des Großen Liebhabers knallen. Noch ein Schlag. Blut lief. Ramon wurde bewußtlos.
»So hat's keinen Zweck. Bring ihn unter die Dusche«, sagte Lincoln zu seinem Bruder. »Mach ihn wieder munter. Wasch ihm das Blut ab. Wir fangen nochmal ganz von vorne an. Diesmal – nicht nur das Gesicht, sondern auch den Schwanz und Eier. Der redet schon noch. Jeder redet dann. Geh ihn saubermachen, ich nehm derweil noch'n paar Schlückchen.«
Lincoln ging hinaus. Andrew blickte auf die blutende rote Masse, würgte einen Moment, erbrach sich dann auf den Fußboden. Er hob den Körper auf, trug ihn zum Badezimmer. Ramon schien für einen Moment zu sich zu kommen.
»Heilige Maria, Heilige Maria, Mutter Gottes . . .«
Er sagte es noch einmal auf dem Weg zum Badezimmer.
»Heilige Maria, Heilige Maria, Mutter Gottes . . .«
Als Andrew ihn im Badezimmer hatte, zog er Ramon die blutdurchtränkten Sachen aus, dann sah er die Dusch-

kabine, legte Ramon auf den Fußboden und hielt die Hand unter das Wasser, bis es die richtige Temperatur hatte. Dann zog er sich selber Schuhe und Strümpfe, Hose, Shorts und T-shirt aus und stieg mit Ramon unter die Dusche, hielt ihn unter dem Wasser hoch. Das Blut wurde langsam abgespült. Andrew sah zu, wie das Wasser die grauen Haare platt an den Schädel dieses einstigen Idols der Weiblichkeit klatschte. Ramon sah nur noch aus wie ein trauriger, in Selbstmitleid versunkener alter Mann.
Dann, einem plötzlichen Einfall folgend, drehte Andrew das heiße Wasser ab und ließ nur noch das kalte laufen.
Er brachte den Mund an Ramons Ohr.
»Alles, was wir wollen, Alter, sind deine 5 Riesen. Dann hauen wir ab. Rück einfach die Kohle raus, und wir lassen dich in Ruhe, verstanden?«
»Heilige Maria . . .«, sagte der alte Mann.
Andrew hob ihn aus der Duschkabine. Brachte ihn zurück ins Schlafzimmer, legte ihn aufs Bett. Lincoln hatte eine neue Flasche Wein in Arbeit.
»Okay«, sagte er, »diesmal *redet* er!«
»Ich glaube nicht, daß er die 5 Riesen hat. Ich würde wegen 5 Riesen nicht solche Prügel einstecken.«
»Doch, er hat sie! Er is'n Schwulenjiddenniggerschwein! Diesmal REDET er!«
Lincoln gab Andrew die Flasche, der sofort daraus trank.
Lincoln hob den Stock auf:
»So! Schwanzlutscher! WO SIND DIE 5 RIESEN?«
Von dem Mann auf dem Bett kam keine Antwort. Lincoln drehte den Stock um, das heißt, er nahm das gerade Ende in die Hand. Dann schlug er das gekrümmte Ende auf Ramons Schwanz und Eier.
Von dem Mann war bis auf ein unablässiges Stöhnen nicht mehr viel zu hören.
Ramons Geschlechtsorgane wurden fast vollständig zerschlagen. Lincoln machte einen Moment Pause, um einen kräftigen Schluck Wein zu nehmen, dann faßte er erneut

den Stock und fing an, überall hinzuschlagen – auf Ramons Gesicht, Bauch, Hände, Nase, Kopf, überall hin, ohne noch länger nach den 5 Riesen zu fragen. Ramons Mund stand offen. Und das Blut, das aus der gebrochenen Nase und aus anderen Stellen des Gesichts kam, lief in seinen Mund. Er schluckte es herunter und ertrank in seinem eigenen Blut. Dann war er sehr still, und der dreschende Stock bewirkte nur noch sehr wenig.
»Du hast ihn umgebracht«, sagte Andrew, der von seinem Sessel aus zugesehn hatte, »und er wollte mich beim Film unterbringen.«
»Ich hab ihn nicht umgebracht«, sagte Lincoln, »du hast ihn umgebracht! Ich hab da gesessen und zugeguckt, wie du ihn mit seinem eigenen Stock totgeschlagen hast. Mit dem Stock, der ihn in seinen Filmen berühmt gemacht hat!«
»Was für'n Scheiß«, sagte Andrew, »jetzt redest du aber wirklich wie einer, der seinen Verstand versoffen hat. Hauptsache ist jetzt, hier zu verduften. Den Rest erledigen wir später. Der Kerl ist tot. Laß abhaun!«
»Erst ma'«, sagte Lincoln, »hab ich über so 'ne Sache Kriminalzeitschriften gelesen. Erst ma' knallen wir denen was vor die Platte. Wir tauchen die Finger in sein Blut und schreiben denen 'n paar Sprüche an die Wände und so.«
»Was denn?«
»Na, etwa: ›FICKT DIE SCHWEINE. TOD DEN SCHWEINEN!‹ Dann wird irgend'n Name auf das Kopfbrett geschrieben, ein Männername – sagen wir ›Louie‹. Okay?«
»Okay.«
Sie tauchten ihre Finger in sein Blut und schrieben ihre kleinen Sprüche. Dann gingen sie nach draußen.
Der 56er Plymouth sprang an. Mit Ramons 23 Dollar und dem gestohlenen Wein rollten sie nach Süden. An der Ecke Sunset und Western sahen sie zwei Mädchen in Minis, die per Anhalter trampten. Sie hielten bei ihnen. Nach einem cleveren Wortgeplänkel stiegen die zwei

Mädchen ein. Das Auto hatte ein Radio. Das war ungefähr alles, was es hatte. Sie stellten es an. Flaschen teuren französischen Weins rollten im Auto herum.
»Hey«, sagte das eine Mädchen, »ich glaube, diese Jungens sind'n paar tolle Swinger!«
»Hey«, sagte Lincoln, »laßt uns doch zum Strand runterfahren. Wir legen uns in den Sand, trinken den Wein und gucken zu, wie die Sonne hochkommt!«
»Okay«, sagte das andere Mädchen.
Andrew schaffte es, eine Flasche zu entkorken, es war nicht einfach – er mußte sein Taschenmesser benutzen, dünne Klinge – Ramon und Ramons schönen Korkenzieher hatten sie zurückgelassen – und das Taschenmesser funktionierte nicht ganz so wie ein Korkenzieher – mit jedem Schluck Wein mußte man ein bißchen Korken mittrinken.
Vorne hatte Lincoln wohl schon einigen Spaß, da er aber fahren mußte, konnte er seine mehr oder weniger nur in Gedanken rumkriegen. Auf dem Rücksitz hatte Andrew bereits die Hand auf ihren Oberschenkeln, dann schob er das Höschen ein Stück zur Seite, es war Schwerarbeit, und dann hatte er seinen Finger hineingekriegt. Plötzlich entzog sie sich ihm, schob ihn weg und sagte: »Ich finde, wir sollten einander erst mal besser kennen.«
»Versteht sich«, sagte Andrew, »bis wir am Strand sind und anfangen können, haben wir noch 20 oder 30 Minuten Zeit. Mein Name«, sagte Andrew, »ist Harold Anderson.«
»Ich heiße Claire Edwards.«
Wieder gingen sie in den Clinch.
Der Große Liebhaber war tot. Aber es würde andere geben. Auch viele nur Gernegroße. Von denen am meisten. So liefen die Dinge eben. Oder sie liefen auch nicht.

Ein Saufkumpel

Ich lernte Jeff in einem Lagerhaus für Autoteile in der Flower Street kennen – oder vielleicht war es auch die Figueroa Street, ich verwechsel die beiden immer. Na, jedenfalls ich war bei der Annahme, und Jeff war mehr oder weniger der Kalfaktor. Er lud gebrauchte Teile ab, kehrte die Fußböden, hängte Papier in die Scheißhäuser und so weiter. Ich hatte auch schon solche Dreckjobs gemacht, im ganzen Land, und deswegen blickte ich nie auf diese Leute herab. Ich hatte gerade eine üble Weibergeschichte hinter mir, die mir fast den Rest gegeben hätte. Vorläufig hatte ich mal wieder die Nase voll von Frauen, und als Ersatz setzte ich auf Pferde, wichste und soff. Offen gesagt, wenn ich das tat, war ich immer besser dran, und jedesmal, wenn ich so weit kam, dachte ich, Schluß jetzt mit den Weibern, endgültig, scheiß der Hund drauf. Natürlich tauchte dann immer eine andere auf – sie brachten einen zur Strecke, egal wie gleichgültig man auch war. Ich glaube, wenn man so richtig gleichgültig wurde, wollten sie's einem erst recht zeigen, wie sie einen fertigmachen können. Frauen schafften das; egal wie stark man war, Frauen schafften das. Ich war aber jedenfalls in diesem ruhigen, ungebundenen Zustand, als ich Jeff kennenlernte – unbeweibt –, und es war nichts Homosexuelles dabei. Einfach nur zwei Burschen, die von ihrem Glück lebten, herumreisten und von den Damen gesengt worden waren. Ich weiß noch, wie ich mal im Green Light war – ich saß abseits an einem Tisch vor meinem Bier und las die Rennergebnisse –, und diese Bande redete über irgendwas, als ich wen sagen hörte: ».˙.˙. ja, und den Bukowski hat die kleine Flo anständig gesengt. Hat sie dich nich' anständig gesengt, Bukowski?«

Ich sah auf. Die Leute lachten. Ich habe nicht gelächelt. Ich habe nur mein Bier gehoben und »Ja« gesagt, einen Schluck genommen und es wieder hingestellt.
Als ich das nächstemal aufsah, hatte eine junge Schwarze ihr Bier an meinen Tisch gebracht. »Hör mal, Junge«, sagte sie, »hör mal, Junge . . .«
»Tag«, sagte ich.
»Hör mal, Junge, laß dich doch nich' von dieser kleinen Flo fertigmachen, laß dich doch von der nich' abknallen, Junge. Das kannst du doch schaffen.«
»Ja, ich weiß, daß ich das schaffen kann. Ich hab auch gar nicht vor, den Löffel wegzulegen.«
»Gut. Du hast halt nur traurig geguckt, sonst nix. Richtig traurig haste geguckt.«
»Na bin ich ja auch. Die hab ich nämlich innen drin gehabt, verstehst du, im Herz drin. Aber das wird schon vergehn. Bier?«
»Ja, aber auf mich.«
Wir haben in der Nacht dann bei mir geschlafen, aber das war mein Abschied von den Frauen – für vielleicht so 14 oder 18 Monate. Wenn man da nicht allzu sehr hinterher ist, sind einem solche Ruhepausen vergönnt.
Ich hab also jeden Abend nach der Arbeit getrunken, allein, bei mir oben, und es blieb dabei noch genug übrig für die Samstage auf'm Rennplatz, und das Leben war einfach und ohne allzu viel Leid. Vielleicht auch ohne allzu viel Sinn, aber von dem ewigen Leid ein bißchen wegzukommen, war schon Sinn genug. Was mit Jeff los war, wußte ich sofort. Er war nicht einfach nur jünger als ich, sondern ich erkannte in ihm so etwas wie eine jüngere Ausgabe von mir.
»Du hast ja wohl auch'n ganz schön dicken Kater, Kleiner«, sagte ich eines Morgens zu ihm.
»'s geht halt nich' anders«, sagte er, »man muß vergessen.«
»Wahrscheinlich hast du recht«, sagte ich. »'n Kater is' immer noch besser als Irrenhaus.«

An dem Abend sind wir nach der Arbeit gleich in 'ne Kneipe nebenan. Er war wie ich, das Essen hat ihn nie gekümmert, ein Mann macht sich keine Gedanken wegen des Essens. Im übrigen waren wir zwei von den Stärksten im Betrieb, wenn wir das auch nie ausprobiert haben. Aber Essen war einfach langweilig. Kneipen hatte ich damals ziemlich über – ewig diese einsamen Idioten von Männern, die hofften, irgendeine Frau würde hereinspaziert kommen und sie ins Wunderland entführen. Das jämmerlichste Volk ist das Rennplatzvolk und das Kneipenvolk, und ich meine die männlichen Vertreter der Gattung. Die Verlierer, die immer wieder verlieren, die nicht aufhören und sich nicht zusammenreißen können. Und ich, ich hing da genau mitten drin. Durch Jeff ist es ein bißchen leichter geworden für mich. Und zwar hauptsächlich deswegen, weil . . . na, ich meine, für ihn war die Sache neuer, und er hat sie aufgepeppt, fast zu was Wirklichem gemacht, als würden wir was Sinnvolles tun, statt unsern kümmerlichen Lohn für's Saufen und Spielen rauszuschmeißen; und für billige Zimmer, um dann Jobs zu verlieren, neue Jobs zu suchen, von Frauen gesengt zu werden – praktisch dauernd in der Hölle zu schmoren und dabei so zu tun, als wäre nichts, überhaupt nichts.
»Ich möchte, daß du meinen Kumpel Gramercy Edwards kennenlernst«, sagte er.
»Gramercy Edwards?«
»Ja, Gram is' mehr drin gewesen als draußen.«
»Knast?«
»Knast und Klapsmühle.«
»Klingt enorm. Sag ihm, er soll kommen.«
»Ich geh ihn anrufen. Wenn er nich' zu voll is', kommt er bestimmt . . .«

Gramercy Edwards kam ungefähr eine Stunde später rein. Inzwischen fühlte ich mich den Dingen schon etwas mehr gewachsen, und das war gut so, denn da kam Gra-

mercy zur Tür herein – ein Opfer von Besserungsanstalten und Gefängnissen. Seine Augen schienen sich dauernd nach oben in seinen Schädel wegdrehen zu wollen, als versuchte er, in sein Gehirn zu gucken und nachzusehn, was da schiefgelaufen war. Er war in Lumpen gekleidet, und in eine Hosentasche, die eingerissen war, hatte er eine große Flasche Wein gezwängt. Er stank, und im Mund hing ihm eine Selbstgedrehte. Jeff machte uns bekannt. Gram zog seine Weinflasche aus der Tasche und bot mir einen Schluck an. Ich nahm sie. Wir blieben da drin und tranken, bis sie zumachten.
Dann gingen wir die Straße runter zu Gramercys Hotel. Damals, bevor die Industrie in diese Gegend kam, wurden in alten Häusern Zimmer an die Armen vermietet, und in einem dieser Häuser hatte die Hauswirtin eine Bulldogge, die sie jede Nacht rausließ, damit sie ihren kostbaren Besitz bewachte. Und das war ein ganz gemeiner Saukerl, dieser Hund. Schon so manche Nacht, wenn ich besoffen nach Hause ging, hatte er mich erschreckt, bis ich endlich lernte, welche Straßenseite ihm gehörte und welche mir. Ich bekam die Seite, die er nicht wollte.
»So«, sagte Jeff, »heute nacht geht's dem Saukerl an den Kragen. Paß auf, Gram, ich übernehm es, ihn einzufangen. Und wenn ich ihn habe, mußt du ihn abstechen.«
»Du fängst ihn«, sagte Gramercy, »und hier ist die Klinge. Hab sie grad erst schleifen lassen.«
Und so schlenderten wir dahin. Bald war dann dieses Knurren zu hören, und die Bulldogge kam auf uns losgeprescht. Besonders gern zwackte das Biest einen in die Waden. Wirklich ein Mordskerl von Wachhund. Riesig selbstsicher kam er angeschossen. Jeff wartete, bis die Bulldogge uns fast erreicht hatte, dann drehte er sich seitwärts und sprang über die Bulldogge hinweg. Die bremste rutschend, wendete schnell, und Jeff sprang wieder hoch und kriegte den Hund zu fassen, als er unter ihm durchwollte. Er schloß die Arme unter den Vorderbeinen der Bulldogge und stand dann auf. Der Hund strampelte

und schnappte hilflos um sich, mit dem ungeschützten Bauch nach vorne.
»Hihihihi«, machte Gramercy, »hihihihi!«
Und er stach zu mit seinem Messer und schnitt einen rechten Winkel hinein. Dann zerlegte er das Tier in 4 Teile.
»Jesus«, sagte Jeff.
Alles war voll Blut. Jeff ließ die Bulldogge fallen. Sie bewegte sich nicht mehr. Wir gingen weiter.
»Hihihihihi«, machte Gramercy, »der Saukerl ärgert keinen mehr.«
»Ihr macht mich krank«, sagte ich. Ich ging auf mein Zimmer und dachte an die arme Bulldogge. 2 oder 3 Tage war ich noch wütend auf Jeff, dann vergaß ich es ...

Gramercy hab ich nie wiedergesehn, aber mit Jeff bin ich weiterhin saufen gegangen. Was anderes war anscheinend nicht drin.
Jeden Morgen, wenn wir zur Arbeit kamen, waren wir kaputt ... das war unser privater Scherz. Und jeden Abend haben wir uns dann wieder vollaufen lassen. Was soll ein Armer sonst machen? Die Mädchen suchen sich keine einfachen Arbeiter aus; die Mädchen suchen sich die Ärzte aus, die Wissenschaftler, die Rechtsanwälte, die Geschäftsmänner und so weiter. Wir kriegen die Mädchen, wenn die mit den Mädchen Schluß gemacht haben und es keine Mädchen mehr sind – wir kriegen die benutzten, die versauten, die kranken und kaputten. Wenn man nach 'ner Weile aus zweiter, dritter und vierter Hand mehr will, gibt man's auf; oder man will es wenigstens aufgeben. Trinken hilft. Und da Jeff gern in Kneipen ging, ging ich mit ihm. Jeffs Problem war nur, daß er sich gerne prügelte, wenn er betrunken war. Mich griff er glücklicherweise nie an. Er war sehr gut, ein guter Boxer, und er war stark, vielleicht der stärkste Mann, den ich je gesehen hatte. Dabei war er kein Schlägertyp; aber wenn er 'ne Weile getrunken hatte, schien

er durchzudrehn. Ich habe gesehn, wie er eines Nachts mal drei Kerle fertiggemacht hat. Er hat auf sie herabgeblickt, wie sie da hingestreckt in der Gasse lagen, hat die Hände in die Taschen gesteckt und dann mich angeguckt:
»Na komm, gehn wir noch einen trinken.«
Er hat nie angegeben damit.

Die Samstagabende waren natürlich am besten. Sonntags hatten wir frei, um den Kater zu verdauen. Meistens haben wir uns bloß einen neuen geholt, aber sonntagmorgens brauchte man wenigstens nicht in einem Lagerhaus für Autoteile zu sein und für einen Sklavenlohn einen Job zu machen, den man schließlich doch einmal hinschmeißen würde oder aus dem sie einen irgendwann mit Sicherheit feuerten.
Diesen Samstagabend saßen wir im Green Light und kriegten schließlich doch Hunger. Wir gingen hoch zum Chinesen, was ein ziemlich sauberer und etwas besserer Laden war. Wir gingen die Treppe hoch in den ersten Stock und setzten uns hinten an einen Tisch. Jeff war betrunken und warf eine Tischlampe um. Mit lautem Geschepper ging sie zu Bruch. Alle guckten. Der chinesische Kellner an einem andern Tisch warf uns einen besonders angewiderten Blick zu.
»Nehmen Sie's nich' so tragisch«, sagte Jeff. »Schreiben Sie's auf die Rechnung. Ich zahl das.«
Eine schwangere Frau starrte Jeff an. Sie schien recht unglücklich zu sein über das, was er gemacht hatte. Mir war das unverständlich. *So* schlimm konnt ich's nun auch wieder nicht finden. Der Kellner wollte uns nicht bedienen oder ließ uns warten, und diese Schwangere starrte uns weiter an. Es war, als hätte Jeff das abscheulichste Verbrechen der Welt begangen.
»Was'n los, Baby? Brauchst'n bißchen Liebe? Ich kann mit dir durch die Hintertür gehn. Einsam, Süße?«
»Ich geh meinen Mann rufen. Der ist unten auf der

Toilette. Ich geh ihn rufen, ich hol ihn. Der wird Ihnen was zeigen!«
»Was hat er denn?« fragte Jeff. »'ne Briefmarkensammlung? Oder Schmetterlinge unter Glas?«
»Ich geh ihn holen! Jetzt!« sagte sie.
»Liebe Frau«, sagte ich, »bitte, tun Sie das nicht. Sie brauchen Ihren Mann noch. Bitte tun Sie's nicht, liebe Frau.«
»Doch, ich tu's«, sagte sie, »ich tu's!«
Sie stand auf und lief zur Treppe. Jeff lief hinter ihr her, kriegte sie zu fassen, wirbelte sie herum und sagte: »Hier, ich schick dich auf'n Weg!«
Drauf gab er ihr einen aufs Kinn, und dopsend kullerte sie die Stufen hinunter. Es machte mich krank. Es war genauso schlimm wie in der Nacht mit dem Hund.
»Allmächtiger Gott, Jeff! Du hast 'ne schwangere Frau die Treppe runtergeprügelt! Scheiße is' das und schwachsinnig! Womöglich hast du 2 Menschen umgebracht. Du wirst so bösartig, Mann, was willste denn bloß beweisen damit?«
»Halt's Maul«, sagte Jeff, »oder du kriegst auch noch was rein!«
Jeff war irrsinnig betrunken und stand schwankend oben an der Treppe. Unten versammelten sie sich um die Frau. Sie schien noch am Leben zu sein und heile Knochen zu haben, aber ich wußte nicht, was mit dem Kind war. Hoffentlich is' dem Kind nix passiert, dachte ich. Dann kam der Ehemann von der Toilette und sah seine Frau. Sie erklärten ihm, was vorgefallen war, und zeigten dann auf Jeff. Jeff drehte sich um und ging zurück zum Tisch. Der Ehemann schoß die Treppe hoch. Er war ein großer Kerl, so groß wie Jeff und auch so jung. Ich war nicht besonders glücklich über Jeff, und deswegen warnte ich ihn. Der Ehemann sprang Jeff auf den Rücken und packte ihn mit einem Würgegriff. Jeff röchelte und sein ganzer Kopf wurde dunkelrot, aber trotzdem grinste er, das Grinsen kam durch. Er kämpfte gern. Er brachte eine Hand nach

hinten, auf den Kopf des Burschen, griff dann auch mit der andern Hand hinter sich, und indem er sich vorbeugte, hatte er den Körper des Burschen parallel zum Fußboden. Der Ehemann hielt Jeff immer noch um den Hals gepackt, als dieser ihn zur Treppe trug, sich dort aufrichtete, sich den Burschen einfach vom Hals riß, ihn in die Luft hob und treppab schleuderte. Als der Mann der Dame zu purzeln aufhörte, war er sehr still. Ich begann zu überlegen, ob ich abhauen sollte.
Unten quirlten einige Chinesen herum. Köche, Kellner, die Besitzer. Sie schienen miteinander zu reden, während sie herumrannten. Dann fingen sie an, die Treppe hochzurennen. Ich hatte einen Flachmann in der Jacke und setzte mich an einen Tisch, um mir den Spaß anzugucken. Jeff trat ihnen oben an der Treppe entgegen und stupste sie wieder nach unten. Mehr und mehr tauchten auf. Wo all diese Chinesen herkamen, weiß ich nicht. Aber durch ihre Übermacht wurde Jeff schließlich von der Treppe zurückgedrängt, bis er in der Mitte des Raumes herumstapfte und sie niederstreckte. Unter andern Umständen hätte ich Jeff geholfen, aber dauernd dachte ich an diesen armen Hund und die arme Schwangere, und so saß ich einfach nur da, trank aus meinem Flachmann und sah zu.
Endlich kriegten zwei von ihnen Jeff von hinten zu fassen, ein dritter packte einen Arm, zwei weitere den andern Arm, ein sechster hatte ein Bein, und ein siebenter hatte ihn am Hals. Er war wie eine Spinne, die von einer Schar Ameisen zu Fall gebracht wird. Dann hatten sie ihn auf dem Fußboden und versuchten, ihn da niederzuhalten, ihn festzuhalten. Wie gesagt, er war der stärkste Mann, den ich je gesehen hatte. Sie hielten ihn nieder, konnten ihn aber nicht festhalten. Immer wieder, wie von einer unsichtbaren Gewalt herausgeschleudert, kam ein Chinese aus dem Haufen geflogen. Und sogleich stürzte er sich dann wieder in den Haufen hinein. Jeff wollte einfach nicht aufgeben. Und obgleich sie ihn nun am Boden hatten, wurden sie nicht fertig mit ihm. Er kämpfte stur

weiter, und die Chinesen schien es ganz ratlos und unglücklich zu machen, daß er nicht aufgeben wollte.
Ich nahm noch einen Schluck, steckte die Flasche wieder in meine Jacke und stand auf. Ich ging zu dem Gewühl.
»Wenn ihr ihn festhaltet«, sagte ich, »schlag ich ihn k. o. Er wird mich zwar umbringen dafür, aber's geht nich' anders.«
Ich stieg da also hinein und setzte mich auf seine Brust. »Haltet ihn fest! Den Kopf festhalten. Ich kann ihn nich' treffen, wenn er sich so bewegt! Haltet ihn fest, verdammtnochmal! Himmelgottnochmal, ihr seid doch ein ganzes Dutzend! Könnt ihr nich' ma'n einzigen Mann festhalten? Haltet ihn fest, verdammt nochmal, haltet ihn fest!«
Sie schafften es nicht. Jeff zuckte und zerrte weiter herum. Seine Kräfte schienen unerschöpflich. Ich gab es auf, setzte mich wieder an den Tisch und nahm noch einen Schluck. Es muß noch 5 Minuten so weitergegangen sein.
Dann, ganz plötzlich, hielt Jeff still. Nicht eine Bewegung machte er mehr. Die Chinesen hielten ihn fest und beobachteten ihn. Da hörte ich es weinen. Jeff weinte! Die Tränen liefen ihm nur so übers Gesicht. Das ganze Gesicht glänzte wie ein Teich. Dann schrie er auf, jämmerlich – nur ein Wort:
»MUTTER!«
Im nächsten Moment hörte ich die Sirenen. Ich stand auf, ging an ihnen vorbei und die Treppe hinunter. Auf halber Höhe der Treppe traf ich auf die Polizei.
»Er is' da oben! Machen Sie schnell!«
Langsam ging ich durch die Vordertür hinaus. Dann kam ich zu einem schmalen Durchgang. Ich bog in ihn ein und fing an zu rennen. Als ich auf der andern Straße herauskam, hörte ich die Krankenwagen kommen. Ich ging in mein Zimmer, ließ alle Sonnenblenden runter und machte das Licht aus. Ich leerte die Flasche im Bett.
Montag erschien Jeff nicht zur Arbeit. Dienstag auch

nicht. Mittwoch nicht. Nun, ich hab ihn nie wiedergesehn. Ich habe die Gefängnisse abgefragt nach ihm.
Nicht viel später wurde ich wegen Fernbleibens von der Arbeit gefeuert und zog dann auf die Westseite der Stadt, wo ich einen Job als Lagerjunge bei Sears-Roebuck fand. Die Lagerjungen bei Sears-Roebuck hatten nie einen Kater und waren sehr zahm – schmächtige Burschen. Nichts schien sie aufzuregen. Ich aß mein Brot allein und sprach nur sehr wenig mit ihnen.
Ich glaube nicht, daß Jeff ein besonders guter Mensch war. Er hat eine Menge Fehler gemacht, schreckliche Fehler, aber interessant ist er gewesen, doch, das kann man nicht anders sagen. Wahrscheinlich sitzt er jetzt oder irgendwer hat ihn umgebracht. So einen Saufkumpel wie ihn werd ich wohl nie wieder finden. Alle schlafen sie und sind normal und anständig. Ab und zu brauchte man mal wieder so'n richtigen Schweinehund wie ihn. Aber wie es in dem Lied heißt – Wo sind sie geblie-ie-ben?

Der weiße Bart

Und Herb hat dann ein Loch in eine Wassermelone gebohrt und die Wassermelone gefickt, und dann hat er Talbot gezwungen, den kleinen Talbot, das zu essen. Morgens um halb sieben sind wir aufgestanden zum Äpfel- und Birnenpflücken, und es war in der Nähe der Grenze, und die Erde bebte von den Bomben, wenn man sich nach den Äpfeln und Birnen reckte und versuchte, ein anständiger Kerl zu sein und nur die reifen zu pflücken, und dann vom Baum kletterte, um zu pissen – es war kalt morgens – und auf dem Scheißhaus ein bißchen Hasch einzupfeifen. Was das alles sollte, wußte niemand. Wir waren müde, und es war uns egal. Wir waren Tausende von Meilen von der Heimat entfernt, und es war uns egal. Es war, als hätte man einfach ein häßliches Loch in die Erde gebuddelt und uns da hineingeworfen. Wir arbeiteten nur für Unterkunft und Verpflegung und einen sehr geringen Lohn und für das, was wir klauen konnten. Selbst die Sonne verhielt sich nicht wie sie sollte; sie schien mit dünnem roten Zellophan überzogen zu sein, und die Strahlen konnten nicht durchkommen, so daß wir dauernd krank wurden und im Spital lagen, wo sie nichts weiter mit einem anzufangen wußten, als einen mit diesen riesigen kalten Hühnern zu füttern. Die Hühner schmeckten wie Gummi, und da saß man dann im Bett und aß diese Gummihühner, eins nach dem andern, während einem der Rotz aus der Nase übers Gesicht lief und dickarschige Schwestern einen anfurzten. Es war so schlimm da drin, daß einem nichts übrigblieb, als schleunigst gesund zu werden und wieder in diese dämlichen Apfel- und Birnbäume zu steigen.
Die meisten von uns waren vor irgend etwas davonge-

laufen – vor Frauen, Rechnungen, Babys oder anderen Schwierigkeiten, die einem über den Kopf gewachsen waren. Wir ruhten aus und waren müde; waren krank und müde und fertig.
»Zwing ihn doch nicht, die Melone zu essen«, sagte ich.
»Los jetzt, iß das«, sagte Herb, »iß das oder ich vergeß mich und reiß dir den Kopf ab!«
Der kleine Talbot biß dann in die Melone, schluckte Kerne und Herbs Samen und weinte lautlos in sich hinein. Menschen, die Langeweile haben, denken sich alles mögliche aus, um nicht verrückt zu werden. Oder vielleicht werden sie auch verrückt. Der kleine Talbot hatte in den Staaten an Highschools Mathematik unterrichtet, aber irgend etwas war schiefgegangen, und da ist er dann weggelaufen zu unserm Dreckloch, und jetzt fraß er Sperma, gemixt mit Wassermelonensaft.
Herb war ein großer Kerl, Schaufelradhände, schwarzer Drahthaarbart, und dauernd war er am Furzen wie diese Krankenschwestern. An der Seite trug er in einer Lederscheide ein riesiges Jagdmesser. Er brauchte es nicht, er hätte jeden auch ohne es umbringen können.
»Hör mal, Herb«, sagte ich, »warum gehst du da nicht raus und hörst endlich auf mit diesem Kleinkrieg? Mir reicht's langsam.«
»Ich möchte das Gleichgewicht der Kräfte nicht stören«, sagte Herb.
Talbot war fertig mit der Wassermelone.
»Ah, warum guckste nicht mal nach, ob du Scheiße in den Hosen hast?« fragte er Herb.
Herb gab ihm zur Antwort: »Noch ein Wort von dir, und du kannst dein Spundloch in'nem Tornister mit dir rumtragen.«
Wir gingen hinaus auf die Straße, und da waren alle diese kleinarschigen Leute in Shorts, die Knarren mit sich rumschleppten und eine Rasur brauchten. Sogar von den Frauen brauchten manche eine Rasur. Überall roch es schwach nach Scheiße, und hin und wieder, WURUMB –

WURUMB!, hörte man die Bomben. Es war wirklich ein Mordswaffenstillstand . . .

Wir setzten uns im Keller eines Lokals an den Tisch und bestellten billigen Wein. Sie hatten Kerzenbeleuchtung da drin. Ein paar Araber saßen auf dem Fußboden, betäubt und teilnahmslos. Einer hatte einen Raben auf der Schulter, und ab und zu hob er die geöffnete Hand. Auf der Handfläche lagen zwei oder drei Körner. Der Rabe pickte sie lustlos auf und schien sie nur mit Mühe zu schlucken. Ein Mordswaffenstillstand. Ein Mordsrabe.
Dann kam ein junges Mädchen – 13 oder 14, Abstammung unbekannt – und setzte sich zu uns an den Tisch. Ihre Augen waren milchig blau, sofern man sich das vorstellen kann, ein milchiges Blau, und das arme Ding war mit nichts als mit Brüsten behangen. Sie war bloß Rumpf – Arme und Kopf und alles andere hing an diesen Brüsten. Die Brüste waren enormer als die Welt, und die Welt brachte uns um. Talbot blickte auf ihre Brüste, Herb blickte auf ihre Brüste, ich blickte auf ihre Brüste. Es war, als wären wir von einem letzten Wunder heimgesucht worden, obwohl wir doch wußten, daß es keine Wunder mehr gab.
Ich streckte die Hand aus und berührte eine ihrer Brüste. Ich konnte nichts dagegen machen. Dann drückte ich sie. Das Mädchen lachte und sagte auf Englisch:
»Die machen dich scharf, was?«
Ich lachte. Sie hatte ein gelbes Durchsichtiges an. Lila BH und Höschen; grüne hochhackige Schuhe, große grüne Ohrringe. Ihr Gesicht glänzte wie gelackt, und ihre Hautfarbe lag irgendwo zwischen hellbraun und dunkelgelb – wer vermochte das zu sagen? Ich bin kein Maler. Und Titten hatte sie, ja. Brüste! Ein toller Tag.
Der Rabe flog in einem schiefen Kreis durch den Raum und landete wieder auf der Schulter des Arabers. Ich saß da und dachte nach über die Brüste und auch über Herb und Talbot. Über Herb und Talbot: daß sie nie davon

sprachen, was sie hierhin verschlagen hatte, und daß auch ich nicht davon sprach, was mich hierhin verschlagen hatte, und was für schreckliche Versager wir waren, was für Narren, das verbergen zu wollen, wie wir versuchten, nicht zu denken oder zu fühlen, uns aber dennoch nicht umbrachten, sondern weitermachten. Wir gehörten hier hin. Dann landete eine Bombe in der Straße, und die Kerze auf unserm Tisch fiel aus dem Halter. Herb hob sie auf, und ich küßte das Mädchen, ihre Brüste dabei bearbeitend. Es machte mich verrückt.
»Willst du mich ficken?« fragte sie.
Als sie den Preis nannte, war er zu hoch. Ich sagte ihr, wir seien bloß Obstpflücker, und wenn das vorbei wäre, müßten wir in den Minen arbeiten. Die Minen waren verdammt kein Vergnügen. Das letztemal war die Mine im Berg gewesen. Statt uns in den Boden zu graben, trugen wir den Berg ab. Bis in den Himmel schien er zu ragen. Das Erz war oben im Berg, und die einzige Möglichkeit, da ranzukommen, war von unten. Also bohrten wir nach oben gehend ringsum Löcher rein, dosierten das Dynamit und steckten es mit Zündschnüren in diesen Kreis von Löchern. Die Zündschnüre wurden zusammengefaßt zu einer Zündschnur, die herunterhing, und die wurde angezündet, und dann hieß es verschwinden. Man hatte zweieinhalb Minuten, um möglichst weit wegzukommen. Dann, nach der Explosion, kam man zurück und schaufelte den ganzen Scheiß da raus und wiederholte den Vorgang. Wie ein Affe turnte man an dieser Leiter rauf und runter. Manchmal fanden sie bloß noch eine Hand oder einen Fuß und weiter nichts. Dann hatten die zweieinhalb Minuten nicht gereicht. Oder eine von den Zündschnüren hatte einen Materialfehler gehabt, so daß die Flamme zu schnell abgezischt war. Der Hersteller hatte Mist gebaut, aber er war zu weit weg, als daß man sich weiter drum gekümmert hätte. Es war ungefähr wie Fallschirmspringen – wenn der Fallschirm nicht aufging, gab es hinterher einfach niemanden mehr, den man beschimpfen konnte.

Ich ging mit dem Mädchen nach oben. Der Laden hatte keine Fenster; wieder eine Kerze. Auf dem Fußboden lag eine Matte. Wir setzten uns auf die Matte. Sie entzündete die Haschpfeife und gab sie mir. Ich machte einen Zug und gab sie zurück; blickte wieder auf die Brüste. Es wirkte fast lächerlich, wie sie an diese zwei Dinger gefesselt war. Fast war es ein Verbrechen. Fast, sagte ich. Und schließlich gibt es auch noch andere Dinge als Brüste. Alles, was so dazugehört, beispielsweise. Na, in Amerika hatte ich sowas jedenfalls noch nicht gesehen. Und wenn es doch sowas gab in Amerika, schnappten sich's die reichen Jungens und versteckten es, bis es verdorben war oder abgehangen – dann ließen sie so Leute wie uns drauf Jagd machen.
Aber da saß ich und haderte mit Amerika, weil die mich rausgeekelt hatten. Dauernd hatten sie mich umbringen wollen da drüben, umbringen und beerdigen. Es hatte da sogar einen Dichter gegeben, Larsen Castile, der hatte dieses lange Gedicht über mich geschrieben, und da findet man zum Schluß eines Morgens einen Buckel im Schnee, und sie kratzen den Schnee weg, und ich bin es. »Larsen, du Halbarsch«, hab ich zu ihm gesagt, »das is' doch pures Wunschdenken.«
Dann hing ich wieder an ihren Brüsten, erst die eine besuckelnd, dann die andere. Ich fühlte mich wie ein Baby. Wenigstens stellte ich mir vor, daß ein Baby sich so fühlt. Mir war nach Weinen zumute, so gut war das. Mir war, als könnte ich ewig so bleiben und an diesen Brüsten suckeln. Das Mädchen schien nichts dagegen zu haben. Im Gegenteil, es tropfte sogar eine Träne herunter! Es war so gut, daß eine Träne runtertropfte. Eine Träne stiller Freude. Die Segel waren voll. Mein Gott, was die Männer alles lernen mußten! Ich war immer ein Beinfreier gewesen, immer mit den Augen auf den Beinen. Frauen, die aus dem Auto stiegen, brachten mich jedesmal völlig um den Verstand. Ich wußte dann nicht mehr, was ich machen sollte. Mein Gott, das stell man sich doch mal vor, da

steigt eine Frau aus dem Auto – *da!* Ich sehe ihre BEINE! BIS OBEN HIN! All das Nylon, die Reizwäsche, Strapse, der ganze Scheiß ...
BIS OBEN HIN! Zu viel! Kann ich nicht aushalten! Gnade! Ochsen sollen mich zertrampeln! – Ja, es war immer zu viel. – Jetzt suckelte ich Brust. Okay.
Ich brachte meine Hände unter die Brüste, hob sie an. Tonnen von Fleisch. Fleisch ohne Mund oder Auge. FLEISCH FLEISCH FLEISCH. Ich knallte es mir in den Mund und flog in den Himmel.
Dann war ich auf ihrem Mund und machte mich an dem lila Höschen zu schaffen. Dann bestieg ich sie. Dampfer zogen vorbei im Dunkel. Elefanten bespritzten meinen Rücken mit Schweiß. Blaue Blumen bebten im Wind. Terpentin brannte. Moses rülpste. Der Schlauch eines Autoreifens rollte einen grünen Hügel hinunter. Es war vorbei. Lange hatte es nicht gedauert. Na ja ... was soll's.
Sie brachte eine kleine Schüssel und wusch mich ab, und dann zog ich meine Sachen an und ging wieder nach unten. Herb und Talbot warteten. Die ewige Frage:
»Na, wie war's?«
»Och, ziemlich genauso wie bei jeder andern.«
»Willst du sagen, du hast nicht die Brüste gefickt?«
»Ach was, ich wußte bloß, daß ich irgendwo reinficke.«
Herb ging nach oben. Talbot vertraute mir an: »Ich bring ihn um. Wenn er schläft heute nacht, bring ich ihn um. Mit seinem eigenen Messer.«
»Keine Lust mehr auf Wassermelonen?«
»Noch nie welche gehabt.«
»Willst du auch mal mit ihr?«
»Möcht ich schon.«
»Die Bäume sind fast leer. Ich glaube, wir kommen bald wieder in die Minen.«
»Na, wenigstens verstänkert Herb dann die Schächte nicht mehr mit seinen Fürzen.«
»Ach ja, hatt ich schon vergessen. Du willst ihn ja umbringen.«

»Ja, heute nacht, mit seinem eigenen Messer. Du kommst mir da doch nich' in die Quere, oder?«
»Geht mich doch nix an. Keine Angst, ich behalt's schon für mich.«
»Danke.«
»Nich' der Rede wert . . .«

Dann kam Herb herunter. Die Treppe wackelte unter ihm. Der ganze Laden wackelte. Herb war nicht von den Bomben zu unterscheiden. Dann ließ *er* eine Bombe los. Erst hörte man sie, FLÖRRRRRPP, dann roch man sie; im ganzen Laden. Ein Araber, der an der Wand geschlafen hatte, wachte auf und rannte fluchend auf die Straße.
»Ich hab ihn ihr zwischen die Brüste gerammelt«, sagte Herb. »Dann ein *Meer* von Samen unter ihrem Kinn. Als sie aufstand, hing das da wie'n weißer Bart. Zwei Handtücher hat sie gebraucht, um das wegzuwischen. Als ich gebaut wurde, hat man die Gußform weggeschmissen.«
»Als du gebaut wurdest, hat man vergessen zu spülen«, sagte Talbot.
Herb grinste ihn bloß an. »Willst du auch mal mit ihr, Tittenmäuschen?«
»Nein, ich hab's mir anders überlegt.«
»Schiß, eh? Das paßt zu dir.«
»Nein, ich steh auf was anderm.«
»Auf irgend'nem Schwanz wahrscheinlich.«
»Vielleicht hast du recht. Du bringst mich da auf 'ne Idee.«
»Dazu braucht man nicht viel Phantasie. Steck ihn dir doch ins Maul. Mach was du willst.«
»Das hab ich eigentlich nicht vorgehabt.«
»So? Na, was denn? Willst'n dir etwa in'n Arsch stecken?«
»Du wirst schon noch drauf kommen.«
»Ich werde drauf kommen, ja? Was glaubst du denn, was

mir das scheißegal ist, was du mit irgend'nem Schwanz machst.«
Da lachte Talbot.
»Das Tittenmäuschen ist verrückt geworden. Es hat zuviel Wassermelone gegessen.«
»Da kannst du recht haben«, sagte ich.
Wir tranken noch ein paar Runden Wein, dann sind wir gegangen. Es war zwar unser freier Tag, aber das Geld war alle. So blieb nichts, als zurückzugehn, sich in die Falle zu hauen und auf den Schlaf zu warten. Es wurde dort kalt in der Nacht und es gab keinerlei Heizung, und alles, was sie einem gaben, waren zwei dünne Decken. Man legte einfach all seine Sachen noch auf die Decken – Jacken, Hemden, Shorts, Handtücher, alles; egal ob es dreckig war oder sauber. Und wenn Herb furzte, zog man sich das ganze Zeug übern Kopf. Wir kamen zurück, und ich war sehr traurig. Es war nichts zu machen. Den Äpfeln war es egal und den Birnen auch. Amerika hatte uns rausgeschmissen oder wir waren davongelaufen. Zwei Blocks weiter krepierte eine Granate in einem Schulbus. Kinder auf der Heimfahrt vom Picknick. Als wir vorbeikamen, lagen überall Stücke von Kindern herum. Das Blut war dick auf der Straße.
»Die armen Kleinen«, sagte Herb, »die werden nun nie gebumst werden.«
Die sind's doch schon, dachte ich mir. Wir gingen weiter.

Bitte umblättern:

auf den nächsten Seiten informieren
wir Sie über weitere interessante
Fischer Taschenbücher.

Charles Bukowski

»Ich bin kein lyrischer Entertainer. Wenn du einen ganzen Monatslohn in vier Stunden auf dem Rennplatz verloren hast und abends um zehn wieder in deine Bude kommst und dich an die Schreibmaschine setzt, dürfte es dir verdammt schwerfallen, irgendwelchen schöngeistigen, rosaroten Bullshit hinzuschreiben.«

Aufzeichnungen eines Außenseiters
Band 1332

Das Leben und Sterben im Uncle Sam Hotel
Erzählungen. Band 5164

Die Ochsentour
Bild-Text-Band 5255

Fuck Machine
Erzählungen. Band 2206

Kaputt in Hollywood
Erzählungen. Band 5005

Schlechte Verlierer
Erzählungen. Band 5135

Charles Bukowski/Carl Weissner (Hg.)
Terpentin on the rocks
Die besten Gedichte aus der amerikanischen Alternativpresse 1966–1977. Band 5123

Fischer Taschenbuch Verlag

Unterhaltsame Literatur
Eine Auswahl

  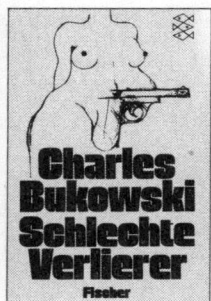

Robert Alley
Der letzte Tango in Paris
Roman. Band 8080

Frank Baer
Die Magermilchbande
Mai 1945:
Fünf Kinder auf der Flucht nach Hause
Roman. Band 5167

Stefan Békeffy
Der Hund, der Herr Bozzi hieß
Roman. Band 8305

Martin Bettinger
Der Himmel ist einssiebzig groß
Roman. Band 7573

Roger Borniche
Elf Uhr nachts
Roman. Band 8354

Schach und matt
Roman. Band 8355

Thomas C. Breuer
Huren, Hänger und Hanutas
Roman. Band 8365

Pearl S. Buck
Ein angenehmer Abend
Erzählungen
Band 8330

Die Frau, die sich wandelt
Roman. Band 8329

Wie Götter werden
Roman. Band 8334

Zurück in den Himmel
Erzählungen
Band 8336

Charles Bukowski
Die Ochsentour
Bukowski auf
Deutschland Tournee
Band 5255

Das Leben und Sterben im Uncle Sam Hotel
Stories. Band 5164

Schlechte Verlierer
Stories. Band 5135

Peter Butschkow
Grufties
Der alte Mensch ab dreißig
Cartoons. Band 8273

Mamas & Papas um Jahre geeltert
Cartoons. Band 8292

Matschoo!!
Cartoons. Band 8214

Fischer Taschenbuch Verlag

fi 1220/1a

Unterhaltsame Literatur

Eine Auswahl

Martine Carton
Hera und Die
Monetenkratzer
Roman. Band 8141

Medusa und
Die grünen Witwen
Roman. Band 8023

Nofretete und
Die Reisenden
einer Kreuzfahrt
Roman. Band 8038

Gabriel Chevallier
Clochemerle
Roman. Band 1190

Dagmar Chidolue
Bist du irre?
Roman. Band 7527

Das Maisfeld
Roman. Band 7574

John Cleland
Die Memoiren
der Fanny Hill
Band 1530

Anthea Cohen
Carmichaels
kleine Listen
Band 8312

Engel
tötet man nicht
Band 8209

Tatmotiv Liebe
Band 8270

Wilkie Collins
Die Frau in Weiß
Roman. Band 8227

Der rote Schal
Roman. Band 1993

Lucilla
Roman. Band 8135

Quentin Crisp
Crisperanto
*Aus dem Leben eines
englischen Exzentrikers*
Band 9362

John Crowley
Little Big oder
Das Parlament
der Feen
Band 8307

Maurice Druon
Die Wölfin von
Frankreich
Roman. Band 8164

Lilie und Löwe
Roman. Band 8165

Ein König
verliert sein Land
Roman. Band 8166

Fischer Taschenbuch Verlag

fi 1220/1b

Unterhaltsame Literatur
Eine Auswahl

Dummdeutsch
Ein satirisch-polemisches Wörterbuch.
Eckhard Henscheid,
Carl Lierow,
Elsemarie Maletzke
und Chlodwig Poth (Hg.)
Band 7583

Werner J. Egli
Die Nacht, als der Kojote schwieg
Der Roman vom Untergang der Apachen
Band 8279

Stanley Ellin
Die geordnete Welt des Mr. Appleby
Kriminalstories
Band 8286

Der Tag der Kugel
Kriminalstories
Band 8295

Stanley Ellin
Tod am Weihnachtsabend
Kriminalstories
Band 8267

Paul E. Erdman
Crash '81
Der große Schock
Band 2606

Iring Fetscher
Der Nulltarif der Wichtelmänner
*Märchen –
u.a. Verwirrspiele*
Band 5806

Wer hat Dornröschen wachgeküßt?
Das Märchen-Verwirrbuch
Band 1446

Klaus Fröba
Wölfe in Blinding
Band 8293

Catherine Gaskin
Alles andere ist Torheit
Roman. Band 8244

Denn das Leben ist Liebe
Roman. Band 2513

Der Fall Devlin
Roman. Band 2511

Die englische Erbschaft
Roman. Band 2408

Das grünäugige Mädchen
Roman. Band 1957

Im Schatten ihrer Männer
Roman. Band 8245

Wie Sand am Meer
Roman. Band 2435

Fischer Taschenbuch Verlag

fi 1220/1c

Unterhaltsame Literatur

Eine Auswahl

**Shirley Ann Grau
Harter blauer
Himmel**
Roman. Band 8280

**Thea von Harbou
Das indische
Grabmal**
Roman. Band 2705

**Joseph Hayes
Insel auf dem Vulkan**
Roman. Band 5138
**Der Schatten
des Anderen**
Band 2015
Zwei auf der Flucht
Band 8172

**Constance Heaven
Kaiser, König,
Edelmann**
Roman. Band 8297
**Königin mit
Liebhaber**
Roman. Band 8296
Stürmischer Walzer
Roman. Band 8299

**Mary Higgins Clark
Wo waren Sie,
Dr. Highley?**
Band 8057

**James Hilton
Der verlorene
Horizont**
*Ein utopisches Abenteuer irgendwo in Tibet
Roman. Band 2446*

**Franz Hohler
Der Granitblock
im Kino und
andere Geschichten**
Band 7549

**Victoria Holt
Herrin auf Mellyn**
Roman. Band 2469
**Im Schatten des
Luchses**
Roman. Band 2423
**Königsthron und
Guillotine
Das Schicksal der
Marie Antoinette**
Roman. Band 8221

**Barry Hughart
Die Brücke
der Vögel**
Roman. Band 8347
**Meister Li und der
Stein des Himmels**
Roman. Band 8380

**Gary Jennings
Marco Polo
Der Besessene**
Bd. I: **Von Venedig
zum Dach der Welt**
Band 8201
Bd. II: **Im Lande des
Kubilai Khan**
Band 8202

**Jerome K. Jerome
Drei Männer
auf einem Bummel**
Roman. Band 8156

**James Jones
Verdammt in
alle Ewigkeit**
Roman. Band 1124

Fischer Taschenbuch Verlag

fi 1220/1d

Unterhaltsame Literatur
Eine Auswahl

Erica Jong
Fanny
Roman. Band 8045

M. M. Kaye
Insel im Sturm
Roman. Band 8032
Die gewöhnliche Prinzessin
Roman. Band 8351
Schatten über dem Mond
Roman. Band 8149

Werner Lansburgh
»Dear Doosie«
Eine Liebesgeschichte in Briefen. Band 2428
Wiedersehen mit Doosie
Meet your lover to brush up your English
Band 8033

Doris Lerche
Du streichelst mich nie!
Psycho-horror-picture-show I. Band 8219

Doris Lerche
Kinder brauchen Liebe
Psycho-horror-picture-show II. Band 8289
Keiner versteht mich!
Psycho-horror-picture-show III. Band 8240

Die wahren Märchen der Brüder Grimm
Heinz Rölleke (Hg.)
Band 2885

Märchen und Geschichten aus der Welt der Mütter
Sigrid Früh (Hg.)
Band 2882

Märchen und Geschichten zur Weihnachtszeit
Erich Ackermann (Hg.)
Band 2874

Pat Mallet
Gelegenheit macht Liebe
Das scharfe Buch der kleinen grünen Männchen
Cartoons. Band 8337
Der große Pat Mallet
Band 8017
Die kleinen grünen Männchen
Band 1856
Die kleinen grünen Männchen bleiben am Ball
Band 8041
Die kleinen grünen Männchen sind wieder da
Band 2507
… und die kleinen grünen Männchen waren doch dabei
Band 8018

Fischer Taschenbuch Verlag

fi 1220/1e

Unterhaltsame Literatur

Eine Auswahl

Pat Mallet
... die kleinen grünen Männchen sind immer noch dabei
Band 8153

Die kleinen grünen Männchen werden aktiv
Band 8084

Daphne Du Maurier
Cornwall-Saga
Roman einer Landschaft
Band 8182

Detlev Meyer
Im Dampfbad greift nach mir ein Engel
Biographie der Bestürzung I. Band
Band 8261

David steigt aufs Riesenrad
Biographie der Bestürzung II. Band
Band 8306

Jon Michelet
In letzter Sekunde
Thriller. Band 8374

Werner Möllenkamp
Hackers Traum
Ein Computerroman
Band 8720

Hubert Monteilhet
Darwins Insel
Ein fabelhafter Roman vom Ursprung der Arten
Band 8718

Timeri N. Murari
Ein Tempel unserer Liebe
Der Tadsch-Mahal-Roman. Band 8303

Hendrik Nachtsheim
Über Leben im Rockbusiness
Von Abräumen bis Zugabe. Band 7612

Robert Stuart Nathan
Der weiße Tiger
Roman. Band 8370

Josef Nyáry
Das Haupt des Täufers
Ein Roman aus Europas dunkler Zeit
Band 8258

Nimrods letzte Jagd
Roman. Band 8073

Leonie Ossowski
Die große Flatter
Roman. Band 2474

Wilhelm Meisters Abschied
Roman. Band 7587

Chlodwig Poth
Elternalltag
Cartoons. Band 2442

Taktik des Ehekriegs
Cartoons. Band 2484

Fischer Taschenbuch Verlag

fi 1220/1f

Unterhaltsame Literatur

Eine Auswahl

Chlodwig Poth
Wie man
das Volk vertritt
*Szenen aus dem Leben
eines Bundestags-
abgeordneten. Band 2491*

Alfred Probst
Amideutsch
*Ein kritisch-polemisches
Wörterbuch der anglo-
deutschen Sprache
Band 7534*

Micky Remann
Der Globaltrottel
*Who is who in Katmandu
und andere Berichte aus
dem Überall
Band 7615*

Erik Rosenthal
Der Algorithmus
des Todes
*Ein mathematischer
Kriminalroman
Band 8714*

Bernd Schreiber
Good Bye, Macho
Roman. Band 7613

Gerhard Seyfried
Freakadellen
und Bulletten
Cartoons. Band 8360

Thorne Smith
Meine Frau,
die Hexe
Roman. Band 2751

Albert Spaggiari
Die Kloaken
zum Paradies
*»Der Coup von Nizza«
Roman. Band 8363*

Paul Theroux
Dschungelliebe
Roman. Band 8361

Moskito-Küste
Roman. Band 8344

Orlando oder
Die Liebe zur
Fotografie
Roman. Band 8371

O-Zone
Roman. Band 8346

Saint Jack
Roman. Band 8345

Dr. Slaughter
Roman. Band 8372

Christian
Trautmann
Die Melancholie
der Kleinstädte
Roman. Band 7611

Fischer Taschenbuch Verlag

fi 1220/1g

Unterhaltsame Literatur

Eine Auswahl

Jules Verne
Reise zum Mittelpunkt der Erde
Roman. Band 8901

20 000 Meilen unter den Meeren
Roman. Band 8906

Reise um die Erde in 80 Tagen
Roman. Band 8907

T. H. White
Schloß Malplaquet oder Lilliput im Exil
Roman. Band 2702

Tad Williams
Traumjäger und Goldpfote
Roman. Band 8349

Barbara Wilson
Mord im Kollektiv
Band 8229

Barbara Wood
Herzflimmern
Roman. Band 8368

Seelenfeuer
Roman. Band 8367

Sturmjahre
Roman. Band 8369

Bari Wood
Tödliche Augenblicke
Thriller. Band 8373

Bari Wood / Jack Geasland
Die Unzertrennlichen
Psychothriller
Band 8357

Geert Zebothsen
Wettlauf mit dem Tod
Roman. Band 8348

Marion Zimmer Bradley
Tochter der Nacht
Roman. Band 8350

Marion Zimmer Bradley (Hg.)
Schwertschwestern
Magische Geschichten I
Band 2701

Wolfsschwester
Magische Geschichten II
Band 2718

Windschwester
Magische Geschichten III
Band 2731

Traumschwester
Magische Geschichten IV
Band 2744

Zwölf fröhliche Geschichten
von Werner Fink,
Ephraim Kishon,
Jack London u.a.
Band 1705

Fischer Taschenbuch Verlag

fi 1220/1h

Dies ist die Vorderseite unseres
zweiseitigen Posters von
Charles Bukowski
Gegen DM 3,— in Briefmarken
(für Porto und Verpackung) vom
MaroVerlag
Riedingerstraße 24 · 8900 Augsburg

Jetzt als preisgünstige & erweiterte Sonderausgabe:
**Buk – von und über
Charles Bukowski**
184 Seiten · 19 Mark 80

Bukowski still at his best

»Wenn Bukowskis Gedichtbände in Friseurläden und Wartezimmern auslägen, würden auf einmal Leute Gedichte lesen, die noch nie einen Gedichtband in der Hand gehabt haben.« NEW YORK TIMES BOOK REVIEW
Charles Bukowski ist der Sänger der Underdogs. Er singt von Bruchbuden und unbezahlten Rechnungen, von Bierdosenkultur und von der Hoffnung auf einen Job, vom großen Frust und von der kleinen Lust. Bukowski singt seine Hinterhoflieder laut und zart, obszön und zärtlich, er ist der Poet des »anderen Amerika«.

Das Schlimmste kommt noch oder Fast eine Jugend
Roman. 3. Auflage 1983. 344 Seiten. Broschur

Gedichte vom südlichen Ende der Couch
2. Auflage 1984. 136 Seiten. Broschur

Nicht mit sechzig, Honey
Gedichte. 1986. 136 Seiten. Broschur

bei Hanser